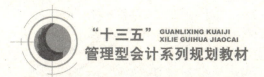

"十三五" GUANLIXING KUAIJI
XILIE GUIHUA JIAOCAI
管理型会计系列规划教材

纳税实务与筹划

姜力琳　张格杨　叶 娜　主编

山东人民出版社·济南

国家一级出版社　全国百佳图书出版单位

图书在版编目（CIP）数据

纳税实务与筹划 / 姜力琳，张格杨，叶娜主编.--济南：山东人民出版社，2019.6 (2020.1重印)

ISBN 978-7-209-11522-3

Ⅰ．①纳… Ⅱ．①姜… ②张… ③叶… Ⅲ．①纳税－税收管理－中国－高等职业教育－教材 ②税收筹划－中国－高等职业教育－教材 Ⅳ．①F812.423

中国版本图书馆CIP数据核字(2018)第292896号

纳税实务与筹划

姜力琳　张格杨　叶　娜　主编

主管单位	山东出版传媒股份有限公司	
出版发行	山东人民出版社	
出 版 人	胡长青	
社　　址	济南市英雄山路165号	
邮　　编	250002	
电　　话	总编室（0531）82098914	
	市场部（0531）82098965	
网　　址	http://www.sd-book.com.cn	
印　　装	济南万方盛景印刷有限公司	
经　　销	新华书店	

规　　格	16开（184mm×260mm）	
印　　张	24	
字　　数	466千字	
版　　次	2019年6月第1版	
印　　次	2020年1月第2次	
印　　数	1001-3500	

ISBN 978-7-209-11522-3

定　　价　45.00元

如有印装质量问题，请与出版社总编室联系调换。

《纳税实务与筹划》编委会

主　编　姜力琳　张格杨　叶　娜

副主编　宫昕璐　崔　茜　王　伟

　　　　　于　灏　刘　芳

前 言 ▶ PREFACE

《纳税实务与筹划》教材以国家最新的税收法律法规为依据，以虚拟的烟台新泰酒业有限公司的业务资料为基础，将教学内容设置为七大教学项目，每个教学项目下设若干任务。教材具体栏目包括：学习目标、任务描述、知识准备、任务实施、任务拓展、同步训练、项目小结等。本教材力求做到理论融入实践，教学做一体。

本教材的主要特点有：1.内容更新及时。我国正处于税制改革中，很多税种的规定在不断发生变化。本教材根据我国2019年12月以前颁布的最新税法规定编写，并采用最新的纳税申报表，保证了本书内容的时效性。2.体例逻辑清晰。本书采用"项目导向、任务驱动"的教学理念和方法，根据虚拟公司的主要税种及涉税业务，将内容分为七个项目，并结合案例资料进行编写。每个项目都根据"税种认知—税额计算—纳税申报—税收筹划"的思路进行任务设置，并结合"知识准备、任务实施、任务拓展、同步训练"等完成税种介绍和学习。3.形式适当简化。本书所有的任务描述中的业务资料都根据虚拟的烟台新泰酒业有限公司的业务进行设置，既简化了企业基本信息资料，又便于税种学习。同时，本书将若干教学资源设置为二维码，形式上做了适当简化，但内容更加丰富。

本教材的编写成员主要有：山东商务职业学院姜力琳（项目三）、宫昕璐（项目一）、崔茜（项目五），滨州职业学院张格杨（项目二）、刘芳（项目七），山东工程职业技术大学叶娜（项目四），山东信息职业技术学院王伟、于灏（项目六）。

受编者水平所限，本书在编写过程中可能会存在一些疏漏甚至错误之处，恳请广大读者批评指正。

编 者

2019年5月

目 录 ▶ CONTENTS

教学项目 1　纳税实务与筹划认知

任务描述

烟台新泰酒业有限公司共有员工100人，若2019年8月，实现销售自产酒产品10 000万元，增值税税率16%（2019年4月后为13%），增值税销项税额160万元。假设2019年12月公司发放给每人工资6 000—9 500元不等，发放给每人年终奖20 000—50 000元不等。

会计主管要求你根据以上业务，完成如下任务。

任务一：谈谈该公司增值税涉及的税法要素。

任务二：谈谈对个人所得税年终奖开展税收筹划的思路。

任务 1.1 认知税收

知识准备

一、税收概述

（一）税收的概念

税收是以国家为主体，为满足社会公共需要，凭借政治权力，强制、无偿地取得财政收入的一种形式。可以从以下几个方面来理解税收：

1.税收的主体是国家和政府

税收由国家或政府征收，征税办法由国家立法机关制定，征税活动由政府组织进行，税收收入由政府支配管理。征税权力只属于国家，其他任何组织、机构均无权征税。

2.国家征税的目的是满足社会公共需要

人类的生存与发展离不开公共产品，公共产品是用来满足全体社会成员共同需要的产品。由于公共产品具有效用的不可分割性、消费的非竞争性和受益的非排他性的特征，公共产品只能通过公共权力机构（国家）集中配置。国家提供公共产品，就必须消耗物质资料，而国家本身并不能直接创造物质财富，只能通过税收的形式聚积大量资金，然后通过各种财政支出来提供公共产品，满足社会公共需要。

3.国家征税凭借的是政治权力

国家拥有两种权力，一种是财产权力，也就是所有者的权力，这种权力是以对物的占有为前提的；另一种是政治权力，即公共权力，通常表现为国家权力。国家征税凭借的不是财产权力，而是政治权力，国家通过制定法律，强制、无偿地取得税款。

4.税收属于分配范畴

社会生产是生产、分配、交换、消费的统一体，税收属于分配环节上多种分配形式中的一种特殊形式。征税过程就是把一部分社会产品从社会成员手中强制、无偿地转变为国家所有的分配过程。征税必然引起社会产品在社会成员与国家之间以及不同社会成员之间的转移以及占有比例的变化，改变社会产品原有的分配结构，所以说税收属于分配范畴。

5.税收是国家财政收入的基本形式和主要来源

国家财政收入有很多形式，包括利润、公债、纸币发行、罚没、专卖、规费、税收等，税收是这些收入形式当中的主要形式。在我国财政收入中，税收所占的比重是最大的，国家财政收入的90%左右来自税收，税收是国家财政收入的主要来源。

（二）税收的特征

税收的特征是由税收满足社会公共需要，弥补政府提供公共物品成本的目的所决定的。

1.强制性

税收的强制性是指税收是国家凭借政治权力，以法律形式强制课征的。纳税人必须依法纳税，否则就要受到法律的制裁。

2.无偿性

税收的无偿性是指国家征税以后，税款即归国家所有，不再直接归还给原纳税人，也不直接向纳税人支付任何报酬或代价，是一种无偿征收。税收明显区别于需要还本付息的公债等收入，并成为调节经济和矫正社会分配不公的有力工具。

3.固定性

税收的固定性是指，国家预先通过法律形式规定征税对象和征收比例等税制要素，并保持其相对连续性和稳定性，即使税制要素的具体内容因客观情况变化需要进行改革和调整，这种改革和调整也总是要通过法律形式事先规定，而且改革调整后要在一定时期内保持相对稳定，不能朝令夕改。

税收的三个特征是密切联系、相辅相成、缺一不可的。其中，无偿性是核心，强制性是保障，固定性是对强制性和无偿性的一种规范和约束。正是这三个特征，决定了税收是保证政府提供公共产品的最有效手段，也是国家财政收入的主要来源。

（三）税收的职能

1.组织收入

税收是国家依照法律规定参与社会剩余产品分配，取得财政收入的一种可靠形式。它具有固定性和强制性，且征收是连续进行的，保证了财政收入的及时稳定和源源不断；它又是无偿征收的，从而最适用于满足公共需要的开支。因此，税收成为财政收入的主要来源，组织收入职能是税收的最基本职能。

2.调节经济

税收是一种由政府直接掌控的经济杠杆，运用这一杠杆可以在宏观和微观两个层面调节经济。

在宏观层面，税收是经济的"内在稳定器"。当经济繁荣时，投资增加，国民收入增加，税收会随之增加，以防止经济过度繁荣而发生通货膨胀；当经济衰退时，投资减少，国民收入下降，税收也会随之减少，以防止经济过度衰退而导致萧条，从而使经济趋于持续稳定发展。

在微观层面，国家可以根据不同时期的政治经济形势，制定相应的增税或减税措施，对不同产品、不同行业、不同地区实行高低不同的税负政策，影响纳税人的生产选择和消费选择，促使产业结构、行业结构、消费结构、地区生产力结构、资源结构达到最优，促进社会经济稳定、健康、可持续发展。

3.社会管理

社会管理职能是指税收在促进或阻碍生产关系变革方面的功能。国家可以根据社会成员高低不同的收入水平，分别征收数额不等的税，收入多者多纳税，收入少者少纳税，无收入者不纳税，以缩小各阶层在收入分配上的差距，促进社会的稳定、和谐。

| 练一练 |

【例题1-1】（单选题）税收最基本的职能是（　　　）。

A.组织收入　　　B.调节经济　　　C.社会管理　　　D.调节收入分配

答案：A。税收成为财政收入的主要来源，组织收入职能是税收的最基本职能。

二、税法要素

税法是国家制定的用以调整国家与纳税人之间在征纳税方面的权利及义务关系的法律规范的总称。它是国家依法征税、纳税人依法纳税的行为准则，其目的是保障国家利益和纳税人的合法权益，维护正常的税收秩序，保证国家的财政收入。

税法的构成要素一般包括总则、纳税义务人、征税对象、税目、税率、纳税环节、纳税期限、纳税地点、减税免税、罚则、附则等项目。税法要素也称税制要素。无论什么税，总是要规定这种税由谁缴纳、对什么征、征多少，因此纳税人、征税对象、税率就构成了税法的基本要素。

（一）纳税人

纳税义务又叫纳税主体、纳税人，是税法规定的直接负有纳税义务的单位和个人。任何一个税种都有关于纳税义务人的规定，通过规定纳税义务人落实税收负担和法律责任。

纳税人包括自然人和法人。自然人是指依法享有民事权利并承担民事义务的公民，包括本国公民、外国人和无国籍人。法人是指依法成立，有一定的组织机构，具有独立的财产和经费，能以自己的名义享受民事权利和承担民事责任的社会组织。我国的法人主要有四种：机关法人、事业法人、企业法人和社团法人。

与纳税人相关的概念包括代扣代缴义务人、代收代缴义务人、负税人。

1.代扣代缴义务人

代扣代缴义务人是指税法规定的负有代扣代缴税款义务的单位和个人。国家为了防止纳税人偷逃税款，保证税收收入，或方便纳税人缴税，对某些税种做了代扣代缴义务人的规定。代扣代缴义务人本身并不承担纳税义务，但依照税法规定，在向纳税人支付收入、结算货款、收取费用时有义务代扣代缴纳税人的应纳税款。如出版社代扣作者稿酬所得应纳的个人所得税等。

2.代收代缴义务人

代收代缴义务人是指税法规定的负有代收代缴税款义务的单位和个人。对于某些税种，规定代收代缴义务人可以简化征税手续，减少税款流失。代收代缴义务人本身并不承担纳税义务，但依照有关规定，他们在向纳税人收取商品或劳务收入时，有义务代收代缴纳税人的应纳税款。如消费税条例规定，委托加工的应税消费品，由受托方在向委托方交货时代收代缴委托方应该缴纳的消费税。

3.负税人

负税人是指税款的最终负担者。纳税人如果能够通过一定途径把税款转嫁或转移出去，纳税人就不再是负税人，否则纳税人也是负税人。纳税人与负税人有时一致，有时不一致，关键在于纳税人是否将税款转嫁或转移给第三者。纳税人与负税人不一致的情况经常发生。例如消费税的纳税人是应税消费品的生产经营者，但纳税人可以把税款加在消费品价格中转嫁给消费者，因此，生产经营者只是纳税人，而不是负税人。纳税人是税法明确规定的，而负税人在税法上不便也难以做出相关规定。

（二）征税对象

征税对象又叫课税对象、征税客体，指税法规定对什么征税，是征纳税双方权利义务共同指向的客体或标的物。

征税对象是税法最基本的要素，因为它体现着征税的最基本界限，决定着某一税种的基本征收范围，如房产税的征税对象是房屋，车船税的征税对象是车辆和船舶等。

征税对象是区分一种税与另一种税的重要标志，各种税的名称通常都是根据征税对象确定的，如房产税、土地增值税、个人所得税等。

下面介绍与征税对象相关的两个基本概念：计税依据和税目。

1.计税依据

计税依据是据以计算应纳税款的直接数量的依据，它解决了对征税对象课税的计算问题，是对课税对象的量的规定。

计税依据有从价计征和从量计征两种形式。从价计征即按征税对象的货币价值计算，如生产销售化妆品应纳消费税的税额由化妆品的销售收入乘以适用税率计算得出，其计税依据为销售收入。从量计征即直接按征税对象的自然单位计算，如城镇土地使用税应纳税额由占用土地面积乘以每单位面积应纳税额计算得出，其计税依据为占用土地的面积。

征税对象与计税依据的关系是：征税对象是从质的方面对征税所做的规定，计税依据则是从量的方面对征税所做的规定，是征税对象的量化。

2.税目

税目是在税法中对征税对象分类规定的具体的征税项目，反映具体的征税范围，代表征税的广度。首先，设置税目的目的是明确具体的征税范围，凡列入税目的即应税项目，未列入税目的，则不属于应税项目。其次，划分税目也是贯彻国家税收调节政策的需要，国家可以根据不同项目的利润水平以及国家经济政策等因素制定高低不同的税率，以体现不同的税收政策。并非所有税种都需要规定税目，有些税种征税对象简单明确，无须设置税目，如房产税、企业所得税等。有些税种课税对象比较复杂，且税种内部不同征税对象之间又需要采取不同的税率档次进行调节，就需要规定税目，如消费税、印花税等。

│ 练一练 │

【例题1-2】（单选题）征税对象的具体化是（　　　　）。

A.计税依据　　　B.税源　　　C.税目　　　D.税率

答案：C。税目是在税法中对征税对象分类规定的具体的征税项目，反映具体的征税范围，代表征税的广度。

（三）税率

税率是对征税对象的征收比例或征收额度。税率是计算税额的尺度，代表征税的深度，是衡量税负轻重与否的重要标志。我国现行税率的基本形式有比例税率、累进税率和定额税率。

1.比例税率

比例税率是指对同一征税对象，不分数额大小，规定相同的征收比例的税率。我国对增值税、城市维护建设税、企业所得税等的征收采用的都是比例税率。比例税率在适用中可分为单一比例税率、差别比例税率和幅度比例税率三种具体形式。

单一比例税率，是指一个税种只规定一个征收比例的税率。

差别比例税率，是指根据征税对象或纳税人的不同，规定不同的比例征税。差别比例税率在适用中又可以分为以下两种类型：一是产品差别比例税率，即对不同产品分别适用不同的比例税率，对同一产品采用同一比例税率，如消费税等；二是地区差别比例税率，即对不同地区分别适用不同的比例税率，同一地区采用同一比例税率，如城市维护建设税等。

幅度比例税率，是指对同一征税对象，税法只规定最低税率和最高税率，各地区在该幅度内确定具体的适用税率。

2. 累进税率

累进税率是指随着征税对象数额增多而随之提高的税率，即按征税对象数额的大小划分为若干等级，不同等级的课税数额分别适用不同的税率，课税数额越大，适用税率就越高。累进税率一般在对所得课税中使用，可以充分体现对纳税人"收入多的多征、收入少的少征、无收入的不征"的税收原则，从而有效地调节纳税人的收入水平，正确处理税收负担的纵向公平问题。

我国现行的累进税率有超额累进税率和超率累进税率两种。

（1）超额累进税率

超额累进税率是把征税对象的全部数额按绝对数额标准划分为若干等级，每个等级由低到高规定相应的税率，每个等级内的征税对象数额分别按该等级的税率计税，全部等级的税额相加，即应纳税额。目前，对个人所得税的征收采用这种税率形式。

（2）超率累进税率

超率累进税率，是把征税对象的数额按相对数标准划分为若干等级，每个等级由低到高规定相应的税率，每个等级内的征税对象数额分别按该等级的税率计税，全部等级的税额相加，即应纳税额。目前，对土地增值税的征收采用这种税率形式。

3. 定额税率

定额税率又称固定税额，是根据单位征税对象直接规定一个固定的征税数额，一般适用于从量征税的税种。目前采用定额税率征收的税种有城镇土地使用税、车船税等。

｜练一练｜

【例题1-3】（多选题）比例税率在适用中的具体形式包括（　　　）。

A. 单一比例税率　　B. 差别比例税率　　C. 中央税　　D. 幅度比例税率

答案：ABD。比例税率在适用中可分为单一比例税率、差别比例税率和幅度比例税率三种具体形式。

（四）税收优惠

税收优惠是国家税法对某些纳税人或征税对象给予鼓励和照顾的特殊规定。设置税收优惠，可以把税收的严肃性和必要的灵活性结合起来，体现因地制宜和因事制宜的原则，更好地贯彻税收政策。税收优惠的形式主要有减免税、调整起征点与免征额等。

1. 减免税

减税是从纳税人的应纳税额中减征部分税额的措施；免税是免除纳税人全部应纳

税的措施。减免税按其性质划分,可分为法定减免、特定减免和临时减免;按其方式划分,可为征税对象减免、税率减免和税额减免。

2.调整起征点与免征额

起征点是指对征税对象开始征税的起点数额。征税对象数额没达到起征点的不征税,达到或超过起征点的就其全部数额征税。

免征额是指征税对象全部数额中免予征税的数额。它是按照一定标准从征税对象全部数额中预先扣除的数额,免征额部分不征税,只对超过免征额部分征税。

(五)纳税环节

纳税环节主要指税法规定的征税对象在从生产到消费的流转过程中应当缴纳税款的环节。商品从生产到消费要经历诸多流转环节,各环节都存在销售额,都可能成为纳税环节。但考虑到税收对经济的影响、财政收入的需要以及税收征管的能力等因素,国家常常对在商品流转过程中的不同税种规定不同的纳税环节。

按纳税环节的多少,可以将税收课征制度划分为一次课征制和多次课征制。对一种产品,在生产、批发、零售诸环节中,可以选择只在一个环节征税,这称为一次课征制,也可以选择在两个或两个以上环节征税,这称为多次课征制。

(六)纳税期限

纳税期限是指税法规定的关于税款缴纳时间方面的限定。税法关于纳税时限的规定有三个概念:一是纳税义务发生时间,即应税行为发生的时间。二是纳税期限,纳税人每次发生纳税义务后,不可能马上去缴纳税款,税法规定了每种税的纳税期限,即每隔固定间隔汇总一次纳税义务的时间。我国现行税制制定的纳税期限有三种形式,即按期纳税,按次纳税和按年计征、分期预缴。三是缴库期限,即税法规定的纳税期满后,纳税人将应纳税款缴入国库的期限。

|练一练|

【例题1-4】(多选题)我国现行税法中的纳税期限,主要包括(　　　)形式。

A.按期纳税　　　B.按次纳税　　　C.按年计征、分期预缴　　　D.按月纳税

答案:ABC。我国现行税制制定的纳税期限有三种形式,即按期纳税,按次纳税和按年计征、分期预缴。

(七)纳税地点

纳税地点是国家规定的纳税人(包括代征、代扣、代缴义务人)具体缴纳税款的地点。根据不同的税种、纳税人的不同情况,规定不同的纳税地点,既方便税务机关和纳税人征纳税款,又可协调各地区、各征收机关的税收利益。

三、税收分类

税收分类指按照一定标准，将各个不同税种进行的归类和综合。进行税收分类，有利于税收理论的分析并为有效地制定和实施税收政策提供依据。

（一）按征税对象的性质分类

按征税对象的性质，可将税收分为流转税类、所得税类、资源税类、财产税类和行为税类。

流转税类是指以商品或劳务的流转额为征税对象的一类税。其特点是与商品生产、流通、消费有着密切的联系，不受成本费用的影响，收入稳定，有利于国家发挥对经济的宏观调控作用，如增值税、消费税、关税等。

所得税类是指以纳税人的所得额为征税对象的一类税。其特点是可以直接调节纳税人的收入水平，发挥税收公平税负和调整分配关系的作用，如企业所得税、个人所得税等。

资源税类是指对开发和利用的自然资源征收的一类税。其特点是能够避免资源浪费，促进国家自然资源的合理利用，提高资源利用效率，还能够调节因自然资源和客观原因所形成的级差收入，如资源税、城镇土地使用税和耕地占用税等。

财产税类是指对纳税人所拥有或控制的财产征收的一类税。其特点是能够避免财产闲置浪费，促进财产的节约和合理利用，如房产税、车船税、契税等。

行为税类是指以纳税人的某种特定行为作为征税对象的一类税。其特点是可选择面较大，课税对象单一，设置和废止相对灵活，可以因时、因地制宜制定具体征管办法，如印花税等。

（二）按税负能否转嫁分类

按税负能否转嫁，可将税收分为直接税和间接税。

直接税是指由纳税人直接负担税款，税负不易转嫁的一类税。这类税种，纳税人缴款后，难以将税收负担转嫁给他人，直接税的纳税人与负税人往往是同一个人，如所得税等。

间接税是指纳税人能将税负转嫁给他人的一类税。这类税种主要是针对商品流转额进行征税，其征税对象与商品的价格紧密地联系在一起，纳税人向国家缴纳税款后，有可能通过提高商品销售价格的方式将税收负担转嫁给购买者。在这种情况下，间接税的纳税人与负税人自发分离；负税人虽然没有纳税义务，但是税负的最终承担者，如增值税、消费税等。

（三）按税收管理和税款使用权限分类

按税收管理和税款使用权限不同，可将税收分为中央税、地方税、中央地方共享税。

中央税是指由中央政府征收管理，收入归中央支配的税种，一般是指税源集中、涉及面广，需要中央统一管理和实施宏观调控的税种，如消费税、关税等。

地方税是指由地方政府征收管理，收入归地方政府支配的税种，一般是指与地方经济联系紧密，税源比较分散的税种，如房产税、车船税、契税、耕地占用税等。

中央地方共享税是指税收收入由中央和地方按一定比例分配后归属各自支配使用的税种，一般是指税源普遍、收入多，能够兼顾中央和地方利益，具有调节中央与地方财政收支平衡功能的税种，如增值税、证券交易印花税、所得税等。

（四）按税金与价格的关系分类

按税金与价格的关系，可将税收分为价内税和价外税。

价内税是指税金作为价格组成部分的一类税种，如我国现行的消费税。

价外税是指税金作为价格附加的一类税种，如我国现行的增值税。

（五）按计税依据的标准分类

按计税依据的标准不同，可将税收分为从价税和从量税。

从价税是以征税对象的价值为依据，按一定比例计征的一类税，如增值税、关税等。

从量税是以征税对象的特定计量单位为标准（重量、面积、容积或件数等），采取固定税额计征的一类税，如资源税、车船税和城镇土地使用税等。

┃练一练┃

【例题1-5】（多选题）按税收管理和税款使用权限不同，可将税收分为（　　　）。

　　A.地方税　　　B.中央地方共享税　　　C.中央税　　　D.临时税

答案：ABC。按税收管理和税款使用权限分类，可将税收分为中央税、地方税、中央地方共享税。

任务实施

该公司增值税主要涉及的税法要素有：

1.纳税人：烟台新泰酒业有限公司；

2.征税对象：增值额；

3.税率：比例税率等。

任务拓展

中国历史上税收的起源

税收，历史上又称租税、捐税或赋税，是国家的产物。

按照马克思主义的国家学说，税收是伴随国家的起源而出现，伴随国家经济的发展而发展的。由于国家不从事物质资料生产，为了给自己执行社会职能提供物质基础，国家凭借政治权力参与社会剩余产品分配，这就是税收。马克思曾指出："赋税是政府机器的经济基础，而不是其他任何东西。"恩格斯对此也有阐述："为了维持这种公共权力，就需要公民交纳费用——捐税。捐税是从前的氏族社会完全没有的。但是现在我们却十分熟悉它了。"

税收和国家一样，属于历史的范畴，存在于社会发展的一定阶段。我国税收起源于原始社会晚期向奴隶社会的过渡时期，税收的雏形可追溯至高辛氏时代。高辛氏即帝喾，为"五帝"之一，相传为黄帝曾孙。《中国历代食货典》载，"帝喾高辛氏正畛均赋"，将"均赋"列入"赋役部"，可见帝喾时代就有税收的雏形。我国税收形成于奴隶社会晚期向封建社会的过渡时期。税收由不完全形态到完全形态，经历了漫长的发展演变过程。

同步训练

答案与解析

一、单选题

1.税收的主体是（　　）。

　　A.国家和政府　　　　　　　　B.国有企业单位

　　C.社会团体　　　　　　　　　D.个人

2.确定税率的基础是（　　）。

　　A.纳税人　　　　　　　　　　B.计税依据

　　C.纳税主体　　　　　　　　　D.征税对象

3.下列不属于流转税的税种是（　　）。

　　A.增值税　　　　　　　　　　B.消费税

　　C.关税　　　　　　　　　　　D.企业所得税

4.区分不同税种的主要标志是（　　）。

　　A.税目　　　　　　　　　　　B.征税对象

　　C.纳税地点　　　　　　　　　D.纳税义务人

二、多选题

1.我国现行税法体系中使用的累进税率形式有（　　）。

　　A.全额累进税率　　　　　　　B.超额累进税率

　　C.超率累进税率　　　　　　　D.定额税率

2.下列税种不属于行为税的有（　　　）。

    A.增值税   B.房产税

    C.印花税   D.企业所得税

3.税收优惠的形式主要有（　　　）。

    A.减免税   B.调整免征额

    C.偷漏税   D.调高起征点

4.按照征税对象性质不同，可将税收分为（　　　）。

    A.流转税   B.所得税

    C.财产税   D.资源税

任务 1.2　认知纳税筹划

知识准备

一、纳税筹划概述

（一）纳税筹划的概念

纳税筹划有广义和狭义之分。广义的纳税筹划既包括节税筹划，又包括避税筹划、税负转嫁筹划和实现涉税零风险（又称涉税零风险筹划）。狭义的纳税筹划只包括节税筹划。本书采用广义纳税筹划的观点，认为纳税筹划不仅包括节税筹划，还包括避税筹划、税负转嫁筹划和涉税零风险筹划。

事实上，纳税筹划是企业财务管理的一部分，研究纳税筹划不能脱离财务管理。财务管理的目标是实现企业价值最大化，因此，纳税筹划的最终目标不仅是减轻企业的税负，而且要实现企业价值最大化。所以，纳税筹划是指企业在不违反法律的前提下，自行或委托代理人，通过对企业的设立、筹资、投资、经营、股利分配、产权重组等活动中的涉税事项事先进行策划和安排，来实现企业价值最大化。

（二）纳税筹划的特征

1.不违法性

不违法性主要是针对广义的纳税筹划来说的，是指纳税筹划不能违反法律规定。不违反法律规定是纳税筹划的前提条件，是纳税筹划最基本的要求，也是纳税筹划与偷（逃）税、抗税、骗税的根本区别。

2.事先性

事先性是指企业在从事经营活动或投资活动之前，就应当把税收作为影响其最终成果的一个重要因素来设计和安排。一方面，纳税义务通常具有滞后性，企业在交易行为发生之后才有纳税义务，这就决定了企业可以对自身应税经营行为进行事前安排；另一方面，纳税筹划要在应税行为发生之前进行，一旦业务已经发生，事实已经存在，纳税义务已经形成，便无法筹划了。

3. 目的性

目的性是指纳税筹划有明确的目的，即追求企业价值最大化。也就是说，纳税筹划以减轻税负为初级目的，而以实现企业价值最大化为终极目的。当两者相互矛盾时，一般情况下，应当选择能实现企业价值最大化的纳税筹划方案。

4. 协作性

协作性是指由于复杂的纳税筹划涉及的经营活动关系企业的生产、经营、投资、理财、营销等所有活动，因此它不是由某个部门或某个人单独操作就能完成的工作，需要规范的经营管理，并且需要在企业领导重视的前提下，由财务部门和其他部门密切配合、充分协作。

5. 全面性

全面性是指应该从战略的角度去考虑和把握纳税筹划。也就是说，企业进行纳税筹划时应当用全面、发展的眼光看问题。企业不能只盯着个别税种的筹划，而应着眼于各个税种的筹划。同时，企业不能局限于短期目标的实现，而应考虑长远发展目标，这样最终才能增加企业长期、整体的收益。

6. 专业性

一方面，纳税筹划涉及税收学、管理学、财务学、会计学、法学等学科，需要跨学科的专门人才来从事这项工作；另一方面，随着经济的快速发展，中国市场与世界市场的不断融合，以及各国税制的日益复杂化和税收法律法规的不断更新和变化，单凭一个人在短时间内设计一项相对复杂的纳税筹划方案越来越不可能。这不仅促使企业开始建立从事纳税筹划的部门，也促进了税务代理行业的发展。

7. 时效性

世界各国的税收法律法规都不是固定不变的，总是随着国内外经济环境的变化不断修订、变革和完善的。这就要求企业一方面要抓住时机，及时充分地利用好法律法规的优惠政策；另一方面必须密切关注税收法律法规的发展变化，对原先已经制定或实行的纳税筹划方案进行及时的修订、调整或更正。

8. 风险性

随着税收法律法规的不断调整和变化，企业内外各种因素使纳税筹划结果存在不确定性。而有的纳税筹划是立足于长期规划的，长期性则蕴含着更大的风险性。此外，纳税筹划的预期收益往往是一个估算值。因此，纳税筹划具有显著的风险性。

┃练一练┃

【例题1-6】（单选题）纳税筹划的特征不包括（   ）。

A. 合法性　　B. 风险性　　C. 政策性　　D. 目的性

答案：C。纳税筹划的特征包括不违法性、事先性、目的性、协作性、全面性、专业性、时效性和风险性。政策性不属于纳税筹划的特征。

二、纳税筹划的主要形式

广义的纳税筹划分为四种主要形式：节税筹划、避税筹划、税负转嫁筹划和涉税零风险筹划。

（一）节税筹划

节税筹划是指企业在不违背法律本身且不违背法律立法精神的前提下，在国家法律及税收法规许可并鼓励的范围内，采用税法所赋予的税收优惠或选择机会，来对各种涉税事项进行策划和安排，通过减轻税负来实现企业价值最大化。

节税筹划是在企业不违背法律本身且不违背法律立法精神的前提下进行的，筹划活动本身及其后果与税法的本意相一致，这有利于加强税法的地位，从而使政府更加有效地利用税法来进行宏观调控，是政府提倡的行为。

（二）避税筹划

避税筹划强调的是不违背法律本身但违背了法律立法精神，是指企业利用法律的空白、漏洞或缺陷，来对各种涉税事项进行策划和安排，通过规避税收来实现企业价值最大化。由于避税筹划违背了法律立法精神，所以风险性较大，是一种短期行为，最终难以实现企业价值最大化的目标。

避税筹划遵循"法无明文不为罪"的原则，不符合政府的政策导向和意图，当然是政府不提倡的。其成功意味着行为主体对法律漏洞与缺陷找得准确，促使政府弥补漏洞与缺陷，客观上促使税法逐步完善。从这一方面来说，避税筹划有助于社会经济的进步与发展。

（三）税负转嫁筹划

税负转嫁筹划是指纳税人为了减轻税负，通过对价格的调整和变动，将税负转嫁给他人承担的经济行为。

典型的税负转嫁是在商品流通过程中，纳税人通过提高销售价格或压低购进价格，将税负转嫁给购买者或供应者。这便导致纳税人和负税人分离，纳税人是法律意义上的纳税主体，负税人（购买者或供应者）是经济上的承担主体，而国家的税收收入并不受影响，因此政府对此一般持中立态度。

（四）涉税零风险筹划

涉税零风险筹划是指企业通过努力做到会计账目清楚，会计核算健全，纳税申报正确，业务流程规范、合理，缴纳税款及时、足额，使其一般不会受到任何关于税收方面的处罚，即在税收方面是处在几乎零风险的状态，或者是处在风险极小可以忽略不计的状态。

涉税零风险筹划虽然不能为企业带来直接经济利益，但能够为企业创造一定的间接经济利益。这主要表现在：一是涉税零风险筹划可以避免涉税风险和损失的出现，从而避免了税务机关的经济处罚；二是企业实现涉税零风险还可以避免发生信誉损失，而好的纳税信誉有利于企业的经营；三是通过实现企业会计账目清楚，纳税申报正确，缴纳税款及时、足额等，使税务机关对企业留下很好的印象，从而能够获取税务检查以及税收优惠政策运用上的宽松待遇等。这些都有利于企业价值最大化目标的实现和企业的长远发展。

涉税零风险筹划有利于形成良好的税收征纳环境，促进经济和社会和谐发展，因此政府对此非常提倡。

| 练一练 |

【例题1-7】（多选题）以下属于纳税筹划主要形式的有（　　　　）。

A.节税筹划　　　B.偷税筹划　　　C.税负转嫁筹划　　　D.涉税零风险筹划

答案：ACD。广义的纳税筹划分为四种主要形式：节税筹划、避税筹划、税负转嫁筹划和涉税零风险筹划。偷税筹划不属于纳税筹划的主要形式。

三、纳税筹划与偷（逃）税、抗税、骗税的界定

（一）偷（逃）税、抗税、骗税的含义

偷（逃）税[①]是指纳税人伪造、变造、隐藏、擅自销毁账簿、记账凭证，在账簿上多列支出，不列、少列收入，或者采用虚假纳税申报的手段，不缴或者少缴应纳税款的行为。

抗税是指纳税人以暴力、威胁方法拒不缴纳税款的行为。

骗税是指纳税人以假报出口骗取国家出口退税款的行为。

（二）偷（逃）税、抗税、骗税与纳税筹划的区别

1.性质不同

纳税筹划是在正确履行纳税义务的前提下进行的，它的特点是合法或不违法，而偷（逃）税、抗税、骗税是通过非法手段将应税行为变为非应税行为，从而直接逃避纳税人自身的应税责任，是一种违法甚至犯罪行为，应该受到法律的制裁。

2.使用的手段不同

纳税筹划采取公开或相对公开的手段，不需要进行修饰和掩盖，以理财为目的来实现企业的财务目标；偷（逃）税、骗税采用隐蔽的手段达到少缴税款的目的，具有欺诈

---

① 从2009年2月28日起，《中华人民共和国刑法》用"逃避缴纳税款"的表述取代了原法律条文中"偷税"的表述。

性；抗税采用暴力、威胁的手段，恶意触犯法律，必将受到法律的严惩。

3.承担责任不同

纳税筹划既然是一种合法或不违法行为，原则上不会承担法律责任，并理应受到国家法律的保护和认可。偷（逃）税、抗税、骗税是违法行为，一经查实，除要给予一定的经济处罚外，还要视情节轻重，决定是否追究刑事责任。

4.政府的态度不同

偷（逃）税、抗税、骗税行为具有故意性、欺诈性、违法性等特征。这些行为使国家税收遭受严重损失。政府对其持坚决的反对和抵制态度，并对此类行为有专门的处罚规定。而对纳税筹划，政府一般持鼓励和支持态度。虽然对于避税筹划，政府持不提倡态度，但是相对于偷（逃）税、抗税、骗税行为来说，政府对其态度要宽松很多。

（三）偷（逃）税、抗税、骗税与相关概念之间的比较

节税筹划、避税筹划、税负转嫁筹划、涉税零风险筹划与偷（逃）税、抗税、骗税的比较如表1-1所示。

表1-1　　　　　节税筹划、避税筹划、税负转嫁筹划、涉税零风险筹划与偷（逃）税、抗税、骗税的比较一览表

类别\比较点	节税筹划	避税筹划	税负转嫁筹划	涉税零风险筹划	偷（逃）税、抗税、骗税
法律性质	合法	非违法	纯经济活动	合法	违法
政府态度	倡导	反对	不加干预	鼓励	制裁处罚
风险性	低风险	风险性较高	多因素风险性	几乎零风险	高风险
实施手段	主要利用税收优惠政策或选择机会	主要利用税法漏洞	调整产品价格	正确进行纳税申报，及时、足额纳税	利用非法手段
立法意图	体现	违背	不相关	顺应	违法
经济影响	促进经济良性发展	影响以致破坏市场规则	有利于企业间的竞争	有利于形成良好的税收征纳环境	违背公平竞争原则，破坏经济秩序

｜练一练｜

【例题1-8】（多选题）偷（逃）税、抗税、骗税与纳税筹划的区别在于（　　　）。

A.性质不同　　　B.承担责任不同　　　C.使用的手段不同　　　D.政府的态度不同

答案：ABCD。偷（逃）税、抗税、骗税与纳税筹划的区别在于法律性质、政府态度、风险性、实施手段、立法意图和经济影响。

四、纳税筹划方法的划分

纳税筹划的方法总体来说可以分为八种：一是降低计税依据法；二是降低适用税率

法；三是增加可抵扣税额法；四是直接减免税款法；五是推迟纳税时间法；六是规避或转换纳税义务（或身份）法；七是实现税后利润最大化或企业价值最大化法；八是防范纳税风险法。

（一）降低计税依据法

计税依据是指纳税人计算应纳税额的依据。在税率确定的情况下，由于应纳税额＝计税依据×税率，因此，降低计税依据，就会导致应纳税额的降低。降低计税依据是纳税筹划最基本的方法。由于各个税种的计税依据不尽相同，因此，纳税人需要研究各个税种计税依据的不同税法规定，通过各种不同的方法降低计税依据，从而降低企业税负。

（二）降低适用税率法

类似于第一种方法，降低适用的税率是在存在不同税率的前提下，运用一定的方法选择适用相对较低的税率，从而降低应纳税额的方法。选择该方法的前提条件是存在税率差异以及存在选择的机会。

（三）增加可抵扣税额法

增加可抵扣税额就相当于抵减了纳税人应当缴纳的税款。可抵扣的税额包括：在计算应纳增值税时，准予抵扣的进项税额；在计算特定应税消费品应纳消费税时，对于以前环节（采购环节或委托加工环节）缴纳的税款在税法规定的范围内准予扣除；在计算缴纳企业所得税时，准许纳税人弥补以前年度（五年内）发生的亏损、自己分公司发生的亏损等，从而相当于变相抵扣了税额；在计算缴纳企业所得税时，企业取得的来源于中国境外的应税所得已在境外缴纳的所得税税额，可以从其当期应纳税额中抵免，抵免限额为该项所得依照企业所得税法规定计算的应纳税额，超过抵免限额的部分，可以在以后五个年度内，用每年度抵免限额抵免当年应抵税额后的余额进行抵补。

（四）直接减免税款法

这主要是指企业通过利用相关减免税等税收优惠政策，直接对企业税负进行减免或者直接享受相关税收优惠政策。例如，农业生产者销售自产的初级农产品免征增值税，以及纳税人利用起征点、免征额等来享受税收优惠。

（五）推迟纳税时间法

推迟纳税的时间属于相对节税的方法，其做法有很多，基本思路可以归结为：一是尽量推迟确认收入；二是尽早确认成本和费用。

（六）规避或转换纳税义务（或身份）法

这主要是指企业通过改变生产流程或经营方向，一方面可以规避纳税义务，例如，若生产高档化妆品，则缴纳消费税，但若生产护肤护发品（非高档），则不必缴纳消费税；另一方面，可以转换纳税义务（或身份），例如，企业所得税业务合理转换为个人所得税业务，增值税一般纳税人与小规模纳税人之间的合理转换，以及一般计税方法和简易计税方法之间的合理转换。

（七）实现税后利润最大化或企业价值最大化法

前文提到，实现税负最小化有时未必会实现税后利润最大化或企业价值最大化，因此当两者出现冲突时，纳税人应当采用实现税后利润最大化或企业价值最大化法。

（八）防范纳税风险法

企业纳税风险最小化是纳税筹划的目标之一。通过纳税筹划，合理合法地纳税，尽最大努力遵守税收法律法规从而最大限度地降低纳税风险，使企业平稳健康地发展，有利于建立和谐的税收征纳关系，实现企业与国家的双赢。

|练一练|

【例题1-9】（多选题）纳税筹划的方法包括（   ）。

A.降低计税依据   B.降低适用税率   C.增加可抵扣税额   D.推迟纳税时间

答案：ABCD。纳税筹划的方法总体来说可以分为八种：一是降低计税依据法；二是降低适用税率法；三是增加可抵扣税额法；四是直接减免税款法；五是推迟纳税时间法；六是规避或转换纳税义务（或身份）法；七是实现税后利润最大化或企业价值最大化法；八是防范纳税风险法。

五、纳税筹划步骤的梳理

（一）收集纳税筹划必需的信息

1.分析企业涉税情况与需求

不同企业的基本情况及纳税要求有所不同，在实施纳税筹划活动时，首先要了解企业以下基本情况：企业组织形式、筹划主体的意图、经营状况、财务状况、投资意向管理层对风险的态度、企业的需求和目标等。其中，筹划主体的意图是纳税筹划中最根本的部分，也是纳税筹划活动的出发点。

2.分析企业相关税收政策与环境

企业在着手进行纳税筹划方案设计之前，都应该对相关的财税政策和法规进行梳理、整理和归类。全面了解与企业相关的行业、部门的税收政策，理解和掌握国家税收政策及精神，争取税务机关的帮助与合作，这对于成功实施纳税筹划尤为重要。如果有条件，最好建立企业税收信息资源库，以备使用。同时，企业必须了解政府的相关涉税行为，就政府对纳税筹划方案可能的行为反应做出合理的预期，以增强筹划成功的可能性。这些方面的信息包括政府对纳税筹划中可能涉及的避税活动的态度、政府反避税的主要法规和措施以及政府反避税的运作规程等。

3.确定纳税筹划的具体目标

根据前文所述，纳税筹划的最终目标是实现企业价值最大化。而对上面已经收集的信息进行分析后，便可以确定纳税筹划的各个具体目标，并以此为基准来设计纳税筹划方案。纳税筹划具体目标主要有：

（1）实现税负最小化；

（2）实现税后利润最大化；

（3）获取资金时间价值最大化；

（4）实现纳税风险最小化。

（二）设计备选的纳税筹划方案

在掌握相关信息和确立目标之后，纳税筹划的决策者可以着手设计纳税筹划的具体方案。关注角度不同，具体方案就可能存在差异，因此决策者需要将方案逐一列示，并准备在后续过程中进行选择。

纳税筹划方案的设计一般按以下步骤进行：首先，对涉税问题进行认定，即涉税项目的性质、涉及哪些税种等；其次，对涉税问题进行分析，即涉税项目的发展态势、引发后果、纳税筹划空间大小、需解决的关键问题等；最后，设计多种备选方案，即针对涉税问题，设计若干可选方案，包括涉及的经营活动、财务运作和会计处理等。

（三）分析、评价并选择纳税筹划方案

纳税筹划方案是对多种筹划技术的组合运用，同时需要考虑风险因素。方案列示以后，必须进行一系列的分析，主要包括：

1.合法性分析

纳税筹划的首要原则是合法性原则，任何纳税筹划方案都必须在不违法的前提下进行，因此，对设计的方案首先要进行合法性分析，规避法律风险。

2.可行性分析

纳税筹划的实施需要多方面的条件，企业必须对方案的可行性做出评估，包括实施时间的选择、人员素质以及趋势预测等。

3.目标分析

每种设计方案都会产生不同的纳税结果，这种纳税结果是否符合企业既定的目标，是筹划方案选择的基本依据。因此，必须对方案进行目标分析，同时优选最佳方案。目标分析还包括评价纳税筹划的合理性、防止纳税筹划的片面性、对企业整体策略的影响。对列示方案逐项分析之后，设计者可能会获取到新的信息，此时则需要依此对原有的纳税筹划方案进行调整，同时继续规范分析过程。

对多种方案进行分析、比较和评估后，选择一个最佳方案。

（四）实施纳税筹划方案

选定纳税筹划方案之后，获企业管理部门批准，即进入实施阶段。企业应当按照选定的纳税筹划方案，对自己的纳税人身份、组织形式、注册地点、所从事的产业和经济活动以及会计处理等做出相应的处理或改变，同时记录筹划方案的收益。

（五）对纳税筹划方案进行监控、评估和改进

在纳税筹划方案的实施过程中，应及时监控出现的问题，例如国家税收政策有无调整、相关人员操作不当、纳税筹划方案出现漏洞等。之后再运用信息反馈制度，对筹划方案的效果进行评价，考核其经济效益与最终结果是否实现了纳税筹划目标。在实施过程中，可能因为执行偏差、环境改变或者原有方案的设计存在缺陷，从而导致实际结果与预期结果相比产生差异，这些差异要及时反馈给纳税筹划的决策者，并对方案进行改进。

| 练一练 |

【例题1-10】（单选题）纳税筹划的首要原则是（　　　　）。

A.可行性　　B.合法性　　C.合理性　　D.风险性

答案：B。纳税筹划的首要原则是合法性原则，任何纳税筹划方案都必须在不违法的前提下进行，因此，对设计的方案首先要进行合法性分析，规避法律风险。

任务实施

根据最新规定，居民个人取得全年一次性奖金，在2021年12月31日前，可以不并入当年综合所得，单独计算纳税，也可以选择并入当年综合所得计算纳税。因此，取得年终奖的职工可以根据自己的情况选择年终奖并入或者不并入年综合所得，进行税收筹划。

任务拓展

纳税筹划的起源与发展

从已有文献记载探源税收筹划的产生，最早可以追溯到19世纪中叶的意大利。在当时，意大利的税务咨询业务中已存在税收筹划行为，意大利的税务专家地位不断提高，这可以看作税收筹划的萌芽。税收筹划的正式提出始于美国财务会计准则，美国财务会计准则委员会（FASB）在《美国财务会计准则第109号——所得税的会计处理》中首次提出"税收筹划战略（Tax-planning Strategy）"的概念，并将其表述为："一项目满足某种标准，其执行会使一项纳税利益或营业亏损或税款移后扣减，在到期之前得以实现的举措。在评估是否需要递延所得税资产的估价准备及所需要的金额时，要考虑税收筹划策略。"以上表述较为准确地说明了税收筹划与税务会计的关系。尽管现代税收筹划的边界远远超出了这一定义的范围，但税收筹划始终是税务会计的重要组成部分。

20世纪有三件里程碑式的事件可以认为与税收筹划的起源有一定的联系：（1）1935年，英国上议院议员汤姆林爵士针对"税务局长诉温斯特大公"一案，做了有关税收筹划的重要声明："任何一个人都有权安排自己的事业，如果依据法律所做的某些安排可以使自己少缴税，那么就不能强迫他多缴税。"这一观点得到了法律界的普遍认同，税收筹划第一次得到法律的认可，此案也成为税收筹划史上的基础判例。（2）1947年，美国联邦大法官勒纳德·汉德在法庭判决书中勇敢地为纳税人辩护："人们合理安排自己的活动以降低税负，是无可指责的。每个人都可以这样做，不论他是富人，还是穷人。纳税人无须超过法律的规定来承担国家税收。税收是强制课征的，而不是自愿的捐款。以道德的名义来要求税收，纯粹是奢谈。"该判例成为美国税收筹划的法律基石。（3）1959年，欧洲税务联合会在法国巴黎成立。此会由5个欧洲国家的从事税务咨询的专业团体和专业人士发起成立，后来规模不断扩大，其成员遍布英、法、德、意等22个国家。欧洲税务联合会明确提出"为纳税人开展税收筹划"是其服务的主要内容。

同步训练

答案与解析

一、单选题

1.节税的最基本方法是（　　　）。
　A.降低计税依据　　　　　B.降低适用税率
　C.增加可抵扣税额　　　　D.推迟纳税时间

2.纳税人以暴力、威胁方法拒不缴纳税款的行为属于（　　　）。
　A.偷税　　　B.抗税　　　C.骗税　　　D.逃税

3.企业在从事经营活动或投资活动之前，就应当把税收作为影响最终成果的一个重要因素来设计和安排，这属于纳税筹划的（　　　）特征。
　A.风险性　　B.事先性　　C.目的性　　D.协作性

4.企业通过努力使会计账目清楚，纳税申报正确，缴纳税款及时、足额，使其一般不会出现任何关于税收方面的处罚，这是（　　　）的主要形式。
　A.节税筹划　　　　　　B.避税筹划
　C.涉税零风险筹划　　　D.税负转嫁筹划

5.纳税人伪造、变造、隐藏、擅自销毁账簿、记账凭证，在账簿上多列支出，不列、少列收入，或者进行虚假纳税申报，不缴或者少缴应纳税款的行为，属于（　　　）。

A.偷（逃）税　　B.漏税　　　　C.抗税　　　　D.骗税

6.下列属于政府倡导的纳税筹划形式的是（　　　）。

A.税负转嫁筹划　　　　　　B.涉税零风险筹划

C.避税筹划　　　　　　　　D.节税筹划

7.税法在规定某一税种基本税率的基础上，为照顾某些特殊纳税人和征税对象，规定一个或若干个低于基本税率的税率属于（　　　）。

A.免税　　　B.减税　　　C.优惠税率　　D.累进税率

二、多选题

1.纳税筹划的特征包括（　　　）。

A.违法性　　　B.事先性　　　C.目的性　　　D.风险性

2.纳税筹划与偷（逃）税、避税、节税的区别有（　　　）。

A.偷（逃）税是以非法手段逃避税收负担，是一种违法行为，具有欺诈性。而纳税筹划是通过事前安排避免应税行为的发生，不具有欺诈性

B.避税是纳税人采取利用某种法律的漏洞或含糊之处的方式来安排自己的事务，以减少纳税义务，但可能不符合税法的精神

C.节税是指以遵循税收法规和政策的合法方式少缴税的合理行为，其行为符合税法精神

D.如果纳税筹划符合税法的意图，就是节税。反之，如果企业的纳税筹划违背了税法的意图，利用了税法的漏洞与不足，就是避税

3.实现纳税风险最小化的利好主要表现在（　　　）。

A.可以使纳税人不至于遭受税务机关的经济处罚，避免发生不必要的经济损失

B.可以避免企业发生不必要的名誉损失，使企业的品牌和产品更容易为消费者接受，从而有利于企业的生产经营

C.主要是通过达到涉税零风险这一状态来实现的

D.使企业的税负最低

4.以下关于纳税筹划的相关概念表述正确的是（　　　）。

A.节税实际上是纳税筹划的委婉表述

B.避税是纳税人使用一种在表面上遵守税收法律法规，但实质上与立法意图相悖的非违法形式来达到自己的目的的行为

C.节税和避税都是税法允许甚至鼓励的行为

D.偷（逃）税、避税具有违法性

5.以下关于纳税筹划的表述正确的是（　　　）。

　　A.纳税筹划是纳税人的一项权利

　　B.纳税筹划要在纳税行为发生之前进行

　　C.纳税筹划的最终目标是少纳税款

　　D.纳税筹划可以是企业经营管理中的一个环节

项目小结

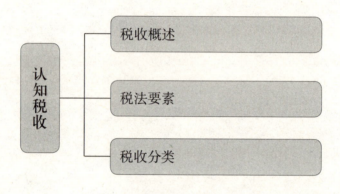

认知税收
- 税收概述
- 税法要素
- 税收分类

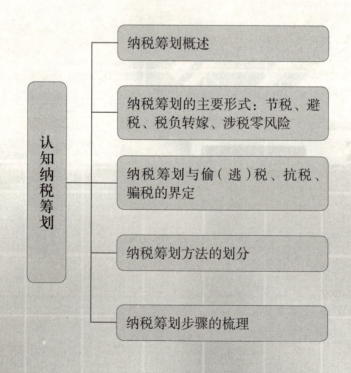

认知纳税筹划
- 纳税筹划概述
- 纳税筹划的主要形式：节税、避税、税负转嫁、涉税零风险
- 纳税筹划与偷（逃）税、抗税、骗税的界定
- 纳税筹划方法的划分
- 纳税筹划步骤的梳理

教学项目 2　增值税纳税实务与筹划

学习目标

1.知识目标

（1）掌握增值税的性质和原理；

（2）掌握增值税纳税人、一般纳税人和小规模纳税人；

（3）掌握增值税征税范围的一般规定和特殊规定；

（4）掌握增值税税率、计税销售额、销项税额和进项税额；

（5）掌握增值税的起征点和免税规定；

（6）掌握常见的税收筹划方法。

2.能力目标

（1）能正确确定增值税的计税销售额和销项税额；

（2）能正确确定增值税的进项税额；

（3）会一般纳税人和小规模纳税人应纳税额的计算；

（4）会进行进口货物应纳增值税的计算；

（5）会进行简单的增值税的申报和筹划。

3.素质目标

（1）具备严谨、诚信的职业品质和良好的职业道德；

（2）具有遵纪守法、依法纳税的意识；

（3）具有自主学习税收法规的良好意识和能力；

（4）具有良好的沟通协调和团队合作能力。

任务描述

胡敏是烟台新泰酒业有限公司的税务会计，该公司于2015年10月1日成立，为增值税一般纳税人，主要从事白酒、葡萄酒的生产与销售工作。主管税务机关为烟台市开发区税务局，纳税人识别号为91370600MA3D591TXW，开户银行及账号为中国建设银行烟台开发区支行3700132190007710888。2019年11月3日下午，胡敏准备缴纳10月的增值税，通过查账发现9月的留抵税额有25 400元，同时10月发生以下经济业务：

（1）1日，从某粮食公司购进高粱100吨，取得增值税专用发票上注明的价格300万元，增值税39万元；支付运费2万元，取得交通运输业开具的增值税专用发票，注明的增值税税额0.18万元；为购买材料，公司还支付了保险公司的保险费2 120元，取得增值税专用发票，注明保险费2 000元，增值税120元。

（2）3日，购进用于生产厂房建设的工程物资，取得增值税专用发票上注明的税额为24 000元。

（3）10日，向某商场销售自产粮食白酒30吨，开具增值税专用发票上注明的销售额180万元，另收取包装费20万元。该商场在当月20天内付清货款，按本企业的规定，给予了5%的销售折扣。

（4）11日，向零售方销售自产乙类啤酒100吨，开具普通发票上注明的销售额为25万元，另收取包装物押金1万元。

（5）13日，发现上月从农民手中购进的原材料小麦5吨因管理不善而被毁损，不能继续用于生产，每吨采购价格2 100元。

（6）15日，将新研制的薯类白酒10吨作为员工福利发放给本单位职工。该类型的白酒无市场销售价格，成本为1万元/吨，成本利润率为10%。已知消费税为4万元。

（7）16日，向某商场销售高粱白酒50吨，开具增值税专用发票上注明的销售额240万元，增值税31.2万元。

（8）20日，从农民手中收购粮食5万吨，购货发票上注明价款5万元，委托济南某酒业公司加工生产1吨粮食白酒，对方开具的增值税专用发票上注明加工费1万元，增值税1.3万元。经税务机关同意，该企业对购进农产品不采取核定扣除。

（9）22 日，没收逾期仍未收回的白酒包装物押金 5 000 元，计入销售收入。

（10）23 日，由于质量问题，本月 16 日销售的高粱白酒 15 吨被退回，开具红字发票。

（11）25 日，外购一批食用油，发放给职工作为中秋节福利，取得增值税专用发票，注明税额为 1 300 元。

任务一：确定该企业的征税范围及适用税率。

任务二：确定该企业应纳增值税税额。

任务三：尝试填写一般纳税人申报表。

任务四：尝试对该企业进行简单的增值税的税收筹划。

任务 2.1　识别增值税

知识准备

一、增值税的概念

增值税是以单位和个人生产经营过程中取得的法定增值额为课税对象征收的一种税。我国增值税是对在我国境内从事销售货物或者提供加工、修理修配劳务、进口货物以及销售服务、无形资产或者不动产的单位和个人取得的增值额为课税对象征收的一种税。增值税以增值额为课税对象，以销售额或营业额为计税依据，同时实行税款抵扣和简易计税相结合的计税方式，这一计税方式决定了增值税属于流转税。

二、增值税的征税范围

增值税的征税范围包括在我国境内销售货物、提供应税劳务和销售服务、无形资产、不动产及进口货物。

（一）征税范围的一般规定

1.销售货物

销售货物是指有偿转让货物的所有权。"有偿"不仅仅指从购买方取得货币，还包括取得货物或其他经济利益。这里的货物是指除去土地、房屋和其他建筑物等一切不动产之外的有形动产，包括电力、热力和气体在内。

2.提供应税劳务

应税劳务是指纳税人提供的加工、修理修配劳务。加工是指受托加工货物，即委托方提供原料及主要材料，受托方按照委托方的要求制造货物并收取加工费的业务；修理修配是指受托方对损伤和丧失功能的货物进行修复，使其恢复原状和功能的业务。这里的提供加工和修理修配劳务都是指有偿提供加工和修理修配劳务，但不包括单位或个体经营者聘用的员工为本单位或雇主提供加工、修理修配劳务。

3.销售服务

销售服务，是指提供交通运输服务、邮政服务、电信服务、建筑服务、金融服务、现代服务、生活服务。

（1）交通运输服务，是指利用运输工具将货物或者旅客送达目的地，使其空间位置得到转移的业务活动，包括陆路运输服务、水路运输服务、航空运输服务和管道运输服务。

①陆路运输服务，是指通过陆路（地上或者地下）运送货物或者旅客的运输业务活动，包括铁路运输服务和其他陆路运输服务。

出租车公司向使用本公司自有出租车的出租车司机收取的管理费用，按照陆路运输服务缴纳增值税。

②水路运输服务，是指通过江、河、湖、川等天然、人工水道或者海洋航道运送货物或者旅客的运输业务活动。

水路运输的程租、期租业务，属于水路运输服务。程租业务，是指运输企业为租船人完成某一特定航次的运输任务并收取租赁费的业务。期租业务，是指运输企业将配备有操作人员的船舶承租给他人使用一定期限，承租期内听候承租方调遣，不论是否经营，均按天向承租方收取租赁费，发生的固定费用均由船东负担的业务。

③航空运输服务，是指通过空中航线运送货物或者旅客的运输业务活动。

航空运输的湿租业务，属于航空运输服务。湿租业务，是指航空运输企业将配备有机组人员的飞机承租给他人使用一定期限，承租期内听候承租方调遣，不论是否经营，均按一定标准向承租方收取租赁费，发生的固定费用均由承租方承担的业务。

④管道运输服务，是指通过管道设施输送气体、液体、固体物质的运输业务活动。

无运输工具承运业务，按照交通运输服务缴纳增值税。无运输工具承运业务，是指经营者以承运人身份与托运人签订运输服务合同，收取运费并承担承运人责任，然后委托实际承运人完成运输服务的经营活动。

（2）邮政服务，是指中国邮政集团公司及其所属邮政企业提供邮件寄递、邮政汇兑和机要通信等邮政基本服务的业务活动，包括邮政普遍服务、邮政特殊服务和其他邮政服务。

①邮政普遍服务，是指函件、包裹等邮件寄递，以及邮票发行、报刊发行和邮政汇兑等业务活动。

②邮政特殊服务，是指义务兵平常信函、机要通信、盲人读物和革命烈士遗物的寄递等业务活动。

③其他邮政服务，是指邮册等邮品销售、邮政代理等业务活动。

（3）电信服务，是指有线、无线的电磁系统或者光电系统等各种通信网络资源，提供语音通话服务，传送、发射、接收或者应用图像、短信等电子数据和信息的业务活动，包括基础电信服务和增值电信服务。

①基础电信服务，是指利用固网、移动网、卫星、互联网，提供语音通话服务的业务活动，以及出租或者出售带宽、波长等网络元素的业务活动。

②增值电信服务，是指利用固网、移动网、卫星、互联网、有线电视网络，提供短信和彩信服务、电子数据和信息的传输及应用服务、互联网接入服务等业务活动。卫星电视信号落地转接服务，按照增值电信服务缴纳增值税。

（4）建筑服务，是指各类建筑物、构筑物及其附属设施的建造、修缮、装饰，线路、管道、设备、设施等的安装以及其他工程作业的业务活动，包括工程服务、安装服务、修缮服务、装饰服务和其他建筑服务。

①工程服务，是指新建、改建各种建筑物、构筑物的工程作业，包括与建筑物相连的各种设备或者支柱、操作平台的安装或者装设工程作业，以及各种窑炉和金属结构工程作业。

②安装服务，是指生产设备、动力设备、起重设备、运输设备、传动设备、医疗实验设备以及其他各种设备、设施的装配、安置工程作业，包括与被安装设备相连的工作台、梯子、栏杆的装设工程作业，以及被安装设备的绝缘、防腐、保温、油漆等工程作业。

关于固定电话、有线电视、宽带、水、电、燃气、暖气等经营者向用户收取的安装费、初装费、开户费、扩容费以及类似收费，按照安装服务缴纳增值税。

③修缮服务，是指对建筑物、构筑物进行修补、加固、养护、改善，使之恢复原来的使用价值或者延长其使用期限的工程作业。

④装饰服务，是指对建筑物、构筑物进行修饰装修，使之美观或者具有特定用途的工程作业。

⑤其他建筑服务，是指上列工程作业之外的各种工程作业服务，如钻井（打井）、拆除建筑物或者构筑物、平整土地、园林绿化、疏浚（不包括航道疏浚）、建筑物平移、搭脚手架、爆破、矿山穿孔、表面附着物（包括岩层、土层、沙层等）剥离和清理等工程作业。

（5）金融服务，是指经营金融保险的业务活动，包括贷款服务、直接收费金融服务、保险服务和金融商品转让。

①贷款服务，是指将资金贷与他人使用而取得利息收入的业务活动。各种占用、拆借资金取得的收入，包括金融商品持有期间（含到期）利息（保本收益、报酬、资金占用费、补偿金等）收入、信用卡透支利息收入、买入返售金融商品利息收入、融资融券

收取的利息收入，以及融资性售后回租、押汇、罚息、票据贴现、转贷等业务取得的利息及利息性质的收入，按照贷款服务缴纳增值税。融资性售后回租，是指承租方以融资为目的，将资产出售给从事融资性售后回租业务的企业后，从事融资性售后回租业务的企业将该资产出租给承租方的业务活动。以货币资金投资收取的固定利润或者保底利润，按照贷款服务缴纳增值税。

②直接收费金融服务，是指为货币资金融通及其他金融业务提供相关服务并且收取费用的业务活动，包括提供货币兑换、账户管理、电子银行、信用卡、信用证、财务担保、资产管理、信托管理、基金管理、金融交易场所（平台）管理、资金结算、资金清算、金融支付等服务。

③保险服务，是指投保人根据合同约定，向保险人支付保险费，保险人对于合同约定的可能发生的事故因其发生所造成的财产损失承担赔偿保险金责任，或者当被保险人死亡、伤残、疾病或者达到合同约定的年龄、期限等条件时承担给付保险金责任的商业保险行为，包括人身保险服务和财产保险服务。人身保险服务，是指以人的寿命和身体为保险标的的保险业务活动。财产保险服务，是指以财产及其有关利益为保险标的的保险业务活动。

④金融商品转让，是指转让外汇、有价证券、非货物期货和其他金融商品所有权的业务活动。

其他金融商品转让包括基金、信托、理财产品等各类资产管理产品和各种金融衍生品的转让。

（6）现代服务，是指围绕制造业、文化产业、现代物流产业等提供技术性、知识性服务的业务活动，包括研发和技术服务、信息技术服务、文化创意服务、物流辅助服务、租赁服务、鉴证咨询服务、广播影视服务、商务辅助服务和其他现代服务。

①研发和技术服务，包括研发服务、合同能源管理服务、工程勘察勘探服务、专业技术服务。

②信息技术服务，是指利用计算机、通信网络等技术对信息进行生产、收集、处理、加工、存储、运输、检索和利用，并提供信息服务的业务活动，包括软件服务、电路设计及测试服务、信息系统服务、业务流程管理服务和信息系统增值服务。

③文化创意服务，包括设计服务、知识产权服务、广告服务和会议展览服务。

④物流辅助服务，包括航空服务、港口码头服务、货运客运场站服务、打捞救助服务、装卸搬运服务、仓储服务和收派服务。

⑤租赁服务，包括融资租赁服务和经营租赁服务。

水路运输的光租业务、航空运输的干租业务，属于经营租赁。光租业务，是指运输企业将船舶在约定的时间内出租给他人使用，不配备操作人员，不承担运输过程中发生的各项费用，只收取固定租赁费的业务活动。干租业务，是指航空运输企业将飞机在约定的时间内出租给他人使用，不配备机组人员，不承担运输过程中发生的各项费用，只收取固定租赁费的业务活动。

⑥鉴证咨询服务，包括认证服务、鉴证服务和咨询服务。

⑦广播影视服务，包括广播影视节目（作品）的制作服务、发行服务和播映（含放映，下同）服务。

⑧商务辅助服务，包括企业管理服务、经纪代理服务、人力资源服务、安全保护服务。

⑨其他现代服务，是指除研发和技术服务、信息技术服务、文化创意服务、物流辅助服务、租赁服务、鉴证咨询服务、广播影视服务和商务辅助服务以外的现代服务。

（7）生活服务，是指为满足城乡居民日常生活需求提供的各类服务活动，包括文化体育服务、教育医疗服务、旅游娱乐服务、餐饮住宿服务、居民日常服务和其他生活服务。

①文化体育服务，包括文化服务和体育服务。

②教育医疗服务，包括教育服务和医疗服务。

③旅游娱乐服务，包括旅游服务和娱乐服务。

④餐饮住宿服务，包括餐饮服务和住宿服务。

⑤居民日常服务，是指主要为满足居民个人及其家庭日常生活需求提供的服务，包括市容市政管理、家政、婚庆、养老、殡葬、照料和护理、救助救济、美容美发、按摩、桑拿、氧吧、足疗、沐浴、洗染、摄影扩印等服务。

⑥其他生活服务，是指除文化体育服务、教育医疗服务、旅游娱乐服务、餐饮住宿服务和居民日常服务之外的生活服务。

4.销售无形资产

销售无形资产，是指转让无形资产所有权或者使用权的业务活动。无形资产，是指不具有实物形态，但能带来经济利益的资产，包括技术、商标、著作权、商誉、自然资源使用权和其他权益性无形资产。

技术，包括专利技术和非专利技术。

自然资源使用权，包括土地使用权、海域使用权、探矿权、采矿权、取水权和其他自然资源使用权。

其他权益性无形资产，包括基础设施资产经营权、公共事业特许权、配额、经营权（包括特许经营权、连锁经营权、其他经营权）、经销权、分销权、代理权、会员权、席位权、网络游戏虚拟道具、域名、名称权、肖像权、冠名权、转会费等。

5.销售不动产

销售不动产，是指转让不动产所有权的业务活动。不动产，是指不能移动或者移动后会引起性质、形状改变的财产，包括建筑物、构筑物等。

建筑物，包括住宅、商业营业用房、办公楼等可供居住、工作或者进行其他活动的建造物。

构筑物，包括道路、桥梁、隧道、水坝等建造物。

转让建筑物有限产权或者永久使用权的，转让在建的建筑物或者构筑物所有权的，以及在转让建筑物或者构筑物时一并转让其所占土地的使用权的，按照销售不动产缴纳增值税。

6.进口货物

进口货物是指经申报进入我国海关境内的货物。确定一项货物是否属于进口货物，必须看其是否办理了报关进口手续。只要是报关进口的应税货物，均属于增值税征税范围，在进口环节缴纳增值税。

│练一练│

【例题2-1】（多选题）下列各项中，属于增值税征税范围的有（　　　）。

A.汽车维修　　B.手机修配　　C.金银首饰加工　　D.电力销售

答案：ABCD。根据增值税法律制度的规定，提供加工、修理修配劳务、电力销售均属于增值税征税范围。

7.非经营活动界定

销售服务、无形资产或者不动产，是指有偿提供服务、有偿转让无形资产或者不动产，但属于下列非经营活动的情形除外：

（1）行政单位收取的同时满足以下条件的政府性基金或者行政事业性收费。

①由国务院或者财政部批准设立的政府性基金，由国务院或者省级人民政府及其财政、价格主管部门批准设立的行政事业性收费；

②收取时开具省级以上（含省级）财政部门监（印）制的财政票据；

③所收款项全额上缴财政。

（2）单位或者个体工商户聘用的员工为本单位或者雇主提供取得工资的服务。

（3）单位或者个体工商户为聘用的员工提供服务。

（4）财政部和国家税务总局规定的其他情形。

8.境内销售服务、无形资产或者不动产的界定

（1）在境内销售服务、无形资产和不动产是指：

①服务（租赁不动产除外）或者无形资产（自然资源使用权除外）的销售方或者购

买方在境内。

②所销售或者租赁的不动产在境内。

③所销售自然资源使用权的自然资源在境内。

④财政部和国家税务总局规定的其他情形。

（2）下列情形不属于在境内销售服务或者无形资产：

①境外单位或者个人向境内单位或者个人销售完全在境外发生的服务。

②境外单位或者个人向境内单位或者个人销售完全在境外使用的无形资产。

③境外单位或者个人向境内单位或者个人出租完全在境外使用的有形动产。

④财政部和国家税务总局规定的其他情形。

（二）征税范围的特殊规定

增值税的征税范围除了一般规定以外，还对经济活动中某些特殊项目或行为是否属于增值税征税范围做出了明确界定。

1.属于征税范围的特殊项目

（1）货物期货（包括商品期货和贵金属期货），在期货的实物交割环节征收增值税。

（2）供电企业利用自身输变电设备对并入电网的企业自备电厂生产的电力产品进行电压调节，属于提供加工劳务，征收增值税。对供电企业进行电力调压并按电量向发电企业收取的过网费，征收增值税。

（3）经批准允许从事二手车经销业务的纳税人，收购二手车时将其过户到自己名下，销售时再过户到买家名下的行为，属于销售货物的行为，征收增值税。

（4）航空运输企业已售票但未提供航空运输服务取得的逾期票证收入，按照航空运输服务征收增值税。

（5）不征收增值税的项目：

①对增值税纳税人收取的会员费收入，不征收增值税。

②各燃油电厂从政府财政专户取得的发电补贴不属于增值税规定的价外费用，不征收增值税。

③纳税人取得的中央财政补贴，不属于增值税应税收入，不征收增值税。

④融资性售后回租业务中，承租方出售资产的行为不属于增值税征税范围，不征收增值税。

⑤存款利息不征收增值税。

⑥被保险人获得的保险赔付不征收增值税。

⑦根据国家指令无偿提供的铁路运输服务、航空运输服务，属于营改增规定的以公益活动为目的的服务，不征收增值税。

⑧纳税人在资产重组过程中，通过合并、分立、出售、置换等方式，将全部或者部分实物资产以及与其相关联的债权、负债和劳动力一并转让给其他单位和个人的，不属于增值税的征税范围，其中涉及的货物转让，不征收增值税。

⑨罚没物品，凡作为罚没收入如数上缴财政部门的，不予征税。

2.视同销售货物、服务、无形资产或者不动产

单位或者个体工商户有下列行为，视同销售货物、服务、无形资产或者不动产：

（1）将货物交付他人代销；

（2）销售代销货物；

（3）设有两个以上机构并实行统一核算的纳税人，将货物从一个机构移送到其他机构用于销售，但相关机构设在同一县（市）的除外；

（4）将自产、委托加工的货物用于集体福利或个人消费；

（5）将自产、委托加工或购买的货物作为投资，提供给其他单位或个体工商户；

（6）将自产、委托加工或购买的货物分配给股东或投资者；

（7）将自产、委托加工或购买的货物无偿赠送给其他单位或个人；

（8）单位或者个体工商户向其他单位或者个人无偿提供服务、无偿转让无形资产或者不动产，但用于公益事业或者以社会公众为对象的除外；

（9）财政部和国家税务总局规定的其他情形。

上述九种情况应该确定为视同销售货物、服务、无形资产或者不动产，均要征收增值税。

|练一练|

【例题2-2】（多选题）根据增值税征税范围的有关规定，下列属于视同提供应税服务的有（　　　）。

A.为本单位员工无偿提供搬家运输服务　　B.向客户无偿提供信息咨询服务

C.销售货物同时无偿提供运输服务　　　　D.为客户无偿提供广告设计服务

答案：BCD。选项A：单位为员工无偿提供的服务不属于增值税的征税范围。选项B、C、D：均属于视同销售征收增值税的情形。

3.混合销售行为

一项销售行为如果既涉及服务又涉及货物，则为混合销售。从事货物的生产、批发或者零售的单位和个体工商户的混合销售行为，按照销售货物缴纳增值税；其他单位和个体工商户的混合销售行为，按照销售服务缴纳增值税。

从事货物的生产、批发或者零售的单位和个体工商户，包括以从事货物的生产、批发或者零售为主，并兼营销售服务的单位和个体工商户在内。

自2017年5月起，纳税人销售活动板房、机器设备、钢结构件等自产货物的同时提供建筑、安装服务的不属于混合销售，应分别核算销售货物和建筑服务的销售额，分别适用不同的税率或者征收率。

4.兼营行为

纳税人兼营销售货物、劳务、服务、无形资产或者不动产，适用不同税率或者征收率的，应当分别核算适用不同税率或者征收率的销售额；未分别核算的，从高适用税率。

纳税人兼营免税、减税项目的，应当分别核算免税、减税项目的销售额；未分别核算的，不得免税、减税。

| 练一练 |

【例题2-3】（多选题）下列各项中，属于增值税混合销售行为的有（　　　　）。

A.百货商店在销售商品的同时又提供送货服务

B.餐饮公司提供餐饮服务的同时又销售烟酒

C.建材商店在销售木质地板的同时提供安装服务

D.歌舞厅在提供娱乐服务的同时销售食品

答案：ABCD。根据增值税法律制度的规定，四个选项均属于增值税混合销售行为。

三、增值税的纳税人

增值税的纳税人，是在中国境内销售货物、服务、无形资产、不动产（以下称应税行为），以及进口货物、提供加工、提供修理修配劳务的单位和个人。单位包括企业、行政单位、事业单位、军事单位、社会团体及其他单位。个人包括个体工商户和其他个人。

基于我国纳税人数量众多，会计核算水平参差不齐，大量的小企业和个人还不具备抵扣计算税款的能力，为了既简化增值税计算和征收，又有利于减少税款征收漏洞，根据纳税人会计核算水平和经营规模将增值税纳税人分为小规模纳税人和一般纳税人进行管理，同时规定了增值税扣缴义务人。

（一）小规模纳税人

增值税小规模纳税人标准为年应征增值税销售额500万元及以下。年应税销售额，是指纳税人在连续不超过12个月或四个季度的经营期内累计应征增值税销售额，包括纳税申报销售额、稽查查补销售额、纳税评估调整销售额。

小规模纳税人是年应税销售额在财政部和国家税务总局规定标准以下，并且会计核算不健全，不能按规定报送有关税务资料的增值税纳税人，以及年应税销售额超过规定标准的其他个人。年应税销售额超过规定标准但不经常发生应税行为的单位和个体工商户可选择按照小规模纳税人纳税。

对小规模纳税人实行简易征税办法，并且一般不使用增值税专用发票，但基于增值税征收管理中一般纳税人与小规模纳税人之间客观存在的经济往来的实情，小规模纳税人可以到税务机关代开增值税专用发票。为了进一步优化营商环境，支持民营经济和小微企业发展，便利纳税人开具和使用增值税发票，2019年3月1日起，住宿业，鉴证咨询业，建筑业，工业，信息传输、软件和信息技术服务业，租赁和商务服务业，科学研究和技术服务业，居民服务、修理和其他服务业等8个行业小规模纳税人发生增值税应税行为，需要开具增值税专用发票的，可以自愿使用增值税发票管理系统自行开具。试点纳税人销售其取得的不动产，需要开具增值税专用发票的，应当按照有关规定向税务机关申请代开。

根据税总函〔2019〕243号文，小规模纳税人（其他个人除外）发生增值税应税行为，需要开具增值税专用发票的，可以自愿使用增值税发票管理系统自行开具。

（二）一般纳税人

一般纳税人，是指年应税销售额超过财政部、国家税务总局规定的小规模纳税人标准的企业和企业性单位。下列纳税人不办理一般纳税人登记：1.年应税销售额超过规定标准的其他个人；2.按政策规定，选择按照小规模纳税人纳税的纳税人。

年应税销售额未超过标准的纳税人，会计核算健全，能准确核算并提供税务资料的，可以向主管税务机关办理一般纳税人资格登记，成为一般纳税人。

纳税人登记为一般纳税人后，不得转为小规模纳税人，国家税务总局另有规定的除外。

（三）扣缴义务人

境外的单位或者个人在境内提供应税劳务，在境内未设有经营机构的，境内代理人为扣缴义务人；在境内没有代理人的，以购买方为扣缴义务人。

|练一练|

【例题2-4】（多选题）以下关于增值税一般纳税人和小规模纳税人划分的规定，表述正确的有（　　　　）。

A.个体工商户不能办理增值税一般纳税人资格登记

B.年应税销售额超过小规模纳税人标准的其他个人不属于一般纳税人

C.一般纳税人如果业务经营状况不好，可以申请为小规模纳税人

D.年应税销售额未超过小规模纳税人标准的企业，也可能办理一般纳税人资格登记

答案：BD。个体工商户可以成为增值税一般纳税人，但个体工商户以外的个人无须办理增值税一般纳税人资格登记；年应税销售额超过小规模纳税人标准的其他个人按

小规模纳税人纳税；除国家税务总局另有规定以外，一经登记为一般纳税人后，不得转为小规模纳税人；年应税销售额未超过小规模纳税人标准的企业，只要符合规定条件的，也可以进行一般纳税人资格登记。

四、税率与征收率

（一）增值税税率

1.基本税率

（1）一般纳税人销售或进口货物，除《中华人民共和国增值税暂行条例》（以下简称《增值税暂行条例》）所列举的外，税率一律为13%。

（2）一般纳税人提供加工修理、修配劳务，税率为13%。

（3）一般纳税人提供有形动产租赁服务，税率为13%。

2.低税率

（1）一般纳税人销售交通运输、邮政、基础电信、建筑、不动产租赁服务，销售不动产，转让土地使用权，税率为9%。

（2）自2019年4月1日起，一般纳税人销售或进口下列货物，税率为9%：

粮食等农产品、自来水、暖气、石油液化气、天然气、食用植物油、冷气、热水、煤气、居民用煤炭制品、食用盐、农机、饲料、农药、农膜、化肥、沼气、二甲醚、图书、报纸、杂志、音像制品、电子出版物。

3.纳税人销售增值电信服务、金融服务、现代服务（租赁服务除外）、生活服务、无形资产（转让土地使用权除外），税率为6%。

4.纳税人出口货物，境内单位和个人发生的跨境应税行为，税率为零。具体范围由财政部和国家税务总局另行规定。

5.中国境内的单位和个人销售的下列服务和无形资产，适用增值税零税率：

（1）国际运输服务。具体包括：①在境内载运旅客或者货物出境；②在境外载运旅客或者货物入境；③在境外载运旅客或者货物。

（2）航天运输服务。

（3）向境外单位提供的完全在境外消费的下列服务：①研发服务；②合同能源管理服务；③设计服务；④广播影视节目（作品）的制作和发行服务；⑤软件服务；⑥电路设计及测试服务；⑦信息系统服务；⑧业务流程管理服务；⑨离岸服务外包业务；⑩转让技术。

（4）财政部和国家税务总局规定的其他服务。

| 练一练 |

【例题2-5】（多选题）根据现行政策，下列项目适用9%税率的有（　　　　）。

A.电信公司提供的手机语音通话服务　　　B.煤矿销售的原煤

C.报社销售的报刊　　　D.花卉市场销售的外购鲜花

答案：ACD。选项A：属于基础电信服务，适用9%税率。选项B：根据现行政策，矿产品适用13%税率。选项C、D：报刊、鲜花均适用9%税率。

（二）增值税征收率

增值税征收率是对特定的货物或特定的纳税人销售货物、提供应税劳务、销售应税服务在某一生产流通、服务环节应纳税额与销售额的比率。增值税征收率适用于以下两种情况：一是小规模纳税人；二是一般纳税人销售货物、提供应税劳务、销售服务按规定可以选择简易计税方法计税的。

1.小规模纳税人

小规模纳税人一般适用的征收率为3%。特殊规定包括：销售自己使用过的固定资产，减按2%征收率征收增值税；销售旧货，按3%征收率减按2%征收增值税；销售不动产（不含个体工商户销售购买的住房和其他个人销售不动产），按照5%征收率征收增值税；房地产开发企业中的小规模纳税人，销售自行开发的房地产项目，按5%的征收率征收增值税；出租不动产（不含个人出租住房），按5%的征收率征收增值税。

2.一般纳税人

（1）符合简易计税方法规定的一般纳税人，适用3%征收率的情况。

①自2014年7月1日起，一般纳税人销售自产的下列货物可以选择简易办法依3%征收率征收增值税（一般纳税人选择简易办法计算缴纳增值税后，36个月内不得变更）：

a.县级及县级以下小型水力发电单位生产的电力。小型水力发电单位，是指各类投资主体建设的装机容量为5万千瓦以下（含5万千瓦）的小型水力发电单位。

b.建筑用和生产建筑材料所用的砂、土、石料。

c.以自己采掘的砂、土、石料或其他矿物连续生产的砖、瓦、石灰（不含黏土实心砖、瓦）。

d.用微生物、微生物代谢产物、动物毒素、人或动物的血液或组织制成的生物制品。

e.自来水。

f.商品混凝土（仅限于以水泥为原料生产的水泥混凝土）。

②自2016年5月1日起，一般纳税人发生下列特定应税服务，可以选择简易方法按3%征收率征收增值税（一般纳税人选择简易办法计算缴纳增值税后，36个月内不得变更）：

a.公共交通服务，包括轮客渡、公交客运、地铁、城市轻轨、出租车、长途客运、班车。

b.经认定的动漫企业为开发动漫产品提供的动漫脚本编撰、形象设计、背景设计、动画设计、分镜、动画制作、摄制、描线、上色、画面合成、配音、配乐、音效合成、剪辑、字幕制作、压缩转码(面向网络动漫、手机动漫格式适配)服务,以及在境内转让动漫版权(包括动漫品牌、形象或者内容的授权及再授权)。

c.电影放映服务、仓储服务、装卸搬运服务、收派服务和文化体育服务。

d.以清包工方式提供的建筑服务。

e.为甲供工程提供的建筑服务;甲供工程,是指全部或部分设备、材料、动力由工程发包方自行采购的建筑工程。

f.为开工日期在2016年4月30日前的建筑工程老项目提供的建筑服务。

g.公路经营企业中的一般纳税人收取试点前开工的高速公路的车辆通行费。

h.农村金融机构以特定贷款公司提供的金融服务。

i.符合条件的中国农业银行及其以下机构涉农贷款利息收入。

j.一般纳税人提供的非学历教育。

k.以纳入营改增试点之日前取得的有形动产为标的物提供的经营租赁服务。

l.以纳入营改增试点之日前签订的尚未执行完毕的有形动产租赁合同。

③自2014年7月1日起,一般纳税人销售下列货物,暂按简易办法依3%征收率征收增值税:

a.寄售商店代销寄售物品(包括居民个人寄售的物品在内)。

b.典当业销售死当物品。

c.经国务院或国务院授权机关批准的免税商店零售的免税品。

④按照简易办法依照3%征收率减按2%征收增值税的范围:

a.一般纳税人销售旧货,按简易办法依照3%征收率减按2%征收增值税,不得开具增值税专用发票抵扣进项税额。

b.一般纳税人销售自己使用过的固定资产,区分不同情况征收增值税,销售自己使用过的2008年12月31日或纳入营改增试点之日前购进或自制的固定资产,适用简易办法依照3%征收率减按2%征收增值税并不得开具增值税专用发票,或按照简易办法依照3%征收率缴纳增值税,开具增值税专用发票;纳税人销售自己使用过的2009年1月1日或纳入营改增试点之后购进或自制的固定资产,按照适用税率征收增值税。

(2)一般纳税人适用5%征收率的情况。一般纳税人自2016年5月1日起发生下列特定行为,可以选择简易计税方法计税,但一经选择,36个月内不得变更。按照5%的预征率在不动产所在地预缴税款后,向机构所在地主管税务机关进行纳税申报。

①销售其 2016 年 4 月 30 日前取得（不含自建）的不动产。

②销售其 2016 年 4 月 30 日前自建的不动产。

③房地产开发企业销售自行开发的房地产老项目。

④出租其 2016 年 4 月 30 日前取得的不动产。

⑤提供劳务派遣服务，选择差额纳税。

⑥收取试点前开工的一级公路、二级公路、桥、闸通行费。

⑦提供人力资源外包服务。

⑧2016 年 4 月 30 日前签订的不动产融资租赁合同，或以 2016 年 4 月 30 日前取得的不动产提供的融资租赁服务。

⑨转让 2016 年 4 月 30 日前取得的土地使用权。

⑩提供安全保护服务，比照劳务派遣服务政策执行。

任务实施

烟台新泰酒业有限公司为增值税一般纳税人，主要从事酒类产品的销售，属于销售货物，15 日将新研制的薯类白酒发放给本单位职工，视同销售，按照增值税征税范围的特殊规定，应该征收增值税。

25 日将外购的食用油给本单位职工发放福利，按增值税征税范围的特殊规定，不属于视同销售。

烟台新泰酒业有限公司作为增值税一般纳税人销售粮食白酒、啤酒、葡萄酒适用的税率为 13%；薯类白酒的视同销售业务适用的税率为 13%。

任务拓展

增值税在我国的发展历程

增值税是一种流转税，即在商品流转过程中征收的税。什么是商品流转过程呢？以制造业为例，一个商品在实现最终消费前，一般要经历原材料生产、零部件生产、组装、批发等许多生产销售环节，这就是制造业商品的流转过程，其中任何一个生产销售环节就是该过程中的一个流转环节。商品每经过一个流转环节就会增加新的附加值。增值税是对商品生产和流通过程中各环节的新增价值，即增值额征税。

1954 年法国首先开征增值税，此后增值税的征收在全世界推行开来。我国于 1979 年引进、试点增值税，1994 年进行税制改革，增值税作为改革的重点逐步走上了规范化的道路，此外，我国还于当年 1 月 1 日起实施《中华人民共和国增值税暂行条例》。2009 年起国务院决定将生产性增值税转为消费性增值税。2011 年底，国家决定在上海试点营业税改增值税的工作，印发了《交通运输业和部分现代服务业营业税改征增值税试点实施办法》《交通运输业和部分现代服务业营业税改征增值税试点有关事项的规定》和《交通运输业和部分现代服务业营业税改征增值税试点过渡政策的规定》等文件。2013年8月1日，全国范围内对交通运输业和部分现代服务业实行营业税改征增值税试点工作。2014年，我国又陆续将铁路运输、邮政业服务和电信业服务纳入试点范围。2016年5月1日起，全国范围内全面推开营业税改征增值税试点工作。

同步训练

答案与解析

一、单选题

1.按照现行规定，下列各项中可登记为一般纳税人的是（   ）。

   A.年不含税销售额560万元，会计核算制度健全的信息咨询公司

   B.年不含税销售额50万元，会计核算制度不健全的超市

   C.年不含税销售额60万元的个体工商户

   D.年不含税销售额440万元，会计核算资料不健全的建材批发公司

2.我国现行增值税采用（   ）。

   A.价内税   B.价外税

   C.定额税   D.累进税

3.下列产品不适用9%增值税率的是（   ）。

   A.鲜奶   B.杂志

   C.石油液化气   D.计算机

4.提供有形动产租赁服务的税率为（   ）。

   A.11%   B.6%

   C.9%   D.13%

5.下列行为中，视同销售货物缴纳增值税的是（   ）。

   A.将购进的货物用于集体福利

   B.将购进的货物用于个人消费

   C.将购进的货物用于非增值税应税项目

   D.将购进的货物用于对外投资

6.下列行为中，涉及的进项税额不得从销项税额中抵扣的是（   ）。

   A.将外购的货物用于本单位集体福利

   B.将外购的货物分配给股东和投资者

C.将外购的货物无偿赠送给其他个人

D.将外购的货物作为投资提供给其他单位

7.根据增值税征税范围相关规定,下列各项中,应按照"销售服务——建筑服务"税目计缴增值税的是(　　)。

A.平整土地 　　　　　　　　　　B.出售住宅

C.出租办公楼 　　　　　　　　　D.转让土地使用权

8.根据增值税征税范围相关规定,下列行为中,应按照"销售不动产"税目计缴增值税的是(　　)。

A.将建筑物广告位出租给其他单位用于发布广告

B.销售底商(建筑物底层商铺)

C.转让高速公路经营权

D.转让国有土地使用权

9.根据增值税试点征税范围相关规定,下列各项中,应按照"销售服务——生活服务"税目计缴增值税的是(　　)。

A.文化创意服务 　　　　　　　　B.车辆停放服务

C.广播影视服务 　　　　　　　　D.旅游娱乐服务

10.根据增值税征税范围相关规定,下列各项中,应征收增值税的是(　　)。

A.被保险人获得的保险赔付

B.航空公司根据国家指令无偿提供用于公益事业的航空运输服务

C.居民存款利息

D.母公司向子公司出售不动产

二、多选题

1.根据增值税法律制度的规定,下列各项中,应视同销售货物缴纳增值税的有(　　)。

A.将购进货物分配给股东 　　　　B.将购进货物用于集体福利

C.将购进货物无偿赠送给其他单位 　D.将购进货物投资给其他单位

2.下列租赁行为中,应当按照金融服务征收增值税的有(　　)。

A.有形动产经营租赁 　　　　　　B.有形动产融资性售后回租

C.不动产融资租赁 　　　　　　　D.不动产融资性售后回租

3.根据增值税法律制度的有关规定,纳税人提供的下列服务中,适用9%增值税税率的有(　　)。

A.建筑服务 　　　　　　　　　　B.不动产租赁服务

C.销售不动产　　　　　　　　　　　　D.转让土地使用权

4.根据增值税法律制度的规定，下列各项中，免征增值税的有（　　　）。

　　A.托儿所提供养育服务　　　　　　　B.农场提供农田灌溉业务

　　C.文化馆出租房屋业务　　　　　　　D.保险公司为种植业提供保险业务

5.根据我国现行增值税的规定，纳税人提供下列劳务应当缴纳增值税的有（　　　）。

　　A.设备修配　　　　　　　　　　　　B.保险业务

　　C.服装加工　　　　　　　　　　　　D.管道安装

6.下列企业属于增值税一般纳税人的有（　　　）。

　　A.会计核算健全，年应纳税销售额520万元的商业零售企业

　　B.会计核算健全，年应纳税销售额530万元的批发企业

　　C.会计核算不健全，年应纳税销售额450万元的生产企业

　　D.会计核算健全，年应纳税销售额610万元的生产企业

7.增值税税率适用9%税率的产品有（　　　）。

　　A.粮食　　　　　　　　　　　　　　B.计算机

　　C.报纸　　　　　　　　　　　　　　D.农机

8.现行增值税制度以哪些标准来划分一般纳税人和小规模纳税人（　　　）。

　　A.纳税人年销售额的大小　　　　　　B.纳税人年末净利润额的大小

　　C.纳税人实收资本的大小　　　　　　D.纳税人会计核算水平

9.下列行为应征增值税的有（　　　）。

　　A.某百货大楼出售商品　　　　　　　B.某机械加工厂生产用电

　　C.某国有企业转让某土地的使用权　　D.某机械厂接受委托加工一批机器零件

10.根据现行增值税的有关规定，下列货物销售，适用9%增值税税率的有（　　　）。

　　A.粮油加工厂加工食用植物油销售　　B.面粉厂加工面粉销售

　　C.食品厂加工速冻水饺销售　　　　　D.食品厂加工切面销售

任务 2.2　增值税应纳税额计算

知识准备

增值税的计税方法，包括一般计税方法和简易计税方法。

一、一般计税方法

增值税以增值额为课税对象，在一般计税方法上有直接计算法和间接计算法之分。所谓直接计算法是指先直接计算出增值额，再乘以税率，求出应纳增值税的方法。所谓间接计算法，又叫扣税法，是指并不直接计算增值额，而采用抵扣税款的方法，计算应纳增值税的税额。

根据我国税法规定，一般纳税人采用的一般计税方法是间接计算法，即先按照当期销售额和适用税率计算出销项税额，然后用当期准予抵扣的进项税额进行抵扣，从而间接计算出当期增值额部分的应纳税额。其计算公式是：

当期应纳增值税税额＝当期销项税额－当期进项税额

增值税一般纳税人当期应纳税额的多少，取决于当期销项税额和当期进项税额两个因素，而前者的关键在于确定当期销售额。

（一）认识销项税额

销项税额是指纳税人销售货物、应税劳务、服务、无形资产和不动产，按照计税销售额和规定的税率计算，并向购买方收取的增值税额。销项税额是销售货物、应税劳务、服务、无形资产和不动产的计税销售额与税率的乘积。该概念是相对于进项税额来说的，定义销项税额是为了区别于应纳税额。其计算公式是：

当期销项税额＝销售额×税率

1.计税销售额的一般规定

销售额为纳税人销售货物、应税劳务、服务、无形资产和不动产向购买方收取的全部价款和价外费用。

价外费用具体包括：手续费、补贴、基金、集资费、返还利润、奖励费、违约金

47

（延期付款利息）、包装费、包装物租金、储备费、优质费、运输装卸费、代收款项、代垫款项及其他各种性质的价外收费。上述价外费用无论其会计制度如何核算，都应并入销售额计税。但是，价外费用不包括：

（1）向购买方收取的销项税额。

（2）受托加工应征消费税的消费品所代收代缴的消费税。

（3）以委托方名义开具发票代委托方收取的款项。

（4）符合国家税收法律、法规规定条件代为收取的政府性基金或行政事业性收费。

（5）销售货物的同时代办保险等而向购买方收取的保险费，以及向购买方收取的代购买方缴纳的车辆购置税、车辆牌照费。

> **│注意│**
>
> 　　根据国家税务总局规定，纳税人向购买方收取的价外费用和包装物押金，应视为含增值税款收入。

增值税实行价外税，计算销项税额时，销售额中不应含有增值税款。如果销售额中包含了增值税款即销项税款，则应将含税销售额换算成不含税销售额。其计算公式为：

不含税销售额＝含税销售额÷（1＋增值税税率）

│练一练│

【例题2-6】（多选题）根据增值税法律制度的规定，纳税人销售货物向购买方收取的下列款项中，属于价外费用的有（　　　）。

A.延期付款利息　　　B.赔偿金　　　C.手续费　　　D.包装物租金

答案：ABCD。

2.视同销售货物销售额的确定

纳税人发生视同销售货物或者视同发生应税行为的情形，价格明显偏低或者偏高且不具有合理商业目的的，主管税务机关有权按照下列顺序确定销售额：

（1）按照纳税人最近时期销售同类货物或者应税行为的平均价格确定。

（2）按照其他纳税人最近时期销售同类货物或者应税行为的平均价格确定。

（3）按照组成计税价格确定。组成计税价格的公式为：

组成计税价格＝成本×（1＋成本利润率）

成本利润率由国家税务总局确定。

征收增值税的货物，同时又征收消费税的，其组成计税价格中应包含消费税税额。其计算公式为：

组成计税价格＝成本×（1＋成本利润率）＋消费税税额

公式中的成本分为两种情况：一是销售自产货物的实际生产成本；二是销售外购货物的实际采购成本。公式中的成本利润率为10%。但属于从价定率征收消费税的货物，其成本利润率为《消费税若干具体问题的规定》中规定的成本利润率。

3.特殊销售方式下销售额的确定

（1）以折扣方式销售货物、应税劳务、服务、无形资产和不动产的。在现实经济生活中，纳税人采取的折扣一般可分为以下三种形式：

①折扣销售，也称商业折扣，是指卖方为鼓励买方多购买货物而给予买方的一种价格优惠。折扣销售是指销售方在销售货物或应税劳务时，因买方需求量大等原因，而给予买方的一种价格优惠。例如，每件商品150元，如购买100件以上可按规定价格折扣25%。税法规定，如果销售额和折扣额在同一张发票的金额栏内分别注明，可按折扣后的销售额征收增值税；如果将折扣额另开发票，不论在财务上如何处理，均不得在销售额中减除折扣额。

②销售折扣，也称现金折扣，通常是为了鼓励购货方及时偿还货款而给予的折扣优惠。例如，15天内付清货款可按售价折扣3%；15天以后付款则不再给予优惠。折扣优惠是付清货物之后发生的，从其性质看属于企业的融资行为，故折扣额不能从销售额中扣除。

销售折扣发生在销货之后，而折扣销售则是与实现销售同时发生的，销售折扣不得从销售额中减除。

③销售折让，是指货物卖出后买方发现品种、质量有问题，但没有提出退货，而是要求卖方给予一定的价格折让。销售折让的实质是由于货物质量、品种等不符合要求而导致原销售额的减少，因此，对销售折让应以折让后的销售额为计税销售额。

|练一练|

【例题2-7】甲商场为增值税一般纳税人，其销售的钢笔标明零售价为20元/支，乙学校将该钢笔作为教师节礼物购进100支。由于大批量购进，甲商场同意给乙学校打8折。已知增值税税率为13%，计算该商场的销项税额。

解析：

①因购买量大而给予的折扣，属于商业折扣，即折扣销售；

②如果甲商场将销售额与折扣额在同一张发票上的"金额"栏分别注明，增值税销项税额＝20×100×80%÷（1＋13%）×13%＝184.07（元）；

③如果甲商场将折扣额另开发票，增值税销项税额＝20×100÷（1＋13%）×13%＝230.09（元）。

（2）采取以旧换新方式销售货物的。以旧换新是指卖方在销售货物时，以折价方式收回同类旧货物，并以折价款部分冲减货物价款的一种销售方式。根据规定，纳税人采取以旧换新方式销售货物（金银首饰除外）时，应按新货物的同期销售价格确定销售额，不得减除旧货物的收购价格。金银首饰以旧换新，可按销售方实际收取的不含增值税的全部价款征收增值税。

（3）采取还本方式销售货物的。所谓还本销售是指将货物售出后，根据约定的期限，再由卖方一次或分次将货款部分或全部退还给买方，退还的货款为还本支出。采取还本销售方式销售货物的，不得从销售额中减除还本支出。

（4）采取以物易物方式销售货物的。以物易物是指买卖双方进行交易时不是以货币进行结算，而是以同等价款的货物进行结算，实现货物购销的一种方式。以物易物销售方式虽然不直接涉及货币收支活动，但其实质是一种购销行为。以物易物双方都应做购销处理，以各自发出的货物核算销售额并计算销项税额，以各自收到的货物核算购货额及进项税额。

应注意，在以物易物活动中，应分别开具合法的票据，如收到的货物不能取得相应的增值税专用发票或其他合法票据，则不能抵扣进项税额。

（5）包装物押金、租金问题。根据税法规定，纳税人为销售货物而出租出借包装物收取的押金，单独记账的，时间在一年内，又未过期的，不并入销售额征税；但对逾期未收回不再退还的包装物押金，应按所包装货物的适用税率计算纳税。这里的"逾期"是指按合同约定实际逾期或以1年为期限，对收取1年以上的押金无论是否退还，均应并入销售额征税。注意，在将包装物押金并入销售额征税时，需要先将该押金换算为不含税价，再并入销售额征税。包装物租金在销货时作为价外费用并入销售额计算销项税额。

对销售除啤酒、黄酒以外的其他酒类产品收取的包装物押金，无论是否返还以及会计核算情况，均应并入销售额征税。对销售啤酒、黄酒所收取的押金，按上述一般押金的规定处理。

| 练一练 |

【例题2-8】甲企业为增值税一般纳税人，2019年6月销售黄酒，取得不含增值税售价100万元，收取包装物押金16万元，没收逾期包装物押金2.32万元。已知，甲企业收取包装物押金单独记账，并规定包装物应当于提货之日起3个月内返还，逾期未归还者没收押金，黄酒适用增值税税率为13%。分析该企业6月增值税销项税额。

解析：销售黄酒收取的包装物押金按一般规定处理。因此，16万元的押金不做销售处理，2.32万元的逾期包装物押金需要计入销售额。该企业6月的销项税额为：［100＋2.32÷（1＋13%）］×13%＝13.27（万元）。

（6）直销。直销企业先将货物销售给直销员，直销员再将货物销售给消费者的，直销企业的销售额为其向直销员收取的全部价款和价外费用。直销员将货物销售给消费者的，按照一般销售货物缴纳增值税。

直销企业通过直销员向消费者销售货物，直接向消费者收取货款的，直销企业的销售额为其向消费者收取的全部价款和价外费用。

（7）贷款服务。贷款服务以提供贷款服务取得的全部利息及利息性质的收入为销售额。银行提供贷款服务按期计收利息的，结息日当日计收的全部利息收入，均应计入结息日所属期的销售额。

（8）直接收费金融服务。提供直接收费金融服务以收取的手续费、佣金、酬金、管理费、服务费、经手费、开户费、过户费、结算费、转托管费等各类费用为销售额。

4.混合销售行为销售额的确定

依照《营业税改征增值税试点实施办法》及相关规定，混合销售的销售额为货物销售额与服务销售额的合计。

5.兼营销售行为销售额的确定

依照《营业税改征增值税试点实施办法》及相关规定，纳税人兼营不同税率货物、劳务、服务、无形资产或者不动产，应当分别核算不同税率或者征收率的销售额；未分别核算销售额的，从高适用税率。

（二）进项税额的确定

进项税额，是指纳税人购进货物、加工修理修配劳务、服务、无形资产或者不动产支付或者负担的增值税额。

1.准予从销项税额中扣除的进项税额

根据《增值税暂行条例》和《关于全面推开营业税改征增值税试点的通知》，准予从销项税额中抵扣的进项税额，限于下列增值税扣税凭证上注明的增值税税额和按规定的扣除率计算的进项税额：

（1）从销售方取得的增值税专用发票（含税控机动车销售统一发票）上注明的增值税税额。

（2）从海关取得的海关进口增值税专用缴款书上注明的增值税额。

（3）自境外单位或者个人购进劳务、服务、无形资产或者境内的不动产，从税务机关或者扣缴义务人取得的代扣代缴税款的完税凭证上注明的增值税额。

（4）购进农产品，自2019年4月1日起，按照以下办法扣除：

①纳税人购进用于生产销售税率9%、6%货物服务的农产品：

a.取得一般纳税人开具的增值税专用发票或海关进口增值税专用缴款书的，以增值税专用发票或海关进口增值税专用缴款书上注明的增值税额为进项税额。

b.从按照简易计税方法依照3%征收率计算缴纳增值税的小规模纳税人取得增值税专用发票的，以增值税专用发票上注明的金额和9%的扣除率计算进项税额。

c.取得（开具）农产品销售发票或收购发票的，以农产品销售发票或收购发票上注明的农产品买价和9%的扣除率计算进项税额。其计算公式为：

进项税额＝买价×9%

销售发票，是指农业生产者销售自产农产品适用免征增值税政策而开具的普通发票。

②营改增试点期间，纳税人购进用于生产销售或委托受托加工13%税率货物的农产品按照10%的扣除率计算进项税额。其计算公式为：

进项税额＝买价×10%

（5）2019年4月1日起，纳税人购进国内旅客运输服务，其进项税额允许从销项税额中抵扣。

纳税人购进国内旅客运输服务，取得一般纳税人开具的增值税专用发票的，以增值税专用发票上注明的增值税额为进项税额。

纳税人未取得增值税专用发票的，暂按照以下规定确定进项税额：

①取得增值税电子普通发票的，为发票上注明的税额；

②取得注明旅客身份信息的航空运输电子客票行程单的，为按照下列公式计算进项税额：

航空旅客运输进项税额＝（票价＋燃油附加费）÷（1＋9%）×9%

③取得注明旅客身份信息的铁路车票的，为按照下列公式计算的进项税额：

铁路旅客运输进项税额＝票面金额÷（1＋9%）×9%

④取得注明旅客身份信息的公路、水路等其他客票的，按照下列公式计算进项税额：

公路、水路等其他旅客运输进项税额＝票面金额÷（1＋3%）×3%

|练一练|

【例题2-9】（多选题）甲建筑公司为增值税一般纳税人，其2019年11月发生的下列增值税进项税额中，准予从销项税额中抵扣的有（　　　）。

A.购进工程所用材料取得增值税专用发票注明税额160 000元

B.购进施工现场修建临时建筑物所用材料取得增值税专用发票注明税额8 000元

C.购进工程设计服务取得增值税专用发票注明税额600元

D.购进办公用品取得增值税普通发票注明税额180元

答案：ABC。选项D：增值税普通发票不能作为进项税额的抵扣凭证。

2.不得从销项税额中抵扣的进项税额

（1）用于简易计税方法计税项目、免征增值税项目、集体福利或者个人消费的购进货物、加工修理修配劳务、服务、无形资产和不动产。其中涉及的固定资产、无形资产、不动产，仅指专用于上述项目的固定资产、无形资产（不包括其他权益性无形资产）、不动产。

（2）非正常损失的购进货物，以及相关的加工修理修配劳务和交通运输服务。

（3）非正常损失的在产品、产成品所耗用的购进货物（不包括固定资产）、加工修理修配劳务和交通运输服务。

（4）非正常损失的不动产，以及该不动产所耗用的购进货物、设计服务和建筑服务。

（5）非正常损失的不动产在建工程所耗用的购进货物、设计服务和建筑服务。

上述第（4）项、第（5）项所称货物，是指构成不动产实体的材料和设备，包括建筑装饰材料和给排水、采暖、卫生、通风、照明、通信、煤气、消防、中央空调、电梯、电气、智能化楼宇设备及配套设施。

纳税人新建、改建、扩建、修缮、装饰不动产，均属于不动产在建工程。

上述（2）（3）（4）（5）项所说的非正常损失，是指因管理不善造成货物被盗、丢失、霉烂变质，以及因违反法律法规造成货物或者不动产被依法没收、销毁、拆除的情形。

（6）购进的贷款服务、餐饮服务、居民日常服务和娱乐服务。

（7）纳税人接受贷款服务向贷款方支付的与该笔贷款直接相关的投融资顾问费、手续费、咨询费等费用，其进项税额不得从销项税额中抵扣。

（8）财政部和国家税务总局规定的其他情形。

3.适用一般计税方法的纳税人，兼营简易计税方法计税项目、免征增值税项目而无法划分不得抵扣的进项税额，按照下列公式计算不得抵扣的进项税额：

不得抵扣的进项税额＝当期无法划分的全部进项税额×（当期简易计税方法计税项目销售额＋免征增值税项目销售额）÷当期全部销售额

主管税务机关可以按照上述公式，依据年度数据，对不得抵扣的进项税额进行清算。

4.自2019年4月1日起，纳税人取得不动产或者不动产在建工程的进项税额不再分2年抵扣。此前按照分2年抵扣规定尚未抵扣完毕的待抵扣进项税额，可自2019年4月税款所属期起从销项税额中抵扣。

5.自2019年4月1日至2021年12月31日，提供邮政服务、电信服务、现代服务、生活服务取得的销售额占全部销售额的比重超过50%的纳税人，按照当期可抵扣进项税额加计10%，抵减应纳税额（以下称加计抵减政策）。2019年10月1日至2021年12月31日，生活性服务业纳税人按照当期可抵扣进项税额加计15%，抵减应纳税额。

（1）提供邮政服务、电信服务、现代服务的纳税人，2019年3月31日前设立的，自

2018年4月至2019年3月期间的销售额(经营期不满12个月的，按照实际经营期的销售额)符合上述规定条件的，自2019年4月1日起适用加计抵减政策。

2019年4月1日后设立的纳税人，自设立之日起3个月的销售额符合上述规定条件的，自登记为一般纳税人之日起适用加计抵减政策。

（2）提供生活性服务的纳税人，2019年9月30日前设立的，自2019年4月1日至2019年9月30日，提供生活服务取得的销售额占全部销售额的比重超过50%的，按照当期可抵扣进项税额加计10%，抵减应纳税额。自2018年10月至2019年9月期间的销售额（经营期不满12个月的，按照实际经营期的销售额）符合上述规定条件的，自2019年10月1日起适用加计抵减15%政策。

2019年10月1日后设立的纳税人，自设立之日起3个月的销售额符合上述规定条件的，自登记为一般纳税人之日起适用加计抵减15%政策。

（3）纳税人应按照当期可抵扣进项税额的10%计提当期加计抵减额。按照现行规定不得从销项税额中抵扣的进项税额，不得计提加计抵减额；已计提加计抵减额的进项税额，按规定作进项税额转出的，应在进项税额转出当期，相应调减加计抵减额。计算公式如下：

当期计提加计抵减额＝当期可抵扣进项税额×10%（15%）

当期可抵减加计抵减额＝上期末加计抵减额余额＋当期计提加计抵减额－当期调减加计抵减额

（4）纳税人按照现行规定计算一般计税方法下的应纳税额（以下称抵减前的应纳税额）后，应区分以下情形加计抵减：

①抵减前的应纳税额等于零的，当期可抵减加计抵减额全部结转下期抵减；

②抵减前的应纳税额大于零，且大于当期可抵减加计抵减额的，当期可抵减加计抵减额全额从抵减前的应纳税额中抵减；

③抵减前的应纳税额大于零，且小于或等于当期可抵减加计抵减额的，以当期可抵减加计抵减额抵减应纳税额至零。未抵减完的当期可抵减加计抵减额，结转下期继续抵减。

（5）纳税人出口货物劳务、发生跨境应税行为不适用加计抵减政策，其对应的进项税额不得计提加计抵减额。

纳税人兼营出口货物劳务、发生跨境应税行为且无法划分不得计提加计抵减额的进项税额，按照以下公式计算：

不得计提加计抵减额的进项税额＝当期无法划分的全部进项税额×当期出口货物劳务和发生跨境应税行为的销售额÷当期全部销售额

6.一般纳税人已抵扣进项税额的固定资产、无形资产或者不动产，发生《营业税改征增值税试点实施办法》第二十七条规定不得从销项税额中抵扣进项税额情形的，按照下列公式计算不得抵扣的进项税额：

不得抵扣的进项税额＝固定资产、无形资产或者不动产净值×适用税率

固定资产、无形资产或者不动产净值，是指纳税人根据财务会计制度计提折旧或摊销后的余额。

7.有下列情形之一者，应当按照销售额和增值税税率计算应纳税额，不得抵扣进项税额，也不得使用增值税专用发票：

（1）一般纳税人会计核算不健全，或者不能够提供准确税务资料的；

（2）应当办理一般纳税人资格登记而未办理的。

该规定是为了加强对符合一般纳税人条件的纳税人的管理，防止他们利用一般纳税人和小规模纳税人的两种不同的征税办法少缴税款。

│练一练│

【例题2-10】根据现行增值税法规的规定，请分析以下哪些进项税额不得从销项税额中抵扣：

（1）库存商品被水浸泡损失26万元耗用的购进货物；

（2）购买原材料运输途中被盗损失18万元；

（3）购买200桶食用植物油用于中秋节职工福利；

（4）购买20吨钢材用于生产本企业新产品。

解析：

（1）库存商品被水浸泡损失26万元耗用的购进货物，属于非正常损失的在产品、产成品所耗用的购进货物，其进项税额不得从销项税额中抵扣。

（2）购买原材料运输途中被盗损失18万元，属于非正常损失的购进货物，其进项税额不得从销项税额中抵扣。

（3）购买200桶食用植物油用于中秋节职工福利，用于职工福利的进项税额不得从销项税额中抵扣。

（4）购买20吨钢材用于生产本企业新产品，准予从销项税额中抵扣。

（三）应纳税额计算

当期应纳增值税税额＝当期销项税额－当期进项税额

由于增值税实行购进扣税法，有时企业当期购进的货物很多，在计算应纳税额时会出现当期销项税额小于当期进项税额而不足抵扣的情况。根据税法规定，当期进项税额不足抵扣的部分可以结转下期继续抵扣。

自2019年4月1日起，试行增值税期末留抵税额退税制度。

1.同时符合以下条件的纳税人在增值税纳税申报期内，可以向主管税务机关申请退还增量留抵税额：

（1）自2019年4月税款所属期起，连续六个月（按季纳税的，连续两个季度）增量留抵税额均大于零，且第六个月增量留抵税额不低于50万元；（增量留抵税额，是指与2019年3月底相比新增加的期末留抵税额。）

（2）纳税信用等级为A级或者B级；

（3）申请退税前36个月未发生骗取留抵退税、出口退税或虚开增值税专用发票情形的；

（4）申请退税前36个月未因偷税被税务机关处罚两次及以上的；

（5）自2019年4月1日起未享受即征即退、先征后返（退）政策的。

2.纳税人当期允许退还的增量留抵税额，按照以下公式计算：

允许退还的增量留抵税额＝增量留抵税额×进项构成比例×60%

进项构成比例，为2019年4月至申请退税前一税款所属期内已抵扣的增值税专用发票（含税控机动车销售统一发票）、海关进口增值税专用缴款书、解缴税款完税凭证注明的增值税额占同期全部已抵扣进项税额的比重。

纳税人取得退还的留抵税额后，应相应调减当期留抵税额。按照本条规定再次满足退税条件的，可以继续向主管税务机关申请退还留抵税额，但符合条件中第（1）点规定的连续期间，不得重复计算。

│练一练│

【例题2-11】某生产企业为增值税一般纳税人，货物适用增值税税率为13%，2019年10月的有关生产经营业务如下：

（1）销售甲产品给某大商场，开具增值税专用发票，取得不含税销售额80万元；同时取得销售甲产品的送货运输费收入5.8万元（含增值税价格，与销售货物不能分别核算）。

（2）销售乙产品，开具普通发票，取得含税销售额29.25万元。

（3）将试制的一批应税新产品用于本企业基建工程，成本价为20万元，国家税务总局规定成本利润率为10%，该新产品无同类产品市场销售价格。

（4）购进货物取得增值税专用发票，注明支付的货款60万元、进项税额7.8万元；另外支付购货的运输费用6万元，取得运输公司开具的增值税专用发票，上面注明的税金为0.54万元。

（5）向农业生产者购进免税农产品一批，收购凭证上注明的收购价款为30万元，同时支付给运输单位的运费 5 万元（不含增值税），取得运输部门开具的增值税专用发票，上面注明的增值税税额为 0.45 万元。本月下旬将购进的农产品的 20% 用于本企业职工福利。

以上相关票据均符合税法的规定。请按下列顺序计算该企业 10 月应缴纳的增值税税额。

（1）计算销售甲产品的销项税额，

（2）计算销售乙产品的销项税额；

（3）计算自用新产品的销项税额，

（4）计算外购货物应抵扣的进项税额；

（5）计算外购免税农产品允许抵扣的进项税额；

（6）计算该企业 10 月合计应缴纳的增值税税额。

解析：

（1）销售甲产品的销项税额 $= [80 + 5.8 \div (1 + 13\%)] \times 13\% = 11.07$（万元）

（2）销售乙产品的销项税额 $= 29.25 \div (1 + 13\%) \times 13\% = 3.37$（万元）

（3）不视同销售，无销项税额。

（4）外购货物应抵扣的进项税额 $= 7.8 + 0.54 = 8.34$（万元）

（5）外购免税农产品允许抵扣的进项税额 $= (30 \times 9\% + 0.45) \times (1 - 20\%) = 2.52$（万元）

（6）该企业 10 月应缴纳的增值税税额 $= 11.07 + 3.37 - 8.34 - 2.52 = 3.58$（万元）

二、简易计税方法

（一）小规模纳税人销售货物、提供劳务或者发生应税行为采用简易计税方法计税，实行按照销售额和征收率计算应纳税额的简易办法，并不得抵扣进项税额

由于小规模纳税人在销售货物或应税劳务时，一般只能开具普通发票，因此取得的销售收入均为含税销售额。而根据《增值税暂行条例》及其实施细则规定，小规模纳税人的销售额不包括其应纳税额。因此，当小规模纳税人销售货物或者应税劳务采用销售额和应纳税额合并定价方法时，应按下列公式换算为不含税销售额：

销售额 = 含税销售额 ÷（1 + 征收率）

当期应纳增值税额 = 当期销售额 × 征收率

（二）一般纳税人销售或提供财政部、国家税务总局规定的特定货物、服务、无形资产、不动产和应税劳务，也可以选择适用简易计税方法计税，但不得抵扣进行税额

销售额 = 含税销售额 ÷（1 + 征收率）

应纳税额 = 销售额 × 征收率

|练一练|

【例题2-12】北京市某公司为增值税一般纳税人，专门从事认证服务。2019年11月发生如下业务：

（1）16日，取得某项认证服务收入，价税合计为106万元。

（2）18日，购进一台经营用设备，取得增值税专用发票注明金额20万元，增值税为2.6万元；支付运输费用，取得增值税专用发票注明金额为0.5万元，增值税为0.045万元。

（3）20日，支付广告服务费，取得增值税专用发票注明金额5万元，增值税为0.3万元。

（4）28日，销售2009年1月1日以前购进的一台固定资产，售价0.206万元。

计算该公司本月的应纳税额。

解析：

（1）按一般计税方法计算的部分：

当期销项税额 $=106÷（1+6\%）×6\%=6$（万元）

当期进项税额 $=（2.6+0.045+0.3）×（1+10\%）=3.2395$（万元）

因此，按一般计税方法计算部分的应纳税额 $=6-3.2395=2.7605$（万元）

（2）按简易计税方法计算部分的应纳税额 $=0.206÷（1+3\%）×2\%=0.004$（万元）

（3）该公司本月应纳增值税税额 $=2.7605+0.004=2.7645$（万元）

三、进口货物应纳税额的确定

对进口货物征税是国际惯例。根据《增值税暂行条例》的规定，一切进口货物的单位和个人均应按规定缴纳增值税。

1.进口货物征税的纳税人

根据《增值税暂行条例》的规定，进口货物增值税的纳税义务人为进口货物的收货人或办理报关手续的单位和个人，包括国内一切从事进口业务的企事业单位、机关团体和个人。

2.进口货物征税范围

根据《增值税暂行条例》的规定，申报进入中华人民共和国海关境内的货物，均应缴纳增值税。确定一项货物是否属于进口货物，看其是否有报关手续。只要是报关进境的应税货物，不论其用途如何，是自行采购用于贸易，还是自用，不论是购进，还是国外捐赠，均应按照规定缴纳进口环节的增值税（免税进口的货物除外）。

国家在规定对进口货物征税的同时，对某些进口货物制定了减免税的特殊规定。如属于"来料加工、进料加工"贸易方式进口国外的原材料、零部件等在国内加工后复出口的，对进口的料、件按规定给予免税或减税；但这些进口免、减税的料件若不能加工复出口，而是销往国内，就要予以补税。

3.进口货物的适用税率

进口货物增值税税率与增值税一般纳税人在国内销售同类货物的税率相同。

4.进口货物应纳税额的计算

纳税人进口货物，无论是一般纳税人还是小规模纳税人，均应按照组成计税价格和规定的税率计算应纳税额，不允许抵扣发生在境外的任何税金。其计算公式为：

应纳税额＝组成计税价格×税率

组成计税价格分为两种情况：

（1）如果进口货物不征收消费税，组成计税价格计算公式为：

组成计税价格＝关税完税价格＋关税

（2）如果进口货物征收消费税，组成计税价格计算公式为：

组成计税价格＝关税完税价格＋关税＋消费税

进口货物在海关缴纳的增值税，符合抵扣范围的，凭海关完税凭证，可以从当期销项税额中抵扣。

| 练一练 |

【例题2-13】长远公司2019年6月进口设备到岸价100万元，进口原材料80万元已验收入库，关税税率均为15％。

计算该企业在进口环节中缴纳的增值税额。

解析：

进口环节应纳增值税税额：

进口设备的关税＝100×15％＝15（万元）

进口原材料的关税＝80×15％＝12（万元）

进口设备应纳的增值税＝（100＋15）×13％＝14.95（万元）

进口原材料应纳的增值税＝（80＋12）×13％＝11.96（万元）

任务实施

（一）烟台新泰酒业有限公司在2019年10月，发生的销售与视同销售业务中，计算应缴纳销项税额业务如下：

1. 10日，销售粮食白酒30吨，取得增值税专用发票上注明的销售额180万元，为不含增值税的收入；另收取的包装费20万元，为价外收入（税务局视其为含税收入），应并入销售额计算销项税，但需要换算为不含增值税的销售额。发生的销售折扣不扣减销售额。

销售额＝1 800 000＋200 000÷1.13＝1 976 991.15（元）

销项税额＝1 976 991.15×13%＝257 008.85（元）

2. 11日，销售自产的乙类啤酒取得普通发票，因此25万元的收入为含增值税的销售额；另外收取的啤酒包装物的押金1万元，单独记账，时间在一年内，又未过期，不并入销售额征税。

销售额＝250 000÷1.13＝221 238.94（元）

销项税额＝221 238.94×13%＝28 761.06（元）

3. 15日将新研制的薯类白酒作为福利发放给本单位职工，视同销售，应该缴纳增值税。但该类型的白酒无市场销售价格，因此采用组成计税价格。薯类白酒属于应纳税消费税消费品，因此组成计税价格＝成本＋利润＋消费税。

组成计税价格＝100 000×（1＋10%）＋40 000＝150 000（元）

销项税额＝150 000×13%＝19 500（元）

4. 16日，向某商场销售高粱白酒，开具增值税专用发票，因此：

销项税额＝2 400 000×13%＝312 000（元）

5. 23日，销售退回16日的高粱白酒15吨，取得红字发票，因此：

冲减销售额2 400 000÷50×15＝720 000（元），扣减销项税额＝720 000×13%＝93 600（元）

6. 该公司10月份销项税额＝257 008.85＋28 761.06＋19 500＋312 000－93 600＝523 669.91（元）

（二）烟台新泰酒业有限公司在2019年10月与进项税额有关的业务如下：

1. 1日购进高粱取得相关增值税专用发票，可以抵扣的进项税额＝390 000＋1 800＋120＝391 920（元）

2. 3日，购入为新建生产车间准备的工程物资，取得增值税专用发票，可抵扣的进行税额为24 000元。

3. 13日，因管理不善造成损失，做进项税额转出＝2 100×5×10%＝1 050（元）

4. 20日，从农民手中直接购入粮食，按照收购凭证的买价乘以10%的税率确定进项税。委托加工环节，收取的增值税专用发票1.3万元的进项税可以直接抵扣：

可以抵扣的进项税＝500 000×10%＋13 000＝63 000（元）

5. 25日，作为中秋节发放的外购食用油，其进项税不允许抵扣，做进项税转出处理，即1 300（元）

6. 可以抵扣的进项税＝391 920＋24 000＋63 000－1 050－1 300＝476 570（元）

（三）烟台新泰酒业有限公司 10 月应纳税额＝523 669.91－476 570－25 400＝21 699.91（元）

任务拓展

出口货物退税额的计算方法

1.先征后退法

有进出口经营权的外贸企业收购货物直接出口的或委托其他外贸企业代理出口货物的，其出口货物应退税额，应依据购进出口货物取得的增值税专用发票上所列明的购进金额及相应的退税率计算应退税款，同时免征出口环节的增值税。

应退税额＝出口货物的购进金额×退税率

此公式只适用于对出口货物单独设立库存账和销售账，单独核算出口货物的购进金额和进项税额的外贸企业，未单独设账记载的外贸企业不能按以上公式计算退税。

2.对有进出口经营权的生产企业自营出口或委托外贸企业代理出口的自产货物，按"免、抵、退"的计算方法办理退税

"免"税是指对出口自产货物，一律免征本道环节的增值税；"抵"税是指对出口自产货物应免征或退还的所耗用的原材料等已纳税款，抵顶内销货物的应纳税款；"退"税是指应抵顶的税款大于应纳税额而未抵顶完时，经主管出口退税的税务机关批准，对未抵顶完的税额部分予以退税。

"免、抵、退"的计算方法只适用于兼营内销和出口货物，且出口货物不能单独设账的生产企业。

（1）"免、抵、退"税不得免征和抵扣税额的计算

当期不予抵扣或退税的税额＝当期出口货物离岸价×外汇人民币牌价×（规定的税率－退税率）

（2）当期应纳税额的计算

当期应纳税额＝当期内销货物的销项税额－（当期全部进项税额－当期不予抵扣或退税的税额）－上期未抵扣完的进项税额

（3）"免、抵、退"税额的计算

"免、抵、退"税额＝出口货物离岸价×外汇人民币牌价×退税率

（4）当期应退税额和当期免、抵税额的计算，分两种情况

①当期期末留抵税额≤当期免、抵、退税额时：

当期应退税额＝当期期末留抵税额

当期免、抵税额＝当期免、抵、退税额－当期应退税额

②当期期末留抵税额＞当期免、抵、退税额时：

当期应退税额＝当期免、抵、退税额

当期免、抵税额＝0

"期末留抵税额"为当期"增值税纳税申报表"的"期末留抵税额"。"期末留抵税额"是计算确定当期应退税额，当期免、抵税额的重要依据。

结转下期抵扣的进项税额＝当期未抵扣完的进项税额－应退税额

同步训练

答案与解析

一、单选题

1.某商场（一般纳税人）实行还本销售汽车，汽车现售价10万元，5年后还本，该商场增值税的计税销售额是（　　　）。

    A. 2万元　　　　　　　　　　　　　B. 5万元

    C. 10万元　　　　　　　　　　　　　D. 8万元

2.进口一般货物缴纳增值税时，其计税依据为（　　　）。

    A.关税完税价格

    B.关税完税价格＋关税

    C.关税完税价格＋关税＋消费税

    D.（关税完税价格＋关税＋消费税）÷（1＋16%）

3.某增值税一般纳税人无偿赠送给希望小学一批自制服装，价税合计16.95万元，货已发出，请确定该批货物的销项税额是（　　　）。

    A. 17.55万元　　　　　　　　　　　B. 15.53万元

    C. 20.53万元　　　　　　　　　　　D. 1.95万元

4.对既征收增值税又征收消费税的商品来说，其增值税的计税销售额（　　　）。

    A.包含消费税，不包含增值税　　　　B.都不包含

    C.不包含消费税，包含增值税　　　　D.包含消费税、增值税

5.某增值税一般纳税人于2019年11月，购进水电取得的专用发票上注明的税金为3 400元，请确定其进项税额为（　　　）。

    A. 20 000元　　　　　　　　　　　　B. 23 400元

    C. 3 400元　　　　　　　　　　　　　D.进项税额不得抵扣

6.百信商场为增值税一般纳税人，2019年8月采取以旧换新方式销售空调机20台，每台空调零售价2 925元，对以旧换新者以每台2 500元的价格出售，不再支付旧空调收

购款。这批业务的增值税销项税额为（　　　）。

  A. 9 945元　　　　　　　　　　B. 58 500元

  C. 50 000元　　　　　　　　　　D. 6 730.09元

7.甲航空公司当月取得的下列款项中，应计入销售额计缴增值税的是（　　　）。

  A.特价机票改签、变更费499.5万元

  B.代收转付其他航空公司客票款199.8万元

  C.代收转付航空意外保险费200万元

  D.代收机场建设费（民航发展基金）266.4万元

8.甲公司为增值税一般纳税人，2019年10月采取折扣方式销售货物一批，该批货物不含税销售额90 000元，折扣额9 000元，销售额和折扣额在同一张发票的金额栏分别注明。已知增值税税率为13%。计算甲公司当月该笔业务增值税销项税额，下列计算列式中，正确的是（　　　）。

  A.（90 000－9 000）÷（1＋13%）×13%＝9 318.58（元）

  B. 90 000×13%＝11 700（元）

  C. 90 000÷（1＋13%）×13%＝10 353.98（元）

  D.（90 000－9 000）×13%＝10 530（元）

9.甲公司是增值税一般纳税人，2019年11月5日购进写字楼一层用于办公，将之计入固定资产并于次月起开始计提折旧。11月20日取得增值税专用发票并经过认证，增值税专用发票注明的增值税税额为500万元。根据增值税法律制度的规定，甲公司2019年发生的上述业务可以抵扣的进项税额为（　　　）。

  A. 0万元　　　　　　　　　　　　B. 200万元

  C. 300万元　　　　　　　　　　　D. 500万元

10.某食品厂是增值税一般纳税人，2019年11月从农民手中收购大豆一批直接出售，农产品收购发票上注明买价20万元；该批大豆在运回库房途中发生了1%的损失，经查验该损失是因管理不善造成的。该食品厂可以抵扣的进项税额，下列计算公式正确的是（　　　）。

  A. 20×9%　　　　　　　　　　　 B. 20×9%×（1－1%）

  C. 20×10%　　　　　　　　　　　D. 20×10%×（1－1%）

二、多选题

1.下列项目中，准予从销项税额中抵扣的进项税额有（　　　）。

  A.购进机器设备的进项税额

B.用于集体福利购进货物的进项税额

C.购进免税农产品的进项税额

D.进口货物从海关取得的完税凭证上注明的增值税税额

2.下列各项中属于视同销售行为应当计算销项税额的有（   ）。

A.将自产的货物用于集体福利

B.将自产的货物无偿赠送他人

C.将自产的货物用于非应税项目

D.将购买的货物用于集体福利

3.按照增值税税法的相关规定，一般纳税人发生的下列应税行为中，可以选择适用简易计税方法计缴增值税的有（   ）。

A.电影放映服务

B.文化体育服务

C.收派服务

D.公交客运服务

4.甲公司的下列进项税额中，准予从销项税额中抵扣的是（   ）。

A.上期留抵增值税额5.6万元

B.购进办公设备进项税额3.4万元

C.购进生产用原材料的进项税额17万元

D.支付运输费用的进项税额0.33万元

5.根据增值税法律制度的规定，一般纳税人购进的下列货物或服务所负担的进项税额，不得抵扣的有（   ）。

A.购进的贷款服务

B.购进的旅客运输服务

C.购进的用于简易计税方法计税项目的货物

D.购进的用于免征增值税项目的专利技术

三、案例分析题

1.远通公司是增值税一般纳税人，2019年8月外购业务如下：

（1）外购圆钢，价款80 000元，增值税专用发票上注明税额为10 400元。

（2）外购半成品件，价款33 000元，增值税专用发票上注明税额为4 290元。

（3）从小规模纳税人企业购入低值易耗品5 000元，未取得增值税专用发票。

（4）外购车床一台，价款130 000元，增值税专用发票上注明的增值税税额为16 900元。

（5）从国外购进设备一台，取得海关开具的完税凭证上注明的增值税税额为119 000元。

要求：请确定该公司本期准予抵扣的进项税额，相关票据均在本月通过认证。

2.兴隆粮油公司（增值税一般纳税人），2019年9月发生以下购进业务：

（1）购入白酒和饮料，均取得防伪税控系统开具的增值税专用发票。两张专用发票上注明的货款分别为30万元和18万元，进项税额分别为3.9万元和2.34万元。

（2）购进这两类货物时已分别支付两笔运费2万元和1万元，并取得乘运单位开具的增值税普通发票。

（3）购进粮油加工设备一台，并取得防伪税控系统开具的增值税专用发票，购进金额为10万元，税额为1.3万元。

要求：请确定此商场本月准予抵扣的进项税额。

3.超达纺织厂为增值税一般纳税人，主要生产棉纱、棉型涤纶布、棉坯布和印染布等。2019年10月购进货物情况如下：

（1）外购染料价款35 000元，专用发票上注明的增值税税额4 550元。

（2）生产用外购电力若干千瓦时，增值税专用发票注明税额2 210元。

（3）从棉麻公司购进棉花一批，增值税专用发票注明税额8 100元。

该厂本月销售货物情况如下：

（1）销售给大华百货公司（增值税一般纳税人）棉坯布25 000米，不含税销售收入为50 000元。

（2）销售给大华百货公司（增值税一般纳税人）棉型涤纶布20 000米，不含税销售收入为60 000元。

（3）销售印染布给兴盛公司（小规模纳税人）15 000米，价税混合收入为65 540元。

要求：根据上述资料计算该厂本月份的应纳税额。

4.甲航空公司为增值税一般纳税人，主要提供国内、国际运输服务。2019年11月有关经营情况如下：

（1）提供国内旅客运输服务，取得含增值税的票款收入9 810万元，特价机票改签、变更费490.5万元。

（2）代收转付航空意外保险费200万元，代收机场建设费（民航发展基金）266.4万元，代收转付其他航空公司客票款199.8万元。

（3）出租飞机广告位取得含增值税收入289.28万元，同时收取延期付款的违约金4.52万元。

要求：确定该航空公司2019年11月应该缴纳的销项税。

任务2.3 增值税纳税申报

知识准备

一、应纳税额的时间界定

（一）销项税额的时间界定

增值税纳税人销售货物或提供应税劳务后，什么时间计算销项税额，关系到当期销项税额的大小。关于销项税额的确定时间，总的原则是：销项税额的确定不得滞后。税法对销售货物或应税劳务应计算销项税额的时间限定为：

1. 采取直接收款方式销售货物的，不论货物是否发出，均为收到销售额或取得索取销售额的凭据并将提货单交给买方的当天。

2. 采取托收承付和委托银行收款方式销售货物的，为发出货物并办妥托收手续的当天。

3. 采取赊销和分期收款方式销售货物的，为按合同约定的收款日期的当天。

4. 采取预收货款方式销售货物的，为货物发出的当天；委托其他纳税人代销货物的，为收到代销单位销售的代销清单的当天。

5. 销售应税劳务的，为提供劳务同时收讫销售额或取得索取销售额的凭据的当天。

6. 纳税人发生增值税制度中规定的视同销售货物行为的，为货物移送的当天。进口货物纳税义务发生时间，为报关进口的当天。

> **｜注意｜**
>
> 增值税专用发票开具时限与增值税纳税义务发生时间和会计上销项税额的入账时间的规定是相同的，纳税人应准时、准确记录和核算销项税额。

（二）增值税专用发票进项税额抵扣时限的界定

1. 自2017年7月1日起，增值税一般纳税人取得的2017年7月1日及以后开具的增值税专用发票和机动车销售统一发票，应自开具之日起360日之内认证或登录增值税发票选择平台进行确认，并在规定的纳税申报期内，向主管国税机关申报抵扣进项税额。

2.增值税一般纳税人取得的2017年7月1日及以后开具的海关进口增值税专用缴款书，应自开具之日起 360 日之内向主管税务机关报送《海关完税凭证抵扣清单》申请稽核比对，逾期未申请的其进项税额不予抵扣。

（三）销货退回或折让的税务处理

税法规定，一般纳税人因销货退回和折让而退还给购买方的增值税额，应从发生销货退回或折让当期的销项税额中扣减。

（四）进货退回或折让的税务处理

一般纳税人因进货退回和折让而从销货方收回的增值税额，应从发生进货退回或折让当期的进项税额中扣减，如不按规定扣减，就会造成进项税额虚增。

（五）已经抵扣进项税额的购进货物发生用途改变的税务处理

由于增值税实行"购进扣税法"，当期购进的货物或应税劳务如果未确定用于非经营性项目，其进项税额会在当期销项税额中予以抵扣。但已经抵扣进项税额的购进货物或应税劳务，如果事后改变用途（如用于免税项目、职工福利或个人消费等），根据税法规定，应将购进货物或应税劳务的进项税额从当期的进项税额中扣减。

二、增值税的优惠政策

（一）法定免税项目

1.农业生产者销售的自产农产品。农业，是指种植业、养殖业、林业、牧业、水产业。农业生产者，包括从事农业生产的单位和个人。

2.避孕药品和用具。

3.古旧图书。

4.直接用于科学研究、科学试验和教学的进口仪器、设备。

5.外国政府、国际组织无偿援助的进口物资和设备。

6.由残疾人的组织直接进口供残疾人专用的物品。

7.销售自己使用过的物品。自己使用过的物品，是指其他个人自己使用过的物品。

（二）营改增过渡优惠政策

1.免征增值税项目

（1）托儿所、幼儿园提供的保育和教育服务。

（2）养老机构提供的养老服务。

（3）残疾人福利机构提供的育养服务。

（4）婚姻介绍服务。

（5）殡葬服务。

（6）残疾人员本人为社会提供的服务。

（7）医疗机构提供的医疗服务。

（8）从事学历教育的学校提供的教育服务。

（9）学生勤工俭学提供的服务。

（10）农业机耕、排灌、病虫害防治、植物保护、农牧保险以及相关技术培训业务，家禽、牲畜、水生动物的配种和疾病防治。

（11）纪念馆、博物馆、文化馆、文物保护单位管理机构、美术馆、展览馆、书画院、图书馆在自己的场所提供文化体育服务取得的第一道门票收入。

（12）寺院、宫观、清真寺和教堂举办文化、宗教活动的门票收入。

（13）行政单位之外的其他单位收取的符合《营业税改征增值税试点实施办法》第十条规定条件的政府性基金和行政事业性收费。

（14）个人转让著作权。

（15）个人销售自建自用住房。

（16）2018年12月31日前，公共租赁住房经营管理单位出租公共租赁住房。

（17）台湾航运公司、航空公司从事海峡两岸海上直航、空中直航业务在大陆取得的运输收入。

（18）纳税人提供的直接或者间接国际货物运输代理服务。

（19）以下利息收入：2016年12月31日前，金融机构农户小额贷款；国家助学贷款；国债、地方政府债；人民银行对金融机构的贷款；住房公积金管理中心用住房公积金在指定的委托银行发放的个人住房贷款；外汇管理部门在从事国家外汇储备经营过程中，委托金融机构发放的外汇贷款；统借统还业务中，企业集团或企业集团中的核心企业以及集团所属财务公司按不高于支付给金融机构的借款利率水平或者支付的债券票面利率水平，向企业集团或者集团内下属单位收取的利息。

（20）被撤销金融机构以货物、不动产、无形资产、有价证券、票据等财产清偿债务。

（21）保险公司开办的一年期以上人身保险产品取得的保费收入。

（22）下列金融商品转让收入：合格境外投资者（QFII）委托境内公司在我国从事证券买卖业务；香港市场投资者（包括单位和个人）通过沪港通买卖上海证券交易所上市A股；对香港市场投资者（包括单位和个人）通过基金互认买卖内地基金份额；证券投资基金（封闭式证券投资基金、开放式证券投资基金）管理人运用基金买卖股票、债券；个人从事金融商品转让业务。

（23）金融同业往来利息收入。

（24）同时符合下列条件的担保机构从事中小企业信用担保或者再担保业务取得的收入（不含信用评级、咨询、培训等收入）3年内免征增值税。

（25）国家商品储备管理单位及其直属企业承担商品储备任务，从中央或者地方财政取得的利息补贴收入和价差补贴收入。

（26）纳税人提供技术转让、技术开发和与之相关的技术咨询、技术服务。

（27）同时符合下列条件的合同能源管理服务：节能服务公司实施合同能源管理项目相关技术，应当符合国家质量监督检验检疫总局和国家标准化管理委员会发布的《合同能源管理技术通则》（GB/T 24915-2010）规定的技术要求；节能服务公司与用能企业签订节能效益分享型合同，其合同格式和内容，符合《中华人民共和国合同法》和《合同能源管理技术通则》（GB/T 24915-2010）等规定。

（28）2017年12月31日前，科普单位的门票收入，以及县级及以上党政部门和科协开展科普活动的门票收入。

（29）政府举办的从事学历教育的高等、中等和初等学校（不含下属单位），举办进修班、培训班取得的全部归该学校所有的收入。

（30）政府举办的职业学校设立的主要为在校学生提供实习场所并由学校出资自办、由学校负责经营管理、经营收入归学校所有的企业，从事《销售服务、无形资产或者不动产注释》中"现代服务"（不含融资租赁服务、广告服务和其他现代服务）、"生活服务"（不含文化体育服务、其他生活服务和桑拿、氧吧）业务活动取得的收入。

（31）家政服务企业由员工制家政服务员提供家政服务取得的收入。

（32）福利彩票、体育彩票的发行收入。

（33）军队空余房产租赁收入。

（34）为了配合国家住房制度改革，企业、行政事业单位按房改成本价、标准价出售住房取得的收入。

（35）将土地使用权转让给农业生产者用于农业生产。

（36）涉及家庭财产分割的个人无偿转让不动产、土地使用权。

（37）土地所有者出让土地使用权和土地使用者将土地使用权归还给土地所有者。

（38）县级以上地方人民政府或自然资源行政主管部门出让、转让或收回自然资源使用权（不含土地使用权）。

（39）为安置随军家属就业而新开办的企业［随军家属必须占企业总人数的60%（含）以上］，3年内免征增值税；从事个体经营的随军家属，其提供的应税服务3年内免征增值税。按照上述规定，每一名随军家属可以享受一次免税政策。

（40）从事个体经营的军队转业干部，其提供的应税服务3年内免征增值税；为安置自主择业的军队转业干部就业而新开办的企业〔安置自主择业的军队转业干部占企业总人数60%（含）以上〕，3年内免征增值税。

2.增值税即征即退项目

（1）一般纳税人提供管道运输服务，对其增值税实际税负超过3%的部分实行增值税即征即退政策。

（2）经人民银行、银监会或者商务部批准从事融资租赁业务的试点纳税人中的一般纳税人，提供有形动产融资租赁服务和有形动产融资性售后回租服务，对其增值税实际税负超过3%的部分实行增值税即征即退政策。

3.其他减免规定

（1）金融企业发放贷款后，自结息日起90天内发生的应收未收利息按现行规定缴纳增值税，自结息日起90天后发生的应收未收利息暂不缴纳增值税，待实际收到利息时按规定缴纳增值税。

（2）北京市、上海市、广州市和深圳市之外地区的个人将购买不足2年的住房对外销售的，按照5%的征收率全额征收增值税；个人将购买2年以上（含2年）的住房对外销售的，免征增值税。

（3）北京市、上海市、广州市和深圳市地区的个人将购买不足2年的住房对外销售的，按照5%的征收率全额征收增值税；个人将购买2年以上（含2年）的非普通住房对外销售的，以销售收入减去购买住房价款后的差额按照5%的征收率征收增值税；个人将购买2年以上（含2年）的普通住房对外销售的，免征增值税。

4.财政部、国家税务总局其他免税规定

（1）资源综合利用产品和提供资源综合利用劳务增值税优惠政策。财政部、国家税务总局关于印发《资源综合利用产品和劳务增值税优惠目录》的通知财税〔2015〕78号规定，纳税人销售自产的资源综合利用产品和提供资源综合利用劳务，可享受增值税即征即退政策。如再生水、以废旧轮胎为全部生产原料生产的胶粉、翻新轮胎、生产原料中掺兑废渣比例不低于30%的特定建材产品，对污水处理劳务等。

（2）免征蔬菜流通环节增值税，即蔬菜批发、零售的纳税人销售的蔬菜免征增值税。

（3）粕类产品免征增值税。除豆粕以外的其他粕类饲料产品，均免征增值税。

（4）制种行业免征增值税。

（5）有机肥产品免征增值税。

（6）自2019年1月1日至2022年12月31日，对单位或者个体工商户将自产、委托加工或购买的货物通过公益性社会组织、县级及以上人民政府及其组成部门和直属机构，或直接无偿捐赠给目标脱贫地区的单位和个人，免征增值税。在政策执行期限内，目标脱贫地区实现脱贫的，可继续适用上述政策。

在2015年1月1日至2018年12月31日期间已发生的符合上述条件的扶贫货物捐赠，可追溯执行上述增值税政策。

（7）其他免税相关规定。

（三）增值税起征点

对销售额未达到规定起征点的个人（包括小规模纳税人的个体工商户和其他个人），可以免征增值税。起征点幅度如下：

（1）按期纳税的，为月销售额5 000元至20 000元（含本数）。

（2）按次纳税的，为每次（日）销售额300元至500元（含本数）。

起征点的调整由财政部和国家税务总局规定。省、自治区、直辖市财政厅（局）和国家税务总局应当在规定的幅度内，根据实际情况确定本地区适用的起征点，并报财政部和国家税务总局备案。

小规模纳税人发生增值税应税销售行为，合计月销售额未超过10万元（以1个季度为1个纳税期的，季度销售额未超过30万元）的，免征增值税。小规模纳税人发生增值税应税销售行为，合计月销售额超过10万元，但扣除本期发生的销售不动产的销售额后未超过10万元的，其销售货物、劳务、服务、无形资产取得的销售额免征增值税。

三、纳税期限和纳税地点

（一）纳税期限

增值税的纳税期限分别为1日、3日、5日、10日、15日、1个月或者1个季度。纳税人的具体纳税期限，由主管税务机关根据纳税人应纳税额的大小分别核定；不能按照固定期限纳税的，可以按次纳税。

纳税人以1个月或者1个季度为1个纳税期的，自期满之日起15日内申报纳税；以1日、3日、5日、10日或者15日为1个纳税期的，自期满之日起5日内预缴税款，于次月1日起15日内申报纳税并结清上月应纳税款。

纳税人进口货物，应当自海关填发海关进口增值税专用缴款书之日起15日内缴纳税款。进口货物及其物品的增值税连同关税一并由海关代征。

纳税人出口货物，向海关办理出口手续后，凭出口报关单等有关凭证可以按月向税务机关申报办理该项出口货物的退税。

（二）纳税地点

1.固定业户应当向其机构所在地或者居住地的主管税务机关申报纳税。总机构和分支机构不在同一县（市）的，应当分别向各自所在地的主管税务机关申报纳税；经国务院财政、税务主管部门或者其授权的财政、税务机关批准，可以由总机构汇总向总机构所在地的主管税务机关申报纳税。

2.非固定业户销售货物、提供应税劳务或者发生应税行为的，应当向销售地、劳务发生地或者应税行为发生地的主管税务机关申报纳税；未向销售地、劳务发生地或者应税行为发生地的主管税务机关申报纳税的，由其机构所在地或者居住地的主管税务机关补征税款。

3.固定业户到外县（市）销售货物或者应税劳务，应当向其机构所在地的主管税务机关申请开具外出经营活动税收管理证明，并向其机构所在地的主管税务机关申报纳税；未开具证明的，应当向销售地、劳务发生地或者应税行为地的主管税务机关申报纳税；未向销售地、劳务发生地或者应税行为发生地的主管税务机关申报纳税的，由其机构所在地的主管税务机关补征税款。

4.进口货物，应当向报关地海关申报纳税。

5.其他个人提供建筑服务、销售或者租赁不动产，转让自然资源使用权，应向建筑服务发生地、不动产所在地、自然资源所在地主管税务机关申报。

6.扣缴义务人应当向其机构所在地或者居住地的主管税务机关申报缴纳其扣缴的税款。

四、增值税的纳税申报

（一）增值税小规模纳税人的纳税申报

增值税小规模纳税人进行纳税申报时，应填报"增值税纳税申报表（适用于增值税小规模纳税人）"。

增值税小规模纳税人按简易征税管理办法计算纳税，按照规定的纳税期限预缴增值税款，并于次月1日至15日内计算填列增值税纳税申报表主表及附列资料，并结清上月税款，多退少补。

申报表及填写说明见二维码。

申报表　　　填写说明

| 练一练 |

【例题2-14】（综合题）万达工厂生产塑料，年销售额未超过50万元。其具体情况和有关业务如下：

企业名称：万达塑料制造有限责任公司

企业地址：锦城市徐汇区中山街56号

法定代表人：张涛

注册资本：19 万元

实收资本：19 万元

企业类别：有限责任公司

经营范围：主营各类塑料产品的生产和销售

企业的税务登记号：371501167856678

企业的开户银行及账号：锦城市工商支行 7411310182200054123

该企业为小规模纳税人，2019 年 2 月发生如下经济业务：

（1）2 月 5 日，购进原材料一批，价格为 12 000 元，增值税税额为 2 040 元，款项已付。

（2）2 月 10 日，销售塑料一批，获得增值税的销售收入为 41 200 元。

（3）2019 年 1 月取得含增值税的销售收入为 30 900 元，应纳增值税为 900 元，已于本月缴纳。要求：计算填报 2 月的增值税纳税申报表。

解析：

$$应税货物销售额 = \frac{41\ 200}{1+3\%} = 40\ 000（元）$$

应纳税额 = 40 000 × 3% = 1 200（元）

填写结果见二维码。

申报表

（二）增值税一般纳税人的纳税申报

增值税一般纳税人应按规定及时办理纳税申报，并如实填报"增值税纳税申报表"及附列资料。

增值税一般纳税人纳税申报表及附列资料和填写说明见二维码。

申报表

填写说明

┃练一练┃

【例题 2-15】（综合题）三力集团为生产性增值税一般纳税人，适用税率为 16%，其纳税识别号为 372501195013991，增值税纳税期限为 1 个月，2019 年 8 月生产经营情况如下：

（1）购买原材料取得防伪税控系统开具的增值税专用发票 20 张，合计金额 210 000 元，税额为 27 300 元，均在法定期限内予以认证，并在本期全部申报抵扣进项税额。前期取得但尚未认证的防伪税控系统开具的增值税专用发票 3 张，合计金额为 46 000 元，税额为 5 980 元，本期通过认证，并申报抵扣。

（2）本期有 30 000 元的外购材料因管理不善被偷窃，所负担的税款为 3 900 元。

（3）本期销售产品开具防伪税控系统的增值税专用发票26张，合计金额500 000元，税额65 000元；销售产品并开具普通发票5张，价税合计为67 800元。

（4）本期缴纳前期应纳税额22 500元。

要求：计算填列该集团6月增值税纳税申报表。

解析：见二维码。

答案与解析

任务实施

申报表见二维码。

申报表

任务拓展

增值税专用发票的使用

（一）增值税专用发票的联次及用途

专用发票有基本联次或基本联次附加其他联次构成，基本联次分为3联，分别为：

1.发票联，作为购买方核算采购成本和增值税进项税额的记账凭证。

2.抵扣联，作为购买方报送主管税务机关认证和留存备查的凭证。

3.记账联，作为销售方核算销售收入和增值税销项税额的记账凭证。

其他联次用途，由一般纳税人自行确定。

（二）专用发票的开具范围

一般纳税人销售货物、提供应税劳务或者发生应税行为，应向购买方开具专用发票。属于下列情形之一的，不得开具增值税专用发票：

1.商业企业一般纳税人零售烟、酒、食品、服装、鞋帽（不包括劳保专用部分）、化妆品等消费品的。

2.销售货物、提供应税劳务或者发生应税行为适用免税规定的。

3.向消费者个人销售货物、提供应税劳务或应税行为的。

4.小规模纳税人销售货物、提供应税劳务或应税行为的（需要开具专用发票的，可向主管税务机关申请代开，国家税务总局另有规定的除外）。

同步训练

一、单选题

1.根据增值税法律制度的规定，下列各项中，免征增值税的是（　　　　）。

A.商店销售糖果

答案与解析

  B.木材加工厂销售原木

  C.粮店销售面粉

  D.农民销售自产粮食

2.根据增值税法律制度的规定，下列各项中，免征增值税的是(　　　)。

  A.单位销售自己使用过的小汽车

  B.企业销售自产的仪器设备

  C.外贸公司进口服装

  D.农业生产者销售自产的蔬菜

3.根据增值税法律制度的规定，下列各项中，不属于免征增值税的是(　　　)。

  A.养老机构提供的养老服务

  B.装修公司提供的装饰服务

  C.婚介所提供的婚姻介绍服务

  D.托儿所提供的保育服务

4.纳税人提供有形动产租赁服务，采取预收款方式的，其增值税纳税义务发生时间为(　　　)。

  A.收到预收款当天

  B.书面合同约定的收款日期当天

  C.租赁货物发出当天

  D.租赁期限届满当天

5.下列增值税纳税人中，以一个月为纳税期限的是(　　　)。

  A.商业银行

  B.财务公司

  C.信托投资公司

  D.保险公司

二、多选题

1.根据增值税法律制度的规定，下列各项中，免征增值税的是(　　　)。

  A.农业生产者销售自产农产品

  B.古旧图书

  C.外国企业无偿援助的进口物资和设备

  D.直接用于科学研究的进口仪器和设备

2.根据增值税法律制度的规定，下列各项中，免征增值税的是(　　　)。

A.农技站提供的农业机耕和相关技术培训业务

B.驾校提供的汽车驾驶培训服务

C.学生勤工俭学提供的服务

D.托儿所提供的养育服务

3.根据增值税法律制度的规定，下列各项中，免征增值税的是（　　　）。

A.托儿所提供的养育服务

B.农场提供的农田灌溉业务

C.文化馆的出租房屋业务

D.保险公司为种植业提供的保险业务

4.根据增值税法律制度的规定，下列有关增值税纳税义务发生时间的表述中，正确的有（　　　）。

A.纳税人采取托收承付方式销售货物的，为发出货物并办妥托收手续的当天

B.纳税人采取赊销和分期收款方式销售货物的，为货物发出的当天

C.纳税人采取预收款方式销售货物的，为收到预收款的当天

D.纳税人发生视同销售货物行为的（代销除外），为货物移送的当天

任务 2.4　增值税纳税筹划

知识准备

随着增值税政策不断调整完善，征管体系优化，税收筹划空间也在不断变化，针对增值税的税收筹划，需要更专业的税收筹划方法。结合当前的税收制度，增值税的纳税筹划主要包括增值税纳税人的税收筹划、增值税税率的税收筹划、增值税计税依据的税收筹划、增值税税收优惠政策的税收筹划等。

一、纳税人税收筹划

1.一般纳税人与小规模纳税人身份选择的税收筹划

增值税纳税人按其纳税人规模大小及会计核算健全与否划分为一般纳税人和小规模纳税人。在应纳税额的计算上，前者采用税款抵扣的一般计算办法，后者采用非抵扣的简易计算办法，这两类纳税人应纳税额的计算方式不同带来了税收负担的差异。为了减轻增值税税负，企业可以事先利用无差异平衡点增值率判断法计算税负平衡点以决定身份的选择。

增值率＝（不含税销售收入－购进项目价款）÷不含税销售收入×100%

增值率＝（销项税额－进项税额）÷销项税额×100%

一般纳税人应纳增值税额＝当期销项税额－当期进项税额

$$＝销售收入×税率－销售收入×税率×（1－增值率）$$

$$＝销售收入×税率×增值率$$

小规模纳税人应纳增值税额＝销售收入×征收率

当两类纳税人应纳增值税额相等时，则：

销售收入×税率×增值率＝销售收入×征收率

分别将税率16%（或10%、6%）和征收率（3%）代入上述计算公式，即可求得两类纳税人税负无差异平衡点的增值率。如果是含税销售额，同时可通过含税销售额换算公式计算出含税平衡点增值率，计算结果如表2-1所示。

表2-1   两类纳税人税负无差异平衡点的增值率

一般纳税人税率	小规模纳税人征收率	不含税平衡点增值率	含税平衡点增值率
6%	3%	50.00%	51.46%
9%	3%	33.33%	35.27%
13%	3%	23.08%	25.31%

当实际增值率等于税负平衡点的增值率时，小规模纳税人与一般纳税人的税负相同；当实际增值率小于税负平衡点的增值率时，小规模纳税人税负重于一般纳税人；当实际增值率大于税负平衡点的增值率时，一般纳税人税负重于小规模纳税人。所以在增值率较低的情况下，一般纳税人比小规模纳税人有优势，主要原因是前者可以抵扣进项税额，而后者不能。但随着增值率的上升，一般纳税人的优势就越来越小，小规模纳税人更具有降低税负的优势。

2.小规模纳税人转化为一般纳税人的税收筹划

对于年应税销售额未超过小规模纳税人数额标准以及新开业的试点纳税人，若经测算发现作为增值税一般纳税人更有利，则应当在满足会计核算健全，能够准确提供税务资料的条件下，主动向税务机关登记成为一般纳税人。

| 练一练 |

【例题2-16】假如烟台新泰酒业有限公司新成立时，2019年11月经测算年应税销售额为480万元（不含增值税），则该公司仍然可作为小规模纳税人；而若申请成为一般纳税人，可抵扣进项税额60.2万元。请对其进行纳税筹划。

解析：

筹划过程：

方案一：公司仍然作为小规模纳税人。

应纳增值税额＝480×3%＝14.4（万元）

方案二：在满足会计核算健全，能够提供准确税务资料这一条件的基础上，公司主动向主管税务机关登记成为一般纳税人。

应纳增值税＝480×13%－60.2＝2.2（万元）

筹划结论：

该企业的增值率＝（480－60.2÷13%）÷480×100%＝3.53%＜不含税平衡点增值率为23.08%，小规模纳税人税负重于一般纳税人，方案一比方案二多缴纳增值税2.2万元，因此，应当选择方案二。通过主动创造条件来满足税法规定，是纳税筹划常用的思路。

3.一般纳税人转变为小规模纳税人的税收筹划

当企业可抵扣进项税额较少时，小规模纳税人在临近一般纳税人数额标准时，随着经营规模扩大，企业应当尽量拆分为小规模纳税人，避免被认定为一般纳税人，以降低企业增值税税负，达到节税的目的。

| 练一练 |

【例题 2-17】假如烟台新泰酒业有限公司经营一段时间后，预计 2019 年 11 月年应税销售额将达到 600 万元（含增值税），对应的全年可抵扣进项税额为 55 万元。请对其进行纳税筹划。

解析：

筹划过程：

方案一：年销售额将达到 600 万元，应当登记为增值税一般纳税人。

应纳增值税 $= 600 \times 13\% - 55 = 23$（万元）

方案二：在年销售额尚未超过 500 万元时，将烟台新泰酒业有限公司分拆为 A 公司和 B 公司，年应税销售额的 400 万元由 A 公司提供，200 万元由 B 公司提供，则 A 公司和 B 公司都可作为小规模纳税人。

A 公司应纳增值税 $= 400 \times 3\% = 12$（万元）

B 公司应纳增值税 $= 200 \times 3\% = 6$（万元）

合计应纳税额 $= 12 + 6 = 18$（万元）

筹划结论：

该企业的增值率 $=（600-55 \div 13\%）\div 600 \times 100\% = 29.48\% >$ 不含税平衡点增值率 23.08%，一般纳税人税负重于小规模纳税人，方案一比方案二多缴纳增值税 5 万元，因此，应当选择方案二。小规模纳税人征收率比一般纳税人征收率要低很多，对于规模不大的企业，当可抵扣进项税额较少时，可以根据自己的经营状况，通过分业务、新设公司等方式成为小规模纳税人，享受小规模纳税人 3% 的征收率。但同时又应当考虑到自身客户和供应商因素，最终选择适合自身的纳税人身份。

二、税率税收筹划

1. 不同税率分别核算的税收筹划

纳税人应当尽量将不同税率或者征收率的货物、加工修理修配劳务、服务、无形资产或者不动产分别核算，以适用不同的税率或者征收率，从而规避从高适用税率或者征收率，进而减轻企业负担。

| 练一练 |

【例题 2-18】假如烟台新泰酒业有限公司，于 2019 年 11 月销售粮食白酒和初加工高粱米一批，共取得不含税收入 62.8 万元。其中，销售自产粮食白酒 10 吨，不含税销

售额60万元；销售高粱米5吨，不含税销售额2.8万元。当月可抵扣进行税额6万元，请对其进行纳税筹划。

解析：

筹划过程：

方案一：未分别核算销售额。

应纳增值税＝62.8×13%－6＝2.164（万元）

方案二：分别核算销售额。

应纳增值税＝60×13%＋2.8×9%－6＝2.052（万元）

筹划结论：

方案二比方案一少缴增值税0.112万元，应当选择方案二。分别核算在一定程度上会增加核算成本，但可以节税，特别是对低税率产品销售收入占比高的企业更为明显。

2.混合销售行为适用税率的税收筹划

一项经营业务可能包含多个项目的经营范围，涉及高低不同税率。针对这种情况，企业可以对经营范围进行筹划，以便于在更大范围内适用低税率，从而达到税收筹划目的。营改增之后，销售服务（除有形动产租赁）的增值税税率分为9%和6%两档，而销售货物的增值税税率大部分为13%。因此，混合销售中的应税服务（低税率行为）按照销售货物（高税率行为）缴纳增值税的企业，税率偏高，税负增加。可以考虑将不同税率的应税行为进行分拆，如独立核算、分立企业，以达到降低税负的目的。另外，企业可以通过控制销售货物或服务所占的比例，结合销售货物和服务的税率或征收率的大小，来选择按照销售货物还是按照销售服务缴纳增值税。例如，销售设备的增值税税率为13%，安装服务（属于建筑服务）的增值税税率为9%，应尽量使企业从事货物的生产、批发或者零售的年货物销售额低于50%，这样可以按照9%的税率缴纳增值税。

3.兼营行为适用税率的税收筹划

对纳税人兼营不同税率或征收率的货物、劳务、服务、无形资产或不动产，应当分别计算其销售额，以适用不同税率或征收率，从而规避未分别核算销售额从高适用税率或征收率的问题，实现企业节税。

三、计税依据税收筹划

1.折扣销售税收筹划

折扣销售应将销售额和折扣额在同一张发票上分别注明，这样可将折扣后的余额作为销售额计算增值税；如果将折扣额另开发票，则不论其在会计上如何处理，均不得从销售额中抵减折扣额。需要注意的是，折扣销售应选择货物价格折扣，最好不选择赠送实物的折扣方式，如果将自产、委托加工或购买的货物用于实物折扣的，则该实物发放额不能从货物销售额中扣除，且该实物应按增值税条例"视同销售货物"中的"赠送他人"计算缴纳增值税。

2.销售折扣税收筹划

按照正常的销售折扣（现金折扣）方式，折扣额不能在计算增值税时扣除。从税收筹划角度来看，一是可以直接给予折扣，折扣开在同一张发票上，按照现金折扣优惠时间点确定还款时间，不能按时还款的约定收取违约金；二是对现金折扣额部分直接降低价款，事后不能按时付款的收取违约金。

| 练一练 |

【例题2-19】烟台新泰酒业有限公司与某商场签订购销合同，合同约定：商场购买粮食白酒5吨，价款30万元，税款3.9万元，付款期为30天，如果对方在20天内付款，则给予对方3%的销售折扣。请对其进行纳税筹划。

解析：

筹划过程：

方案一：如合同约定，采取销售折扣方式。

销项税额＝3.9（万元）

方案二：企业在承诺给商场3%折扣的同时，将合同中约定的付款期限缩短为20天，在给对方开具增值税专用发票时，将折扣额与销售额开在同一张发票上或直接将折扣额折抵价款，按照降低价款处理。如果商场没有在20天之内付款，应支付违约金0.9万元。

20天内付款时，按照折扣后的销售额计算销项税额，销项税额＝30×（1−3%）×13%＝3.783（万元）

20天之内没有付款时，按照折扣后的价款连同收取的违约金一起作为销售额计算销项税额，销项税额＝[30×（1−3%）＋30×3%]×13%＝3.9（万元）

筹划结论：

在20天内付款的情况下，方案二比方案一少缴增值税0.117万元，应当选择方案二。超过20天付款时，方案二和方案一的缴纳税额是一样的。

四、税收优惠政策的税收筹划

1.利用起征点进行税收筹划

根据《增值税暂行条例》规定，当期（次）销售额达不到起征点的，不征增值税；超过起征点的，全额征税。对此，若销售收入刚刚达到或超过起征点，则应减少收入使其在起征点以下，以便于享受免税待遇，达到节税目的。

| 练一练 |

【例题2-20】烟台新泰酒业有限公司成立之初，假如预计前三个月份每月不含税销售额可以分别达到12 050元、12 150元、12 200元，当地税务局确定的起征点为月销售额12 000元。请对其进行纳税筹划。

解析：

筹划过程：

方案一：按照预计销售额生产销售。

应纳增值税=（12 050＋12 150＋12 200）×3%＝1 092（元）

方案二：适当限产或降低价格，将每月销售额控制在12 000元以下。

应纳增值税=0

筹划结论：

方案二比方案一少缴增值税1 092元，不考虑其他因素，限产或降价情况下，实际收益反而是增加的，增加收益＝12 000×3－［（12 050＋12 150＋12 200）－1 092］＝692（元）

2.利用减免税政策进行税收筹划

《增值税暂行条例》和《营业税改增值税试点实施办法》规定了废旧物资收购等一系列的减免税政策，企业可以根据自己的经营范围进行节税筹划。

例如，利用农产品增值税优惠政策节税。根据税法规定，从事种植业、养殖业、林业、牧业、水产业生产的单位和个人生产并自行销售初级农产品免征增值税，同时，增值税一般纳税人向农业生产者购买免税农产品时，按农产品收购发票或买价10%的扣除率计算进项税额，准予从当期的销项税额中扣除；但是使用自己生产的农产品的进项税额不准予扣除。对此进行税收筹划，如果企业用自己生产的农产品进一步生产工业品，则增值税不得减免。为了达到抵税的目的，生产企业可以采取分立或分散经营的方式进行增值税税收筹划，即通过分设独立的法人企业，将生产农产品和农产品的进一步加工进行分立，这样，就变成了两个独立的法人机构之间进行产品的交易，以达到抵税的目的。

任务实施

10月10日，烟台新泰酒业有限公司向某商场销售自产粮食白酒30吨，开具增值税专用发票上注明的销售额180万元，另收取包装费20万元。该商场在当月20天内付清货款，按本企业的规定，给予了5%的销售折扣。对此业务进行纳税筹划。

解析：

方案一：按照企业规定，采取销售折扣方式。

销项税额＝［1 800 000＋200 000÷（1＋13%）］×13%＝257 008.85（元）

方案二：企业在承诺给商场5%折扣的同时，将合同中约定的付款期限缩短为20天，在给对方开具增值税专用发票时，将折扣额与销售额开在同一张发票上或直接将折扣额折抵价款，按照降低价款处理。如果商场没有在20天之内付款，应支付违约金90 000元。

20天内付款时，按照折扣后的销售额计算销项税额，销项税额＝1 800 000×（1－5%）×16%＋200 000÷（1＋16%）×16%＝301 186.21（元）

20天之内没有付款时，按照折扣后的价款连同收取的违约金一起作为销售额计算销项税额，销项税额＝［1 800 000×（1－5%）＋90 000＋200 000÷（1＋13%）］×13%＝257 008.85（元）

筹划结论：

在20天内付款的情况下，方案二比方案一少缴增值税11 700元，应当选择方案二。超过20天付款时，方案二和方案一缴纳税额是一样的。

任务拓展

出口退（免）税的税收筹划

增值税出口退（免）税的税收筹划从两个方面来考虑。

1.货物出口方式选择的税收筹划

目前，我国企业出口商品主要有生产企业自营出口、委托代理出口和买断出口三种方式。自营出口由出口企业自己办理出口业务；委托代理出口是货物出口企业委托代理企业办理货物出口；买断出口是生产企业把货物卖给出口企业，由出口企业办理货物出口和出口退税。

当征税率等于退税率时，自营（或委托）出口与通过关联外贸企业出口，企业所负担的增值税负担相同。

当征税率大于退税率时，自营（或委托）出口与通过关联外贸企业出口，企业所负担的增值税税负存在差异。此时，企业需进行必要的税收筹划，选择尽量节税的出口措施。

2.利用税收政策进行税收筹划

出口退税时要注意把握有关出口退税政策的规定，全面分析相关政策，做出最有利的选择，不能一知半解。同时，要密切关注出口退税政策的变化情况，用足、用好优惠政策。

答案与解析

一、单选题

1. 某服装加工厂销售一批不含税服装销售额20万元，因一次购买数量较多，给予10%折扣，折扣额单独开发票，增值税销售额是（　　）。

    A. 2万元　　　　　　B. 18万元　　　　　　C. 20万元　　　　D. 22万元

2. 某生产企业年不含税销售额为50万元，适用16%的增值税税率，现为小规模纳税人。其会计核算制度比较健全，符合作为一般纳税人的条件，购进材料所含增值税额3.4万元。不考虑其他税负因素，则该企业应当选择的纳税人身份是（　　）。

    A. 一般纳税人　　　　B. 小规模纳税人　　　　C. 都一样　　　D. 不一定

3. 2019年12月甲公司收购一批免税农产品，产品收购发票上注明价款10 000元，支付运费取得增值税专用发票注明运费200元，税款20元。企业生产的产品适用税率13%，则该企业该业务可抵扣进项税额为（　　）。

    A. 920元　　　　　　B. 1 222元　　　　　　C. 1 326元　　　D. 1 172元

4. 某水果商贩（小规模纳税人）2019年12月经营水果销售取得收入5 100元，购进水果支出2 800元，没有取得发票。当地税务部门确定的增值税起征点为5 000元。本月商贩应纳增值税额为（　　）。

    A. 0　　　　　　　　B. 148.5元　　　　　　C. 153元　　　D. 69元

二、案例分析题

某生产企业年不含税销售额为80万元左右，企业每年购进的材料、低值易耗品等可抵扣进项税额7万元左右。如果是一般纳税人，企业产品的增值税适用税率为13%；如果是小规模纳税人，适用征收率为3%。若企业符合一般纳税人的认定条件，判别企业适合于做何种纳税人。

项目小结

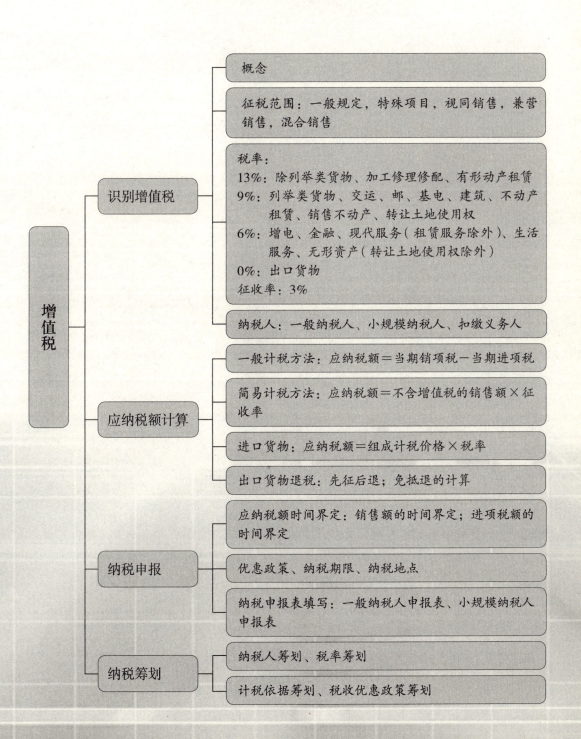

增值税

识别增值税
- 概念
- 征税范围：一般规定，特殊项目，视同销售，兼营销售，混合销售
- 税率：
  13%：除列举类货物、加工修理修配、有形动产租赁
  9%：列举类货物、交运、邮、基电、建筑、不动产租赁、销售不动产、转让土地使用权
  6%：增电、金融、现代服务（租赁服务除外）、生活服务、无形资产（转让土地使用权除外）
  0%：出口货物
  征收率：3%
- 纳税人：一般纳税人、小规模纳税人、扣缴义务人

应纳税额计算
- 一般计税方法：应纳税额＝当期销项税－当期进项税
- 简易计税方法：应纳税额＝不含增值税的销售额×征收率
- 进口货物：应纳税额＝组成计税价格×税率
- 出口货物退税：先征后退；免抵退的计算

纳税申报
- 应纳税额时间界定：销售额的时间界定；进项税额的时间界定
- 优惠政策、纳税期限、纳税地点
- 纳税申报表填写：一般纳税人申报表、小规模纳税人申报表

纳税筹划
- 纳税人筹划、税率筹划
- 计税依据筹划、税收优惠政策筹划

教学项目 3　消费税纳税实务与筹划

学习目标

1.知识目标

（1）掌握消费税征税范围的有关规定；

（2）掌握消费税纳税人的有关规定；

（3）掌握消费税税率、税目的有关规定；

（4）掌握消费税征税环节的有关规定；

（5）熟悉消费税纳税申报的有关规定；

（6）熟悉消费税税收征管的有关规定；

（7）熟悉消费税纳税筹划的有关知识。

2.能力目标

（1）能够辨别消费税的征收范围；

（2）能够完成生产销售环节消费税应纳税额的计算；

（3）能够完成委托加工环节消费税应纳税额的计算；

（4）能够完成进口环节消费税应纳税额的计算；

（5）能够完成不同税目消费税的纳税申报；

（6）能够开展简单的消费税税收筹划活动。

3.素质目标

（1）具备严谨、诚信的职业品质和良好的职业道德；

（2）具有遵纪守法、依法纳税的意识；

（3）具有自主学习税收法规的良好意识和能力；

（4）具有良好的沟通协调和团队合作能力。

任务描述

2019年11月5日，烟台新泰酒业有限公司会计主管给了你公司10月份的部分与消费税相关的业务：

（1）1日，销售自产粮食白酒30吨，取得不含税销售额180万元，其中包装盒20万元（不含增值税），销售自产乙类啤酒100吨，取得不含税销售额为25万元；

（2）3日，将新研制的薯类白酒10吨作为员工福利发放给本单位职工，该类型的白酒无市场销售价格，成本为1万元每吨，成本利润率为10%；

（3）10日，从济南某酒业公司批发白酒20吨，将其销售给某商场，取得不含税销售额140万元；

（4）15日，从国外进口一批白酒，进口时缴纳消费税5万元，现将本批白酒对外销售，取得不含税价款100万元；

（5）20日，从农民手中收购粮食5万吨，购货发票上注明价款5万元，委托济南某酒业公司加工生产1吨粮食白酒，对方开具的增值税专用发票上注明加工费1万元，增值税1.3万元。经税务机关同意，该企业对购进农产品不采取核定扣除。

会计主管要求你根据以上业务，完成如下任务：

任务一：分析以上哪些业务需要缴纳消费税，分别属于什么税目税率。

任务二：分别计算每个业务消费税应纳税额。

任务三：完成10月份消费税纳税报表的填写。

任务四：尝试对业务（1）进行简单的消费税的税收筹划。

任务 3.1　认知消费税

知识准备

一、消费税概述

（一）概念

消费税是对我国境内从事生产、委托加工和进口应税消费品的单位和个人，就其销售额或销售数量，在特定环节征收的一种税。简单地说，消费税是对特定的消费品和消费行为征收的一种税。

1993年12月13日，国务院颁布了《中华人民共和国消费税暂行条例》，同年12月25日，财政部颁布了《中华人民共和国消费税暂行条例》。近年来，我国为了进一步完善消费税制，对消费税规定不断进行修正。

（二）特点

1.征税项目具有选择性

各国目前征收的消费税实际上都属于对特定消费品或消费行为征收的税种。为适应我国目前的产业结构、消费水平和消费结构以及节能、环保等方面的要求，截至目前，消费税的税目调整为15个。

2.征税环节具有单一性

消费税是在生产进口、流通或消费的某一环节一次征收（卷烟、超豪华小汽车除外）的，而不是在消费品生产、流通或消费的每个环节多次征收的，即实行一次课征制。

3.征收方法具有多样性

为了适应不同消费品的应税情况，消费税在征收方法上不要求一致，可采用从价定率的征收方式，也可以选择从量定额的征收方式。

4.消费税具有转嫁性

消费税是间接税，同时属于价内税，消费品中所含的消费税税款最终都要转嫁到消费者身上，由消费者负担。

二、消费税纳税人

消费税的纳税人，是指在中国境内生产、委托加工和进口应税消费品的单位和个人，以及国务院确定的销售本条例规定的消费品的其他单位和个人。

单位，是指企业、行政单位、事业单位、军事单位、社会团体及其他单位。

个人，是指个体工商户及其他个人。

在中华人民共和国境内，是指生产、委托加工和进口属于应当缴纳消费税的消费品的起运地或者所在地在境内。

三、消费税征税范围

消费税的征收范围：烟、酒、鞭炮和焰火、化妆品、成品油、贵重首饰及珠宝玉石、高尔夫球及球具、高档手表、游艇，木制一次性筷子、实木地板、摩托车、小汽车等15个税目。

1.烟。凡是以烟叶为原料加工生产的产品，不论使用何种辅料，均属于本税目的征收范围。本税目下设卷烟、雪茄烟和烟丝3个子税目。

卷烟，包括甲类卷烟和乙类卷烟。

甲类卷烟，是指每标准条（200支）调拨价格在70元（不含增值税）以上（含70元）的卷烟。

乙类卷烟，是指每标准条（200支）调拨价格在70元（不含增值税）以下的卷烟。

雪茄烟。雪茄烟的征收范围包括各种规格、型号的雪茄烟。

烟丝。烟丝的征收范围包括以烟叶为原料加工生产的不经卷制的散装烟。

2.酒，包括白酒、黄酒、啤酒和其他酒。具体征税范围包括：

（1）白酒，包括粮食白酒和薯类白酒。

①粮食白酒是指以高粱、玉米、大米、糯米、大麦、小麦、小米、青稞等各种粮食为原料，经过糖化、发酵后，采用蒸馏方法酿制的白酒。

②薯类白酒是指以白薯（红薯、地瓜）、木薯、马铃薯（土豆）、芋头、山药等各种干鲜薯类为原料，经过糖化、发酵后，采用蒸馏方法酿制的白酒。用甜菜酿制的白酒，比照薯类白酒征税。

（2）黄酒，是指以糯米、粳米、籼米、大米、黄米、玉米、小麦、薯类等为原料，经加温、糖化、发酵、压榨酿制的酒。由于工艺、配料和含糖量的不同，黄酒分为干黄酒、半干黄酒、半甜黄酒、甜黄酒四类。黄酒的征收范围包括各种原料酿制的黄酒和酒度超过12度（含12度）的土甜酒。

（3）啤酒，分为甲类啤酒和乙类啤酒，是指以大麦或者其他粮食为原料，加入啤酒花，经糖化、发酵、过滤酿制的含有二氧化碳的酒。每吨出厂价（含包装物及包装物押金）在3 000元（含3 000元，不含增值税）以上的是甲类啤酒，以下的是乙类啤酒。

对饮食业、商业、娱乐业举办的啤酒屋（啤酒坊）利用啤酒生产设备生产的啤酒，应当征收消费税。

（4）其他酒是指除粮食白酒、薯类白酒、黄酒、啤酒以外，酒度在1度以上的各种酒。其征收范围包括糠麸白酒、其他原料白酒、土甜酒、复制酒、果木酒、汽酒、药酒等。

对以黄酒为酒基生产的配制或者炮制酒，按其他酒征收消费税。调味料酒不征收消费税。

3.高档化妆品。本税目征收范围包括高档美容、修饰类化妆品，高档护肤类化妆品和成套化妆品。

高档美容、修饰类化妆品和高档护肤类化妆品是指生产（进口）环节销售（完税）价格（不含增值税）在10元/毫升（克）或15元/片（张）及以上的美容、修饰类化妆品和护肤类化妆品。

舞台、戏剧、影视演员化妆用的上妆油、卸妆油、油彩，不属于本税目的征收范围。

4.贵重首饰及珠宝玉石。本税目征收范围包括各种金银珠宝首饰和经采掘、打磨、加工的各种珠宝玉石。

（1）金银珠宝首饰包括凡以金、银、白金、宝石、珍珠、钻石、翡翠、珊瑚、玛瑙等高贵稀有物质以及其他金属、人造宝石等制作的各种纯金银首饰及镶嵌首饰（含人造金银、合成金银首饰等）。

（2）珠宝玉石包括钻石、珍珠、松石、青金石、欧泊石、橄榄石、长石、玉、石英、玉髓、石榴石、锆石、尖晶石、黄玉、碧玺、金绿玉、绿柱石、刚玉、琥珀、珊瑚、煤玉、龟甲、合成刚玉、合成宝石、双合石和玻璃仿制品等。

5.鞭炮、焰火。本税目征收范围包括各种鞭炮、焰火。具体包括喷花类、旋转类、旋转升空类、火箭类、吐珠类、线香类、小礼花类、烟雾类、造型玩具类、爆竹类、摩擦炮类、组合烟花类、礼花弹类等。

体育上用的发令纸、鞭炮药引线，不按本税目征收。

6.成品油。本税目包括汽油、柴油、石脑油、溶剂油、航空煤油、润滑油、燃料油7个子税目。

（1）汽油，指用原油或其他原料加工生产的辛烷值不小于66的可用作汽油发动机燃料的各种轻质油。以汽油、汽油组分调和生产的甲醇汽油、乙醇汽油也属于此税目征收范围。

（2）柴油，指用原油或其他原料加工生产的倾点或凝点在-50至30的可用作柴油发动机燃料的各种轻质油和以柴油组分为主、经调和精制可用作柴油发动机燃料的非标油。

以柴油、柴油组分调和生产的生物柴油也属于此税目征收范围。

（3）石脑油又叫化工轻油，是以原油加工生产的或二次加工汽油经加氢精制而得用于化工原料的轻质油。石脑油的征收范围包括除汽油、柴油、航空煤油、溶剂油以外的各种轻质油。

（4）溶剂油是用原油加工生产的用于涂料、油漆、食用油、印刷油墨、皮革、农药、橡胶、化妆品生产的轻质油。

（5）航空煤油，也叫喷气燃料，是用原油加工生产的喷气发动机和喷气推进系统所需要的一种石油燃料。

（6）润滑油，是用原油或其他原料加工生产的用于内燃机、机械加工过程的润滑产品。润滑油分为矿物性润滑油、植物性润滑油、动物性润滑油和化工原料合成润滑油。

润滑油的征收范围包括以石油为原料加工的矿物性润滑油、矿物性润滑油基础油。植物性润滑油、动物性润滑油和化工原料合成润滑油，不属于润滑油的征收范围。

（7）燃料油，也称重油、渣油，是用原油或其他原料加工生产的，主要用作电厂发电、锅炉用燃料、加热炉燃料、冶金和其他工业炉燃料。

自2012年11月1日起，催化料、焦化料属于燃料油的征收范围，应当征收消费税。

7.摩托车。本税目包括气缸容量250毫升的摩托车和250毫升（不含）以上的摩托车两种。

对最大设计车速不超过50公里/小时，发动机气缸总工作容量不超过50毫升的三轮摩托车不征收消费税。

8.小汽车。是指由动力驱动，具有四个或四个以上车轮的非轨道承载的车辆。

本税目征收范围包括含驾驶员座位在内最多不超过9个座位（含）的，在设计和技术特性上用于载运乘客和货物的各类乘用车，和含驾驶员座位在内的座位数在10至23座（含23座）的在设计和技术特性上用于载运乘客和货物的各类中轻型商用客车。

用排气量小于1.5升（含）的乘用车底盘（车架）改装、改制的车辆属于乘用车征收范围。用排气量大于1.5升的乘用车底盘（车架）或用中轻型商用客车底盘（车架）改装、改制的车辆属于中轻型商用客车征收范围。

含驾驶员人数（额定载客）为区间值的（如8—10人；17—26人）小汽车，按其区间值下限人数确定征收范围。

电动汽车不属于本税目征收范围。

沙滩车、雪地车、卡丁车、高尔夫车不征收消费税。

对于购进乘用车和中轻型商用客车整车改装生产的汽车，征收消费税。

自2016年12月1日起，"小汽车"税目下增设"超豪华小汽车"子税目。征收范围为每辆零售价格130万元（不含增值税）及以上的乘用车和中轻型商用客车，即乘用车和中轻型商用客车子税目中的超豪华小汽车。

9.高尔夫球及球具。本税目征税范围包括高尔夫球、高尔夫球杆及高尔夫球包（袋）、高尔夫球杆的杆头、杆身和握把。

10.高档手表，是指销售价格（不含增值税）每只在10 000元（含）以上的各类手表征收消费税。本税目征税范围包括符合以上标准的各类手表。

11.游艇，是指长度大于8米小于90米，船体由玻璃钢、钢、铝合金、塑料等多种材料制作，可以在水上移动的水上浮载体。按照动力划分，游艇分为无动力艇、帆艇和机动艇。

本税目征收范围包括艇身长度大于8米（含）小于90米（含），内置发动机，可以在水上移动，一般为私人或团体购置，主要用于水上运动和休闲娱乐等非牟利活动的各类机动艇。

12.木制一次性筷子，又称卫生筷子，是指以木材为原料经过锯段、浸泡、旋切、刨切、烘干、筛选、打磨、倒角、包装等环节加工而成的各类一次性筷子。

本税目征收范围包括各种规格的木制一次性筷子。未经打磨、倒角的木制一次性筷子属于本税目征税范围。

13.实木地板，是指以木材为原料，经锯割、干燥、刨光、截断、开榫、涂漆等工序加工而成的块状或条状的地面装饰材料。实木地板按生产工艺不同，可分为独板（块）实木地板、实木指接地板、实木复合地板三类；按表面处理状态不同，可分为未涂饰地板（白坯板、素板）和漆饰地板两类。

本税目征收范围包括各类规格的实木地板，实木指接地板，实木复合地板及用于装饰墙壁、天棚的侧端面为榫、槽的实木装饰板。未经涂饰的素板属于本税目征税范围。

14.电池，是一种将化学能、光能等直接转换为电能的装置，一般由电极、电解质、容器、极端，通常还有隔离层组成的基本功能单元，以及用一个或多个基本功能单元装配成的电池组。范围包括原电池、蓄电池、燃料电池、太阳能电池和其他电池。

对无汞原电池、金属氢化物镍蓄电池（又称"氢镍蓄电池"或"镍氢蓄电池"）、锂原电池、锂离子蓄电池、太阳能电池、燃料电池和全钒液流电池免征消费税。

15.涂料，是指涂于物体表面能形成具有保护、装饰或特殊性能的固态涂膜的一类液体或固体材料之总称。

涂料由主要成膜物质、次要成膜物质等构成。按主要成膜物质涂料可分为油脂类、天然树脂类、酚醛树脂类、沥青类、醇酸树脂类、氨基树脂类、硝基类、过滤乙烯树脂类、烯类树脂类、丙烯酸酯类树脂类、聚酯树脂类、环氧树脂类、聚氨酯树脂类、元素有机类、橡胶类、纤维素类、其他成膜物类等。

对施工状态下挥发性有机物含量低于420克/升（含）的涂料免征消费税。

|练一练|

【例题3-1】（多选题）下列选项中，属于消费税征税范围的有（　　）。

A.实木地板　　　B.高尔夫球　　　C.雪茄烟　　　D.电动汽车

答案：ABC。电动汽车不属于消费税征税范围。

四、消费税征税环节

（一）基本环节

1.生产环节

纳税人生产的应税消费品，于纳税人销售时纳税。纳税人自产自用的应税消费品，用于连续生产应税消费品的，不纳税；用于其他方面的，于移送使用时纳税。

用于连续生产应税消费品，是指纳税人将自产自用的应税消费品作为直接材料生产最终应税消费品，自产自用应税消费品构成最终应税消费品的实体。

用于其他方面，是指纳税人将自产自用应税消费品用于生产非应税消费品、在建工程、管理部门、非生产机构、提供劳务、馈赠、赞助、集资、广告、样品、职工福利、奖励等方面。

工业企业以外的单位和个人的下列行为视为应税消费品的生产行为，按规定征收消费税：

（1）将外购的消费税非应税产品以消费税应税产品对外销售的；

（2）将外购的消费税低税率应税产品以高税率应税产品对外销售的。

|练一练|

【例题3-2】（单选题）企业生产下列消费品，无须缴纳消费税的是（　　）。

A.地板企业生产用于装修本企业办公室的实木地板

B.汽车企业生产用于本企业管理部门的汽车

C.化妆品企业生产用于交易会样品的高档化妆品

D.卷烟厂生产用于连续生产卷烟的烟丝

答案：D。用于连续生产卷烟的烟丝，属于应税消费品用于连续生产应税消费品，移送环节不缴纳消费税。

2.委托加工环节

委托加工的应税消费品，除受托方为个人外，由受托方在向委托方交货时代收代缴税款。委托加工的应税消费品，委托方用于连续生产应税消费品的，所纳税款准予按规定抵扣。

委托个人加工的应税消费品，由委托方收回后缴纳消费税。

委托加工的应税消费品，是指由委托方提供原料和主要材料，受托方只收取加工费和代垫部分辅助材料加工的应税消费品。对于由受托方提供原材料生产的应税消费品，或者受托方先将原材料卖给委托方，然后再接受加工的应税消费品，以及由受托方以委托方名义购进原材料生产的应税消费品，不论在财务上是否做销售处理，都不得作为委托加工应税消费品，而应当按照销售自制应税消费品缴纳消费税。

委托方将收回的应税消费品，以不高于受托方的计税价格出售的，为直接出售，不再缴纳消费税；委托方以高于受托方的计税价格出售的，不属于直接出售，需按照规定申报缴纳消费税，在计税时准予扣除受托方已代收代缴的消费税。

3.进口环节

进口的应税消费品，于报关进口时纳税。为了减少征税成本，进口环节消费税由海关代征。

（二）特殊环节

1.零售环节

自1995年1月1日起，金银首饰消费税由生产销售环节征收改为零售环节征收。改在零售环节征收消费税的金银首饰仅限于金基、银基合金首饰以及金、银和金基、银基合金的镶嵌首饰。钻石及钻石饰品消费税的征税环节从2002年1月1日起，由生产环节、进口环节后移至零售环节。2003年5月1日起，铂金首饰消费税改为零售环节征税。

下列业务视同零售业，在零售环节缴纳消费税：

（1）为经营单位以外的单位和个人加工金银首饰。加工包括带料加工、翻新改制、以旧换新等业务，不包括修理和清洗。

（2）经营单位将金银首饰用于馈赠、赞助、集资、广告样品、职工福利、奖励等方面。

（3）未经中国人民银行总行批准，经营金银首饰批发业务的单位将金银首饰销售给经营单位。

此外，超豪华小汽车在生产（进口）环节按现行税率征收消费税基础上，在零售环节加征消费税，税率为10%。

2.批发环节

自2009年5月1日起，在卷烟批发环节加征一道消费税，从价计征；自2015年5月10日起，卷烟批发环节消费税采用复合计税办法计征。

烟草批发企业将卷烟销售给其他烟草批发企业的，不缴纳消费税。

卷烟消费税改为在生产和批发两个环节征收后，批发企业在计算应纳税额时不得扣除已含的生产环节的消费税税款。

纳税人兼营卷烟批发和零售业务的，应当分别核算批发和零售环节的销售额、销售数量；未分别核算的，按照全部销售额、销售数量计征批发环节消费税。

| 练一练 |

【例题3-3】（多选题）下列属于消费税征税环节的有（　　　）。

A.生产环节　　B.零售环节　　C.批发环节　　D.进口环节

答案：ABCD。根据消费税法律制度的规定，应税消费品的征税环节包括生产环节（含委托加工）、零售环节、批发环节和进口环节。

五、消费税税率

消费税税率采取比例税率和定额税率两种形式，对卷烟和白酒（粮食白酒和薯类白酒）采取了比例税率和定额税率复合征收的形式，以适应不同应税消费品的实际情况，见表3-1。

表3-1　　　　　　　　　　　　消费税税目税率表

税目	税率
一、烟 1.卷烟 （1）甲类卷烟 （2）乙类卷烟 （3）批发环节 2.雪茄烟 3.烟丝	 56%加0.003元/支 36%加0.003元/支 11%加0.005元/支 36% 30%
二、酒 1.白酒 2.黄酒 3.啤酒 （1）甲类啤酒 （2）乙类啤酒 4.其他酒	 20%加0.5元/500克（或者500毫升） 240元/吨 250元/吨 220元/吨 10%
三、高档化妆品	15%

（续表）

税目	税率
四、贵重首饰及珠宝玉石	
1.金银首饰、铂金首饰和钻石及钻石饰品	5%
2.其他贵重首饰和珠宝玉石	10%
五、鞭炮、焰火	15%
六、成品油	
1.汽油	1.52元/升
2.柴油	1.20元/升
3.航空煤油	1.20元/升
4.石脑油	1.52元/升
5.溶剂油	1.52元/升
6.润滑油	1.52元/升
7.燃料油	1.20元/升
七、摩托车	
1.气缸容量（排气量，下同）在250毫升（含250毫升）以下的	3%
2.气缸容量在250毫升以上的	10%
八、小汽车	
1.乘用车	
（1）气缸容量（排气量，下同）在1.0升（含1.0升）以下的	1%
（2）气缸容量在1.0升以上至1.5升（含1.5升）的	3%
（3）气缸容量在1.5升以上至2.0升（含2.0升）的	5%
（4）气缸容量在2.0升以上至2.5升（含2.5升）的	9%
（5）气缸容量在2.5升以上至3.0升（含3.0升）的	12%
（6）气缸容量在3.0升以上至4.0升（含4.0升）的	25%
（7）气缸容量在4.0升以上的	40%
2.中轻型商用客车	5%
3.超豪华小汽车	按子税目1和子税目2规定征收（生产或者进口环节），10%（零售环节）
九、高尔夫球及球具	10%
十、高档手表	20%
十一、游艇	10%
十二、木制一次性筷子	5%
十三、实木地板	5%
十四、电池	4%
十五、涂料	4%

纳税人兼营不同税率的应税消费品，应当分别核算不同税率应税消费品的销售额、销售数量；未分别核算销售额、销售数量的，或者将不同税率的应税消费品组成成套消费品销售的，从高适用税率。

｜练一练｜

【例题3-4】（多选题）下列应税消费品中，实行复合计征消费税的有（　　　）。

A.卷烟　　B.鞭炮　　C.啤酒　　D.白酒

答案：AD。根据消费税有关规定，卷烟和白酒实行从价和从量复合计征消费税。其中白酒包括粮食白酒和薯类白酒。

任务实施

2019年10月，烟台新泰酒业有限公司业务的消费税的征税情况分析如下：

（1）1日，销售自产粮食白酒30吨，取得不含税销售额180万元，其中包装盒20万元（不含增值税），销售自产乙类啤酒100吨，取得不含税销售额为25万元。

本业务属于生产销售白酒和啤酒，征税消费税，适用税率分别为白酒20%加0.5元/500克，啤酒220元/吨。

（2）3日，将新研制的薯类白酒10吨作为员工福利发放给本单位职工，该类型的白酒无市场销售价格，成本为1万元/吨，成本利润率为10%。

本业务属于生产销售白酒（自产自用），征税消费税，适用税率为20%加0.5元/500克。

（3）10日，从济南某酒业公司批发白酒20吨，将其销售给某商场，取得不含税销售额140万元。

本业务不属于消费税的征税范围。

（4）15日，从国外进口一批白酒，进口时缴纳消费税5万元，现将本批白酒对外销售，取得不含税价款100万元。

本业务进口白酒环节已经征收消费税，国内销售环节不再征收消费税。

（5）20日，从农民手中收购粮食5万吨，购货发票上注明价款5万元，委托济南某酒业公司加工生产1吨粮食白酒，对方开具的增值税专用发票上注明加工费1万元，增值税1.3万元。经税务机关同意，该企业对购进农产品不采取核定扣除。

本业务属于委托加工白酒，征收消费税，适用税率20%加0.5元/500克。

任务拓展

消费税的历史沿革

消费税是世界上最古老的课税形式之一，可以说是现代税收制度的祖先。它从简单的间接税发展演变而来，通常先对一些商品和劳务有选择地征税。春秋时期，管仲在齐国实行盐铁专卖实际上就引出了相关税种。到了汉朝，不仅盐铁专卖已经非常普遍，而且消费税的范围也非常广泛。汉朝以后，又陆续开征了茶税、竹税、烟税、生漆税、皮毛税、糖税、矿产品税等，而盐、铁、酒、茶这四种商品的税收一直是中国历朝历代皇家与国库的重要收入来源。世界上最早使用"消费税"这一名称的是16世纪的荷兰。荷兰依靠消费税在财政收入方面取得明显成功，这使消费税在英国及其殖民地兴起。目前，在大多数西方国家，消费税体系包括对烟草、酒类、赌博、能源、污染、驾驶以及其他特定货物、劳务和活动的选择性征税。

19世纪末20世纪初，随着大工业的发展、分工与协作的扩大和经济关系的国际化，以商品和服务作为主要课税对象的间接税在西方国家税制结构中的重要性开始减弱，以所得税和财产税为代表的直接税逐渐占据了税制的主导地位，相应地使消费税筹集收入的功能逐渐减退。

同步训练

答案与解析

一、单选题

1.根据消费税法律制度的规定，下列各项中，不属于消费税纳税人的是（　　）。

 A.金首饰零售商　　　　　　　　B.高档化妆品进口商

 C.涂料生产商　　　　　　　　　D.鞭炮批发商

2.根据消费税法律制度的规定，下列行为中，不缴纳消费税的是（　　）。

 A.首饰店零售金银首饰

 B.烟草批发企业将卷烟销售给其他烟草批发企业

 C.外贸公司进口高档手表

 D.小汽车生产企业将自产小汽车奖励给优秀员工

3.根据消费税法律制度的规定，下列消费品中，实行从价定率和从量定额相结合的复合计征办法征收消费税的是（　　）。

 A.汽油　　　　　　　　　　　　B.香烟

 C.啤酒　　　　　　　　　　　　D.实木地板

4.据消费税法律制度的规定，下列各项中，不征收消费税的是（　　　）。

    A.体育上用的发令纸   B.爆竹

    C.礼花弹   D.组合烟花

二、多选题

1.根据消费税法律制度的规定，下列各项中，应征收消费税的有（　　　）。

    A.甲电池厂生产销售电池   B.丁百货公司零售钻石胸针

    C.丙首饰厂生产销售玉手镯   D.乙超市零售啤酒

2.根据消费税法律制度的规定，下列业务中，应征收消费税的有（　　　）。

    A.烟草批发企业将卷烟销售给零售单位

    B.地板经销商提供实木地板保养服务

    C.外贸公司进口高档手表

    D.金店零售金银首饰

3.根据消费税法律制度的规定，下列各项中，实行从价计征消费税的有（　　　）。

    A.高档手表   B.烟丝

    C.高尔夫球   D.黄酒

三、案例分析题

甲公司为增值税一般纳税人，主要生产和销售高档化妆品。2019年11月其有关经济业务如下：

（1）销售高档面膜，取得不含增值税价款300万元，另收取品牌使用费11.6万元；

（2）受托加工高档粉饼，收取不含增值税加工费5万元，委托方提供的原材料成本为80万元，甲公司无同类产品销售价格；

（3）销售高档口红两批，第一批不含增值税单价为0.2万元/箱，共100箱，第二批不含增值税单价为0.16万元/箱，共200箱；

（4）将高档口红50箱赞助给国内某化妆品展销会。

要求：请判断该企业消费税的征收情况。

任务 3.2　消费税应纳税额计算

知识准备

一、计税依据的确定

根据《中华人民共和国消费税暂行条例》的规定，消费税应纳税额的计算分为从价计征、从量计征和从价从量复合计征三种方法，因此消费税的计税依据就包括销售额、销售数量、销售额和销售数量的结合三种情况。

（一）计税依据确定基本规则

1.销售额

销售额为纳税人销售应税消费品向购买方收取的全部价款和价外费用，不包括应向购货方收取的增值税税款。如果纳税人应税消费品的销售额中未扣除增值税税款或者因不得开具增值税专用发票而发生价款和增值税税款合并收取的，在计算消费税时，应当换算为不含增值税税款的销售额。其换算公式为：

应税消费品的销售额＝含增值税的销售额÷（1＋增值税税率或者征收率）

价外费用，是指价外向购买方收取的手续费、补贴、基金、集资费、返还利润、奖励费、违约金、滞纳金、延期付款利息、赔偿金、代收款项、代垫款项、包装费、包装物租金、储备费、优质费、运输装卸费以及其他各种性质的价外收费。但下列项目不包括在内：

（1）同时符合以下条件的代垫运输费用：

①承运部门的运输费用发票开具给购买方的；

②纳税人将该项发票转交给购买方的。

（2）同时符合以下条件代为收取的政府性基金或者行政事业性收费：

①由国务院或者财政部批准设立的政府性基金，由国务院或者省级人民政府及其财政、价格主管部门批准设立的行政事业性收费；

②收取时开具省级以上财政部门印制的财政票据；

③所收款项全额上缴财政。

2.销售数量

销售数量，是指应税消费品的数量。具体为：（1）销售应税消费品的，为应税消费品的销售数量；（2）自产自用应税消费品的，为应税消费品的移送使用数量；（3）委托加工应税消费品的，为纳税人收回的应税消费品数量；（4）进口应税消费品的，为海关核定的应税消费品进口征税数量。

《中华人民共和国消费税暂行条例实施细则》规定，实行从量定额办法计算应纳税额的应税消费品，计量单位吨和升换算标准如下：

（1）黄酒1吨＝962升；

（2）啤酒1吨＝988升；

（3）汽油1吨＝1 388升；

（4）柴油1吨＝1 176升；

（5）航空煤油1吨＝1 246升；

（6）石脑油1吨＝1 385升；

（7）溶剂油1吨＝1 282升；

（8）润滑油1吨＝1 126升；

（9）燃料油1吨＝1 015升。

（二）计税依据确定特殊规则

1.纳税人通过自设非独立核算门市部销售的自产应税消费品，应当按照门市部对外销售额或者销售数量征收消费税。

2.纳税人用于换取生产资料和消费资料、投资入股和抵偿债务等方面的应税消费品，应当以纳税人同类应税消费品的最高销售价格作为计税依据计算消费税。

3.白酒生产企业向商业销售单位收取的"品牌使用费"，不论企业采取何种方式或以何种名义收取价款，均应并入白酒的销售额中缴纳消费税。

4.包装物押金。应税消费品连同包装物销售的，无论包装物是否单独计价以及在会计上如何核算，均应并入应税消费品的销售额中缴纳消费税。如果包装物不作价随同产品销售，而是收取押金，此项押金则不应并入应税消费品的销售额中征税。但对因逾期未收回的包装物或者已收取的时间超过12个月的押金，应并入应税消费品的销售额，按照应税消费品的适用税率缴纳消费税。

对既作价随同应税消费品销售，又另外收取押金的包装物的押金，凡纳税人在规定的期限内没有退还的，均应并入应税消费品的销售额，按照应税消费品的适用税率缴纳消费税。

对酒类生产企业销售酒类产品（啤酒、黄酒除外）而收取包装物押金，无论押金是否返还及会计上如何核算，均并入销售额，征收消费税。

5.金银首饰的特殊规定

（1）纳税人采用以旧换新（含翻新改制）方式销售的金银首饰，应按实际收取的不含增值税的全部价款确定计税依据征收消费税。

（2）对既销售金银首饰，又销售非金银首饰的生产、经营单位，应将两类商品划分清楚，分别核算销售额。凡划分不清楚或不能分别核算的，在生产环节销售的，一律从高适用税率征收消费税；在零售环节销售的，一律按金银首饰征收消费税。

（3）金银首饰与其他产品组成成套消费品销售的，应按销售额全额征收消费税。

（4）金银首饰连同包装物销售的，无论包装物是否单独计价，也无论会计上如何核算，均应并入金银首饰的销售额计征消费税。

（5）带料加工的金银首饰，应按受托方销售同类金银首饰的销售价格确定计税依据征收消费税；没有同类金银首饰销售价格的，按照组成计税价格计算纳税。

6.纳税人应税消费品的计税价格明显偏低没有正当理由的，由主管税务机关核定计税价格。

（三）组成计税价格

1.自产自用

（1）纳税人自产自用的应税消费品用于连续生产应税消费品的，不纳税。

（2）凡用于其他方面的，于移送使用时，按照纳税人生产的同类消费品的销售价格（平均价格）计算纳税。

同类消费品的销售价格，是指纳税人或者代收代缴义务人当月销售的同类消费品的销售价格，如果当月同类消费品各期销售价格高低不同，应按销售数量加权平均计算。但销售的应税消费品有下列情况之一的，不得列入加权平均计算：①销售价格明显偏低并无正当理由的；②无销售价格的。

如果当月无销售或者当月未完结，应按照同类消费品上月或者最近月份的销售价格计算纳税。

没有同类消费品销售价格的，按照组成计税价格计算纳税。

①实行从价定率办法计征的，其计算公式为：

组成计税价格＝成本×（1＋成本利润率）÷（1－消费税比例税率）

应纳消费税＝组成计税价格×消费税比例税率

②实行复合计税办法计算纳税的，其计算公式为：

组成计税价格＝［成本×（1＋成本利润率）＋自产自用数量×消费税定额税率］÷

（1－消费税比例税率）

应纳消费税＝组成计税价格×消费税比例税率＋自产自用数量×消费税定额税率

成本，是指应税消费品的产品生产成本。

利润，是指根据应税消费品的全国平均成本利润率计算的利润。应税消费品全国平均成本利润率由国家税务总局确定。

2.委托加工

委托加工的应税消费品，按照受托方的同类消费品的销售价格计算纳税，没有同类消费品销售价格的，按照组成计税价格计算纳税。

（1）实行从价定率办法计算纳税的：

组成计税价格＝（材料成本＋加工费）÷（1－消费税比例税率）

应纳消费税（应代收代缴的消费税）＝组成计税价格×消费税比例税率

（2）实行复合计税办法计算纳税的：

组成计税价格＝（材料成本＋加工费＋委托加工数量×消费税定额税率）÷（1－消费税比例税率）

应纳消费税（应代收代缴的消费税）＝组成计税价格×消费税比例税率＋委托加工数量×消费税定额税率

材料成本，是指委托方所提供加工材料的实际成本。委托加工应税消费品的纳税人，必须在委托加工合同上如实注明（或者以其他方式提供）材料成本，凡未提供材料成本的，受托方主管税务机关有权核定其材料成本。

加工费，是指受托方加工应税消费品向委托方所收取的全部费用（包括代垫辅助材料的实际成本）。

3.进口环节

（1）实行从价定率办法计征消费税的：

组成计税价格＝（关税完税价格＋关税）÷（1－消费税比例税率）

应纳消费税＝组成计税价格×消费税比例税率

（2）实行复合计税办法计征消费税的：

组成计税价格＝（关税完税价格＋关税＋进口数量×消费税定额税率）÷（1－消费税比例税率）

应纳消费税＝组成计税价格×消费税比例税率＋进口数量×消费税定额税率

关税完税价格，是指海关核定的关税计税价格。

二、应纳税额的计算

1.从价定率

应纳税额＝销售额×比例税率

2.从量定额

应纳税额＝销售数量×定额税率

3.复合计税

应纳税额＝销售额×比例税率＋销售数量×定额税率

三、已纳消费税额的扣除

为避免重复征税，外购应税消费品或委托加工收回的应税消费品继续生产应税消费品销售的，可以将外购应税消费品或委托加工收回应税消费品已缴纳的消费税予以抵扣。根据消费税的有关规定，准予抵扣的情形包括：

1.外购或委托加工收回的已税烟丝生产的卷烟；

2.外购或委托加工收回的已税高档化妆品为原料生产的高档化妆品；

3.外购或委托加工收回的已税珠宝玉石为原料生产的贵重首饰及珠宝玉石；

4.外购或委托加工收回的已税鞭炮、焰火为原料生产的鞭炮、焰火；

5.以外购或委托加工收回的已税杆头、杆身和握把为原料生产的高尔夫球杆；

6.以外购或委托加工收回的已税木制一次性筷子为原料生产的木制一次性筷子；

7.以外购或委托加工收回的已税实木地板为原料生产的实木地板；

8.以外购或委托加工收回的已税汽油、柴油、石脑油、润滑油、燃料油为原料生产的应税成品油；

9.以委托加工收回的已税电池连续生产应税电池。

当期准予扣除外购或委托加工收回的应税消费品的已纳消费税税款，应按当期生产领用数量计算。

当期准予扣除外购应税消费品已纳消费税税款的计算公式：

当期准予扣除的外购应税消费品已纳税款＝当期准予扣除的外购应税消费品买价或数量×外购应税消费品的适用税率或税额

当期准予扣除的外购应税消费品买价或数量＝期初库存的外购应税消费品的买价或数量＋当期购进的应税消费品的买价或数量－期末库存的外购应税消费品的买价或数量

当期准予扣除委托加工收回的应税消费品已纳消费税税款的计算公式：

当期准予扣除的委托加工应税消费品已纳税款＝期初库存的委托加工应税消费品已

纳税款＋当期收回的委托加工应税消费品已纳税款－期末库存的委托加工应税消费品已纳税款

值得注意的是，纳税人用外购或委托加工收回的已税珠宝玉石生产的改在零售环节征收消费税的金银、钻石饰品，在计税时一律不得扣除外购或者委托加工收回的珠宝玉石的已纳税款。

│ 练一练 │

【例题3-5】某实木地板加工厂，2019年8月初库存外购的已税实木地板金额为10万元，当月又外购一批已税实木地板，取得增值税专用发票，其注明的金额为40万元，月末库存已税实木地板金额为8万元，其余为当月生产实木地板领用。已知实木地板的消费税税率为5%。计算该厂当月准予扣除的外购实木地板已经缴纳的消费税税额。

解析：根据消费税法律制度的规定，外购已税实木地板生产实木地板，其已纳消费税税额准予扣除：

当月准予扣除的外购实木地板的买价＝10＋40－8＝42（万元）

当月准予扣除的外购实木地板的已纳消费税税额＝42×5%＝2.1（万元）

任务实施

2019年10月，烟台新泰酒业有限公司各业务的消费税应纳税额分别为：

（1）1日，销售自产粮食白酒30吨，取得不含税销售额180万元，其中包装盒20万元（不含增值税），销售自产乙类啤酒100吨，取得不含税销售额为25万元；

应纳税额＝180×20%＋30×2 000×0.5÷10 000＋100×220÷10 000＝41.2（万元）

（2）3日，将新研制的薯类白酒10吨作为员工福利发放给本单位职工，该类型的白酒无市场销售价格，成本为1万元/吨，成本利润率为10%。

组成计税价格＝［10×1×（1＋10%）＋10×2 000/10 000×0.5］/（1－20%）＝15（万元）

应纳的消费税税额＝15×20%＋10×2 000/10 000×0.5＝4（万元）

（5）20日，从农民手中收购粮食5万吨，购货发票上注明价款5万元，委托济南某酒业公司加工生产1吨粮食白酒，对方开具的增值税专用发票上注明加工费1万元，增值税1.3万元。经税务机关同意，该企业对购进农产品不采取核定扣除。

组成计税价格＝［5×（1－10%）＋1＋1×2 000/10 000×0.5］/（1－20%）＝7（万元）

应纳消费税税额＝7×20%＋1×2 000/10 000×0.5＝1.5（万元）

任务拓展

美国消费税

消费税（Consumer Tax）指政府向消费品征收的税项。美国消费税是一种地方税，美国州市各级议会在获得上级议会的批准后，都有权根据当地经济实际情况及政策目标确定消费税率的高低。

在美国，除指定的特定商品外，人们无论是到商店购物，到饭店住宿用餐，还是到停车场停车，凡是去需要花钱的地方，差不多都要支付相当于购买物售价3%至9%的消费税。

关于特定商品，各州有各州的规则。大多数州，购买诸如食品、衣服、药品等生活必需品时豁免消费税，或收取较低的消费税。如在宾夕法尼亚州，购买食品、衣服（大多数，非昂贵的）、药品（处方与非处方）时免消费税；在纽约州，购买食品、药品（处方与非处方）时免消费税；在加利福尼亚州，购买食品、处方药时免消费税。同一个州对于不同种类的商品可能实行不同的税率。

美国有五个免税的州：俄勒冈州、特拉华州、阿拉斯加州、蒙大拿州和新罕布什尔州。

同步训练

答案与解析

一、单选题

1. 甲地板厂为增值税一般纳税人，2019年11月销售自产实木地板取得含增值税销售额111.15万元。已知实木地板增值税税率为13%，消费税税率为5%，甲地板厂当月该业务应缴纳消费税税额的下列计算列式中，正确的是（　　　）。

A. $111.15 \div (1 + 13\%) \times 5\% = 4.91$（万元）

B. $111.15 \div (1 - 5\%) \times 5\% = 5.85$（万元）

C. $111.15 \times 5\% = 5.5575$（万元）

D. $111.15 \div (1 + 13\%) \div (1 - 5\%) \times 5\% = 5.17$（万元）

2. 2019年8月，甲酒厂销售自产红酒，取得含增值税价款46.8万元，另收取包装物押金2.26万元、手续费1.13万元。已知红酒增值税税率为13%，消费税税率为10%。甲酒厂该笔业务应缴纳消费税税额的下列计算列式中，正确的是（　　　）。

A. $(46.8 + 1.13) \div (1 + 13\%) \times 10\% = 4.2$（万元）

B. $46.8 \div (1 + 13\%) \times 10\% = 4.1$（万元）

C. （46.8＋2.26＋1.13）÷（1＋13%）×10%＝4.4（万元）

D. （46.8＋2.26）÷（1＋13%）×10%＝4.3（万元）

3. 某化妆品厂销售高档化妆品取得含税收入46.8万元，收取手续费1.5万元，另收取包装物押金1万元。已知，该类化妆品增值税税率为13%，消费税税率为15%。以下关于该化妆品厂本月应交消费税的计算中，正确的是（   ）。

    A. 46.8×15%＝7.02（万元）

    B. 46.8÷（1＋13%）×15%＝6.21（万元）

    C. （46.8＋1.5）÷（1＋13%）×15%＝6.41（万元）

    D. （46.8＋1.5＋1）÷（1＋13%）×15%＝6.54（万元）

4. 某啤酒厂（增值税一般纳税人）销售甲类型啤酒20吨给副食品公司，开具税控专用发票收取价款58 000元，收取包装物押金3 000元；销售乙类型啤酒10吨给宾馆，开具普通发票取得收入32 760元，收取包装物押金1 500元。该啤酒厂应缴纳的消费税为（   ）。

    A. 5 000元   B. 6 600元

    C. 7 200元   D. 7 500元

5. 某酒厂2019年10月份生产一种新的粮食白酒，广告样品使用0.8吨。已知该种白酒无同类产品出厂价，生产成本每吨40 000元，成本利润率为10%，粮食白酒定额税率为每500克0.5元，比例税率为20%。该厂当月应缴纳的消费税为（   ）。

    A. 8 600元   B. 8 800元

    C. 9 600元   D. 9 800元

6. 2019年某公司进口10箱卷烟（5万支/箱），经海关审定，关税完税价格为22万元/箱，关税税率为50%，消费税税率为56%，定额税率为150元/箱。2019年该公司进口环节应纳消费税为（   ）。

    A. 100.80万元   B. 288.88万元

    C. 420.34万元   D. 1 183.64万元

7. 某市区卷烟厂2019年8月委托某县城烟丝加工厂（一般纳税人）加工一批烟丝，卷烟厂提供的烟叶在委托加工合同上注明成本80 000元。烟丝加工完，卷烟厂提货时，加工厂开具专用发票上注明收取的加工费（含代垫辅料成本）为12 000元，增值税为360元，并代收代缴了消费税。烟丝的消费税税率为30%，则该烟丝加工厂应代收代缴的消费税是（   ）。

    A. 39 428.57元   B. 2 759.96元

    C. 3 986.86元   D. 2 781.60元

8.某化妆厂为增值税一般纳税人，2019年9月发生以下业务：8日销售化妆品400箱，每箱不含税价600元；15日销售同类化妆品500箱，每箱不含税价650元。当月以200箱同类化妆品与某公司换取精油。该厂当月应纳消费税（　　　）。

    A. 169 500元　　　　　　　　　　　B. 205 500元

    C. 207 000元　　　　　　　　　　　D. 104 250元

二、多选题

1.甲酒厂主要从事白酒生产销售业务。该酒厂销售白酒收取的下列款项中，应并入销售额缴纳消费税的有（　　　）。

    A.向Z公司收取的储备费

    B.向Y公司收取的品牌使用费

    C.向X公司收取的包装物租金

    D.向W公司收取的产品优质费

2.甲企业为增值税一般纳税人，2019年3月外购价值260万元的实木地板委托乙企业进行加工，取得增值税专用发票，注明金额25万元，甲企业销售返回的70%的实木地板，取得增值税专用发票，注明金额350元，下列说法正确的是（　　　）。

    A.甲企业不需要缴纳消费税

    B.甲企业缴纳消费税7万元

    C.乙企业代收代缴消费税15万元

    D.甲企业缴纳消费税2.5万元

3.下列业务应同时征收增值税和消费税的有（　　　）。

    A.地板厂销售自产实木地板　　　　B.汽车厂销售自产电动汽车

    C.百货商场销售高档手表　　　　　D.进出口公司进口高尔夫球及球具

4.纳税人销售应税消费品收取的下列款项，应计入消费税计税依据的有（　　　）。

    A.增值税销项税额　　　　　　　　B.未逾期的啤酒包装物押金

    C.白酒品牌使用费　　　　　　　　D.装卸费

三、案例分析题

1.甲公司为增值税一般纳税人，主要生产和销售高档化妆品。2019年11月有关经济业务如下：

（1）销售高档面膜，取得不含增值税价款300万元，另收取品牌使用费11.3万元；

（2）受托加工高档粉饼，收取不含增值税加工费5万元，委托方提供的原材料成本为80万元，甲公司无同类产品销售价格；

（3）销售高档口红两批，第一批不含增值税单价为0.2万元/箱，共100箱，第二批不含增值税单价为0.16万元/箱，共200箱；

（4）将高档口红50箱赞助给国内某化妆品展销会。

要求：请计算该企业本月需要缴纳的消费税税额。

2.某卷烟厂为增值税一般纳税人，2019年12月发生如下业务：

（1）销售乙类卷烟1 500标准条，取得含增值税销售额87 750元；

（2）进口甲类卷烟100标准箱，海关核定的每箱卷烟关税完税价格为3万元，关税税率为25%。

已知卷烟每标准箱有250条，每条200支。

要求：计算该卷烟厂生产销售环节和进口环节分别需要缴纳的消费税税额。

3.某化妆品厂2019年10月发生下列业务：

（1）销售高档化妆品开出增值税专用发票，取得价款100万元，税款16万元，存入银行。

（2）没收逾期未归还的包装物押金23 200元。

（3）将本企业生产的高档化妆品作为福利分给职工，价值5万元，用于广告样品5万元，同类消费品售价为含税17.55万元。

（4）受托加工高档化妆品一批，委托方提供原材料20万元，本企业收取加工费8万元，并开出增值税专用发票，本企业无同类化妆品销售价格。

要求：计算该化妆品厂本月应缴纳的消费税（含代收代缴的消费税）。

任务 3.3 消费税纳税申报

知识准备

一、消费税征收管理

（一）消费税的纳税义务发生时间

1.纳税人销售的应税消费品，纳税义务发生时间按不同的销售结算方式分别确定。

（1）纳税人采取赊销和分期收款结算方式的，为书面合同约定的收款日期的当天；书面合同没有约定收款日期或者无书面合同的，为发出应税消费品的当天。

（2）纳税人采取预收货款结算方式的，为发出应税消费品的当天。

（3）纳税人采取托收承付、委托银行收款结算方式的，为发出应税消费品并办妥托收手续的当天。

（4）纳税人采取其他结算方式的，为收讫销售款或者取得索取销售款凭据的当天。

2.纳税人自产自用的应税消费品，为移送使用的当天。

3.纳税人委托加工应税消费品的，为纳税人提货的当天。

4.纳税人进口应税消费品的，为报关进口的当天。

（二）消费税的纳税地点

1.纳税人销售的应税消费品，以及自产自用的应税消费品，除国务院财政、税务主管部门另有规定外，应当向纳税人机构所在地或者居住地的主管税务机关申报纳税。

2.委托加工的应税消费品，除受托方为个人外，由受托方向机构所在地或者居住地的主管税务机关解缴消费税税款；受托方为个人的，由委托方向其机构所在地主管税务机关申报纳税。

3.进口的应税消费品，由进口人或者其代理人向报关地海关申报纳税。

4.纳税人到外县（市）销售或者委托外县（市）代销自产应税消费品的，于应税消费品销售后，向机构所在地或者居住地主管税务机关申报纳税。

5.总机构与分支机构不在同一县（市）的，分为以下两种情况：

（1）原则上应当分别向各自机构所在地的主管税务机关申报纳税。

（2）但在同一省（自治区、直辖市）范围内，经省（自治区、直辖市）财政厅（局）、国家税务局审批同意，可以由总机构汇总向总机构所在地的主管税务机关申报缴纳消费税。

（三）纳税期限

消费税的纳税期限分别为1日、3日、5日、10日、15日、1个月或者1个季度。纳税人的具体纳税期限，由主管税务机关根据纳税人应纳税额的大小分别核定；不能按照固定期限纳税的，可以按次纳税。

纳税人以1个月或者1个季度为1个纳税期的，自期满之日起15日内申报纳税；以1日、3日、5日、10日或者15日为1个纳税期的，自期满之日起5日内预缴税款，于次月1日起15日内申报纳税并结清上月应纳税款。纳税人进口应税消费品，应当自海关填发海关进口消费税专用缴款书之日起15日内缴纳税款。

| 练一练 |

【例题3-6】（单选题）根据消费税法律制度的规定，下列关于消费税纳税地点的表述中，正确的是（　　）。

A.纳税人销售的应税消费品，除另有规定外，应当向纳税人机构所在地或居住地的主管税务机关申报纳税

B.纳税人总机构与分支机构不在同一省的，由总机构汇总向总机构所在地的主管税务机关申报纳税

C.进口的应税消费品，由进口人或者其代理人向机构所在地的主管税务机关申报纳税

D.委托加工的应税消费品，受托方为个人的，由受托方向居住地的主管税务机关申报纳税

答案：A。选项B：纳税人总机构与分支机构不在同一省的，不适用由总机构汇总缴纳的特殊规定，应由总机构和分支机构分别向各自机构所在地的主管税务机关申报纳税。选项C：进口的应税消费品，由进口人或者其代理人向"报关地海关"申报纳税。选项D：委托加工的应税消费品，受托方为个人的，由"委托方"向机构所在地的主管税务机关申报纳税。

二、消费税申报表填写

（一）消费税申报表的类型

消费税纳税申报较为简单，主要选择对应纳税申报表格填列，并提交税务机关即可。其主要包括以下纳税申报表：酒类应税消费品消费税纳税申报表（申报表1）、烟

类应税消费品消费税纳税申报表(申报表2)、成品油消费税纳税申报表(申报表3)、小汽车消费税纳税申报表(申报表4)、涂料消费税纳税申报表(申报表5)、电池消费税纳税申报表(申报表6)、其他应税消费品消费税纳税申报表(申报表7)。不同消费税纳税人选择适用不同的纳税申报表。各类具体申报表见二维码。

申报表 1

申报表 2

申报表 3

申报表 4

申报表 5

申报表 6

申报表 7

(二)酒类消费税纳税申报表填写

本任务主要是填制酒类消费品的纳税申报,因此本次申报表填写主要介绍酒类应税消费品消费税纳税申报表的填写规定。

1.申报表的适用

消费税纳税人根据生产经营范围的不同选择不同的纳税申报表。酒类应税消费品申报需填报"酒类应税消费品消费税纳税申报表"及附列资料。附列资料包括"本期准予抵减(扣)税额计算表(酒类)""本期代收代缴税额计算表(酒类)""生产经营情况表(酒类)"。一般而言,大部分企业附列资料较少涉及填报,此处略。

2.填写顺序

(1)根据企业实际情况选择附列资料,并按照顺序填写。

(2)根据生产销售情况如实填写"酒类应税消费品消费税纳税申报表"。

纳税人应在规定申报期限内向主管税务机关进行纳税申报,并提交纳税申报表及相关资料和财务报表,然后通过网络传输给税务机关(或自行去税务大厅申报),最后由出纳员到银行缴纳税款或由银行直接划拨缴纳国库。

3.填写要点

(1)销售数量:当期应申报缴纳消费税的酒类应税消费品(不含出口免税)销售数量。计量单位:粮食白酒和薯类白酒为斤(如果实际销售商品按照体积标注计量单位,应按500毫升为1斤换算),啤酒、黄酒和其他酒为吨。

(2)销售额:当期应申报缴纳消费税的酒类应税消费品销售(不含出口免税)收入。

（3）本期准予抵减税额：填写按税收法规规定的本期准予抵减的消费税应纳税额。

（4）本期减（免）税额：不含出口退（免）税额。

（5）期初未缴税额：填写本期期初累计应缴未缴的消费税额，多缴为负数。其数值等于上期申报表"期末未缴税额"栏数值。

（6）本期缴纳前期应纳税额：填写本期实际缴纳入库的前期应缴未缴消费税额。

（7）本期预缴税额：填写纳税申报前纳税人已预先缴纳入库的本期消费税额。

（8）本期应补（退）税额：填写纳税人本期应纳税额中应补缴或应退回的数额，计算公式如下，多缴为负数：

本期应补（退）税额＝应纳税额（合计栏金额）－本期准予抵减税额－本期减（免）税额－本期预缴税额

（9）期末未缴税额：填写纳税人本期期末应缴未缴的消费税额，计算公式如下，多缴为负数：

期末未缴税额＝期初未缴税额＋本期应补（退）税额－本期缴纳前期应纳税额

任务实施

申报表见二维码。

申报表

任务拓展

消费税：欧盟重要的财源

消费税在欧洲的课征历史很长，一度占据重要的财政地位，目前仍是欧盟各国的重要财源。

消费税在欧盟国家中的财政地位，从长期看，呈现下降的趋势。欧盟21国消费税收入占国内生产总值的比重从1965年的5.8%下降至2012年的3.7%，其占税收总收入的比重从1965年的23.1%下降至2012年的10.2%。这一下降趋势是与增值税在欧盟各国的普遍开征、增值税收入不断上涨的趋势相对应的。但从短期看，尤其是全球金融危机以来，消费税在欧盟国家的财政地位又呈现恢复甚至轻微上扬的态势。欧盟21国消费税收入占国内生产总值的比重从2008年的3.4%上升至2012年的3.7%，已经略微超过了危机前2007年3.6%的水平；其占税收总收入的比重也是如此，由2008年的9.6%上升至2012年的10.2%，超过2007年9.8%的水平。这充分说明，由于消费税对烟、酒等有害健康产品课税，以及对于成品油、煤炭、天然气等重要能源产品课税，对于电池、包装物等污染产品课税，对奢侈品进行课税，因此在财政收入紧张、债台高筑之时，对其增税较易获得社会的共识。消费税由此成为金融危机尤其是欧洲债务危机后欧盟各国增税的重要对象。

目前，从欧盟21国的数据看，消费税收入已经稳定在占国内生产总值3.6%左右、占税收总收入十分之一的比重，可以说，消费税是欧盟国家重要的收入来源。

同步训练

答案与解析

案例分析题

北京艾丽化妆品公司为增值税一般纳税人，纳税人识别号110108767689064。2019年3月发生以下业务：

（1）8日销售高档化妆品400箱，每箱不含税价600元；

（2）10日缴纳上期消费税款108 500元；

（3）15日销售同类化妆品500箱，每箱不含税价650元。

（4）25日以200箱同类化妆品与某公司换取精油。

已知化妆品消费税税率为15%。

要求：（1）计算公司应纳的消费税税额；（2）假设该公司4月5日进行纳税申报，请填写消费税纳税申报表。

任务 3.4　消费税纳税筹划

知识准备

消费税的税收筹划方法主要包括纳税人筹划、计税依据筹划、税率筹划等。

一、纳税人筹划

1.消费税纳税人与非消费税纳税人身份的选择

若企业想从源头上节税，在进行投资决策的时候就应避开缴纳消费税的消费品，选择其他符合国家产业政策、在流转税及所得税等方面有优惠措施的产业投资，这样，就可以达到减轻消费税税负的目的。

2.通过纳税人合并或者兼并方式递延纳税

消费税是针对特定的纳税人和特定的环节征税，因此，可以通过纳税人合并或者兼并递延纳税。合并或者兼并会使原来企业间的购销环节转变为企业内部的原材料继续加工环节，从而递延部分消费税税款，且如果后一环节的消费税税率较前一环节低，则可直接减轻企业的消费税税负。

二、计税依据筹划

1.包装物计税依据的税收筹划

根据消费税有关规定，应税消费品连同包装物销售的，无论包装物销售是否单独计价以及在会计上如何核算，均应并入应税消费品的销售额中缴纳消费税。如果包装物不作价随同产品销售，而是收取押金，此项押金则不应并入应税消费品的销售额中征税。但对因逾期未收回的包装物不再退还的或者已收取的时间超过12个月的押金，应并入应税消费品的销售额，按照应税消费品的适用税率缴纳消费税。

因此，若企业想在包装物上节省消费税，则包装物不能作价随同产品出售，而应该采取"押金"的形式，这样包装物押金不需要并入销售额计算消费税。即便逾期需要将押金并入销售额，企业也获得了该消费税款一段时间的使用权。但是要注意酒类包装物押金的特殊性，即除了啤酒和黄酒其他酒类的包装物押金，无论是否返还，一律计入销售额征收消费税。

2.兼营销售的税收筹划

（1）兼营非应税消费品。纳税人兼营非应征消费税的货物，计税依据应分别核算不同货物的销售额、销售数量，没有分别核算的，非应税货物一并征收消费税。

（2）兼营不同税率的应税消费品。按照税法规定，纳税人兼营不同税率的应税消费品应当分别核算不同税率应税消费品的销售额、销售数量。没有分别核算销售额、数量的从高适用税率。

因此，企业兼营不同税率应税消费品时最好独立核算以降低税负。对于组成套装的销售方式在一定程度上能够影响销售量，进而对销售额有较大影响的，也就是说成套销售消费品所带来的收益远远大于因此而增加的消费税及其他成本的情况，可以采用套装销售方式。否则，可以采用变通的方式，即先销售再包装，先将套装消费品分开按品种销售给零售商，分别开具发票，再将消费品重新包装成一套。在账务处理环节对不同产品分别核算销售收入，以降低应税消费品的总体税负，或者将税率相同或相近的消费品组成成套产品销售。

三、税率筹划

纳税人可以利用差别税率纳税临界点节税。消费税的一些税目设置了子税目，不同的子税目适用不同的税率。当销售额或应纳税所得额超过这一比例或数额时就应该依法纳税或按更高的税率纳税，从而使纳税人税负大幅上升。反之，纳税人可以享受优惠，降低税负。

利用临界点的关键是必须要遵守企业整体收益最大化的原则。也就是说，在筹划纳税方案时，不应过分地强调某一环节收益的增加，而忽略了因该方案的实施所带来的其他费用的增加或收益的减少，从而使纳税人的绝对收益减少。

例如：甲类啤酒和乙类啤酒的消费税税率不同，分别为250元/吨和220元/吨，而甲类啤酒和乙类啤酒的区别在于，每吨出厂价（含包装物及包装物押金）在3 000元以上为甲类啤酒，以下为乙类啤酒。因此，当啤酒消费税纳税的临界点是每吨3 000元时，税率由220元/吨跃升到250元/吨。企业可以通过平衡点分析法对啤酒做出筹划。下面以1吨啤酒为例，说明税收筹划的方法。

（1）确定税后收入平衡点。假设低于3 000元的乙类啤酒与3 000元甲类啤酒税后收入相同的价格为X，那么 $X-220=3\,000-250$，解得：$X=2\,970$（元）

可以得出结论：价格在3 000元的啤酒和价格在2 970元的啤酒税后收入相同。

（2）分析在平衡点上下的税后收入。

当价格＞2 970元时，若价格在2 980元，税后收入＝2 980－220＝2 760（元），若价格为2 990元，税后收入＝2 990－220＝2 770（元）

当价格＜2 970元时，若价格在2 950元，税后收入＝2 950－220＝2 730（元），若价格为2 920时，税后收入＝2 920－220＝2 700（元）

（3）筹划方法。通过上面分析，我们可以得出如下结论：当啤酒的价格定在3 000元/吨时，也可以定在2 970元/吨，两者税后收入相同；当啤酒的价格想要定在2 970元/吨到3 000元/吨之间时越接近3 000元，税后收入越高；当啤酒的价格想要定在2 970元/吨以下时，越接近2 970元税后收入越高。

任务实施

对烟台新泰酒业有限公司2019年10月的部分业务进行消费税的税收筹划。

1日，销售自产粮食白酒30吨，取得不含税销售额180万元，其中包装盒20万元（不含增值税），销售自产乙类啤酒100吨，取得不含税销售额为25万元。

筹划方法：白酒包装盒属于非应税消费品，因此可以采取先销售白酒，后包装，对白酒和包装盒分别核算，这样可以降低消费税税负；销售乙类啤酒，当啤酒的价格想要定在2 970元/吨到3 000元/吨之间时越接近3 000元，税后收入越高；当啤酒的价格想要定在2 970元/吨以下时，越接近2 970元税后收入越高。

任务拓展

消费税的改革趋势

继增值税、资源税、环境税之后，我国税改下一步或将锁定消费税。本轮消费税改革以扩大征收范围、调节税率结构和征收环节为主体内容。其中，在最受关注的扩围方面，一次性餐具等资源产品，以及高档皮毛、红木家具、私人飞机等奢侈性产品和消费或将纳入课税扩围。在推进层面，从2015年，电池和涂料被纳入消费税征收范围，到2016年，对普通化妆品免征消费税，130万元以上豪华小汽车加征消费税，消费税逐步扩围、部分推动，但一直没有整体推进。

本轮消费税改革的另外一项重要内容就是，有望从中央税改为共享税，这同时可以起到弥补地方税收缺口的作用。当前，在营改增之后，地方主体税种缺失，地方税收体系亟待建立，消费税改革需整体推进的呼声渐涨。

同步训练

答案与解析

案例分析题

1.某卷烟厂主要生产雪茄烟，每月生产出的雪茄烟总有一部分自产自用。在确定自产自用产品成本时采用统一的材料、费用分配标准进行计算。某月，其自产自用产品成本为150万元，假设利润率为10%，消费税率为36%。

要求：如果企业降低同期同类雪茄烟的成本，该批雪茄烟成本为130万元，则可以使企业降低消费税多少？

2.某酒厂本月生产并销售乙类啤酒10吨，不含税销售额8万元，生产并销售甲类啤酒10吨，取得不含税销售额12万元。

要求：请分析该酒厂的甲类和乙类啤酒分开核算和不分开核算在消费税缴纳上的区别。

项目小结

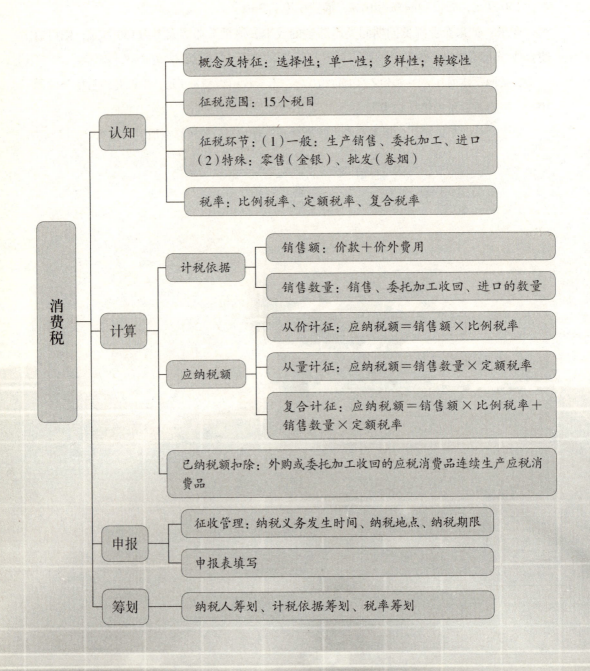

消费税

认知
- 概念及特征：选择性；单一性；多样性；转嫁性
- 征税范围：15个税目
- 征税环节：（1）一般：生产销售、委托加工、进口 （2）特殊：零售（金银）、批发（卷烟）
- 税率：比例税率、定额税率、复合税率

计算
- 计税依据
  - 销售额：价款＋价外费用
  - 销售数量：销售、委托加工收回、进口的数量
- 应纳税额
  - 从价计征：应纳税额＝销售额×比例税率
  - 从量计征：应纳税额＝销售数量×定额税率
  - 复合计征：应纳税额＝销售额×比例税率＋销售数量×定额税率
- 已纳税额扣除：外购或委托加工收回的应税消费品连续生产应税消费品

申报
- 征收管理：纳税义务发生时间、纳税地点、纳税期限
- 申报表填写

筹划
- 纳税人筹划、计税依据筹划、税率筹划

教学项目4　企业所得税纳税实务与筹划

学习目标

1.知识目标

（1）了解企业所得税纳税人的纳税义务规定；

（2）熟悉企业所得税的征税对象及减免税优惠；

（3）掌握企业所得税应纳税额的计算；

（4）了解企业所得税的纳税筹划。

2.能力目标

（1）能正确计算企业应纳所得税额；

（2）会填写企业所得税纳税申报表；

（3）能进行企业所得税纳税申报与缴纳。

3.素质目标

（1）具备严谨、诚信的职业品质和良好的职业道德；

（2）具有遵纪守法、依法纳税的意识；

（3）具有自主学习税收法规的良好意识和能力；

（4）具有良好的沟通协调和团队合作能力。

任务描述

企业名称：烟台新泰酒业有限公司

法定代表人：周小江

注册资本：500万元

成立日期：2015年10月1日

营业期限：2015年10月1日至2035年9月30日

经营范围：白酒、葡萄酒的生产和销售

从业人数：100人，无外籍人员和残疾人员，无国家鼓励安置的其他就业人员

注册地址：烟台市开发区A-88小区

经营地址：烟台市开发区A-88小区

公司电话：0535-6713629

统一社会信用代码：91370600MA3D591TXW

开户银行：中国建设银行烟台开发区支行

账户号码：37001321900007710888

主管国税机关：国家税务总局烟台经济技术开发区税务局

2019年2月烟台新泰酒业有限公司进行2018年度企业所得税年度汇算清缴工作。2018年发生经济业务如下：

（1）取得销售收入2 500万元。

（2）销售成本1 100万元。

（3）发生销售费用670万元（其中广告费450万元），管理费用480万元（其中业务招待费15万元，新技术的研究开发费用40万元），财务费用60万元。已知研发费用的加计扣除比例为75%。

（4）销售税金160万元（含增值税120万元）。

（5）营业外收入70万元，营业外支出50万元（含通过公益性社会团体向贫困山区捐赠的36.24万元，支付税收滞纳金6万元）。

（6）权益性投资收益40万元，符合免税条件。

（7）计入成本、费用中的实发工资总额150万元，拨缴职工工会经费3万元，支付职工福利费23万元，职工教育经费6万元。

该公司2018年已预缴了企业所得税50万元。

该公司在A、B两国设有分支机构，在A国机构的税后所得为28万元，A国所得税税率为30%；在B国机构的税后所得为24万元，B国所得税税率为20%。在A、B两国已分别缴纳应税所得额的计算与我国税法相同。

任务一：该公司属于什么类型企业？企业所得税的征税范围是什么？

任务二：计算该公司2018年企业所得税应纳税额。

任务三：根据材料填写相关的纳税申报表。

任务四：思考该公司2018年企业所得税的税收筹划可以如何进行。

任务 4.1　企业所得税认知

知识准备

一、企业所得税法的概念

企业所得税是国家对企业生产经营所得和其他所得征收的一种所得税。

企业所得税有以下几个方面的作用：一是促进企业改善经营管理活动，提升企业的盈利能力；二是调节产业结构，促进经济发展；三是为国家建设筹集财政资金。

企业所得税法是指国家制定的用以调整企业所得税征收与缴纳之间权利及义务关系的法律规范。

二、企业所得税的纳税义务人

企业所得税的纳税义务人，是指在中华人民共和国境内的企业和其他取得收入的组织（以下统称"企业"）。企业所得税的纳税人包括各类企业、事业单位、社会团体、民办非企业性单位和从事经营活动的其他组织。依照中国法律、行政法规成立的个人独资企业、合伙企业不属于企业所得税纳税义务人，不缴纳企业所得税。

企业所得税采取收入来源地管辖权和居民管辖权相结合的双重管辖权。按相关规定，企业所得税纳税人分为居民企业和非居民企业。这是根据企业纳税义务范围的宽窄进行的分类，是为了更好地保障我国税收管辖权的有效行使。

（一）居民企业

居民企业是指依法在中国境内成立，或者依照外国（地区）法律成立但实际管理机构在中国境内的企业。

依法在中国境内成立的企业，包括依照中国法律、行政法规在中国境内成立的企业、事业单位、社会团体以及其他取得收入的组织。

依照外国（地区）法律成立的企业，包括依照外国（地区）法律成立的企业和其他取得收入的组织。

实际管理机构，是指对企业的生产经营、人员、财务、财产等实施实质性全面管理和控制的机构。

（二）非居民企业

非居民企业，是指依照外国（地区）法律成立且实际管理机构不在中国境内的，但在中国境内设立机构、场所的，或者在中国境内未设立机构、场所，但有来源于中国境内所得的企业。上述机构、场所是指在中国境内从事生产经营活动的机构、场所，主要包括：

1.管理机构、营业机构、办事机构；

2.工厂、农场、开采自然资源的场所；

3.提供劳务的场所；

4.从事建筑、安装、装配、修复、勘探等工程作业的场所；

5.其他从事生产经营活动的机构、场所。

非居民企业委托营业代理人在中国境内从事生产经营活动的，包括委托单位或者个人经常代其签订合同，或者储存、交付货物等，该营业代理人视为非居民企业在中国境内设立的机构、场所。

三、企业所得税的征税对象

企业所得税的征税对象，是指纳税人所取得的生产经营所得及其他所得。

（一）居民企业的征税对象

居民企业应当就其来源于中国境内、境外的所得缴纳企业所得税。所得包括销售货物所得、提供劳务所得、转让财产所得、股息红利等权益性投资所得、利息所得、租金所得、特许权使用费所得、接受捐赠所得和其他所得。

（二）非居民企业的征税对象

非居民企业在中国境内设立机构、场所的，应当就其所设机构、场所取得的来源于中国境内的所得，以及发生在中国境外但与其所设机构、场所有实际联系的所得，缴纳企业所得税。

非居民企业在中国境内未设立机构、场所的，或者虽设立机构、场所但取得的所得与其所设机构、场所没有实际联系的，应当就其来源于中国境内的所得缴纳企业所得税。

实际联系，是指非居民企业在中国境内设立的机构、场所拥有据以取得的股权、债权，以及拥有、管理、控制据以取得所得的财产等。

（三）来源于中国境内、境外所得的确定原则

来源于中国境内、境外的所得，按照以下原则确定：

1.销售货物所得，按照交易活动发生地确定；

2.提供劳务所得，按照劳务发生地确定；

3.转让财产所得，不动产转让所得按照不动产所在地确定，动产转让所得按照转让动产的企业或者机构、场所所在地确定，权益性投资资产转让所得按照被投资企业所在地确定；

4.股息、红利等权益性投资所得，按照分配所得的企业所在地确定；

5.利息所得、租金所得、特许权使用费所得，按照负担、支付所得的企业或者机构、场所所在地确定，或者按照负担、支付所得的个人的住所地确定；

6.其他所得，由国务院财政、税务主管部门确定。

四、企业所得税税率

企业所得税税率是体现国家与企业分配关系的核心要素，企业所得税实行比例税率。

（一）基本税率

基本税率适用于居民企业和在中国境内设立机构、场所且取得的所得与其所设机构、场所有实际联系的非居民企业，就来源于中国境内、境外的所得按25%的税率缴纳企业所得税。

（二）优惠税率

1.在中国境内未设立机构、场所的或者虽设立机构、场所但取得的所得与其所设机构、场所没有实际联系的非居民企业，应当就其来源于中国境内的所得按20%的税率预提企业所得税，实际税率为10%。

2.符合条件的小型微利企业，企业所得税税率为20%。

2019年1月1日至2021年12月31日，对小型微利企业年应纳税所得额不超过100万元的部分，减按25%计入应纳税所得额，按20%的税率缴纳企业所得税；对年应纳税所得额超过100万元但不超过300万元的部分，减按50%计入应纳税所得额，按20%的税率缴纳企业所得税。

上述小型微利企业是指从事国家非限制和非禁止行业，且同时符合年度应纳税所得额不超过300万元、从业人数不超过300人、资产总额不超过5 000万元等三个条件的企业。

3.国家需要重点扶持的高新技术企业，企业所得税税率为15%。

| 练一练 |

【例题4-1】（单选题）下列不应缴纳企业所得税的是（　　　）。

A.社会团体　　B.合伙企业　　C.事业单位　　D.民办非企业单位

答案：B。企业所得税的纳税人包括各类企业、事业单位、社会团体、民办非企业单位和从事经营活动的其他组织。由于个人独资企业、合伙企业属于自然人性质企业，不具有法人资格，股东承担无限责任，因此，个人独资企业、合伙企业不属于企业所得税纳税义务人，不缴纳企业所得税。

【例题4-2】（单选题）根据企业所得税法的规定，以下属于非居民企业的是（　　）。

A.根据我国法律成立，实际管理机构在中国的丙公司

B.根据外国法律成立，实际管理机构在我国的甲公司

C.根据外国法律成立且实际管理机构在国外，在我国设立机构场所的

D.根据我国企业法律成立，在国外设立机构场所的

答案：C。非居民企业，是指依照外国（地区）法律成立且实际管理机构不在中国境内，但在中国境内设立机构、场所的，或者在中国境内未设立机构、场所，但有来源于中国境内所得的企业。选项A、B、D均属于居民企业。

【例题4-3】（多选题）下列关于所得来源的确定说法中正确的有（　　）。

A.销售货物所得，按照交易活动发生地确定

B.提供劳务所得，按照劳务发生地确定

C.股息、红利等权益性投资所得，按照分配所得的企业所在地确定

D.特许权使用费所得，按照负担、支付所得的企业或者机构、场所所在地确定，或者按照负担、支付所得的个人的住所地确定

答案：ABCD。四个选项均属于所得来源的确定原则。

任务实施

烟台新泰酒业有限公司为居民企业，来自境内和境外的所得均要征收企业所得税。

任务拓展

企业所得税法的历史沿革

1950年1月，中央人民政府政务院公布的《工商业税暂行条例》中规定，凡在我国境内从事以盈利为目的的工商业，应分别按营业额和所得额计缴工商业税。这是我国所得税法律制度的雏形。1980年9月10日，第五届全国人大第三次会议通过并公布实施了新中国成立以来的第一部企业所得税法《中华人民共和国中外合资经营企业所得税法》。1993年12月13日，国务院发布《中华人民共和国企业所得税暂行条例》。

我国现行企业所得税是以2007年3月16日第十届全国人大第五次会议审议通过并于2008年1月1日起施行的《中华人民共和国企业所得税法》（以下简称《企业所得税法》），以及国务院2007年12月28日通过的《中华人民共和国企业所得税法实施条例》（以下简称《实施条例》）为法律依据的。近年来国家政财、税务主管部门又制定了

一系列部门规章和规范性文件。这些法律法规、部门规章及规范性文件构成了我国的企业所得税法律制度。

同步训练

答案与解析

一、单选题

1.下列各项中，不属于企业所得税纳税人的是（　　　）。

　A.在外国成立但实际管理机构在中国境内的企业

　B.在中国境内成立的外商独资企业

　C.在中国境内成立的个人独资企业

　D.在中国境内未设立机构场所、但有来源于中国境内所得的企业

2.居民企业在中国境内设立不具有法人资格的营业机构的，应当（　　　）计算并缴纳企业所得税。

　A.分别　　　　　B.汇总　　　　　C.独立　　　　　D.就地缴纳

二、多选题

1.下列各项中，属于企业所得税征收范围的有（　　　）。

　A.居民企业来源于境外的所得

　B.设立机构、场所的非居民企业，其机构、场所来源于中国境内的所得

　C.未设立机构、场所的非居民企业来源于中国境外的所得

　D.居民企业来源于中国境内的所得

2.根据企业所得税的规定，以下适用25%税率的是（　　　）。

　A.在中国境内的居民企业

　B.在中国境内设有机构场所，且所得与其机构、场所有关联的非居民企业

　C.在中国境内设有机构场所，但所得与其机构、场所没有实际联系的非居民企业

　D.在中国境内未设立机构场所的非居民企业

三、判断题

企业所得税的纳税义务人，是指在中华人民共和国境外的企业和其他取得收入的组织。　　　　　　　　　　　　　　　　　　　　　　　　　　　　　（　　　）

任务 4.2　企业所得税应纳税额计算

知识准备

企业所得税的计税依据是应纳税所得额，即指企业每一纳税年度的收入总额减除不征税收入、免税收入、各项扣除以及允许弥补的以前年度亏损后的余额。

应纳税所得额＝收入总额－不征税收入－免税收入－各项扣除－允许弥补的以前年度亏损

企业应纳税所得额的计算，以权责发生制为原则，属于当期的收入和费用，不论款项是否收付，均作为当期的收入和费用；不属于当期的收入和费用，即使款项已经在当期收付，均不作为当期的收入和费用。

在实际工作中，应纳税所得额的计算是以企业按照会计制度核算的会计利润为基础，依照税法规定做出相应调整后确定的。用公式表示为：

应纳税所得额＝利润总额（会计利润）＋纳税调整增加额－纳税调整减少额

一、收入总额

企业收入总额是指以货币形式与非货币形式从各种来源取得的收入。具体包括：销售货物收入，提供劳务收入，转让财产收入，股息、红利等权益性投资收益，利息收入，租金收入，特许权使用费收入，接受捐赠收入以及其他收入。

（一）一般收入的确认

1.销售货物收入

销售货物收入，是指企业销售商品、产品、原材料、包装物、低值易耗品以及其他存货取得的收入。

除法律法规另有规定外，企业销售货物收入的确认，必须遵循权责发生制原则和实质重于形式原则。

债权人为鼓励债务人在规定的期限内付款而向债务人提供的债务扣除属于现金折扣，销售商品涉及现金折扣的，应当按扣除现金折扣前的金额确定销售商品收入金额，现金折扣在实际发生时作为财务费用扣除。

企业因售出商品的质量不合格等原因而在售价上给予的减让属于销售折让；企业因售出商品质量、品种不符合要求等原因而发生的退货属于销售退回。企业已经确认销售收入的售出商品发生销售折让和销售退回，应当在发生当期冲减当期销售产品收入。

2.提供劳务收入

提供劳务收入，是指企业从事建筑安装、修理修配、交通运输、仓储租赁、金融保险、邮电通信、咨询经纪、文化体育、科学研究、技术服务、教育培训、餐饮住宿、中介代理、卫生保健、社区服务、旅游、娱乐、加工以及其他劳务服务活动取得的收入。

企业在各个纳税期末，提供劳务交易的结果能够可靠估计的，应采用完工进度（百分比）法确认提供劳务收入。

企业应按照从接受劳务方已收或应收的合同或协议价款确定劳务收入总额，根据纳税期末提供劳务收入总额乘以完工进度扣除以前纳税年度累计已确认提供劳务收入后的金额，确认为当期劳务收入；同时，按照提供劳务估计总成本乘以完工进度扣除以前纳税期间累计已确认劳务成本后的金额，结转为当期劳务成本。

3.转让财产收入

转让财产收入，是指企业转让固定资产、生物资产、无形资产、股权、债权等财产取得的收入。转让财产收入应当按照财产受让方已收或应收的合同或协议价款确认收入。

4.股息、红利等权益性投资收益

股息、红利等权益性投资收益，是指企业因权益性投资从被投资方取得的收入。股息、红利等权益性投资收益，除国务院财政、税务主管部门另有规定外，按照被投资方做出利润分配决定的日期确认收入的实现。

5.利息收入

利息收入，是指企业将资金提供他人使用但不构成权益性投资，或者因他人占用本企业资金取得的收入，包括存款利息、贷款利息、债券利息、欠款利息等收入。利息收入，按照合同约定的债务人应付利息的日期确认收入的实现。

6.租金收入

租金收入，是指企业提供固定资产、包装物或者其他有形资产的使用权取得的收入。租金收入，按照合同约定的承租人应付租金的日期确认收入的实现。如果交易合同或协议中规定租赁期限跨年度，且租金提前一次性支付的，出租人可对上述已确认的收入，在租赁期内，分期均匀计入相关年度收入。

7.特许权使用费收入

特许权使用费收入，是指企业提供专利权、非专利技术、商标权、著作权以及其他特许权的使用权的收入。特许权使用费收入，按照合同约定的特许权使用人应付特许权使用费的日期确认收入的实现。

8.接受捐赠收入

接受捐赠收入，是指企业接受的来自其他企业、组织或者个人无偿给予的货币性资产、非货币性资产。接受捐赠收入，按照实际收到捐款资产的日期确认收入的实现。

企业以买一赠一等方式组合销售本企业商品的，不属于捐赠，应将总的销售金额按各项商品的公允价值的比例来分摊确认各项的销售收入。

9.其他收入

其他收入，是指企业取得的《中华人民共和国企业所得税法》（以下简称《企业所得税法》）具体列举的收入外的其他收入，包括企业资产溢余收入、逾期未退包装物押金收入、确实无法偿付的应付款项、已做坏账损失处理后又收回的应收款项、债务重组收入、补贴收入、违约金收入、汇兑收益等。

（二）特殊收入的确认

1.以分期收款方式销售货物的，按照合同约定的收款日期确认收入的实现。

2.企业受托加工制造大型机械设备、船舶、飞机，以及从事建筑、安装、装配工程业务或者提供其他劳务等，持续时间超过12个月的，按照纳税年度内完工进度或者完成的工作量确认收入的实现。

3.采取产品分成方式取得收入的，按照企业分得产品的日期确认收入的实现，其收入额按照产品的公允价值确定。

4.企业发生非货币性资产交换，以及将货物、财产、劳务用于捐赠、偿债、赞助、集资、广告、样品、职工福利或者利润分配等用途的，应当视同销售货物、转让财产或者提供劳务，但国务院财政、税务主管部门另有规定的除外。

二、不征税收入

不征税收入，是指从性质和根源上不属于企业营利性活动带来的经济利益、不作为应纳税所得额组成部分的收入，不应列为征收范围的收入。

1.财政拨款

财政拨款，是指各级人民政府对纳入预算管理的事业单位、社会团体等组织拨付的财政资金，但国务院和国务院财政、税务主管部门另有规定的除外。

县级以上人民政府将国有资产无偿划入企业，凡指定专门用途并按规定进行管理的，企业可以作为不征税收入进行企业所得税处理。其中，该项资产属于非货币性资产的，应按政府确定的接收价值计算不征税收入。

2.依法收取并纳入财政管理的行政事业性收费、政府性基金

行政事业性收费，是指依照法律法规等有关规定，依照国务院规定程序批准，在实施社会公共管理，以及在向公民、法人或其他组织提供特定公共服务过程中，向特定对象收取并纳入财政管理的费用。政府性基金，是指企业依照法律、行政法规等有关规定，代政府收取的具有专项用途的财政资金。

3.国务院规定的其他不征税收入

国务院规定的其他不征税收入，是指企业取得的，由国务院财政、税务主管部门规定专项用途并经国务院批准的财政性资金。

三、免税收入

免税收入，是指属于企业应税所得，但按照税法规定免予征收企业所得税的收入。企业的免税收入包括：

1.国债利息收入

国债利息收入，是指企业持有国务院财政部门发行的国债取得的利息收入。

2.符合条件的居民企业之间的股息、红利等权益性投资收益

符合条件的居民企业之间的股息、红利等权益性投资收益，是指居民企业直接投资于其他居民企业取得的投资收益。

3.在中国境内设立机构、场所的非居民企业从居民企业取得与该机构、场所有实际联系的股息、红利等权益性投资收益

股息、红利等权益性投资收益，不包括连续持有居民企业公开发行并上市流通的股票不足12个月取得的投资收益。

4.符合条件的非营利组织取得的特定收入

符合条件的非营利组织，是指同时符合下列条件的组织：

（1）依法履行非营利组织登记手续；

（2）从事公益性或者非营利性活动；

（3）取得的收入除用于与该组织有关的、合理的支出外，全部用于登记核定或者章程规定的公益性或者非营利性事业；

（4）财产及其孳息不用于分配；

（5）按照登记核定或者章程规定，该组织注销后的剩余财产用于公益性或者非营利性目的，或者由登记管理机关转赠给予该组织性质、宗旨相同的组织，并向社会公告；

（6）投入人对投入该组织的财产不保留或者不享有任何财产权利；

（7）工作人员工资福利开支控制在规定的比例内，不变相分配该组织的财产。

符合条件的非营利组织的收入，不包括非营利组织从事营利性活动取得的收入，但国务院财政、税务主管部门另有规定的除外。也就是说，即使属于非营利组织，但如果从事营利活动取得的收入不免税。

四、企业所得税税前扣除项目及扣除标准

（一）准予扣除项目的一般规定

企业实际发生的与取得收入有关的、合理的支出，包括成本、费用、税金、损失和其他支出，准予在计算应纳税所得额时扣除。合理的支出，是指符合生产经营活动常规，应当计入当期损益或者有关资产成本的必要和正常的支出。

1.成本

成本，是指企业在生产经营活动中发生的销售成本、销货成本、业务支出以及其他耗费，即企业销售商品（产品、材料、下脚料、废料、废旧物资等），提供劳务，转让固定资产、无形资产的成本。

2.费用

费用，是指企业在生产经营活动中发生的销售费用、管理费用和财务费用。已经计入成本的有关费用除外。

销售费用，是指应由企业负担的为销售产品而发生的费用。

管理费用，是指企业的行政管理部门为管理组织经营活动提供各项支援性服务而发生的费用。

财务费用，是指企业筹集经营性资金而发生的费用。

3.税金

税金，是指企业发生的除企业所得税和允许抵扣的增值税以外的各项税金及其附加。具体指纳税人按照规定缴纳的消费税、营业税、资源税、土地增值税、关税、城市维护建设税、教育费附加等产品销售税金及附加，以及发生的房产税、车船税、城镇土地使用税、印花税等。企业缴纳的增值税属于价外税，故不在扣除之列。

4.损失

损失，是指企业在生产经营活动中发生的固定资产和存货的盘亏、毁损、报废损失，转让财产损失，呆账损失，坏账损失，以及自然灾害等不可抗力因素造成的损失以及其他损失。

企业发生的损失，减除责任人赔偿和保险赔款后的余额，依照国务院财政、税务主管部门的规定扣除。企业已经作为损失处理的资产，在以后纳税年度又全部收回或者部分收回时，应当计入当期收入。

5.其他支出

其他支出，是指除成本、费用、税金、损失外，企业在生产经营活动中发生的与生产经营活动有关的、合理的支出。

（二）准予扣除项目的具体范围和标准

在计算纳税所得额时，下列项目可按照实际发生额或规定的标准扣除：

1.工资、薪金支出

企业发生的合理的工资薪金支出，准予扣除。工资薪金，是指企业每一纳税年度支付给在本企业任职或者受雇的员工的所有现金形式或者非现金形式的劳动报酬，包括基本工资、奖金、津贴、补贴、年终加薪、加班工资，以及与员工任职或者受雇有关的其他支出。

2.职工福利费、工会经费、职工教育经费

企业发生的职工福利费、工会经费、职工教育经费按标准扣除。未超过标准的按实际发生数额扣除，超过扣除标准的只能按标准扣除。

（1）企业发生的职工福利费支出，不超过工资薪金总额14%的部分，准予扣除。列入企业员工工资薪金制度、固定于工资薪金一起发放的福利性补贴，符合国家税务总局相关规定的，可作为企业发生的工资薪金支出，按规定在税前扣除。不能同时符合上述条件的福利性补贴，应按规定计算限额税前扣除。

企业的职工福利费，包括以下内容：

①尚未实行分离办社会职能的企业，其内设福利部门所产生的设备、设施和人员费用，包括职工食堂、职工浴室、理发室、医务所、托儿所、疗养院等集体福利部门设备、设施的维修保养费用和福利部门工作人员的工资薪金、社会保险费、住房公积金、劳务费等。

②为职工卫生保健、生活、住房、交通等所发放的各项补贴和非货币性福利，包括企业向职工发放的因公外地就医的费用、未实行医疗统筹企业职工医疗费用、职工供养直系亲属医疗补贴、供暖费补贴、职工防暑降温费、职工困难补贴、救济费、职工食堂经费补贴、职工交通补贴等。

③按照其他规定发生的其他职工福利费，包括丧葬补助费、抚恤费、安家费、探亲假路费等。

企业发生的职工福利费，应该单独设置账册，进行准确核算。没有单独设置账册准确核算的，税务机关应责令企业在规定的期限内进行改正。逾期仍未改正的，税务机关可对企业发生的职工福利费进行合理的核定。

（2）企业拨缴的工会经费，不超过工资薪金总额2%的部分，准予扣除。

（3）职工的教育经费支出，不超过工资薪金总额的2.5%的部分，准予扣除，超过的部分准予在以后年度结转扣除。

除国务院财政、税务主管部门另有规定外，自2018年1月1日起，企业发生的职工教育经费支出，不超过工资薪金总额8%的部分，准予在计算企业所得税应纳税所得额时扣除；超过部分，准予在以后纳税年度结转扣除。

3.社会保险费

（1）企业依照国务院有关主管部门或者省级人民政府规定的范围和标准为职工缴纳的基本养老保险费、基本医疗保险费、失业保险费、工伤保险费、生育保险费等基本社会保险和住房公积金，给予扣除。

（2）自2008年1月1日起，企业根据国家有关政策规定，为在本企业任职或者受雇的全体员工支付的补充养老保险费、补充医疗保险费，分别在不超过职工工资总额5%标准内的部分，在计算应纳税所得额时准予扣除；超过的部分，不予扣除。

除企业依照国家有关规定为特殊工种职工支付的人身安全保险费和国务院财政、税务主管部门规定可以扣除的其他商业保险费外，企业为投资者或职工支付的商业保险费，不得扣除。

4.利息费用

企业在生产经营活动中发生的下列利息支出，准予扣除：

（1）非金融企业向金融企业借款的利息支出、金融企业的各项存款利息支出和同业拆借利息支出、企业经批准发行债券的利息支出可据实扣除。

（2）非金融企业向非金融企业借款的利息支出，不超过按照金融企业同期同类贷款利率计算的数额的部分可据实扣除，超过部分不许扣除。

金融企业，是指各类银行、保险公司及经中国人民银行批准从事金融业务的非银行金融机构。包括国家专业银行、区域性银行、股份制银行、外资银行、中外合资银行以及其他综合性银行，还包括全国性保险企业、区域性保险企业、股份制保险企业、中外合资保险企业以及其他专业性保险企业，城市、农村信用社、各类财务公司以及其他从事信托投资、租赁等业务的专业和综合性非银行金融机构。非金融企业，是指除上述金融机构以外的所有企业、事业单位以及社会团体等企业或组织。

（3）凡企业投资者在规定期限内未缴足其应缴资本额的，该企业对外借款所发生的利息，相当于投资者实缴资本额与在规定期限内应缴资本额的差额应计付的利息，其不属于企业合理的支出，应由企业投资者负担，不得在计算企业应纳税所得额时扣除。

（4）企业向股东或其他与企业有关联关系的自然人借款的利息支出，应根据《企业所得税法》及《财政部国家税务总局关于企业关联方利息支出税前扣除标准有关税收政策问题的通知》规定的条件，计算企业所得税扣除额。

企业向股东或其他与企业有关联关系的自然人以外的内部职工或其他人员借款的利息支出，其借款情况同时符合以下条件的，其利息支出在不超过按照金融企业同期同类贷款利率计算的数额的部分，予以扣除：

①企业与个人之间的借贷是真实、合法、有效的，并且不具有非法集资目的或其他违反法律、法规的行为；

②企业与个人之间签订了借款合同。

| 练一练 |

【例题4-4】某居民企业2019年发生财务费用40万元，其中含向非金融企业借款250万元所支付的年利息20万元（当年金融企业贷款的年利率为5.8%）。计算该居民企业财务费用调增的应纳税所得额。

解析：利息税前扣除限额＝250×5.8%＝14.5（万元），因此财务费用调增的应纳税所得额＝20－14.5＝5.5（万元）。

5.借款费用

（1）企业在生产经营活动中发生的合理的不需要资本化的借款费用，准予扣除。

（2）企业为购置、建造固定资产、无形资产和经过12个月以上的建造才能达到预定可销售状态的存货发生借款的，在有关资产购置、建造期间发生的合理的借款费用，应当作为资本性支出计入有关资产的成本，并依照《实施条例》有关规定扣除。

固定资产建造尚未竣工决算投产前的利息，不得扣除；竣工决算投产后的利息，可计入当期损益。

| 练一练 |

【例题4-5】某企业4月1日向银行借款500万元用于建造厂房，借款期限1年，当年向银行支付了3个季度的借款利息22.5万元，该厂房于10月30日竣工并投入使用，税前可扣除的利息费用为多少万元？

解析：税前可扣除的利息费用＝22.5÷9×2＝5（万元）。固定资产建造尚未竣工决算投产前的利息，不得扣除；竣工决算投产后的利息，可计入当期损益。

6.汇兑损失

企业在货币交易中以及纳税年度终了时将人民币以外的货币性资产、负债按照期末即期人民币汇率中间价折算为人民币时产生的汇兑损失，除已经计入有关资产成本以及向所有者进行利润分配相关的部分外，准予扣除。

7.业务招待费

企业发生的与生产经营活动有关的业务招待费支出，按照发生额的60%扣除，但最高不得超过当年销售（营业）收入的5‰。

企业在筹建期间，发生的与筹办活动有关的业务招待费支出，可按实际发生额的60%计入企业筹办费，并按有关规定在税前扣除。

对从事股权投资业务的企业（包括集团公司总部、创业投资企业等），其从被投资企业所分配的股息、红利以及股权转让收入，可以按规定的比例计算业务招待费扣除限额。

8.广告费和业务宣传费

企业发生的符合条件的广告费和业务宣传费支出，除国务院财政、税务主管部门另有规定外，不超过当年销售（营业）收入15%的部分，准予扣除；超过部分，准予在以后纳税年度结转扣除。企业在筹建期间，发生的广告费和业务宣传费，可按实际发生额计入企业筹办费，并按有关规定在税前扣除。

对化妆品制造与销售、医药制造和饮料制造（不含酒类制造，下同）企业发生的广告费和业务宣传费支出，不超过当年销售（营业）收入30%的部分，准予扣除；超过部分，准予在以后纳税年度结转扣除。

企业申报扣除的广告费支出应与赞助支出严格区分。企业申报扣除的广告费支出，必须符合下列条件：广告是通过工商部门批准的专门机构制作的，以实际支付费用并已取得相应发票，通过一定的媒体传播。

| 练一练 |

【例题4-6】某制药厂2019年销售收入3 000万元，发生现金折扣100万元；转让技术使用权收入200万元；广告费支出1 000万元；业务宣传费40万元。计算应纳税所得额时调整所得额是多少。

解析：广告费和业务宣传费扣除标准为（3 000＋200）×30%＝960（万元）。广告费和业务宣传费实际发生额为1 000＋40＝1 040（万元）。超标准为1 040－960＝80（万元），在以后年度扣除。

9.环境保护专项资金

企业依照法律、行政法规有关规定提取的用于环境保护、生态恢复等方面的专项资金，准予扣除；上述专项资金提取后改变用途的，不得扣除。

10.保险费

企业参加财产保险，按照规定缴纳的保险费，准予扣除。

11.租赁费

租入固定资产的方式分为两种：经营性租赁与融资性租赁。经营性租赁是指所有权不转移的租赁，融资租赁是指在实质上转移与一项资产所有权有关的全部风险和报酬的一种租赁。

企业根据生产经营活动的需要租入固定资产支付的租赁费，按照以下方法扣除：

（1）以经营租赁方式租入固定资产发生的租赁费支出，按照租赁期限均匀扣除。

（2）以融资租赁方式租入固定资产发生的租赁费支出，按照规定构成融资租入固定资产价值的部分应当提取折旧费用，分期扣除。

12.劳动保护费

企业发生的合理的劳动保护支出，准予扣除。

13.公益性捐赠支出

企业发生的公益性捐赠支出，不超过年度利润总额12%的部分，准予在计算应纳税所得额时扣除。

年度利润总额，是指企业依照国家统一会计制度的规定计算的年度会计利润。

公益性捐赠，是指企业通过公益性社会团体或者县级以上人民政府及其部门，用于《中华人民共和国公益事业捐赠法》规定的公益事业的捐赠。具体范围包括：

（1）救助灾害、救济贫困、扶助残疾人等困难的社会群体和个人的活动；

（2）教育、科学、文化、卫生、体育事业；

（3）环境保护、社会公共设施建设；

（4）促进社会发展和进步的其他社会公共和福利事业。

14.有关资产的费用

（1）企业转让各类固定资产发生的费用，允许扣除。

（2）企业按规定计算的固定资产折旧费、无形资产和递延资产的摊销费，准予扣除。

15.总机构分摊的费用

非居民企业在中国境内设立的机构、场所，就其中国境外总机构发生的与该机构、场所生产经营有关的费用，能够提供总机构出具的费用汇集范围、定额、分配依据和方法等证明文件，并合理分摊的，准予扣除。

16.资产损失

（1）企业当期发生的固定资产和流动资产盘亏、毁损净损失，由其提供清查盘存资料经主管税务机关审核后，准予扣除。

（2）企业因存货盘亏、毁损、报废等原因不得从销项税金中抵扣的进项税金，应视同企业财产损失，准予与存货损失一起在税前按规定扣除。

17.手续费及佣金支出

（1）企业发生与生产经营有关的手续费及佣金支出，不超过以下规定计算限额以内的部分，准予扣除；超过部分，不得扣除。

①保险企业：财产保险企业按当年全部保费收入扣除退保金等后余额的15%（含本

数，下同）计算限额；人身保险企业按当年全部保费收入扣除退保金等后余额的10%计算限额。

②其他企业：按与具有合法经营资格中介服务机构或个人（不含交易双方及其雇员、代理人和代表人等）所签订服务协议或合同确认的收入金额的5%计算限额。

③从事代理服务、主营业务收入为手续费、佣金的企业（如证券、期货、保险代理等企业），其为取得该类收入而实际发生的营业成本（包括手续费及佣金支出），准予在企业所得税前据实扣除。

（2）企业应与合法具有营业资格的中介服务企业或个人签订代办协议或合同，并按规定支付手续费及佣金。除委托个人代理外，企业以现金等非转账方式支付的手续费及佣金不得在税前扣除。企业为发行权益性证券支付给有关证券承销机构的手续费及佣金不得在税前扣除。

（3）企业不得将手续费及佣金支出计入回扣、业务提成、返利、进场费等费用。

（4）企业已计入固定资产、无形资产等相关资产的手续费及佣金支出，应当通过折旧、摊销等方式分期扣除，不得在发生当期直接扣除。

（5）企业支付的手续费及佣金不得直接冲减服务协议或合同金额，并如实入账。企业应当如实向当地主管税务机关提供当年手续费及佣金计算分配表和其他相关资料，并依法取得合法真实凭证。

18.其他项目

依照有关法律、行政法规和国家有关税法规定准予扣除的其他项目。如会员费、合理的会议费、差旅费、违约金、诉讼费用等。

五、不得扣除的项目

在计算应纳税所得额时，下列支出不得扣除。

1.向投资者支付的股息、红利等权益性投资收益款项。

2.企业所得税税款。

3.税收滞纳金，具体是指纳税人违反税收法规，被税务机关处以的滞纳金。

4.罚金、罚款和被没收财物的损失，是指纳税人违反国家有关法律、法规规定，被有关部门处以的罚款，以及被司法机关处以的罚金和被没收的财物。

5.超过规定标准的捐赠支出。

6.赞助支出，具体是指企业发生的与生产经营活动无关的各种非广告性质支出。

7.未经核定的准备金支出，具体是指不符合国务院财政、税收主管部门规定的各项资产减值准备、风险准备等准备金支出。

8.企业之间支付的管理费、企业内营业机构之间支付的租金和特许权使用费，以及非银行企业内营业机构之间支付的利息，不得扣除。

9.与取得收入无关的其他支出。

六、亏损弥补

亏损，是指企业将每一纳税年度收入总额减除不征税收入、免税收入和各项扣除后小于零的数额。税法规定，企业某一纳税年度发生的亏损可以用下一年度的所得弥补，下一年度的所得不足以弥补的，可以逐年延续弥补，但最长不得超过5年。而且，企业在汇总计算缴纳企业所得税时，其境外营业机构的亏损不得抵减境内营业机构的盈利。

自2018年1月1日起，当年具备高新技术企业或科技型中小企业资格的企业，其具备资格年度之前5个年度发生的尚未弥补完的亏损，准予结转以后年度弥补，最长结转年限由5年延长至10年。

|练一练|

【例题4-7】假定某国有企业2012年设立，表4-1为经税务机关审定的某国有企业7年应纳税所得额情况，假设该企业一直执行5年亏损弥补规定，则该企业7年间须缴纳企业所得税是多少？已知企业所得税税率为25%。

表4-1　　　　　　某国有企业7年应纳税所得额

单位：万元

年度	2012	2013	2014	2015	2016	2017	2018
应纳税所得额	−150	−30	20	70	40	−10	55

解析：该企业2012年亏损150万元，从2013年开始到2017年为止进行弥补，所得额合计130万元，补亏2012年后，尚有亏损20万元，因为弥补期满，不得继续弥补了。

同理，2013年亏损，可弥补到2018年，由于2017年前的所得用来弥补2012年的亏损，只能用2018年的55万元弥补，弥补后，尚余25万元，这个25万元可以弥补2017年亏损的10万元，弥补后剩15万元，因此应纳所得税额＝15×25%＝3.75（万元）。

七、资产处理

企业的各项资产，包括固定资产、生物资产、无形资产、长期待摊费用、投资资产、存货等，以历史成本为计税基础。历史成本，是指企业取得该项资产时实际发生的支出。企业持有各项资产期间资产增值或者减值，除国务院财政、税务主管部门规定可以确认损益外，不得调整该资产的计税基础。

（一）固定资产

固定资产，是指企业为生产产品、提供劳务、出租或者经营管理而持有的、使用时间超过12个月的非货币性资产，包括房屋、建筑物、机器、机械、运输工具以及其他与生产经营活动有关的设备、器具、工具等。在计算应纳税所得额时，企业按照规定计算的固定资产折旧，准予扣除。

1.下列固定资产不得计算折旧扣除

（1）房屋、建筑物以外未投入使用的固定资产；

（2）以经营租赁方式租入的固定资产；

（3）以融资租赁方式租出的固定资产；

（4）已足额提取折旧仍继续使用的固定资产；

（5）与经营活动无关的固定资产；

（6）单独估价作为固定资产入账的土地；

（7）其他不得计提折旧扣除的固定资产。

2.计税基础

（1）外购的固定资产，以购买价款和支付的相关税费以及直接归属于使该资产达到预定用途发生的其他支出为计税基础。

（2）自行建造的固定资产，以竣工结算前发生的支出为计税基础。

（3）融资租入的固定资产，以租赁合同约定的付款总额和承租人在签订租赁合同过程中发生的相关费用为计税基础；租赁合同未约定付款总额的，以该资产的公允价值和承租人在签订租赁合同过程中发生的相关费用为计税基础。

（4）盘盈的固定资产，以同类固定资产的重置完全价值为计税基础。

（5）通过捐赠、投资、非货币性资产交换、债务重组等方式取得的固定资产，以该资产的公允价值和支付的相关税费为计税基础。

（6）改建的固定资产，除已足额提取折旧的固定资产和租入的固定资产以外的其他固定资产，以改建过程中发生的改建支出增加计税基础。

3.固定资产按照直接法计算的折旧，准予扣除。企业应当自固定资产投入使用月份的次月起计算折旧；停止使用的固定资产，应当自停止使用月份的次月起停止计算折旧。预计净残值：企业应当根据固定资产的性质和使用情况，合理确定固定资产的预计净残值，固定资产的预计净残值一经确定，不得变更。

4.除国务院财政、税务主管部门另有规定外，固定资产计算折旧的最低年限如下：

（1）房屋、建筑物：20年；

（2）飞机、火车、轮船、机器、机械和其他生产设备：10年；

（3）与生产经营活动有关的器具、工具、家具等：5年；

（4）飞机、火车、轮船以外的运输工具：4年；

（5）电子设备：3年。

（二）生产性生物资产

生产性生物资产，包括经济林、薪炭林、产畜和役畜等。

1.计税基础

（1）外购的生产性生物资产，以购买价款和支付的相关税费为计税基础；

（2）通过捐赠、投资、非货币性资产交换、债务重组等方式取得的生产性生物资产，以该资产的公允价值和支付的相关税费为计税基础。

2.生产性生物资产按照直线法计算的折旧，准予扣除

企业应当自生产性生物资产投入使用月份的次月起计算折旧；停止使用的生产性生物资产，应当自停止使用月份的次月起停止计算折旧。企业应当根据生产性生物资产的性质和使用情况，合理确定生产性生物资产的预计净残值。生产性生物资产的预计净残值一经确定，不得变更。

3.最低折旧年限

（1）林木类生产性生物资产，计算折旧的最低年限为10年；

（2）畜类生产性生物资产，计算折旧的最低年限为3年。

（三）无形资产

无形资产，是指企业为生产产品、提供劳务、出租或者经营管理而持有的、没有实物形态的非货币性长期资产，包括专利权、商标权、著作权、土地使用权、非专利技术、商誉等。

1.下列无形资产不得计算摊销费用扣除

（1）自行开发的支出已在计算应纳税所得额时扣除的无形资产；

（2）自创商誉；

（3）与经营活动无关的无形资产；

（4）其他不得计算摊销费用扣除的无形资产。

2.计税基础

（1）外购的无形资产，以购买价款和支付的相关税费，以及直接归属于使该资产达到预定用途发生的其他支出为计税基础；

（2）自行开发的无形资产，以开发过程中该资产符合资本化条件后至达到预定用途前发生的支出为计税基础；

（3）通过捐赠、投资、非货币性资产交换、债务重组等方式取得的无形资产，以该

资产的公允价值和支付的相关税费为计税基础。

3.无形资产按照直线法计算的摊销费用，准予扣除

无形资产的摊销年限不得低于10年。作为投资或者受让的无形资产，有关法律规定或者合同约定了使用年限的，可以按照规定或者约定的使用年限分期摊销。外购商誉的支出，在企业整体转让或者清算时，准予扣除。

（四）长期待摊费用

在计算应纳税所得额时，企业发生的下列支出作为长期待摊费用，按照规定摊销的，准予扣除：

1.已足额提取折旧的固定资产的改建支出，按照固定资产预计尚可使用年限分期摊销。

2.租入固定资产的改建支出，按照合同约定的剩余租赁期限分期摊销。

固定资产的改建支出，是指改变房屋或者建筑物结构、延长使用年限等发生的支出。改建的固定资产延长使用年限的，应当适当延长折旧年限。

3.固定资产的大修支出，按照固定资产尚可使用年限分期摊销。

固定资产的大修支出，是指同时符合下列条件的支出：

（1）修理支出达到取得固定资产时的计税基础50%以上；

（2）修理后固定资产的使用年限延长2年以上。

4.其他应当作为长期待摊费用的支出，自支出发生月份的次月起，分期摊销，摊销年限不得低于3年。

（五）投资资产

投资资产，是指企业对外进行权益性投资和债权性投资形成的资产。企业对外投资期间，投资资产的成本在计算应纳税所得额时不得扣除。企业在转让或者处置投资资产时，投资资产的成本，准予扣除。投资资产按照以下方法确定成本：

1.通过支付现金方式取得的投资资产，以购买价款为成本。

2.通过支付现金以外的方式取得的投资资产，以该资产的公允价值和支付的相关税费为成本。

（六）存货

存货，是指企业持有以备出售的产品或者商品、处在生产过程中的在产品、在生产或者提供劳务过程中耗用的材料和物料等。存货按照以下方法确定成本：

1.通过支付现金方式取得的存货，以购买价款和支付的相关税费为成本。

2.通过支付现金以外的方式取得的存货，以该存货的公允价值和支付的相关税费为成本。

3.生产性生物资产收获的农产品，以产出或者采收过程中发生的材料费、人工费和

分摊的间接费用等必要支出为成本。

企业使用或者销售存货，按照规定计算的存货成本，准予在计算应纳税所得额时扣除。

企业使用或者销售的存货的成本计算方法，可以在先进先出法、加权平均法、个别计价法中选用一种。计价方法一经选用，不得随意变更。

七、企业所得税的税收优惠政策

（一）免税收入

同前述，此处略。

（二）减、免税所得

1.企业从事下列项目的所得，免征企业所得税

（1）蔬菜、谷物、薯类、油料、豆类、棉花、麻类、糖料、水果、坚果的种植；

（2）农作物新品种的选育；

（3）中药材的种植；

（4）林木的培育和种植；

（5）牲畜、家禽的饲养；

（6）林产品的采集；

（7）灌溉、农产品初加工、兽医、农技推广、农机作业和维修等农、林、牧、渔服务业项目；

（8）远洋捕捞。

2.企业从事下列项目的所得，"减半"征收企业所得税

（1）花卉、茶以及其他饮料作物和香料作物的种植；

（2）海水养殖、内陆养殖。

3.从事国家重点扶持的"公共基础设施"项目的投资经营所得

国家重点扶持的公共基础设施项目，是指《公共基础设施项目企业所得税优惠目录》（以下简称《目录》）规定的港口码头、机场、铁路、公路、城市公共交通、电力、水利等项目。

（1）企业从事上述国家重点扶持的公共基础设施项目的投资经营所得，自该项目取得第1笔生产经营收入所属纳税年度起，第1年至第3年免征企业所得税，第4年至第6年减半征收企业所得税。

（2）企业从事承包经营、承包建设和内部自建自用《目录》规定项目的所得，不得享受上述规定的企业所得税优惠。

4.从事符合条件的环境保护、节能节水项目的所得

符合条件的环境保护、节能节水项目，包括公共污水处理、公共垃圾处理、沼气综合开发利用、节能减排技术改造、海水淡化等。项目的具体条件和范围由国务院财政、税务主管部门商国务院有关部门制定，报国务院批准后公布施行。

企业从事上述规定的符合条件的环境保护、节能节水项目的所得，自项目取得第一笔生产经营收入所属纳税年度起，第一年至第三年免征企业所得税，第四年至第六年减半征收企业所得税。

5.符合条件的技术转让所得

符合条件的技术转让所得免征、减征企业所得税，是指一个纳税年度内，居民企业转让技术所有权所得不超过500万的部分，免征企业所得税；超过500万的部分，减半征收企业所得税。其计算公式为：

技术转让所得＝技术转让收入－技术转让成本－相关税费

6.非居民企业

非居民企业在中国境内未设立机构、场所的，或者虽设立机构、场所但取得的所得与其所设机构、场所没有实际联系的，应当就其来源于中国境内的所得缴纳企业所得税。下列所得可以免征企业所得税：

（1）外国政府向中国政府提供贷款取得的利息所得；

（2）国际金融组织向中国政府和居民企业提供优惠贷款取得的利息所得；

（3）经国务院批准的其他所得。

（三）民族自治地方的减免税

民族自治地方的减免税包括以下三种情况：

1.民族自治地方的自治机关对本民族自治地方的企业应缴纳的企业所得税中属于地方分享的部分，可以决定减征或者免征。

2.自治州、自治县决定减征或者免征的，须报省、自治区、直辖市人民政府批准。

3.对民族自治地方内国家限制和禁止行业的企业，不得减征或者免征企业所得税。

民族自治地方，是指依照《中华人民共和国民族区域自治法》的规定，实行民族区域自治的自治区、自治州、自治县。

（四）加计扣除

企业的下列支出，可以在计算应纳税所得额时加计扣除：

1.研究开发费用

研究开发费用的加计扣除，是指企业为开发新技术、新产品、新工艺发生的研究开发费用，未形成无形资产计入当期损益的，在按照规定据实扣除的基础上，按照研究开

发费用的50%加计扣除；形成无形资产的，按照无形资产成本的150%摊销。

2018年1月1日至2020年12月31日期间，研究开发费用在据实扣除的基础上再按照实际发生额的75%在税前加计扣除；形成无形资产的，在上述期间按照无形资产成本的175%在税前摊销。

2.安置残疾人员及国家鼓励安置的其他就业人员所支付的工资

企业安置残疾人员所支付的工资的加计扣除，是指企业安置残疾人员的，在按照支付给残疾职工工资据实扣除的基础上，再按照支付给残疾职工工资的100%加计扣除。残疾人员的范围适用《中华人民共和国残疾人保障法》的有关规定。企业安置国家鼓励安置的其他就业人员所支付的工资的加计扣除的办法，由国务院另行规定。

（五）应纳税所得额抵扣

创业投资企业采取股权投资方式投资于"未上市的中小高新技术企业"2年以上的，可以按照其投资额的70%在股权持有满2年的当年抵扣该企业的应纳税所得额；当年不足抵扣的，可以在以后纳税年度结转抵扣。

（六）加速折旧

企业的固定资产由于技术进步等原因，确实需要加速折旧的，可以缩短折旧年限或者采取加速折旧的方法。

可以采取缩短折旧年限或者采取加速折旧方法的固定资产包括：

1.由于技术进步，产品更新换代较快的固定资产。

2.常年处于强震动、高腐蚀状态的固定资产。

采取缩短折旧年限方法的，最低折旧年限不得低于法定折旧年限的60%。采取加速折旧方法的，可以采取双倍余额递减法或者年数总和数。

（七）减计收入

企业以《资源综合利用企业所得税优惠目录》规定的资源作为主要原材料，生产国家非限制和非禁止并符合国家和行业相关标准的产品取得的收入，减按90%计入收入总额。原材料占生产产品材料的比例不得低于前述优惠目录规定的标准。

（八）应纳税额抵免

企业购置并实际使用《环境保护专用设备企业所得税优惠目录》《节能节水专用设备企业所得税优惠目录》和《安全生产专用设备企业所得税优惠目录》规定的"环境保护、节能节水、安全生产"等专用设备的，该专用设备的投资额的10%可以从企业当年的应纳税额中抵免；当年不足抵免的，可以在以后5个纳税年度结转抵免。享受上述规定的企业所得税优惠的企业，应当实际购置并自身实际投入使用上述规定的专用设备；企业购置上述专用设备，如从购置之日起5个纳税年度内转让、出租的，应在该专用设备停止使用当月停止享受企业所得税优惠，并补缴已经抵免的企业所得税税款。

购置并实际使用的环境保护、节能节水和安全生产专用设备，包括承租方企业以融资租赁方式租入的并在融资租赁合同中约定租赁期届满时租赁设备所有权转移给承租方企业，且符合规定条件的上述专用设备。凡融资租赁期届满后租赁设备所有权未转移至承租方企业的，承租方企业应停止享受抵免企业所得税优惠，并补缴已经抵免的企业所得税税款。

（九）西部地区的减免税

对设在西部地区以《西部地区鼓励类产业目录》中规定的产业项目为主营业务，且其主营业务收入占企业收入总额70%以上的企业。从2014年10月1日起，减按15%的税率征收企业所得税。

│练一练│

【例题4-8】（单选题）根据企业所得税法的最新规定，企业为开发新技术、新产品、新工艺发生的研究开发费用，未形成无形资产计入当期损益的，在按照规定据实扣除的基础上，按照研究开发的一定比例加计扣除。该比例为（　　）。

A.75%　　　　B.100%　　　　C.150%　　　　D.200%

答案：A。企业按开发新技术、新产品、新工艺发生的研究开发费用的75%加计扣除。

【例题4-9】（单选题）企业的下列所得中不符合免征、减征企业所得税条件的是（　　）。

A.从事农、林、牧、渔业项目的所得

B.从事符合条件的环境保护、节能节水项目的所得

C.企业内部自建自用的基础设施项目

D.外国政府向中国政府提供贷款取得的利息所得

答案：C。企业自建自用的基础设施项目，不享受三免三减半的优惠。

【例题4-10】（多选题）根据企业所得税法的规定，企业的下列资产或支出项目中，按规定应计提折旧的有（　　）。

A.已足额提取固定资产的改建支出

B.单独估价作为固定资产入账的土地

C.以融资租赁的方式租入的固定资产

D.未投入的机器设备

答案：AC。企业所得税法律规定，单独估价作为固定资产的土地不计提折旧，未投入使用的固定资产不计提折旧。

八、非居民企业应纳税所得额的计算

在中国境内未设立机构、场所的，或者虽设立机构、场所但取得的所得与其所设机

构、场所没有实际联系的非居民企业，其取得的来源于中国境内的所得，按照下列方法计算其应纳税所得额：

（1）股息、红利等权益性投资收益和利息、租金、特许权使用费所得，以收入全额为应纳税所得额。

（2）转让财产所得，以收入全额减除财产净值后的余额为应纳税所得额。

财产净值，是指财产的计税基础减除已经按照规定扣除的折旧、折耗、摊销、准备金等后的余额。

（3）其他所得，参照前两项规定的方法计算应纳税所得额。

非居民企业在中国境内设立的机构、场所，就其中国境外总机构发生的与该机构、场所生产经营有关的费用，能够提供总机构出具的费用汇集范围、定额、分配依据和方法等证明文件并合理分摊，准予扣除。

| 练一练 |

【例题4-11】（多选题）根据企业所得税法的规定，在中国境内未设立机构、场所的非居民企业从中国境内取得的下列所得中，应以收入全额为应纳税所得额的有（　　　）。

A.红利　　B.转让财产所得　　C.租金　　D.利息

答案：ACD。企业所得税法规定，非居民企业取得的来源于中国境内的所得，股息、红利等权益性投资收益和利息、租金、特许权使用费所得，以收入全额为应纳税所得额。转让财产所得，以收入全额减除财产净值后的余额为应纳税所得额。

九、应纳所得税额的计算

企业所得税的应纳税额的计算公式为：

应纳税额＝应纳税所得额×适用税率－减免税额－抵免税额

所称减免税额和抵免税额，是指依照企业所得税法和国务院的税收优惠规定减征、免征和抵免的应纳税额。

企业取得的下列所得已在境外缴纳的所得税税额，可以从其当期应纳税额中抵免，抵免限额为该项所得依照《企业所得税法》规定计算的应纳税额；超过抵额限额的部分，可以在以后5个年度内，用每年抵免限额抵免当年应抵税额后的余额进行抵补：

（1）居民企业来源于中国境外的应税所得；

（2）非居民企业在中国境内设立机构、场所，取得发生在中国境外但与该机构、场所有实际联系的应税所得。

所谓5个年度，是指从企业取得的来源于中国境外的所得，已经在中国境外缴纳的企业所得税性质的税额超过抵免限额的当年的次年起连续5个纳税年度。

居民企业从其直接或间接控制的外国企业分得的来源于中国境外的股息、红利等权益性投资收益，外国企业在境外实际缴纳的所得税额中属于该项所得负担的部分，可以作为该居民企业的可抵免境外所得税税额，在该法规定的抵免限额内抵免。

直接控制是指居民企业直接持有外国企业20%以上股份。间接控制是指居民企业以间接持股方式持有外国企业20%以上股份，具体认定方法由国务院财政、税务主管部门另行制定。企业按规定抵免企业所得税税额时，应当提供中国境外税务机关出具的税款所属年度的有关纳税凭证。

┃练一练┃

【例题4-12】某企业2019年境内的应纳税所得额为2 000万元，在A国的分支机构取得所得400万元，A国的所得税税率为20%，在A国已纳所得税80万元；在B国的分支机构取得所得460万元，B国的所得税税率为30%，在B国已纳所得税138万元。我国法定税率为25%。计算该企业境外所得在境内实际缴纳的所得税额。

解析：境外所得应纳所得税＝860×25%＝215（万元）

A国所得税的抵免限额＝（2 000＋860）×25%×400÷2 860＝100（万元）

B国所得税的抵免限额＝2 860×25%×460÷2 860＝115（万元）

在A国实际缴纳所得税80万元，实际缴纳所得税小于抵免限额，应按实际缴纳所得税抵免80万元；在B国实际缴纳所得税138万元，大于抵免限额，当期应抵免115万元。当期未抵免的23万元，在以后5年内的抵免限额结余内可继续抵免。

境外所得当期抵免所得税额＝80＋115＝195（万元）

境外所得在境内实际缴纳所得税额＝215－195＝20（万元）

十、居民企业核定征收应纳税额的计算

（一）核定征收的范围

纳税人具有下列情形之一的，应采取核定征收方式征收企业所得税：

1.依照法律、行政法规的规定可以不设置账簿的。

2.依照法律、行政法规的规定应当设置账簿但未设置的。

3.擅自销毁账簿或者拒不提供纳税资料的。

4.虽设置账簿，但账目混乱或者成本资料、收入凭证、费用凭证残缺不全，难以查账的。

5.发生纳税义务，未按照规定的期限办理纳税申报，经税务机关责令限期申报，逾期仍不申报的。

6.纳税人申报的计税依据明显偏低，又无正当理由的。

（二）核定征收的办法

税务机关应根据纳税人的具体情况，对核定征收企业所得税的纳税人，核定应税所得率或者核定应纳所得税额。

1.具有下列情形之一的，核定其应税所得率

（1）能正确核算（查实）收入总额，但不能正确核算（查实）成本费用总额的；

（2）能正确核算（查实）成本费用总额，但不能正确核算（查实）收入总额的；

（3）通过合理方法，能计算和推定纳税人收入总额或成本费用总额的。

纳税人不属于以上情形的，核定其应纳所得税额。

2.税务机关采用下列方法核定征收企业所得税

（1）参照当地同类行业或者类似行业中经营规模和收入水平相近的纳税人的税负水平核定；

（2）按照应税收入额或成本费用支出额定率核定；

（3）按照耗用的原材料、燃料、动力等推算或测算核定；

（4）按照其他合理方法核定。

采用上述所列一种方法不足以正确核定应纳税所得额或应纳税额的，可以同时采用两种以上的方法核定。

采用两种以上方法测算的应纳税额不一致时，可按测算的应纳税额从高核定。

核定征收方式是税务机关在难以按照查账征收等正常方式征收税款的情况下而采用的一种相对合理的征收方式，它不可能保证核定的应纳税额与实际完全相符。这也是核定征收的企业要汇算清缴的根本原因所在，只有通过汇算清缴，才能使预先核定缴纳的税额和实际经营发生应缴纳的税额相一致。

（三）选择应税所得率

应税所得率按表4-2规定的幅度标准确定。

表4-2   应税所得率

行业	应税所得率（%）
农、林、牧、渔业	3—10
制造业	5—15
批发和零售贸易业	4—15
交通运输业	7—15
建筑业	8—20
餐饮业	8—25
娱乐业	15—30
其他行业	10—30

（四）核定应税所得率征收办法

核定应税所得率征收是指税务机关按照一定的标准、程序和方法，预先核定纳税人的应税所得率，由纳税人根据纳税年度内的收入总额或者成本费用等项目的实际发生额，按预先核定的应税所得率计算缴纳企业所得税的办法。采用应税所得率方式核定征收企业所得税，应纳所得税额计算公式如下：

应纳税所得额＝应税收入额×应税所得率

或：应纳税所得额＝成本（费用）支出额÷（1－应税所得率）×应税所得率

应纳所得税额＝应纳税所得额×适用税率

应税收入额＝收入总额－不征税收入－免税收入

实行应税所得率方式核定征收企业所得税的纳税人，经营多业的，无论其经营项目是否单独核算，均由税务机关根据其主营项目确定适用的应税所得率。

主营项目应为纳税人所有经营项目中，收入总额或者成本（费用）支出额或者耗用原材料、燃料、动力数量所占比重最大的项目。

十一、源泉扣缴

（一）扣缴义务人

在中国境内未设立机构、场所的，或者虽设立机构、场所但取得的所得与其所设机构、场所没有实际联系的非居民企业，就其取得的来源于中国境内的所得应缴纳的所得税，实行源泉扣缴，以支付人为扣缴义务人。税款由扣缴义务人在每次支付或者到期应支付时，从支付或者到期应支付的款项中扣缴。

对非居民企业在中国境内取得工程作业和劳务所得应缴纳的所得税，税务机关可以指定工程价款或者劳务费支付人为扣缴义务人。

可以指定扣缴义务人的情形，包括：

1.预计工程作业或者提供劳务期限不足一个纳税年度，且有证据表明不履行纳税义务的。

2.没有办理税务登记或者临时税务登记，且未委托中国境内的代理人履行纳税义务的。

3.未按照规定期限办理企业所得税纳税申报或者预缴申报的。

|练一练|

【例题4-13】（单选题）根据企业所得税法的规定，下列关于非居民企业所得税扣缴义务人的表述中，不正确的是（　　　）。

A.非居民企业在中国境内取得工程作业所得，未按照规定期限办理企业所得税申报或者预缴申报的，可由税务机关指定扣缴义务人

B.非居民企业在中国境内取得劳务所得，提供劳务期限不足一个纳税年度，且有证据表明不履行纳税义务的，可由税务机关指定扣缴义务人

C.非居民企业在中国境内设立机构、场所的，取得的与所设机构、场所有实际联系的境内所得，以支付人为扣缴人

D.非居民企业在中国境内取得工程作业所得，没有办理税务登记且未委托中国境内的代理人履行纳税义务的，可由税务机关制定扣缴义务人

答案：C。在中国境内未设立机构、场所的，或者虽然设立机构、场所但取得的所得与其所设机构、场所没有实际联系的非居民企业，就其取得的来源于中国境内的所得应缴纳的所得税，以支付人为扣缴人。

（二）扣缴税额计算

扣缴企业所得税应纳税额的计算公式为：

扣缴企业所得税应纳税额＝应纳税所得额×实际征收率

（三）扣缴管理

扣缴义务人，由县级以上税务机关指定，并同时告知扣缴义务人所扣缴的计算依据、计算方法、扣缴期限和扣缴方式。

十二、特别纳税调整

（一）特别纳税调整的范围

企业与其关联方之间的业务往来，不符合独立交易原则而减少企业或者其关联方应纳税收入或者所得额的，税务机关有权按照合理方案调整。企业与其关联方共同开发、受让无形资产，或者共同提供、接受劳务发生的成本，在计算应纳税所得额时应当按照独立交易原则进行分摊。

1.关联方

关联方，是指与企业有下列关联关系之一的企业、其他组织或者个人：

（1）在资金、经营、购销等方面存在直接或者间接的控制关系；

（2）直接或间接地同为第三者控制；

（3）在利益上具有相关联的其他关系。

2.独立交易原则

独立交易原则是指没有关联关系的交易各方，按照公平成交价格和营业常规进行业务往来遵循的原则。

在判断关联企业与其关联方之间的业务往来是否符合独立交易原则时，强调将关联交易定价或利润水平与可比情形下没有关联的交易定价和利润水平进行比较，如果存在

差异，就说明因为关联关系的存在而导致企业没有遵循正常市场交易原则和营业常规，从而违背了独立交易原则。

3.合理方法

（1）可比非受控价格法，是指按照没有关联关系的交易各方进行相同或类似业务往来的价格进行定价的方法；

（2）再销售价格法，是按照从关联方购进商品再销售给没有关联关系的交易方的价格，减除相同或者类似业务的销售毛利进行定价的方法；

（3）成本加成法，是按照成本加合理的费用和利润进行定价的方法；

（4）交易净利润法，是指按照没有关联关系的交易各方进行相同或者类似业务取得的净利润水平确定利润的方法；

（5）利润分割法，是指将企业与其关联方的合并利润或者亏损在各方之间采用合理标准进行分配的方法；

（6）其他符合独立交易原则的方法。

企业发生关联交易以及税务机关审核、评估关联均遵守独立交易原则，选用合理的转让定价方法。选用合理的转让定价方法应进行可比性分析。可比性分析因素包括交易资产或劳务特性、交易各方功能和风险、合同条款、经济环境、经营策略五个方面。

（二）关联方之间关联业务的税务处理

1.无形资产或者劳务成本的分摊

企业与其关联方共同开发、受让无形资产，或者共同提供、接受劳务发生的成本，在计算应纳税所得额时应当按照独立交易原则进行分摊。

企业可以按照独立交易原则与其关联方分摊共同发生的成本，达成成本分摊协议。企业与其关联方分摊成本时，应当按照成本与预期收益相配比的原则进行分摊，并在税务机关规定的期限内，按照税务机关的要求报送有关资料。企业与其关联方分摊成本时违反前述规定的，其自行分摊的成本不得在计算应纳税所得额时扣除。

2.预约定价安排

企业可以向税务机关提出与其关联方之间业务往来的定价原则和计算方法，税务机关与企业协商、确认后，达成预约定价安排。

预约定价安排，是指企业就其未来年度关联交易的定价原则和计算方法，向税务机关提出申请，与税务机关按照独立交易原则协商、确认后达成的协议。

3.与关联业务调查有关的其他企业

企业向税务机关报送年度企业所得税纳税申报表时，应当就其与关联方之间的业务往来，附送年度关联业务往来报告表。税务机关在进行关联业务调查时，企业及相关联方以及与关联业务调查有关的其他企业，应当按照规定提供相关资料。

与关联业务调查有关的其他企业，是指被调查企业在生产经营内容和方式上类似的企业。企业应当在税务机关规定的期限内提供与关联业务往来有关的价格、费用的制定标准、计算方法和说明等资料。关联方以及与关联业务调查有关的其他企业应当在税务机关与其约定的期限内提供相关资料。

4.对利润不做分配等情况的处理

由居民企业，或者由居民企业和中国居民控制的设立在实际税负明显低于我国《企业所得税法》规定税率水平（即25%）的国家（地区）的企业，并非由于合理的经营需要而对利润不做分配或者减少分配的，上述利润中应归属于该居民企业的部分，应当计入该居民企业的当期收入。

（1）中国居民，是指根据我国《中华人民共和国个人所得税法》的规定，就其从中国境内、境外取得的所得在中国缴纳个人所得税的个人。

（2）控制包括：

①居民企业或者中国居民直接或者间接单一持有外国企业10%以上有表决权股份，且由其共同持有该外国企业50%以上的股份；

②居民企业或者居民企业和中国居民持股比例没有达到第①项规定的标准，但在股份、资金、经营、购销等方面对该外国企业构成实质控制。

（3）实际税负明显低于我国《企业所得税法》规定税率水平，是指低于《企业所得税法》规定的税率的50%，即低于25%的税率水平的50%。

5.企业从其关联方接受的债权性投资与权益性投资的比例超过规定标准而发生的利息支出，不得在计算应纳税所得额时扣除

债权性投资，是指企业直接或者间接从关联方获得的，需要偿还本金和支付利息或者需要以其他具体有支付利息性质的方式予以补偿的融资。

企业间接从关联方获得的债权性投资，包括：

（1）关联方通过无关联第三方提供的债权性投资；

（2）无关联方第三方提供的、由关联方担保且负有连带责任的债权性投资；

（3）其他间接从关联方获得的具有负债实质的债权性投资。

权益性投资，是指企业接受的不需要偿还本金和支付利息，投资人对企业净资产拥有所有权的投资。

在计算应纳税所得额时，企业实际支付给关联方的利息支出，不超过以下规定比例和税法及其实施条例有关规定计算的部分，准予扣除，超过的部分不得在发生当期和以后年度扣除：

企业实际支付给关联方的利息支出，除另有规定外，其接受关联方债权性投资与其权益性投资比例为：金融企业，5∶1；其他企业，2∶1。

6.母公司为其子公司提供各种服务而发生的费用，应按照独立企业之间公平交易原则确定服务的价格，作为企业正常的劳务费用进行税务处理

母子公司未来按照独立企业之间的业务往来收取价款的，税务机关有权予以调整。

母公司向其子公司提供各项服务，双方应签订服务合同或协议，明确规定提供服务的内容、收费标准及金额等，凡按上述合同或协议规定发生的服务费，母公司作为营业收入申报纳税；子公司作为成本费用在税前扣除。

母公司向其多个子公司提供同类项服务，其收取的服务费可以采取分项签订合同或协议收取；也可以采取服务分摊协议的方式，即由母公司与各子公司签订服务费分摊合同或协议，以母公司为其子公司提供服务所发生的实际费用并附加一定比例利润作为向子公司收取的总服务费，在各服务受益子公司（包括盈利企业、亏损企业和享受减免税企业）之间合理分摊。

母公司以管理费形式向子公司提供费用，子公司因此支付母公司的管理费，不得在税前扣除。子公司申报税前扣除向母公司支付的服务费用，应向主管税务机关提供与母公司签订的服务合同或者协议等与税前扣除该项费用相关的材料。不能提供相关材料的，支付的服务费不得税前扣除。

（三）补征税款和加收利息

税务机关依照税法规定做出纳税调整，需要补征税款的，应当补征税款，并按照国务院规定加收利息。

税务机关根据税收法律、行政法规的规定，对企业做出特别纳税调整的，应当对补征的税款，自税款所属纳税年度的次年6月1日起至补缴税款之日止的期间，按日加收利息。前述规定加收利息，不得在计算应纳税所得额时扣除。加收利息率，应当按照税款所属纳税年度中国人民银行公布的与补税期间同期的人民币贷款基准利率加5个百分点计算。

（四）纳税调整的时效

企业与其关联方之间的业务往来，不符合独立交易原则，或者企业实施其他不具有合理商业目的安排的，税务机关有权在该业务发生的纳税年度起10年内，进行纳税调整。

任务实施

烟台新泰酒业有限公司2018年企业所得税应纳税额计算如下：

（1）会计利润＝2 500－1 100－670－480－60－（160－120）＋70－50＋40＋40＋30＝280（万元）

（2）广告费和业务招待费调增所得额＝450－2 500×15%＝75（万元）

（3）业务招待费调增所得额＝15－15×60%＝6（万元）

2 500×5‰＝12.5（万元）＞9（万元）

（4）捐赠支出调增所得额＝36.24－280×12%＝2.64（万元）

（5）支付的税收滞纳金调增所得额＝6（万元）

（6）职工福利费调增所得额＝23－150×14%＝2（万元）

职工教育经费扣除限额＝150×8%＝12（万元）＞6（万元），不用调整。

（7）技术研究开发费用调减所得额＝40×75%＝30（万元）

（8）权益性投资收益调减所得额＝40（万元）

（9）应税所得额＝280＋75＋6＋2.64＋6＋2－30－40＝301.64（万元）

（10）A国的抵扣限额＝25%×40＝10（万元）

B国的抵扣限额＝25%×30＝7.5（万元）

在A国实际缴纳所得税12万元，高于抵扣限额，只能抵扣10万元，超过限额的2万元当年不得抵扣。

在B国实际缴纳所得税6万元，低于抵扣限额7.5万元，可全部抵扣。

（11）该公司2018年度应补缴企业所得税税额＝301.64×25%－10－6－50＝9.41（万元）

任务拓展

国家税务总局关于设备器具扣除有关企业所得税政策执行问题的公告

据《中华人民共和国企业所得税法》及其实施条例、《财政部 税务总局关于设备器具扣除有关企业所得税政策的通知》（财税〔2018〕54号）规定，现就设备、器具扣除有关企业所得税政策执行问题公告如下：

一、企业在2018年1月1日至2020年12月31日期间新购进的设备、器具，单位价值不超过500万元的，允许一次性计入当期成本费用在计算应纳税所得额时扣除，不再分年度计算折旧（以下简称一次性税前扣除政策）。

（一）所称设备、器具，是指除房屋、建筑物以外的固定资产（以下简称固定资产）；所称购进，包括以货币形式购进或自行建造，其中以货币形式购进的固定资产包括购进的使用过的固定资产；以货币形式购进的固定资产，以购买价款和支付的相关税费以及直接归属于使该资产达到预定用途发生的其他支出确定单位价值，自行建造的固定资产，以竣工结算前发生的支出确定单位价值。

（二）固定资产购进时点按以下原则确认：以货币形式购进的固定资产，除采取分期付款或赊销方式购进外，按发票开具时间确认；以分期付款或赊销方式购进的固定资产，按固定资产到货时间确认；自行建造的固定资产，按竣工结算时间确认。

二、固定资产在投入使用月份的次月所属年度一次性税前扣除。

三、企业选择享受一次性税前扣除政策的，其资产的税务处理可与会计处理不一致。

四、企业根据自身生产经营核算需要，可自行选择享受一次性税前扣除政策。未选择享受一次性税前扣除政策的，以后年度不得再变更。

五、企业按照《国家税务总局关于发布修订后的〈企业所得税优惠政策事项办理办法〉的公告》（国家税务总局公告 2018 年第 23 号）的规定办理享受政策的相关手续，主要留存备查资料如下：

（一）有关固定资产购进时点的资料（如以货币形式购进固定资产的发票，以分期付款或赊销方式购进固定资产的到货时间说明，自行建造固定资产的竣工决算情况说明等）；

（二）固定资产记账凭证；

（三）核算有关资产税务处理与会计处理差异的台账。

六、单位价值超过 500 万元的固定资产，仍按照企业所得税法及其实施条例、《财政部国家税务总局关于完善固定资产加速折旧企业所得税政策的通知》（财税〔2014〕75 号）、《财政部国家税务总局关于进一步完善固定资产加速折旧企业所得税政策的通知》（财税〔2015〕106 号）、《国家税务总局关于固定资产加速折旧税收政策有关问题的公告》（国家税务总局公告 2014 年第 64 号）、《国家税务总局关于进一步完善固定资产加速折旧企业所得税政策有关问题的公告》（国家税务总局公告 2015 年第 68 号）等相关规定执行。

同步训练

答案与解析

一、单选题

1. 根据企业所得税法的规定，下列关于不同方式下销售商品收入金额确定的表述中，正确的是（　　）。

A. 采用商业折扣方式销售商品的，按照商业折扣前的金额确定销售商品收入金额

B. 采用现金折扣方式销售商品的，按照现金折扣前的金额确定销售商品收入金额

C. 采用售后回购方式销售商品的，按照扣除回购商品公允价值后的余额确定销售商品收入金额

D. 采用以旧换新的方式销售商品的，按照扣除回收商品公允价值后的余额确定销

售商品收入金额

2.下列选项中，属于企业不征税收入的是(　　)。

　A.接受捐赠的收入

　B.财政拨款

　C.符合条件的非营利组织的收入

　D.在中国境内设立机构、场所的非居民企业从居民企业取得与该机构、场所有实际联系的股息、红利等权益性投资收益

3.某食品工业企业2017年营业收入3 000万元，广告费支出800万元，业务宣传费支出20万元。2018年营业收入4 000万元，广告费支出200万元，业务宣传费支出15万元。则2018年准予税前扣除的广告费和业务宣传费合计为(　　)。

A.297.5万元	B.585万元
C.600万元	D.215万元

4.按照企业所得税法和实施条例规定，下列关于收入确认时点正确的是(　　)。

　A.利息收入，按照合同约定的债务人应付利息的日期确认收入的实现

　B.租金收入，按照承租人实际支付租金的日期确认收入的实现

　C.接受捐赠收入，按照签订捐赠合同的日期确认收入的实现

　D.权益性投资收益，按照被投资方做利润分配账务处理的日期确认收入的实现

二、多选题

1.根据企业所得税法规定，以下属于转让财产收入的有(　　)。

A.转让股权收入	B.转让固定资产收入
C.转让土地使用权收入	D.转让债权收入

2.根据企业所得税法的规定，以下非居民企业收入要全额计入企业所得税应纳税所得额的有(　　)。

A.利息收入	B.特许权使用费收入
C.股票转让收入	D.不动产租赁收入

3.下列各项中，在计算企业所得税应纳税所得额时，应计入收入总额的有(　　)。

A.转让专利权收入	B.债务重组收入
C.接受捐赠收入	D.确实无法偿付的应付款项

4.在计算企业所得税应纳税所得额时，不准从收入总额中扣除的项目有(　　)。

　A.违法经营的罚款和被没收财物的损失

　B.为促销商品发生的广告性支出

C.遭受自然灾害有赔偿的部分

D.未经核定的准备金支出

5.按照《中华人民共和国企业所得税法》和《中华人民共和国企业所得税法实施条例》的规定，企业所得税应纳税所得额为企业每一纳税年度的收入总额，减除（　　）后的余额。

A.不征税收入　　　　　　　　　　　B.免税收入

C.各项扣除　　　　　　　　　　　　D.允许弥补的以前年度亏损

三、判断题

1.企业为职工参加财产保险，按照规定缴纳的保险费，准予扣除。　　　　　（　　）

2.企业发生的职工福利费支出，不超过工资薪金总额14%的部分，准予在计算应纳税所得额时扣除。超过部分，准予在以后纳税年度结转扣除。　　　　　　　　（　　）

3.亏损，是指企业依照企业所得税法和实施条例的规定将每一纳税年度的收入总额减除不征税收入、免税收入和各项扣除后小于零的数额。　　　　　　　　　（　　）

4.根据企业所得税法及其实施条例的规定，财政补贴为不征税收入。　　　（　　）

5.企业在汇总计算缴纳企业所得税时，其境外营业机构的亏损可以抵减境内营业机构的盈利。　　　　　　　　　　　　　　　　　　　　　　　　　　　　　（　　）

四、案例分析题

1.某家电生产企业为增值税一般纳税人，2018年度有员工1 000人。企业全年实现收入总额8 000万元，扣除的成本、费用、税金和损失总额7 992万元，实现利润总额8万元，已缴纳企业所得税2万元。后经聘请的会计师事务所审计，发现有关税收问题如下：

（1）收入总额8 000万元中含国债利息收入7万元、金融债券利息收入20万元、从被投资公司分回的税后股息38万元。

（2）当年1月向银行借款200万元购建固定资产，借款期限1年。购建的固定资产尚未完工，企业支付给银行的年利息费用共计12万元全部计入了财务费用核算。

（3）12月转让一项无形资产的所有权，取得收入60万元未做收入处理，该项无形资产的净值35万元也未转销（不考虑转让税费）。

（4）"营业外支出"账户中，列支上半年缴纳的税收滞纳金3万元、银行借款超期的罚息6万元、给购货方的回扣12万元、意外事故损失8万元、非广告性赞助10万元，全都如实做了扣除。

要求：计算该企业应补缴的企业所得税。

2.某公司为居民企业，2018年度取得收入总额4 000万元，按照税法规定，全年准予扣除的成本、费用、损失共计3 800万元，全年上缴增值税额50万元，消费税80万元，城市维护建设税和教育费附加13万元。

要求：计算该公司2018上年度应缴纳的企业所得税。

3.某公司2018年度销售收入100万元，权益性投资收益3万元，其他收入5万元，与收入有关的、合理的成本50万元，税金5万元，费用10万元，其他支出2万元，上述交易和事项会计与税法确认均无差异。除此以外，该公司当年还发生以下交易和事项：国债利息收入2万元；企业债券利息收入1万元；收到与收益相关的财政性资金5万元；通过市人民政府向市儿童福利院捐款8万元；直接向贫困地区一所希望小学捐款3万元；违反交通法规罚款支出1万元；因逾期归还银行贷款支付罚息2万元；合理职工薪金支出10万元（其中职工福利费支出2万元，残疾人员工资支出1万元）；合理广告费支出5.62万元；当年1月1日购入并当日交付管理部门使用的设备一台，实际支付价款及相关税费9万元，该设备常年处于高腐蚀状态，预计净残值为零，会计上采用直线法计提折旧，将预计使用寿命缩短为2年（税法规定的折旧年限为5年）；尚有未弥补的2016年度发生的亏损2万元。该公司当年会计利润为15.25万元。

要求：计算公司2018年度的应纳企业所得税是多少。

任务 4.3　企业所得税纳税申报

知识准备

一、企业所得税纳税期限

纳税年度一般为公历年度，自公历1月1日起至12月31日止。企业在一个纳税年度中间开业，或者终止经营活动，使该纳税年度的实际经营期不足12个月的，应当以其实际经营期为一个纳税年度。企业依法清算时，应当以清算期间作为一个纳税年度。

企业所得税按年计算，分月或分季度预缴。企业应当自月份或者季度终了之日起15日内，向税务机关报送预缴企业所得税纳税申报表，预缴税款。企业应当自年度终了之日起5个月内，向税务机关报送年度企业所得税纳税申报表，并汇算清缴、结清应缴税款。企业在报送企业所得税纳税申报表时，应当按照规定附送财务会计报告和其他有关资料。企业在年度中间终止经营活动的，应当自实际经营终止之日起60日内，向税务机关办理当期企业所得税汇算清缴。

扣缴义务人每次代扣的税款，应当自代扣之日起7日内缴入国库，并向所在地税务机关报送扣缴企业所得税报告表。

| 练一练 |

【例题4-14】（单选题）根据企业所得税的有关规定，企业所得税的征收办法是（　　）。

A.按月征收

B.按季计征，分月预缴

C.按季征收

D.按年计征，分月或分季预缴

答案：D。我国的企业所得税采取按年计算，分月或分季预缴的方法。纳税人应当在月份或者季度终了后15日内预缴，年度终了后5个月内汇算清缴，多退少补。

二、企业所得税纳税地点

（一）居民企业的纳税地点

除税收法律、行政法规另有规定外，居民企业以企业登记注册地为纳税地点；登记注册地在境外的，以实际管理机构所在地为纳税地点。居民企业在中国境内设立不具有法人资格的营业机构的，应当汇总计算并缴纳企业所得税。

（二）非居民企业的纳税地点

非居民企业在中国境内设立机构、场所的，所设机构、场所取得的来源于中国境内的所得，以及发生在中国境外但与其所设机构、场所有实际联系的所得，以机构、场所所在地为纳税地点。

非居民企业在中国境内设立两个或者两个以上机构、场所的，经税务机关审核批准，可以选择由其主要机构、场所汇总缴纳企业所得税。

非居民企业在中国境内未设立机构、场所的，或者虽设立机构、场所但取得的所得与所设机构、场所没有实际联系的，应当就其来源于中国境内的所得，以扣缴义务人所在地为纳税地点。

三、企业所得税的纳税申报

（一）查账核定征收方式下企业所得税应纳税额的申报

1.企业所得税预缴纳税申报表

查账征收企业所得税的居民纳税人及在中国境内设立机构的非居民纳税人在月（季）度预缴企业所得税时，应填制《企业所得税月（季）度预缴纳税申报表（A表）》。申报表见二维码。

申报表

2.企业所得税年度纳税申报表

查账征收企业所得税的纳税人在年度汇算清缴时，无论盈利或亏损，都必须在规定的期限内进行纳税申报，填写企业基础信息表、《企业所得税年度纳税申报表（A表）》，包括主表其有关附表。具体申报表及填报说明见二维码。

申报表 1

申报表 2

（二）核定征收方式下企业所得税应纳税额的申报

1.纳税人实行核定应税所得率方式

纳税人实行核定应税所得率方式的，按下列规定申报纳税：

（1）主管纳税机关根据纳税人应纳税额的大小确定纳税人按月或者按季预缴，年终汇算清缴。预缴方法一经确定，一个纳税年度内不得改变。

（2）纳税人应依照应税所得率计算纳税期间实际应缴纳的税额，进行预缴。按实际数额预缴困难的，经主管税务机关同意，可按上一年度应纳税额的1/12或1/4预缴，或者按经主管税务机关认可的其他方法预缴。

（3）纳税人预缴税款或年终进行汇算清缴时，应按规定填写《企业所得税月（季）度预缴纳税申报表（B表）》，在规定的纳税申报时限内报送主管税务机关。

2.纳税人实行核定税额征收方式

纳税人实行核定税额方式的，按下列规定申报纳税：

（1）纳税人在应纳税额尚未确定之前，可暂按上年度应纳税额的1/12或1/4预缴，或者按经主管税务机关认可的其他方法，按月或按季分期预缴。

（2）在应纳税额确定以后，减除当年已预缴的企业所得税税额，余额按剩余月份或季度均分，以此确定以后各月或按季度的应纳所得税税额，由纳税人按月或按季填写《企业所得税月（季）度预缴纳税申报表（B表）》，在规定的纳税申报期限内进行纳税申报。

（3）纳税人年度终了后，在规定的时限内按照实际经营额或实际应纳税额向税务机关申报纳税，申报额超过核定经营或应纳税额的，按申报额缴纳税款；申报额低于核定经营额或应纳税额的，按核定经营额或应纳税额缴纳款项。

具体申报表及填报说明见二维码。

任务实施

烟台新泰酒业有限公司2018年度企业所得税年度汇算清缴工作中，申报表的填写顺序为：

第一步，填报收入、成本、费用明细表。根据企业收入、支出的会计核算资料填写。

第二步，填报纳税调整项目明细表及附表。

先根据企业的会计资料填写纳税调整项目明细表的附表，职工薪酬纳税调整明细表，广告费和业务宣传费跨年度纳税调整明细表，捐赠支出纳税调整明细表，再根据这些附表资料及其他会计资料填报纳税调整项目明细表。

第三步，填报免税、减计收入及加计扣除优惠明细表及附表。

先根据企业的会计资料填写免税、减计收入及加计扣除优惠明细表的附表，研发费用加计扣除优惠明细表，符合条件的居民企业之间的股息、红利等权益性投资收益优惠明细表，再根据这些附表资料及其他会计资料填报免税、减计收入及加计扣除优惠明细表。

第四步，填报境外所得税收抵免明细表及附表。

先根据企业的会计资料填写境外所得税后抵免明细表的附表，境外所得纳税调整后所得明细表，再根据附表资料及其他会计资料填报境外所得税收抵免明细表。

第五步，填报《中华人面共和国所得税年度纳税申报表（A表）》。根据相关附表及其他会计资料填写。

具体填写结果见二维码。

申报表

任务拓展

关于实施便利小微企业办税缴费新举措

为深入学习贯彻党的十九届四中全会精神，不断巩固"不忘初心、牢记使命"主题教育成果，持续深化"放管服"改革，进一步支持和服务小微企业发展，税务总局推出八条便利小微企业办税缴费新举措。

一、搭建线上诉求和意见直联互通渠道。各级税务机关在原有直联方式基础上，运用信息化技术搭建与小微企业的线上直联互通渠道，促进税企沟通，更加广泛采集、精准分析并及时反馈小微企业实际诉求，进一步提升小微企业诉求和意见的快速响应效率。

二、制发小微企业办税辅导产品。税务总局依据《全国税务机关纳税服务规范（3.0版）》，修订《纳税人办税指南》；针对小微企业日常办税事项，编制《小微企业办税一本通》，指引小微企业明白办税、便利办税。各地税务机关组织好印制和宣传发放等工作。

三、优化跨区迁移服务。各省税务局探索为属于正常户且不存在未办结事项的小微企业，提供省内跨区迁移注销的线上办理服务，并在风险可控的前提下快速办结，让符合条件的小微企业办理省内跨区迁移更便捷。

四、扩围批量零申报服务。各省税务局探索将批量零申报服务范围从申请注销的非正常户扩大至全部非正常户，减少补充零申报重复操作。纳税人补充申报以前年度非正常状态期间的企业所得税，其月（季）度申报均为零申报（且不存在弥补前期亏损情况）的，可以进行批量处理，便利小微企业解除非正常状态后恢复经营。

五、优化涉税违法违规信息查询服务。各省税务局依托电子税务局，为小微企业提供涉税违法违规记录线上查询服务，便利小微企业及时了解掌握本企业相关情况，促进小微企业提升税法遵从度。

六、推行企业开办事项集成办理。各省税务局加强与市场监管、公安等政府部门协作，利用政府政务服务平台，协同相关部门实现新办企业登记、刻章备案、申领发票等企业开办事项的信息"一次填报、一网提交"。

七、制发税收优惠事项清单。税务总局编写、发布并动态调整税收优惠事项清单，第一批清单将包含小微企业相关的18类491项优惠事项。各地税务机关在此基础上，结合实际细化分行业清单，有针对性地开展宣传辅导，方便小微企业及时享受。

八、提升"银税互动"普惠效能。各省税务局积极与银保监部门沟通，将申请"银税互动"贷款的受惠企业范围由纳税信用A级和B级企业扩大至M级企业。在风险可控的前提下，探索为纳税信用A级和B级的小微企业创新流动资金贷款服务模式，如"无还本续贷"等，切实缓解小微企业融资难、融资贵问题。

各级税务机关要继续深入贯彻落实"不忘初心、牢记使命"主题教育部署，从小微企业的实际诉求出发，主动作为、积极推动，结合本地实际情况配套服务举措，切实保障新举措落地生效，助力小微企业发展。

同步训练

答案与解析

一、单选题

1.纳税人在境外已纳的税额，在汇总纳税时准予从其应税额中按扣除限额扣除。扣除限额的计算应当（　　）。

A.分项不分国（地区）　　　　　　B.分国（地区）不分项

C.不分国（地区）不分项　　　　　D.分国（地区）分项

2.企业应当自月份或者季度终了之日起（　　）日内，向税务机关报送预缴纳税申报表。

A. 7　　　　　　　　　　　　　　B. 10

C. 15　　　　　　　　　　　　　D. 30

3.除税收法律、行政法规另有规定外，在中国境内登记注册的居民企业，缴纳企业所得税的地点是（　　）。

A.核算经营地　　　　　　　　　　B.生产经营地

C.货物销售地　　　　　　　　　　D.登记注册地

4.在中国境内设立机构、场所且取得的所得与机构、场所有联系的非居民企业，缴纳企业所得税的地点是（　　）。

A.生产经营　　　　　　　　　　　B.机构、场所所在地

C.货物生产地　　　　　　　　　　D.货物销售所在地

二、多选题

1. 按照企业所得税法和实施条例规定，下列关于企业所得税预缴的表述正确的有（　　）。

    A.企业所得税分月或者分季预缴，由企业自行选择，报税务机关备案

    B.可以按照月度或者季度的实际利润额预缴

    C.按照实际利润额预缴有困难的，可以按照上一纳税年度应纳税所得额的月度或者季度平均额预缴

    D.预缴方法一经确定，该纳税年度内不得随意变更

  2.企业缴纳的下列保险金可以在税前直接扣除的有（　　　）。

    A.为特殊工种的职工支付的人身安全保险费

    B.为没有工作的董事长夫人缴纳的社会保险费用

    C.为投资者或者职工支付的商业保险费

    D.企业为投资者支付的补充养老保险

  3.根据企业所得税法的规定，在计算企业所得税应纳税所得额时，下列项目不得在企业所得税税前扣除的有（　　　）。

    A.外购货物管理不善发生的损失

    B.违反法律被司法部门处以的罚金

    C.非广告性质的赞助支出

    D.银行按规定加收的罚息

  4.以纳税申报表第一行营业收入为基数计算企业所得税前扣除限额的是（　　　）。

    A.广告费　　　　　　　　　　　　B.业务招待费

    C.宣传费　　　　　　　　　　　　D.捐赠限额

三、判断题

  1.经省级税务机关批准，企业之间可以合并缴纳企业所得税。　　　　　　（　　　）

  2.企业在汇总计算缴纳企业所得税时，其境外营业机构的亏损可以抵减境内营业机构的盈利。　　　　　　　　　　　　　　　　　　　　　　　　（　　　）

  3.非居民企业在中国境内存在多处所得发生地的，由主管税务机关确定其中之一申报缴纳企业所得税。　　　　　　　　　　　　　　　　　　　　（　　　）

四、综合题

  某符合条件的软件生产企业于2015年设立，并于当年开始享受"两免三减半"的税收优惠，2018年被认定为高新技术企业。2018年有关经营情况如下：

  （1）高新技术产品销售收入23 000万元，符合条件的技术转让收入4 000万元、所转让技术的成本为800万元，从其他居民企业（非上市公司）取得直接投资的股息收入

500万元。

（2）高新技术产品销售成本7 800万元；非增值税销售税金及附加47万元；销售费用2 000万元，其中广告费和业务宣传费1 700万元、手续费和佣金200万元（支付对象为有合法中介资格的境内某公司，转账支付，实际支付比例为服务金额的10%）；管理费用3 000万元，其中业务招待费150万元、符合加计扣除条件的研究开发费1 200万元；财务费用480万元。

（3）当年计入成本费用的合理的实发工资7 500万元，发生职工福利费支出1 100万元，拨缴工会经费190万元，发生职工教育经费支出760万元，其中职工培训费用支出600万元，计入成本和期间费用的职工薪酬比为8∶2。

（4）当年高新技术产品销售所得中，来源于境外营业机构的高新技术产品销售所得3 500万元，已在境外所得来源国缴纳企业所得税350万元。

2018年度企业所得税汇算清缴时，该企业按规定履行了减免税手续。

要求：根据以上资料，计算并回答下列问题：

1.该企业2018年职工薪酬支出应调增所得额（　　　）。

    A.62.5万元   B.90万元

    C.117.5万元   D.502.5万元

2.该企业2018年期间费用应调增所得额（　　　）。

    A.115万元   B.160万元

    C.178万元   D.260万元

3.如果该企业减免税项目所得和应税项目所得按销售收入比例划分期间费用，则该企业2018年度企业所得税汇算清缴时，"符合条件的技术转让所得"对应栏次填报（　　　）。

    A.1 444.07万元   B.1 455.93万元

    C.1 457.26万元   D.1 850万元

4.该企业2018年度企业所得税汇算清缴时，"应纳税所得额"应填报（　　　）。

    A.7 565.74万元   B.7 578.93万元

    C.7 583.74万元   D.11 065.74万元

5.该企业2018年度企业所得税汇算清缴时，"实际应纳所得税额"应填报（　　　）。

    A.1 311.84万元   B.1 309.86万元

    C.1 033.22万元   D.1 120.72万元

任务 4.4 企业所得税的纳税筹划

知识准备

企业所得税的纳税筹划主要包括：纳税人和税率的筹划、计税依据的筹划、税收优惠的筹划等几个方面。

一、纳税人和税率的筹划

1.成立时。纳税人因为选择的组织身份不同会采用不同的税收政策。因此可以从税负最小化、利润最大化的角度，考虑企业的组织形式。如个人独资企业和合伙企业的整体税负要低于公司制的企业，因为前者不存在重复征税的问题，而后者涉及重复征税。设立具备享受低于25％税率条件的企业，如设立高新技术企业，到民族自治地方设立企业，均可达到少缴企业所得税的目的。

2.经营中。居民企业成立后会考虑设立从属机构，如分公司、子公司、办事处等。不同的从属机构在设立手续、核算、纳税形式以及税收优惠等方面是不同的。因此在进行税收筹划时要根据企业的具体情况，选择设立分支机构。如预计所设分支机构短期内能扭亏，宜采用子公司的形式；否则宜采用分公司的形式。

二、计税依据的筹划

1.收入的纳税筹划

收入的筹划需要考虑收入确认的时间点和收入计算的方法。如，销售收入的筹划重点就在于销售时点的确定上。特别是将临近年终所发生的销售收入的筹划，可以将十二月份的收入调整到一月份，那么就会获得延迟纳税的税收收益。

2.税前扣除项目的筹划

企业可以通过加强成本费用支出的筹划管理和控制，降低成本费用、减少资金支出，提高经济效益，取得节税利益。如企业实际发生的合理的职工工资薪金支出，准予在税前扣除。尽可能多地列支工资薪金支出、扩大税前扣除应是税收筹划的基本思路，可采取的措施有：

（1）提高职工工资，超支福利以工资形式发放；

（2）持内部职工股的企业，把向职工发放的股利改为绩效工资或年终奖；

（3）企业股东、董事等兼任管理人员或职工，将报酬计入工资；

（4）增加职工教育、培训机会，建立工会组织，改善职工福利。

三、税收优惠的筹划

1.利用免征、减征企业所得税进行纳税筹划

对符合条件的技术转让所得可以免征、减征企业所得税，即一个纳税年度内，居民企业技术转让所得不超过500万元的部分，免征企业所得税；超过500万元的部分，减半征收企业所得税。

2.利用科技进步的税收优惠进行纳税筹划

开发新技术、新产品、新工艺发生的研究开发费用可以在计算应纳税所得额时加计扣除。

3.利用折旧方法进行纳税筹划

企业的固定资产由于技术进步等原因，确需加速折旧的，可以缩短折旧年限或者采取加速折旧的方法。

4.运用安置特殊人员就业进行纳税筹划

安置残疾人员及国家鼓励安置的其他就业人员所支付的工资实行加计扣除。其中企业安置残疾人员的，在按照支付给残疾职工工资据实扣除的基础上，再按照支付给残疾职工工资的100%加计扣除。企业可以根据自身情况，在一定的适合岗位上尽可能地安置下岗失业或残疾人员，以充分享受税收优惠，减轻税负。

任务实施

烟台新泰酒业有限公司的税收筹划，均可以考虑从纳税人身份的选择、计税依据、税收优惠等角度进行筹划，在筹划时需要整体考虑企业的具体情况及经营关系的需要。如可以考虑以下几点：

（1）企业安置残疾人员的，在按照支付给残疾职工工资据实扣除的基础上，按照支付给残疾职工工资的100%加计扣除。

（2）企业的部分宣传可以不再通过广告公司策划，而是将自行生产或经过委托加工的印有企业标志的礼品、纪念品当作礼品赠送给客户，以达到广告宣传的目的，同时又可降低成本。

任务拓展

美国税改法案通过，企业所得税从35%降低到20%

据中国之声《全国新闻联播》报道，当地时间12月2日凌晨，美国国会参议院以51比49通过税改法案，这将是31年来美国国会首次修改税法。

当地时间12月2日，美国国会参议院最终投票通过了共和党税改法案，此举意味着美国税收制度即将迎来31年来最大幅度修改。根据此次通过的税改法案，美国企业税税率将大幅下降，从35%降低到20%。包括个人所得税在内的多项税制都将被简化，现行的多数项目式减税办法将被取消，以较低税率对美国企业转移回国的海外资产进行一次性征税等。

减税法案在参议院通过后，下一步参众两院需要就各自通过的减税法案版本进行协商，拿出一份统一版本后，供特朗普总统签署生效。

不过，根据最新估测，税改法案的减税措施可能会为美国带来1万亿美元的赤字，这也成为此前各方僵持的焦点。对此，特朗普和众多共和党人曾表示，这些赤字将会由额外的经济增长来填补，但另一些参议员则考虑通过大幅增税来确保财政收入。

自从1986年里根政府推出大型税改方案以来，历届美国政府都未曾在税改方面有过大动作。这主要因为税收改革涉及的利益十分复杂，两党都很难啃得动这块硬骨头。尽管白宫和国会共和党都表示当前这份减税方案将利好美国经济，但该减税方案究竟将给美国经济带来何种长远影响，目前并不明朗。

同步训练

答案与解析

案例分析题

某中小企业2019年和2020年预计会计利润均为100万元，企业所得税税率为25%，该企业为提高其产品知名度及竞争力，树立良好的社会形象，决定向贫困地区捐赠20万元。现提出三套方案：第一套，2019年底直接捐给某贫困地区；第二套，2019年底通过省级民政部门捐赠给贫困地区；第三套，2019年底通过省级民政部门捐赠10万元，2020年初通过省级民政部门捐赠10万元。

要求：试分析哪一套方案最好。

项目小结

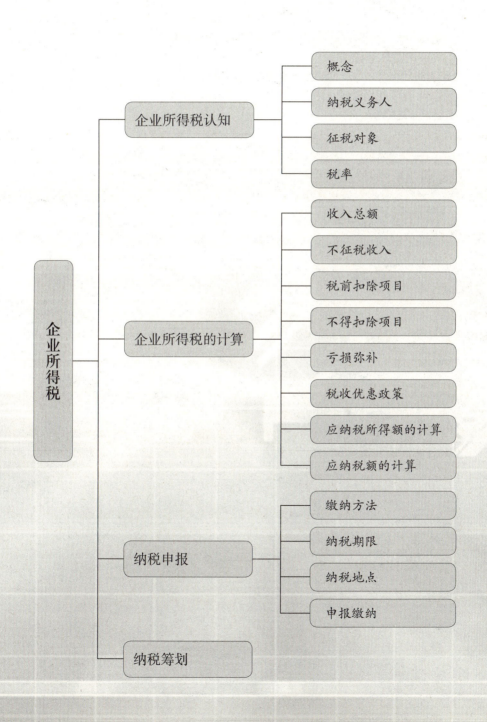

企业所得税
- 企业所得税认知
  - 概念
  - 纳税义务人
  - 征税对象
  - 税率
- 企业所得税的计算
  - 收入总额
  - 不征税收入
  - 税前扣除项目
  - 不得扣除项目
  - 亏损弥补
  - 税收优惠政策
  - 应纳税所得额的计算
  - 应纳税额的计算
- 纳税申报
  - 缴纳方法
  - 纳税期限
  - 纳税地点
  - 申报缴纳
- 纳税筹划

教学项目 5　个人所得税纳税实务与筹划

1.知识目标

（1）掌握个人所得税的征税范围有关规定；

（2）掌握个人所得税纳税人的有关规定；

（3）掌握个人所得税税率、税目的有关规定；

（4）掌握个人所得税征税环节的有关规定；

（5）熟悉个人所得税纳税申报的有关规定；

（6）熟悉个人所得税税收征管的有关规定；

（7）熟悉个人所得税纳税筹划的有关知识。

2.能力目标

（1）能够辨别个人所得税纳税人；

（2）能够完成不同税目的个人所得税应纳税额的计算；

（3）能够完成个人所得税代扣代缴纳税申报的办理；

（4）能够开展简单的个人所得税税收筹划活动。

3.素质目标

（1）具备严谨、诚信的职业品质和良好的职业道德；

（2）具有遵纪守法、依法纳税的意识；

（3）具有自主学习税收法规的良好意识和能力；

（4）具有良好的沟通协调和团队合作能力。

任务描述

1.2019年1月，财务负责人给了你烟台新泰酒业有限公司部分人员的收入情况，如表5-1所示：

表5-1　　　　　　　　烟台新泰酒业有限公司部分人员收入情况

单位：元

序号	姓名	部门	工资薪金	基本医疗保险费2%	基本养老保险费8%	失业保险费1%	住房公积金12%	税前工资	实发工资
1	周小江	行政部	15 000.00	300.00	1 200.00	150.00	1 800.00	11 550.00	11 353.50
2	王 军	财务部	7 800.00	156.00	624.00	78.00	936.00	6 006.00	5 975.82
3	胡 敏	财务部	8 000.00	160.00	640.00	80.00	960.00	6 160.00	6 125.20
4	孙 雪	财务部	8 000.00	160.00	640.00	80.00	960.00	6 160.00	6 125.20
5	赵程程	财务部	9 000.00	180.00	720.00	90.00	1 080.00	6 930.00	6 872.10
6	李丽丽	仓储部	7 000.00	140.00	560.00	70.00	840.00	5 390.00	5 378.30
7	刘 新	仓储部	8 200.00	164.00	656.00	82.00	984.00	6 314.00	6 274.58
8	朱 玉	仓储部	6 600.00	132.00	528.00	66.00	792.00	5 082.00	5 079.54

2.假定同时还给了你部分员工的其他收入情况，相关个税已由支付方扣缴：

①10日，李丽丽出版一部小说，收到出版社支付的稿费3 000元；

②15日，孙雪取得国债利息收入1 850元；

③20日，刘新利用业余时间为其他公司进行设计，取得劳务费2 000元；

④25日，赵程程购买福利彩票中奖10 000元。

3.某出版社与王教授签订一份图书出版合同，出版社支付王教授稿费50万，由王教授的实验室通过调查与实验写一本著作。王教授初步预计花费20万元的差旅和调研费用，费用由王教授的实验室承担。

要求你根据以上业务，暂不考虑个人所得税其他专项附加扣除和依法确定的其他法定扣除，完成如下任务：

任务一：分析以上哪些业务需要缴纳个人所得税，分别属于什么税目。

任务二：计算部分员工的其他收入应预扣预缴的个人所得税。

任务三：尝试对业务1填制《个人所得税扣缴申报表》。

任务四：请计算业务3出版社在支付稿费时应当预扣预缴的个人所得税，并提出纳税筹划方案。

任务 5.1　认知个人所得税

知识准备

一、个人所得税的概念

个人所得税是以个人（即自然人）取得的各项应税所得为征税对象所征收的一种税。

在改革开放前一个相当长的时期里，我国对个人所得是不征税的。1980年以来，我国相继制定了《中华人民共和国个人所得税法》《中华人民共和国城乡个体工商业户所得税暂行条例》以及《中华人民共和国个人收入调节税暂行条例》。1993年10月31日我国公布了修订后的《中华人民共和国个人所得税法》，自1994年1月1日起施行。2011年6月30日，第十一届全国人民代表大会常务委员会第二十一次会议通过了《关于修改〈中华人民共和国个人所得税法〉的决定》，对《中华人民共和国个人所得税法》进行了第六次修正，从2011年9月1日起施行。国务院也相应地对《中华人民共和国个人所得税法实施条例》进行了修订。随后国家财政、税务主管部门又制定了一系列规章和规范性文件。2018年8月31日，第十三届全国人民代表大会常务委员会第五次会议通过了《关于修改〈中华人民共和国个人所得税法〉的决定》，对《中华人民共和国个人所得税法》进行了第七次修正，并决定自2019年1月1日起施行，但起征点提高至每月5 000元等部分减税政策，从2018年10月1日起先行实施。这些法律法规、部门规章及规范性文件构成了我国的个人所得税法律制度。

因个人所得来源渠道多样，性质各异，各国采用不同征收模式进行个人所得税的征收，一般分为分类征收制、综合征收制、混合征收制三种。2018年个税改革之后，个人所得税实现从分类税制向综合与分类相结合税制的转变，个人所得税的征收将由过去以扣缴义务人代扣代缴为主转为扣缴义务人代扣代缴和自然人纳税人自行申报相结合的形式。

二、个人所得税的纳税人和纳税义务

（一）个人所得税纳税人划分

个人所得税的纳税人，包括中国公民，个体工商户，个人独资企业、合伙企业投资者，在中国有所得的外籍人员（包括无国籍人员，下同）和香港、澳门、台湾同胞。上述纳税人依据住所和居住时间两个标准，区分为居民个人和非居民个人，分别承担不同的纳税义务。

在中国境内有住所，或者无住所而一个纳税年度内在中国境内居住累计满183天的个人，为居民个人。在中国境内无住所又不居住，或者无住所而一个纳税年度内在中国境内居住累计不满183天的个人，为非居民个人。

1.住所标准

住所通常指公民长期生活和活动的主要场所。住所分为永久性住所和习惯性住所。个人所得税法所称在中国境内有住所，是指因户籍、家庭、经济利益关系而在中国境内习惯性居住。可见，我国目前采用的住所标准实际是习惯性住所标准，所谓习惯性居住或住所，是法律意义上的标准，不是指实际居住或在某一特定时期内的居住。如因学习、工作、探亲、旅游等原因，而在中国境外居住，但在这些原因消除后，必须回到中国境内居住的，则中国就为该纳税人的习惯性居住地。

2.居住时间标准

居住时间是个人在一国境内实际居住的天数。《中华人民共和国个人所得税法》规定的时间是一个纳税年度内（即公历1月1日起至12月31日止，下同）在中国境内居住满183天，在中国境内居住的时间按照在中国境内停留的时间计算。

上述两个判定标准是并列性标准，个人只要具备或达到其中任何一个标准，就可以认定为居民个人。

（二）居民个人的纳税义务

居民个人应就其来源于中国境内和中国境外的所得，向我国政府履行全面纳税义务，依法缴纳个人所得税。

为了便于人员的国际交流，本着从宽、从简的原则，在中国境内无住所个人一个纳税年度在中国境内累计居住满183天的，如果此前六年在中国境内每年累计居住天数都满183天而且没有任何一年单次离境超过30天，该纳税年度来源于中国境内、境外所得应当缴纳个人所得税；如果此前六年的任一年在中国境内累计居住天数不满183天或者单次离境超过30天，该纳税年度来源于中国境外且由境外单位或者个人支付的所得，免予缴纳个人所得税。所称此前六年，是指该纳税年度的前一年至前六年的连续六个年度，此前六年的起始年度自2019年（含）以后年度开始计算。

无住所个人一个纳税年度内在中国境内累计居住天数，按照个人在中国境内累计停留的天数计算。在中国境内停留的当天满24小时的，计入中国境内居住天数，在中国境内停留当天不足24小时的，不计入中国境内居住天数。

（三）非居民个人的纳税义务

非居民个人只就其来源于中国境内的所得向我国政府履行有限纳税义务，依法缴纳个人所得税。

凡在境内居住不满183天的，仅就其该年内来源于境内的所得申报纳税。

在中国境内无住所，且在一个纳税年度中在中国境内连续或者累计居住不超过90天的个人，其来源于中国境内的所得，由境外雇主支付并且不由该雇主在中国境内的机构、场所负担的部分，免予缴纳个人所得税。对某一个纳税年度内在中国境内连续或者累计居住超过90天的个人，其来源于中国境内的所得，不论由境外雇主支付还是境内雇主支付，均需要缴纳个人所得税。

｜练一练｜

【例题5-1】（单选题）下列各项中，属于个人所得税居民个人的是（　　　　）。

A.在中国境内无住所的个人

B.在中国境内无住所且不居住的个人

C.在中国境内无住所，而在境内居住超过1个月不满60天的个人

D.在中国境内有住所的个人

答案：D。在中国境内有住所的个人为居民个人。

三、所得来源地的判断

所得的来源地与所得的支付地并不是同一概念，有时两者是一致的，有时却不相同。我国个人所得税法所称从中国境内和中国境外取得的所得，分别是指来源于中国境内的所得和来源于中国境外的所得。我国个人所得税依据所得来源地经济活动的实质，征收个人所得税，具体规定如下：

（1）工资、薪金所得，以纳税人任职、受雇的公司、企业、事业单位、机关、团体、部队、学校等单位的所在地，作为所得来源地。

（2）经营所得，以经营活动实现地作为所得来源地。

（3）劳务报酬所得，以纳税人实际提供劳务的地点作为所得来源地。

（4）不动产转让所得，以不动产坐落地为所得来源地；动产转让所得，以实现转让的地点为所得来源地。

（5）财产租赁所得，以被租赁财产的使用地作为所得来源地。

（6）利息、股息、红利所得，以支付利息、股息、红利的企业、机构、组织的所在地作为所得来源地。

（7）特许权使用费所得，以特许权的使用地作为所得来源地。

除国务院财政、税务主管部门另有规定外，下列所得，不论支付地点是否在中国境内，均为来源于中国境内的所得：

（1）因任职、受雇、履约等在中国境内提供劳务而取得的所得。

（2）将财产出租给承租人在中国境内使用而取得的所得。

（3）许可各种特许权在中国境内使用而取得的所得。

（4）转让中国境内的不动产等财产或者在中国境内转让其他财产取得的所得。

（5）从中国境内企业、事业单位、其他组织以及居民个人取得的利息、股息、红利所得。

四、个人所得税的征税对象

个人所得税的征税对象是个人取得的各种应税所得。个人所得的形式，包括现金、实物、有价证券和其他形式的经济利益。所得为实物的，应当按照取得的凭证上所注明的价格计算应纳税所得额，无凭证的实物或者凭证上所注明的价格明显偏低的，参照市场价格核定应纳税所得额；所得为有价证券的，根据票面价格和市场价格核定应纳税所得额；所得为其他形式的经济利益的，参照市场价格核定应纳税所得额。具体征税项目如下：

（一）工资、薪金所得

工资、薪金所得，是指个人因任职或者受雇取得的工资、薪金、奖金、年终加薪、劳动分红、津贴、补贴以及与任职或者受雇有关的其他所得。但下列收入不属于工资、薪金所得：独生子女补贴；执行公务员工资制度未纳入基本工资总额的补贴、津贴差额和家属成员的副食品补贴；托儿补助费；差旅费津贴、误餐补助。

|练一练|

【例题5-2】（多选题）下列各项中，应当按照工资、薪金所得项目征收个人所得税的有（   ）。

A.劳动分红
B.差旅费津贴

C.独生子女补贴
D.超过规定标准的误餐费

答案：AD。差旅费津贴、独生子女补贴不属于工资薪金所得。

（二）劳务报酬所得

劳务报酬所得，是指个人从事劳务取得的所得，包括从事设计、装潢、安装、制图、化验、测试、医疗、法律、会计、咨询、讲学、翻译、审稿、书画、雕刻、影视、录音、录像、演出、表演、广告、展览、技术服务、介绍服务、经纪服务、代办服务以及其他劳务取得的所得。

|练一练|

【例题5-3】（多选题）下列个人所得按"劳务报酬所得"项目缴纳个人所得税的有（　　）。

A.外部董事的董事费收入　　　　　　B.个人兼职收入

C.教师自办培训班取得的收入　　　　D.在校学生参加勤工俭学取得的收入

答案：ABCD。劳务报酬所得，是指个人从事各种非雇佣的劳务取得的所得。

（三）稿酬所得

稿酬所得，是指个人因其作品以图书、报刊形式出版、发表而取得的所得。将稿酬所得独立划归一个征税项目，而将不以图书、报刊形式出版、发表的翻译、审稿、书画所得归为劳务报酬所得，主要是考虑了出版、发表作品的特殊性。

|练一练|

【例题5-4】（多选题）某城市公民张先生是一位自由职业者，2017年10月取得的以下四项收入中，属于劳务报酬所得的有（　　）。

A.为甲企业直销产品，甲企业组织免费海南游

B.自己开的一间咖啡屋取得的收入

C.为出版社审稿取得的收入

D.在杂志上发表摄影作品取得的收入

答案：AC。选项B为经营所得；选项D为稿酬所得。

（四）特许权使用费所得

特许权使用费所得，是指个人提供专利权、商标权、著作权、非专利技术以及其他特许权的使用权取得的所得；提供著作权的使用权取得的所得，不包括稿酬所得。

（五）经营所得

个体工商户业主、个人独资企业投资者、合伙企业个人合伙人、承包承租经营者个人以及其他从事生产、经营活动的个人取得的经营所得，包括以下情形：

1.个体工商户从事生产、经营活动取得的所得，个人独资企业投资人、合伙企业的个人合伙人来源于境内注册的个人独资企业、合伙企业生产、经营的所得。

2.个人依法从事办学、医疗、咨询以及其他有偿服务活动取得的所得。

3.个人对企业、事业单位承包经营、承租经营以及转包、转租取得的所得。

4.个人从事其他生产、经营活动取得的所得。

（六）利息、股息、红利所得

利息、股息、红利所得，是指个人拥有债权、股权等所取得的利息、股息、红利所得。利息，指个人拥有债权所取得的利息，包括存款利息、贷款利息和各种债券的利息。按税法规定，个人取得的利息所得，除国债和国家发行的金融债券利息外，均应当依法缴纳个人所得税。股息、红利，指个人拥有股权取得的股息、红利。按照一定的比率对每股发给的息金，叫股息；按股份分配的公司、企业应分配的利润叫红利。股息、红利所得，除另有规定外，都应当缴纳个人所得税。

自2015年9月8日起，对个人从公开发行和转让市场取得的上市公司股票，股息红利所得按持股时间长短实行差别化个人所得税政策，持股期限在1个月（含1个月）以内，其股息红利所得全额计入应纳税所得额；持股期限在1个月以上至1年（含1年）的，暂减按50%计入应纳税所得额；持股期限超过1年的，暂免征收个人所得税。

┃练一练┃

【例题5-5】（多选题）下列各项个人所得中，应当征收个人所得税的有（　　）。

A.企业集资利息　　　　　　　　　　B.从非上市公司取得的股息

C.企业债券利息　　　　　　　　　　D.国家发行的金融债券利息

答案：ABC。国债利息和国家发行的金融债券利息免征个人所得税。

（七）财产租赁所得

财产租赁所得，是指个人出租不动产、机器设备、车船以及其他财产取得的所得。

（八）财产转让所得

财产转让所得，是指个人转让有价证券、股权、合伙企业中的财产份额、不动产、机器设备、车船以及其他财产取得的所得。个人发生非货币性资产交换，以及将财产用于捐赠、偿债、赞助、投资等用途的，应当视同转让财产并缴纳个人所得税，但国务院财政、税务主管部门另有规定的除外。

对个人转让从上市公司公开发行和转让市场取得的上市公司股票所得暂不征收个人所得税。

（九）偶然所得

偶然所得，是指个人得奖、中奖、中彩以及其他偶然性质的所得。得奖是指参加各种有奖竞赛活动，取得名次得到的奖金；中奖、中彩是指参加各种有奖活动，如有奖销售、有奖储蓄，或者购买彩票，经过规定程序，抽中、摇中号码而取得的奖金。偶然所得应缴纳的个人所得税税款，一律由发奖单位或机构代扣代缴。

个人取得的所得，难以界定应纳税所得项目的，由国务院税务主管部门确定。

居民个人取得前款第一项至第四项所得（以下称综合所得），按纳税年度合并计算个人所得税；非居民个人取得前款第一项至第四项所得，按月或者按次分项计算个人所得税。纳税人取得前款第五项至第九项所得，依照个人所得税法的规定分别计算个人所得税。

五、税收优惠

（一）免税项目

下列各项个人所得，免征个人所得税：

1.省级人民政府、国务院部委和中国人民解放军军以上单位，以及外国组织、国际组织颁发的科学、教育、技术、文化、卫生、体育、环境保护等方面的奖金。

2.国债和国家发行的金融债券利息。这里所说的国债利息，是指个人持有中华人民共和国财政部发行的债券而取得的利息；这里所说的国家发行的金融债券利息，是指个人持有经国务院批准发行的金融债券而取得的利息。

3.按照国家统一规定发给的补贴、津贴。按照国家统一规定发给的补贴、津贴，是指按照国务院规定发给的政府特殊津贴、院士津贴，以及国务院规定免予缴纳个人所得税的其他补贴、津贴。

4.福利费、抚恤金、救济金。这里所说的福利费，是指根据国家有关规定，从企业、事业单位、国家机关、社会组织提留的福利费或者工会经费中支付给个人的生活补助费；所称救济金，是指各级人民政府民政部门支付给个人的生活困难补助费。

5.保险赔款。

6.军人的转业费、复员费、退役金。

7.按照国家统一规定发给干部、职工的安家费、退职费、基本养老金或者退休费、离休费、离休生活补助费。

8.依照有关法律规定应予免税的各国驻华使馆、领事馆的外交代表、领事官员和其他人员的所得。上述所得，是指依照《中华人民共和国外交特权与豁免条例》和《中华人民共和国领事特权与豁免条例》规定免税的所得。

9.国务院规定的其他免税所得。此项免税规定，由国务院报全国人民代表大会常务委员会备案。

（二）减税项目

有下列情形之一的，可以减征个人所得税，具体幅度和期限，由省、自治区、直辖市人民政府规定，并报同级人民代表大会常务委员会备案。

1.残疾、孤老人员和烈属的所得。

2.因自然灾害遭受重大损失的。

3.国务院可以规定其他减税情形。国务院可以规定其他减税情形，报全国人民代表大会常务委员会备案。

（三）暂免征税项目

1.外籍个人以非现金形式或实报实销形式取得的住房补贴、伙食补贴、搬迁费、洗衣费。

2.外籍个人按合理标准取得的境内、外出差补贴。

3.外籍个人取得的探亲费、语言训练费、子女教育费等，经当地税务机关审核批准为合理的部分。2019年1月1日至2021年12月31日期间，外籍个人符合居民个人条件的，可以选择享受个人所得税专项附加扣除，也可以选择按照相关规定享受住房补贴、语言训练费、子女教育费等津补贴免税优惠政策，但不得同时享受。外籍个人一经选择，在一个纳税年度内不得变更。自2022年1月1日起，外籍个人不再享受住房补贴、语言训练费、子女教育费等津补贴免税优惠政策，应按规定享受专项附加扣除。

4.外籍个人从外商投资企业取得的股息、红利所得。

5.凡符合条件的外籍专家取得的工资、薪金所得，可以免征个人所得税。

6.个人转让自用达5年以上并且是唯一的家庭居住用房取得的所得。

7.个人举报、协查各种违法、犯罪行为而获得的奖金。

8.个人办理代扣代缴税款手续，按规定取得的扣缴手续费。

9.对个人购买福利彩票、赈灾彩票、体育彩票，一次中奖收入在1万元以下的（含1万元）暂免征收个人所得税；超过1万元的，全额征收个人所得税。

10.个人取得单张有奖发票奖金所得不超过800元（含800元）的，暂免征收个人所得税；个人取得单张有奖发票奖金所得超过800元的，应全额按照个人所得税法规定的"偶然所得"项目征收个人所得税。

11.对个人转让上市公司股票所得，暂免征收个人所得税。

12.对达到离休、退休年龄，但确因工作需要而适当延长离休、退休年龄的高级专家（指享受国家发放的政府特殊津贴的专家、学者），其在延长离休、退休期间的工资、薪金所得，视同退休工资、离休工资免征个人所得税。

13.储蓄存款在2008年10月9日后（含10月9日）产生的利息所得，暂免征收个人所得税。

14.对内地个人投资者通过沪港通、深港通投资香港联交所上市股票取得的转让差价所得和通过基金互认买卖香港基金份额取得的转让差价所得，自2019年12月5日起至2022年12月31日止，继续暂免征收个人所得税。

任务实施

1.本月发放的员工工资按照综合所得中工资薪金所得预缴纳个人所得税。

2.①10日，李丽丽的稿费按照综合所得中稿酬所得缴纳个人所得税；

②15日，孙雪取得国债利息收入为利息、股息、红利所得，目前属于个税的免税范围；

③20日，刘新劳务费2 000元按综合所得劳务报酬所得缴纳个人所得税；

④25日，赵程程因购买福利彩票中奖奖金为偶然所得，目前属于个税的免税范围。

3.王教授的劳务费需要按照综合所得劳务报酬所得缴纳个人所得税，在支付时由烟台新泰酒业有限公司代扣代缴。

任务拓展

我国个人所得税历史沿革

个人所得税是国家对本国公民、居住在本国境内的个人所得和境外个人来源于本国境内的所得征收的一种所得税。在有些国家，个人所得税是主体税种，在财政收入中占较大比重，对经济亦有较大影响。

早在中华民国时期，政府曾开征薪给报酬所得税、证券存款利息所得税。1950年7月，政务院公布的《税政实施要则》中，就曾列举有对个人所得课税的税种，当时定名为"薪给报酬所得税"。但由于我国生产力和人均收入水平低，实行低工资制，虽然设立了税种，却一直没有开征。1980年以来，为了适应我国对内搞活、对外开放的政策，我国才相继制定了《中华人民共和国个人所得税法》《中华人民共和国城乡个体工商业户所得税暂行条例》以及《中华人民共和国个人收入调节税暂行条例》。上述三项税收法规发布实施以后，对于调节个人收入水平、增加国家财政收入、促进对外经济技术合作与交流起到了积极作用，但也暴露出一些问题，主要是按内外个人分设两套税制、税政不统一、税负不够合理。为了统一税政、公平税负、规范税制，1993年10月31日，第八届全国人大常委会四次会议通过了《关于修改〈中华人民共和国个人所得税法〉的决定》，同日发布了新修改的《中华人民共和国个人所得税法》，1994年1月28日国务院配套发布了《中华人民共和国个人所得税法实施条例》。1999年8月30日第九届全国人民代表大会常务委员会第十一次会议决定第二次修正《中华人民共和国个人所得税法》，并于当日公布生效。2018年8月31日，第十三届全国人大常委会第五次会议表决通过了《关于修改〈中华人民共和国个人所得税法〉的决定》，决定自2019年1月1日起施行，但起征点提高至每月5 000元等部分减税政策，从2018年10月1日起先行实施。

同步训练

答案与解析

一、单选题

1. 以下属于中国居民个人的是(   )。

  A. 美国人甲 2018 年 9 月 1 日入境，2019 年 3 月 1 日离境

  B. 日本人乙来华学习 80 天

  C. 法国人丙 2019 年 1 月 1 日入境，2019 年 12 月 20 日离境

  D. 英国人丁 2019 年 10 月 1 日入境，2019 年 11 月 20 日离境至 12 月 31 日

2. 以下属于工资薪金所得的项目是(   )。

  A. 托儿补助费   B. 劳动分红

  C. 投资分红   D. 独生子女补贴

3. 以下不属于特许权使用费所得的项目是(   )。

  A. 转让技术诀窍   B. 转让技术秘密

  C. 转让专利权   D. 转让土地使用权

4. 下列各项中不应按特许权使用费所得，征收个人所得税的是(   )。

  A. 专利权   B. 著作权

  C. 稿酬   D. 非专利技术

5. 下列所得中，免缴个人所得税的是(   )。

  A. 年终加薪   B. 拍卖本人文字作品原稿的收入

  C. 个人保险所获赔款   D. 从投资管理公司取得的派息分红

6. 个人取得的下列所得中，免予征收个人所得税的是(   )。

  A. 企业职工李某领取原提存的住房公积金

  B. 金某在单位任职表现突出获得 6 万元特别奖金

  C. 徐某因持有公司股票取得该公司年度分红

  D. 退休教授王某受聘任另一高校兼职教授每月取得 8 000 元工资

7. 下列各项所得，免征个人所得税的是(   )。

  A. 个人房产出租收回的租金

  B. 军人的退役金

  C. 外籍人士取得的现金住房补贴

  D. 个人因担任上市公司理事获得的报酬

二、多选题

1.下列所得为来源于中国境内所得的有（　　　）。

　　A.将泥人制造工具租给在美国的中国公民，由其使用而取得的所得

　　B.中国公民转让其在日本的房产而取得的所得

　　C.境外个人将一项专利卖给我国境内公司使用取得的所得

　　D.华侨持有中国的各种债券而从中国境内的公司、企业取得利息

2.下列各项中应按照"工资、薪金"所得纳税的有（　　　）。

　　A.个人兼职取得的收入

　　B.退休人员再任职取得的收入

　　C.个人在股票认购权行使前，将其股票认购权转让所取得的所得

　　D.个人在行使股票认购权后，将已认购的股票（不包括境内上市公司股票）转让
　　　所取得的所得

3.下列属于劳务报酬所得的有（　　　）。

　　A.笔译翻译收入　　　　　　　　　　B.审稿收入

　　C.现场书画收入　　　　　　　　　　D.雕刻收入

4.下列项目中，经批准可减征个人所得税的有（　　　）。

　　A.保险赔款

　　B.外籍个人从外商投资企业取得的红利

　　C.残疾、孤老人员、烈属取得的所得

　　D.因自然灾害遭受重大损失

三、案例分析题

中国公民王某为一外商投资企业的高级职员，2019年11—12月其收入情况如下：

（1）雇佣单位每月支付工资、薪金15 000元；

（2）在报纸上发表一篇文章，获得稿酬2 000元；

（3）从A国取得特许权使用费收入折合人民币18 000元；

（4）购物中奖获得奖金20 000元；

（5）受托为某单位做工程设计，历时2个月，共取得工程设计费40 000元。

要求：请判断王某各项收入是否属于个人所得税应税项目，并说明具体应税项目
归属。

任务 5.2　个人所得税应纳税额计算

知识准备

个人所得税应纳税额的计算公式为：

个人所得税应纳税额＝应纳税所得额×税率

一、应纳税所得额的计算

（一）扣除标准

个人所得税应纳税所得额需按不同应税项目分项计算。以某项应税项目的收入额减去税法规定的该项费用减除标准后的余额，为该项目的应纳税所得额。

1.综合所得，居民个人的工资、薪金所得和劳务报酬所得、稿酬所得、特许权使用费所得属于综合所得，年度汇算清缴时以每一纳税年度的4项所得的合计收入额减除费用6万元以及专项扣除、专项附加扣除和依法确定的其他扣除后的余额，为应纳税所得额。

专项扣除包括居民个人按照国家规定的范围和标准缴纳的基本养老保险、基本医疗保险、失业保险等社会保险费和住房公积金等；专项附加扣除，是指个人所得税法规定的子女教育、继续教育、大病医疗、住房贷款利息、住房租金和赡养老人等6项专项附加扣除。依法确定的其他扣除，包括个人缴付符合国家规定的企业年金、职业年金，个人购买符合国家规定的商业健康保险、税收递延型商业养老保险的支出，以及国务院规定可以扣除的其他项目。

专项扣除、专项附加扣除和依法确定的其他法定扣除，以居民个人一个纳税年度的应纳税所得额为限额；一个纳税年度扣除不完的，不结转以后年度扣除。

劳务报酬所得、稿酬所得、特许权使用费所得年度汇算清缴时，收入额为收入减除20%的费用后的余额。稿酬所得的收入额减按70%计算。

扣缴义务人向居民个人支付劳务报酬所得、稿酬所得和特许权使用费所得的，按次或者按月预扣预缴个人所得税时，以每次收入减除费用后的余额为收入额；其中，稿酬所得的收入额减按70%计算。预扣预缴税款时，劳务报酬所得、稿酬所得、特许权使用费所得每次收入不超过4 000元的，减除费用按800元计算；每次收入4 000元以上的，减除费用按20%计算。劳务报酬所得、稿酬所得、特许权使用费所得，以每次收入额为预扣预缴应纳税所得额，计算应预扣预缴税额。同时，日常预扣预缴税款时暂不减除费用6万元以及专项扣除、专项附加扣除和依法确定的其他扣除。

2.非居民个人的工资、薪金所得，以每月收入额减除费用5 000元后的余额为应纳税所得额，不扣除专项附加扣除；劳务报酬所得、稿酬所得、特许权使用费所得，以每次收入额为应纳税所得额。

3.经营所得，以每一纳税年度的收入总额减除成本、费用以及损失后的余额，为应纳税所得额。其中成本、费用，是指生产、经营活动中发生的各项直接支出和分配计入成本的间接费用以及销售费用、管理费用、财务费用；损失，是指生产、经营活动中发生的固定资产和存货的盘亏、毁损、报废损失，转让财产损失，坏账损失，自然灾害等不可抗力因素造成的损失以及其他损失。

取得经营所得的个人，没有综合所得的，计算其每一纳税年度的应纳税所得额时，应当减除费用6万元、专项扣除、专项附加扣除以及依法确定的其他扣除。专项附加扣除在办理汇算清缴时减除。

个体工商户、个人独资企业、合伙企业以及个人从事生产、经营活动，未提供完整、准确的纳税资料，不能正确计算应纳税所得额的，由主管税务机关核定应纳税所得额或者应纳税额。

4.财产租赁所得，每次收入不超过4 000元的，减除费用800元；4 000元以上的，减除20%的费用，其余额为应纳税所得额。

准予扣除的项目除了规定费用和有关税费外，还准予扣除能够提供有效、准确凭证，证明由纳税人负担的该出租财产实际开支的修缮费用。允许扣除的修缮费用，以每次800元为限。一次扣除不完的、准予在下一次继续扣除，直到扣完为止。

5.财产转让所得，按照一次转让财产的收入额减除财产原值和合理费用后的余额计算纳税。

财产原值是指：

①有价证券，为买入价以及买入时按照规定交纳的有关费用。

②建筑物，为建造费或者购进价格以及其他有关费用。

③土地使用权，为取得土地使用权所支付的金额，开发土地的费用以及其他有关费用。

④机器设备、车船，为购进价格、运输费、安装费以及其他有关费用。

⑤其他财产，参照以上方法确定。

纳税义务人未提供完整、准确的财产原值凭证，不能正确计算财产原值的，由主管税务机关核定其财产原值。

合理费用，是指卖出财产时按照规定支付的有关税费。

6.利息、股息、红利所得和偶然所得，以每次收入额为应纳税所得额。

| 练一练 |

【例题5-6】（多选题）下列各项中，以取得的收入为应纳税所得额直接计征个人所得税的有（　　）。

A.稿酬所得　　　B 偶然所得　　　C.股息所得　　　D.特许权使用费所得

答案：BC。偶然所得和股息所得没有扣除，收入为所得额。

（二）每次收入的确定

《中华人民共和国个人所得税法》对纳税义务人取得劳务报酬所得、利息、股息、红利所得、偶然所得所称的每次，按照下列方法确定：

1.财产租赁所得，以一个月内取得的收入为一次。

2.利息、股息、红利所得，以支付利息、股息、红利时取得的收入为一次。

3.偶然所得，以每次取得该项收入为一次。

4.取得的劳务报酬所得、稿酬所得、特许权使用费所得，属于一次性收入的，以取得该项收入为一次；属于同一项目连续性收入的，以一个月内取得的收入为一次。

（三）应纳税所得额的其他规定

1.居民个人从中国境外取得的所得，可以从其应纳税额中抵免已在境外缴纳的个人所得税税额，但抵免额不得超过该纳税人境外所得依照本法规定计算的应纳税额。

2.有下列情形之一的，税务机关有权按照合理方法进行纳税调整：

（1）个人与其关联方之间的业务往来不符合独立交易原则而减少本人或者其关联方应纳税额，且无正当理由；

（2）居民个人控制的，或者居民个人和居民企业共同控制的设立在实际税负明显偏低的国家（地区）的企业，无合理经营需要，对应当归属于居民个人的利润不做分配或者减少分配；

（3）个人实施其他不具有合理商业目的的安排而获取不当税收利益。

税务机关依照前款规定做出纳税调整，需要补征税款的，应当补征税款，并依法加收利息。

3.各项所得的计算，以人民币为单位。所得为人民币以外货币的，按照办理纳税申报或者扣缴申报的上一月最后一日人民币汇率中间价，折合成人民币计算应纳税所得额。年度终了后办理汇算清缴的，对已经按月、按季或者按次预缴税款的人民币以外货币所得，不再重新折算；对应当补缴税款的所得部分，按照上一纳税年度最后一日人民币汇率中间价，折合成人民币计算应纳税所得额。

4.个人将其所得通过中国境内的社会团体、国家机关对教育、扶贫、济困等公益慈善事业进行捐赠，是指个人将其所得通过中国境内的公益性社会组织、国家机关向教育、扶贫、济困等公益慈善事业的捐赠，捐赠额未超过纳税人申报的应纳税所得额30%的部分，可以从其应纳税所得额中扣除。所称应纳税所得额，是指计算扣除捐赠额之前的应纳税所得额。

国务院规定对公益慈善事业捐赠实行全额税前扣除的，从其规定。

|练一练|

【例题5-7】2019年1月，中国公民李某获得劳务报酬80 000元，从中拿出20 000元通过国家机关捐赠给教育公益慈善机构。

要求：计算李某1月应纳税所得额。

解析：根据个人所得税法规定，个人公益性捐赠，捐赠额未超过纳税人申报的应纳税所得额30%的部分，可从其应纳税所得额中扣除。

捐赠扣除限额＝80 000×（1－20%）×30%＝19 200（元），实际发生捐赠20 000元，应扣除19 200元。

应纳税所得额＝80 000×（1－20%）－19 200＝44 800（元）

个人通过非营利的社会团体和国家机关向农村义务教育的捐赠，准予在缴纳个人所得税前的所得额中全额扣除。农村义务教育的范围，是政府和社会力量举办的农村乡镇（不含县和县级市政府所在地的镇）、村的小学和初中以及属于这一阶段的特殊教育学校。纳税人对农村义务教育与高中在一起的学校的捐赠，也享受此项所得税前扣除。

个人的所得（不含偶然所得和经国务院财政部门确定征税的其他所得）用于资助非关联的科研机构和高等学校研究开发新产品、新技术、新工艺所发生的研究开发经费，经主管税务机关确定，可以全额在下月（工资、薪金所得）或下次（按次计征的所得）或当年（按年计征的所得）计征个人所得税时，从应纳税所得额中扣除，不足抵扣的，不得结转抵扣。

5.居民个人取得工资、薪金所得时，可以向扣缴义务人提供专项附加扣除有关信息，由扣缴义务人扣缴税款时办理专项附加扣除。纳税人同时从两处以上取得工资、薪金所得，并由扣缴义务人办理专项附加扣除的，对同一专项附加扣除项目，纳税人只能选择从其中一处扣除。居民个人取得劳务报酬所得、稿酬所得、特许权使用费所得，应当在汇算清缴时向税务机关提供有关信息，办理专项附加扣除。

6.两人以上共同取得同一项收入。两个或两个以上的纳税人共同取得同一项所得，可以对每一个人的收入分别减除费用，并计算各自的应纳税款。

二、税率的适用

（一）综合所得适用税率

1.居民个人综合所得适用税率

居民个人综合所得进行年度汇算清缴时，适用3%—45%的超额累进税率，适用表5-2"个人所得税税率表一"；预扣预缴时，工资、薪金所得适用表5-3"个人所得税预扣率表一"，劳务报酬所得适用表5-4"个人所得税预扣率表二"，稿酬所得、特许权使用费所得适用20%的比例预扣率。

表5-2   个人所得税税率表一

（综合所得适用）

级数	全年应纳税所得额	税率（％）
1	不超过36 000元的部分	3
2	超过36 000元至144 000元的部分	10
3	超过144 000元至300 000元的部分	20
4	超过300 000元至420 000元的部分	25
5	超过420 000元至660 000元的部分	30
6	超过660 000元至960 000元的部分	35
7	超过960 000元的部分	45

注1：本表所称全年应纳税所得额是指依照企业所得税法第六条的规定，居民个人取得综合所得以每一纳税年度收入额减除费用6万元以及专项扣除、专项附加扣除和依法确定的其他扣除后的余额。

注2：非居民个人取得工资、薪金所得，劳务报酬所得，稿酬所得和特许权使用费所得，依照本表按月换算后计算应纳税额。

表5-3   个人所得税预扣率表一

（居民个人工资、薪金所得预扣预缴适用）

级数	累计预扣预缴应纳税所得额	预扣率（％）	速算扣除数
1	不超过36 000元的部分	3	0
2	超过36 000元至144 000元的部分	10	2 520
3	超过144 000元至300 000元的部分	20	16 920
4	超过300 000元至420 000元的部分	25	31 920
5	超过420 000元至660 000元的部分	30	52 920
6	超过660 000元至960 000元的部分	35	85 920
7	超过960 000元的部分	45	181 920

表5-4　　　　　　　　　　　　　**个人所得税预扣率表二**

（居民个人劳务报酬所得预扣预缴适用）

级数	预扣预缴应纳税所得额	预扣率（%）	速算扣除数
1	不超过20 000元的部分	20	0
2	超过20 000元至50 000元的部分	30	2 000
3	超过50 000元的部分	40	7 000

2.非居民个人四项所得适用税率

非居民个人工资、薪金所得，劳务报酬所得，稿酬所得，特许权使用费所得，适用表5-5"按月换算后的综合所得税率表"计算应纳税额。

表5-5　　　　　　　　　　　　**按月换算后的综合所得税率表**

（非居民个人工资、薪金所得，劳务报酬所得，稿酬所得，特许权使用费所得适用）

级数	应纳税所得额	税率（%）	速算扣除数
1	不超过3 000元的部分	3	0
2	超过3 000元至12 000元的部分	10	210
3	超过12 000元至25 000元的部分	20	1 410
4	超过25 000元至35 000元的部分	25	2 660
5	超过35 000元至55 000元的部分	30	4 410
6	超过55 000元至80 000元的部分	35	7 160
7	超过80 000元的部分	45	15 160

（二）经营所得适用的税率

新个税改革后，个体工商户的生产、经营所得和对企事业单位的承包经营、承租经营所得合并为"经营所得"项目，适用5%—35%的五级超额累进税率，按年征收，适用表5-6"个人所得税税率表二"。

表5-6　　　　　　　　　　　　　**个人所得税税率表二**

（经营所得适用）

级数	全年应纳税所得额	税率（%）
1	不超过30 000元的部分	5
2	超过30 000元至90 000元的部分	10
3	超过90 000元至300 000元的部分	20
4	超过300 000元至500 000元的部分	30
5	超过500 000元的部分	35

注：本表所称全年应纳税所得额是指依照规定，以每一纳税年度的收入总额减除成本、费用以及损失后的余额。

个人独资企业和合伙企业的生产经营所得，也适用5%—35%的五级超额累进税率。对年收入超过国务院税务主管部门规定数额的个体工商户、个人独资企业、合伙企业，税务机关不得采取定期定额、事先核定应税所得率等方式征收个人所得税。

（三）利息、股息、红利所得，财产租赁所得，财产转让所得，偶然所得适用税率

利息、股息、红利所得，财产租赁所得，财产转让所得，偶然所得，适用比例税率，税率为20%。

自2008年10月9日起暂免征收储蓄存款利息的个人所得税。自2008年3月1日起，对个人出租住房取得的所得减按10%的税率征收个人所得税。

经国务院批准，自2010年1月1日起，对个人转让上市公司限售股取得的所得按20%税率征收个人所得税。

三、个人所得税应纳税额的计算

（一）居民个人综合所得应纳税额的计算

依照《国家税务总局关于全面实施新个人所得税法若干征管衔接问题的公告》（国家税务总局公告2018年第56号），2019年1月1日起全面实施新个人所得税法后，扣缴义务人向居民个人支付综合所得时，须按规定累计预扣法预扣预缴个人所得税，并按月办理扣缴申报。年度预扣预缴税额与年度应纳税额不一致的，由居民个人于次年3月1日至6月30日向主管税务机关办理综合所得年度汇算清缴，税款多退少补。

1.预扣预缴个人所得税的计算方法

（1）扣缴义务人向居民个人支付工资、薪金所得时，应当按照累计预扣法计算预扣税款，并按月办理全员全额扣缴申报。

本期应预扣预缴税额＝（累计预扣预缴应纳税所得额×预扣率－速算扣除数）－累计减免税额－累计已预扣预缴税额

累计预扣预缴应纳税所得额＝累计收入－累计免税收入－累计减除费用－累计专项扣除－累计专项附加扣除－累计依法确定的其他扣除

其中：累计减除费用，按照5 000元/月乘以纳税人当年截至本月在本单位的任职受雇月份数计算。计算居民个人工资、薪金所得预扣预缴税额的预扣率、速算扣除数，按"个人所得税预扣率表一"（见表5-3）执行。

对于大部分只有一处工资薪金所得的纳税人，纳税年度终了时预扣预缴的税款基本上等于年度应纳税款，因此无须再办理自行纳税申报、汇算清缴。

（2）扣缴义务人向居民个人支付劳务报酬所得、稿酬所得、特许权使用费所得，按次或者按月预扣预缴个人所得税。计算居民劳务报酬所得预扣预缴税额的预扣率、速算

扣除数，按"个人所得税预扣率表二"（见表5-4）执行。稿酬所得、特许权使用费所得适用20%的比例预扣率。

劳务报酬所得应预扣预缴税额＝预扣预缴应纳税所得额×预扣率－速算扣除数

稿酬所得、特许权使用费所得应预扣预缴税额＝预扣预缴应纳税所得额×20%

│练一练│

【例题5-8】北京某公司已婚男职员2016年入职，在北京没有房产，租房居住，与妻子约定子女教育专项附加等相关专项附加扣除由其承担。2019年每月应发工资均为12 000元，每月减除费用5 000元，"三险一金"等专项扣除为2 000元，从1月起享受子女教育专项附加扣除1 000元，住房租金专项附加扣除1 500元，没有减免收入及减免税额等情况。以2019年前三个月为例，计算预扣预缴税额。

解析：

1月：（12 000－5 000－2 000－1 000－1 500）×3%＝75（元）

2月：（12 000×2－5 000×2－2 000×2－1 000×2－1 500×2）×3%－75＝75（元）

3月：（12 000×3－5 000×3－2 000×3－1 000×3－1 500×3）×3%－75－75＝75（元）

进一步计算可知，该纳税人全年累计预扣预缴应纳税所得额为30 000元，一直适用3%的税率，因此各月应预扣预缴的税款相同。

【例题5-9】假定某居民个人2019年1月工资5 200元，该纳税人不适用附加减除费用的规定。计算其当月预扣预缴个人所得税税额。

解析：

本期预扣预缴应纳税所得额＝5 200－5 000＝200（元）

应预扣预缴税额＝200×3%＝6（元）

【例题5-10】假如某居民个人取得劳务报酬所得3 000元，计算这笔所得预扣预缴个人所得税税额。

解析：

预扣预缴应纳税所得额＝3 000－800＝2 200（元）

应预扣预缴税额＝2 200×20%＝440（元）

【例题5-11】假如某居民个人取得稿酬所得30 000元，计算这笔所得预扣预缴个人所得税税额。

解析：

预扣预缴应纳税所得额＝（30 000－30 000×20%）×70%＝16 800（元）

应预扣预缴税额＝16 800×20%＝3 360（元）

2.年度汇算清缴应纳税额的计算方法

居民个人综合所得年度应纳税额的计算公式为：

应纳个人所得税税额＝应纳税所得额×适用税率－速算扣除数

每年应纳税所得额＝每年收入额－60 000－专项扣除－专项附加扣除－依法确定的其他扣除

居民个人每年应纳税额＝每年应纳税所得额×适用税率－速算扣除数

（二）非居民个人四项所得应纳税额的计算

扣缴义务人向非居民个人支付工资、薪金所得，劳务报酬所得，稿酬所得和特许权使用费所得时，应当按以下方法按月或者按次代扣代缴个人所得税：

非居民个人的工资、薪金所得以每月收入额减除费用5 000元后的余额为应纳税所得额；劳务报酬所得、稿酬所得、特许权使用费所得，以每次收入额为应纳税所得额，适用按月换算后的非居民个人月度税率表（见表5-5"按月换算后的综合所得税率表"）。其中，劳务报酬所得、稿酬所得、特许权使用费所得以收入减除20%的费用后的余额为收入额。稿酬所得的收入额减按70%计算。

非居民个人工资、薪金所得，劳务报酬所得，稿酬所得，特许权使用费所得应纳税额＝应纳税所得额×税率－速算扣除数

|练一练|

【例题5-12】假如某非居民个人2019年1月取得劳务报酬所得20 000元，则这笔所得应扣缴税额为多少？

解析：

应纳税所得额＝20 000×（1－20%）＝16 000（元）

应扣缴税额＝16 000×20%－1 410＝1 790（元）

【例题5-13】假如某非居民个人2019年2月取得稿酬所得5 000元，则其应扣缴的个人所得税税款为多少？

解析：

应纳税所得额＝（5 000－5 000×20%）×70%＝2 800（元）

应扣缴税额＝2 800×3%＝84（元）

（三）经营所得应纳税额的计算

经营所得应纳税额的计算公式为：

应纳税额＝应纳税所得额×适用税率－速算扣除数

＝（全年收入总额－成本、费用以及损失）×适用税率－速算扣除数

┃ 练一练 ┃

【例题 5-14】徐先生 2019 年承包某加工厂，根据协议变更登记为个体工商户，2019 年加工厂取得收入总额 70 万元，准予扣除的成本、费用及相关支出合计 63 万元，其中含徐先生每月从加工厂领取的工资 2 700 元。徐某 2019 年应缴纳的个人所得税是多少？

解析：业主的工资不能在税前扣除。

应纳税所得额＝70－63＋0.27×12－6＝4.24（万元）

应纳税额＝4.24×10%－0.15＝0.274（万元）

（四）利息、股息、红利所得应纳税额的计算

利息、股息、红利所得应纳税额的计算公式为：

应纳税额＝应纳税所得额×适用税率

　　　　＝每次收入额×20%

（五）财产租赁所得应纳税额的计算

财产租赁所得应纳税额的计算公式为：

应纳税额＝应纳税所得额×适用税率＝应纳税所得额×20%

应纳税所得额的计算公式为：

1.每次（月）收入不超过 4 000 元的

应纳税所得额＝每次（月）收入额－准予扣除项目－修缮费用（800 元为限）－800

2.每次（月）收入超过 4 000 元的

应纳税所得额＝［每次（月）收入额－准予扣除项目－修缮费用（800 元为限）］×（1－20%）

（六）财产转让所得应纳税额的计算

财产转让所得应纳税所得额的计算公式为：

应纳税额＝应纳税所得额×适用税率

　　　　＝（收入总额－财产原值－合理税费）×20%

┃ 练一练 ┃

【例题 5-15】某居民于 2019 年 2 月将一台复印机转让给本市某企业，取得转让收入 120 000 元。其购进时原价为 100 000 元，转让时支付有关费用 500 元。计算该居民应纳的个人所得税。

解析：

应纳税所得额＝120 000－100 000－500＝19 500（元）

应纳税额＝19 500×20%＝3 900（元）

（七）偶然所得应纳税额的计算

偶然所得应纳税额的计算公式为：

应纳税额＝应纳税所得额×适用税率

＝每次收入额×20%

四、个人所得税特殊项目应纳税额的计算

（一）境外缴纳税额抵免

居民个人从境内和境外取得的综合所得或者经营所得，应当分别合并计算应纳税额；从中国境内和境外取得的其他所得应当分别单独计算应纳税额。

在中国境内有住所，或者虽无住所，但在中国境内居住满一年以上的个人，从中国境内和境外取得的所得，都应缴纳个人所得税。实际上，纳税人的境外所得一般均已缴纳或负担了有关国家的所得税额。为了避免发生国家间对同一所得的重复征税，同时维护我国的税收权益，税法规定，纳税人从中国境外取得的所得，准予其在应纳税额中扣除已在境外实缴的个人所得税税款，但扣除额不得超过该纳税人境外所得依照税法规定计算的应纳税额。具体规定及计税方法如下：

1.实缴境外税款。已在境外缴纳的个人所得税税额，是指居民个人来源于中国境外的所得，依照该所得来源国家或者地区的法律应当缴纳并且实际已经缴纳的所得税税额。

2.抵免限额。纳税人境外所得依照个人所得税法规定计算的应纳税额，是居民个人抵免已在境外缴纳的综合所得、经营所得以及其他所得的所得税税额的限额（以下简称抵免限额）。

我国个人所得税的抵免限额采用分国限额法，分别按来自不同国家或地区和不同应税项目，依照税法规定的费用减除标准和适用税率计算抵免限额。除国务院财政、税务主管部门另有规定外，来源于中国境外一个国家（地区）的综合所得抵免限额、经营所得抵免限额以及其他所得抵免限额之和，为来源于该国家（地区）所得的抵免限额。

其中：

（1）来源于一国（地区）综合所得的抵免限额＝中国境内、境外综合所得依照个人所得税法和本条例的规定计算的综合所得应纳税总额×来源于该国（地区）的综合所得收入额÷中国境内、境外综合所得收入总额；

（2）来源于一国（地区）经营所得抵免限额＝中国境内、境外经营所得依照个人所得税法和本条例的规定计算的经营所得应纳税总额×来源于该国（地区）的经营所得的应纳税所得额÷中国境内、境外经营所得的应纳税所得额；

（3）来源于一国（地区）的其他所得项目抵免限额，为来源于该国（地区）的其他所得项目依照个人所得税法和相关条例的规定计算的应纳税额。

3.允许抵免额。允许在纳税人应纳我国个人所得税税额中扣除的税额，即允许抵免额要分国确定，即在计算出的来自一国或地区所得的抵免限额与实缴该国或地区的税款之间相比较，以数额较小者作为允许抵免额。居民个人在中国境外一个国家或者地区实际已经缴纳的个人所得税税额，低于依照前款规定计算出的该国家或者地区抵免限额的，应当在中国缴纳差额部分的税款。

4.超限额与不足限额结转。在某一纳税年度，居民个人在中国境外一个国家或者地区实际已经缴纳的个人所得税税额，超过该国家或者地区抵免限额的，其超过部分不得在本纳税年度的应纳税额中扣除，但是可以在以后纳税年度的该国家或者地区抵免限额的余额中补扣。补扣期限最长不得超过 5 年。

为明确境内外综合所得和经营所得的计算，规定个人从境内和境外取得的综合所得和经营所得应当分别合并计算应纳税额。对个人境外所得抵免限额继续采取分国别（地区）不分项的计算方法，同时规定财政、税务主管部门可调整抵免限额计算方法。

5.个人独资企业、合伙企业及个人从事其他生产、经营活动在境外营业机构的亏损，不得抵减境内营业机构的盈利。

6.居民个人申请抵免已在境外缴纳的个人所得税税额，应当提供境外税务机关出具的税款所属年度的有关纳税凭证。

（二）房屋赠予

以下情形的房屋产权无偿赠予，对当事双方不征收个人所得税：

1.房屋产权所有人将房屋产权无偿赠予配偶、父母、子女、祖父母、外祖父母、孙子女、外孙子女、兄弟姐妹。

2.房屋产权所有人将房屋产权无偿赠予对其承担直接抚养或者赡养义务的抚养人或者赡养人。

3.房屋产权所有人死亡，依法取得房屋产权的法定继承人、遗嘱继承人或者受遗赠人。

对受赠人无偿受赠房屋计征个人所得税时，其应纳税所得额为房地产赠予合同上标明的赠予房屋价值减除赠予过程中受赠人支付的相关税费后的余额。赠予合同标明的房屋价值明显低于市场价格或房地产赠予合同未标明赠予房屋价值的，税务机关可依据受赠房屋的市场评估价格或采取其他合理方式确定受赠人的应纳税所得额。

受赠人转让受赠房屋的，以其转让受赠房屋的收入减除原捐赠人取得该房屋的实际购置成本以及赠予和转让过程中受赠人支付的相关税费后的余额，为受赠人的应纳税所得额，依法计征个人所得税。受赠人转让受赠房屋价格明显偏低且无正当理由的，税务机关可以依据该房屋的市场评估价格或其他合理方式确定的价格核定其转让收入。

（三）个人兼职和退休人员再任职取得的收入

个人兼职取得的收入应按照"劳务报酬所得"应税项目缴纳个人所得税；退休人员再任职取得的收入，在减除按个人所得税法规定的费用扣除标准后，按"工资、薪金所得"应税项目缴纳个人所得税。

（四）全年一次性奖金

居民个人取得全年一次性奖金符合相关规定的，在2021年12月31日前，不并入当年综合所得，以全年一次性奖金收入除以12个月得到的数额，按照按月换算后的综合所得税率表，确定适用税率和速算扣除数，单独计算纳税。计算公式为：

应纳税额＝全年一次性奖金收入×适用税率－速算扣除数

居民个人取得全年一次性奖金，也可以选择并入当年综合所得计算纳税。计算公式为：

应纳税额＝（全年一次性奖金收入＋全年工资所得－基本扣除－专项扣除－专项附加扣除）×适用税率－速算扣除数

自2022年1月1日起，居民个人取得全年一次性奖金，应并入当年综合所得计算缴纳个人所得税。

（五）上市公司股权激励

居民个人取得股票期权、股票增值权、限制性股票、股权奖励等股权激励（以下简称股权激励），符合相关条件的，在2021年12月31日前，不并入当年综合所得，全额单独适用综合所得税率表，计算纳税。计算公式为：

应纳税额＝股权激励收入×适用税率－速算扣除数

居民个人一个纳税年度内取得两次以上（含两次）股权激励的，应合并计算纳税。

2022年1月1日之后的股权激励政策另行明确。

（六）保险营销员、证券经纪人佣金收入

保险营销员、证券经纪人取得的佣金收入，属于劳务报酬所得，以不含增值税的收入减除20%的费用后的余额为收入额，收入额减去展业成本以及附加税费后，并入当年综合所得，计算缴纳个人所得税。保险营销员、证券经纪人展业成本按照收入额的25%计算。

扣缴义务人向保险营销员、证券经纪人支付佣金收入时，应按照规定的累计预扣法计算预扣税款。

（七）个人领取企业年金、职业年金

个人达到国家规定的退休年龄，领取的企业年金、职业年金，符合相关规定的，不并入综合所得，全额单独计算应纳税款。其中按月领取的，适用月度税率表计算纳税；按季领取的，平均分摊计入各月，按每月领取额适用月度税率表计算纳税；按年领取的，适用综合所得税率表计算纳税。

个人因出境定居而一次性领取的年金个人账户资金，或个人死亡后，其指定的受益人或法定继承人一次性领取的年金个人账户余额，适用综合所得税率表计算纳税。对个人除上述特殊原因外一次性领取年金个人账户资金或余额的，适用月度税率表计算纳税。

（八）解除劳动关系、提前退休、内部退养的一次性补偿收入

1.个人与用人单位解除劳动关系取得一次性补偿收入（包括用人单位发放的经济补偿金、生活补助费和其他补助费），在当地上年职工平均工资3倍数额以内的部分，免征个人所得税；超过3倍数额的部分，不并入当年综合所得，单独适用综合所得税率表，计算纳税。

2.个人办理提前退休手续而取得的一次性补贴收入，应按照办理提前退休手续至法定离退休年龄之间实际年度数平均分摊，确定适用税率和速算扣除数，单独适用综合所得税率表，计算纳税。计算公式：

应纳税额＝{［（一次性补贴收入÷办理提前退休手续至法定退休年龄的实际年度数）－费用扣除标准］×适用税率－速算扣除数}×办理提前退休手续至法定退休年龄的实际年度数

3.个人办理内部退养手续而取得的一次性补贴收入，按照《国家税务总局关于个人所得税有关政策问题的通知》（国税发〔1999〕58号）规定计算纳税。

（九）单位低价向职工售房

单位按低于购置或建造成本价格出售住房给职工，职工因此而少支出的差价部分，符合相关规定的，不并入当年综合所得，以差价收入除以12个月得到的数额，按照月度税率表确定适用税率和速算扣除数，单独计算纳税。计算公式为：

应纳税额＝职工实际支付的购房价款低于该房屋的购置或建造成本价格的差额×适用税率－速算扣除数

（十）个人购买符合规定的商业健康保险产品的支出扣除

自2017年7月1日起，单位和个人购买的符合规定的商业健康保险产品的支出，允许在当年（月）计算个人所得税应纳税所得额时予以税前扣除，扣除限额为2 400元/年（200元/月）。2 400元/年（200元/月）的限额扣除为个人所得税法规定减除费用标准之外的扣除。

（十一）中小企业股份转让系统挂牌公司股息红利差别化个人所得税政策

自2019年7月1日起至2024年6月30日，个人持有挂牌公司的股票，持股期限超过

1年的，对股息红利所得暂免征收个人所得税。

个人持有挂牌公司的股票，持股期限在1个月以内（含1个月）的，其股息红利所得全额计入应纳税所得额；持股期限在1个月以上至1年（含1年）的，其股息红利所得暂减按50%计入应纳税所得额；上述所得统一适用20%的税率计征个人所得税。

（十二）创业投资企业个人合伙人所得

创投企业可以选择按单一投资基金核算或者按创投企业年度所得整体核算这两种方式之一，对其个人合伙人来源于创投企业的所得计算个人所得税应纳税额。

创投企业选择按单一投资基金核算的，其个人合伙人从该基金应分得的股权转让所得和股息红利所得，按照20%税率计算缴纳个人所得税；创投企业选择按年度所得整体核算的，其个人合伙人应从创投企业取得的所得，按照"经营所得"项目、5%—35%的超额累进税率计算缴纳个人所得税。

任务实施

李丽丽稿酬所得预扣预缴应纳税所得额＝（3 000－800）×70%×20%＝308（元）

孙雪取得国债利息收入免税；

刘新劳务报酬所得预扣预缴应纳税所得额＝（2 000－800）×20%＝240（元）

赵程程福利彩票奖金免税。

任务拓展

个税专项附加扣除政策

本次个人所得税改革，新设了子女教育、继续教育、大病医疗、住房贷款利息、住房租金、赡养老人六项专项附加扣除。

（一）办理途径

专项附加扣除有日常由单位发工资时按月预扣税款时办理与次年3月1日至6月30日自行汇算清缴申报办理两种途径。

1.单位按月预扣税款时办理

除大病医疗以外，子女教育、赡养老人、住房贷款利息、住房租金、继续教育，纳税人可以选择在单位发放工资薪金时，按月享受专项附加扣除政策。

首次享受时，纳税人填报"个人所得税专项附加扣除信息表"给任职受雇单位，单位在每个月发放工资时，像"三险一金"一样，为大家办理专项附加扣除。

2.自行申报办理

一般有以下情形之一，可选择在次年3月1日至6月30日内，自行向汇缴地主管税务机关办理汇算清缴申报时扣除：

（1）不愿意将相关专项附加扣除信息报送给任职受雇单位的；

（2）没有工资、薪金所得，但有劳务报酬、稿酬、特许权使用费所得的；

（3）有大病医疗支出项目的；

（4）纳税年度内未足额享受专项附加扣除的其他情形。

一个纳税年度内，如果没有及时将扣除信息报送任职受雇单位，以致在单位预扣预缴工资、薪金所得税未享受扣除或未足额享受扣除的，大家可以在当年剩余月份内向单位申请补充扣除，也可以在次年3月1日至6月30日内，向汇缴地主管税务机关进行汇算清缴申报时办理扣除。

（二）扣除标准

1.子女教育

纳税人的子女接受全日制学历教育的相关支出，子女年满3岁至小学入学前处于学前教育阶段的相关支出，按照每个子女每月1 000元的标准定额扣除。学历教育包括义务教育（小学、初中教育）、高中阶段教育（普通高中、中等职业、技工教育）、高等教育（大学专科、大学本科、硕士研究生、博士研究生教育）。

父母可以选择由其中一方按扣除标准的100%扣除，也可以选择由双方分别按扣除标准的50%扣除，具体扣除方式在一个纳税年度内不能变更。

纳税人子女在中国境外接受教育的，纳税人应当留存境外学校录取通知书、留学签证等相关教育的证明资料备查。

2.继续教育

纳税人在中国境内接受学历（学位）继续教育的支出，在学历（学位）教育期间按照每月400元定额扣除。

纳税人接受技能人员职业资格继续教育、专业技术人员职业资格继续教育的支出，在取得相关证书的当年，按照3 600元定额扣除。

个人接受本科及以下学历（学位）继续教育，符合本办法规定扣除条件的，可以选择由其父母扣除，也可以选择由本人扣除。

纳税人接受技能人员职业资格继续教育、专业技术人员职业资格继续教育的，应当留存相关证书等资料备查。

3.大病医疗

在一个纳税年度内，纳税人发生的与基本医保相关的医药费用支出，扣除医保报销后个人负担（指医保目录范围内的自付部分）累计超过15 000元的部分，由纳税人在办理年度汇算清缴时，在80 000元限额内据实扣除。

纳税人发生的医药费用支出可以选择由本人或者其配偶扣除；未成年子女发生的医药费用支出可以选择由其父母一方扣除。纳税人及其配偶、未成年子女发生的医药费用支出，按规定分别计算扣除额。

纳税人应当留存医药服务收费及医保报销相关票据原件（或者复印件）等资料备查。医疗保障部门应当向患者提供在医疗保障信息系统记录的本人年度医药费用信息查询服务。

4.住房贷款利息

纳税人本人或者配偶单独或者共同使用商业银行或者住房公积金个人住房贷款为本人或者其配偶购买中国境内住房，发生的首套住房贷款利息支出，在实际发生贷款利息的年度，按照每月1 000元的标准定额扣除。

纳税人只能享受一次首套住房贷款的利息扣除。首套住房贷款是指购买住房享受首套住房贷款利率的住房贷款。

经夫妻双方约定，可以选择由其中一方扣除，具体扣除方式在一个纳税年度内不能变更。夫妻双方婚前分别购买住房发生的首套住房贷款，其贷款利息支出，婚后可以选择其中一套购买的住房，由购买方按扣除标准的100%扣除，也可以由夫妻双方对各自购买的住房分别按扣除标准的50%扣除，具体扣除方式在一个纳税年度内不能变更。

纳税人应当留存住房贷款合同、贷款还款支出凭证备查。

5.住房租金

纳税人在主要工作城市没有自有住房而发生的住房租金支出，可以按照以下标准定额扣除：

（1）直辖市、省会（首府）城市、计划单列市以及国务院确定的其他城市，扣除标准为每月1 500元；

（2）除（1）所列城市以外，市辖区户籍人口超过100万的城市，扣除标准为每月1 100元；市辖区户籍人口不超过100万（含）的城市，扣除标准为每月800元。

纳税人的配偶在纳税人的主要工作城市有自有住房的，视同纳税人在主要工作城市有自有住房。市辖区户籍人口，以国家统计局公布的数据为准。所称主要工作城市是指纳税人任职受雇的直辖市、计划单列市、副省级城市、地级市（地区、州、盟）全部行政区域范围；纳税人无任职受雇单位的，为受理其综合所得汇算清缴的税务机关所在城市。

夫妻双方主要工作城市相同的，只能由一方扣除住房租金支出。住房租金支出由签订租赁住房合同的承租人扣除。纳税人及其配偶在一个纳税年度内不能同时分别享受住房贷款利息和住房租金专项附加扣除。

纳税人应当留存住房租赁合同、协议等有关资料备查。

6.赡养老人

纳税人赡养一位及以上被赡养人 [年满60岁（含）的父母，以及子女均已去世的年满60岁（含）的祖父母、外祖父母] 的赡养支出，统一按照以下标准定额扣除：

（1）纳税人为独生子女的，按照每月2 000元的标准定额扣除；

（2）纳税人为非独生子女的，由其与兄弟姐妹分摊每月2 000元的扣除额度，每人分摊的额度不能超过每月1 000元。可以由赡养人均摊或者约定分摊，也可以由被赡养人指定分摊。约定或者指定分摊的须签订书面分摊协议，指定分摊优先于约定分摊。具体分摊方式和额度在一个纳税年度内不能变更。

（三）享受符合规定的专项附加扣除的计算时间

1.子女教育。学前教育阶段，为子女年满3周岁当月至小学入学前一月。学历教育，为子女接受全日制学历教育入学的当月至全日制学历教育结束的当月。

2.继续教育。学历（学位）继续教育，为在中国境内接受学历（学位）继续教育入学的当月至学历（学位）继续教育结束的当月，同一学历（学位）继续教育的扣除期限最长不得超过48个月。技能人员职业资格继续教育、专业技术人员职业资格继续教育，为取得相关证书的当年。

3.大病医疗。为医疗保障信息系统记录的医药费用实际支出的当年。

4.住房贷款利息。为贷款合同约定开始还款的当月至贷款全部归还或贷款合同终止的当月，扣除期限最长不得超过240个月。

5.住房租金。为租赁合同（协议）约定的房屋租赁期开始的当月至租赁期结束的当月。提前终止合同（协议）的，以实际租赁期限为准。

6.赡养老人。为被赡养人年满60周岁的当月至赡养义务终止的年末。

其中子女教育、继续教育中规定的学历教育和学历（学位）继续教育的期间，包含因病或其他非主观原因休学但学籍继续保留的休学期间，以及施教机构按规定组织实施的寒暑假等假期。

同步训练

答案与解析

一、单选题

1.下列不属于居民个人综合所得专项扣除的有（　　　　）。

A.基本养老保险　　　　　　　　B.基本医疗保险

C.住房公积金　　　　　　　　　D.继续教育费用

2.居民个人综合所得包括（　　　）。

    A.财产转让所得

    B.利息、股息、红利所得

    C.财产租赁所得

    D.稿酬所得

3.非居民个人的工资、薪金所得，每月收入额减除费用（　　　）后的余额为应纳税所得额。

    A. 5 000元

    B. 4 500元

    C. 3 500元

    D. 4 800元

4.下列个人所得税应税项目不适用超额累进税率的有（　　　）。

    A.经营所得

    B.利息、股息、红利所得

    C.劳务报酬所得

    D.稿酬所得

二、多选题

1.下列项目中计征个人所得税时，以收入减除20%的费用后的余额为收入额的有（　　　）。

    A.经营所得

    B.劳务报酬所得

    C.稿酬所得

    D.特许权使用费所得

2.下列个人所得中，适用20%比例税率的有（　　　）。

    A.工资、薪金所得

    B.偶然所得

    C.财产转让所得

    D.企业职工的奖金所得

3.王先生出租房屋取得财产租赁收入在计算个人所得税时，可扣除的费用包括（　　　）。

    A.租赁过程中王先生缴纳的房产税

    B.根据收入高低使用800或收入20%的费用扣除标准

    C.王先生付出的该出租财产的修缮费用

    D.租赁过程中王先生缴纳的教育费附加和印花税

4.依法确定的其他扣除，包括（　　　）。

    A.个人缴付符合国家规定的企业年金、职业年金

    B.个人购买符合国家规定的商业健康保险

    C.符合国家标准的基本养老保险

    D.个人购买符合国家规定的税收递延型商业养老保险的支出

三、案例分析题

中国公民王某是一名自由职业者，2019年1月收入情况如下：

（1）一次取得稿费收入1 000元；

（2）在报刊上发表翻译文章，取得收入5 000元；

（3）转让一套房产收入600 000元，房产购买时价值350 000元（不属于免税范围，不考虑除个人所得税以外其他税费）；

（4）取得房屋出租收入6 000元（不考虑除个人所得税以外其他税费）；

（5）1月1日取得2018年1月1日存入银行的1年期存款利息7 155元。

已知：个人出租住房所得适用的个人所得税税率为10%。

要求：请计算王某2019年1月各项收入应缴纳或者预扣预缴的个人所得税税额。

任务 5.3　个人所得税纳税申报

知识准备

我国新个税法坚持扣缴义务人代扣代缴和自然人纳税人自行申报相结合的征收管理模式。同时，引入纳税人识别号，完善自行申报与扣缴申报机制。纳税人有中国公民身份证号码的，以中国公民身份证号码为纳税人识别号；纳税人没有中国公民身份证号码的，由税务机关赋予其纳税人识别号。扣缴义务人扣缴税款时，纳税人应当向扣缴义务人提供纳税人识别号。对综合所得采取预扣预缴与年度汇算清缴相结合的方式，规定居民个人向扣缴义务人提供专项附加扣除信息的，扣缴义务人按月预扣预缴税款时应当按照规定予以扣除，不得拒绝；规定了纳税人自行办理汇算清缴退税与扣缴义务人集中办理汇算清缴退税相结合的模式；引入了"离境清税"制度，拉开了进一步税制改革的序幕。

一、纳税方法

（一）自行纳税申报

自行纳税申报，是由纳税人自行在税法规定的纳税期限内，向税务机关申报取得的应税所得项目和数额，如实填写个人所得税纳税申报表，并按照税法规定计算应纳税额，据此缴纳个人所得税的一种方法。

有下列情形之一的，纳税人应当依法办理纳税申报：

（1）取得综合所得需要办理汇算清缴；

（2）取得应税所得没有扣缴义务人；

（3）取得应税所得，扣缴义务人未扣缴税款；

（4）取得境外所得；

（5）因移居境外注销中国户籍；

（6）非居民个人在中国境内从两处以上取得工资、薪金所得；

（7）国务院规定的其他情形。

（二）代扣代缴申报

新修改的个人所得税法规定：扣缴义务人向个人支付应税款项（包括现金支付、汇拨支付、转账支付和以有价证券、实物以及其他形式的支付）时，应当按月或者按次代扣代缴税款，并办理全员全额扣缴申报；居民个人取得综合所得有扣缴义务人的，由扣缴义务人按月或者按次预扣预缴税款；预扣缴办法由国务院税务主管部门制定。

代扣代缴，是指按照税法规定负有扣缴税款义务的单位或者个人在向个人支付应纳税所得时，应计算应纳税额，从其所得中扣除并缴入国库，同时向税务机关报送扣缴个人所得税报告表。全员全额扣缴申报，是指扣缴义务人应当在代扣税款的次月 15 日内，向主管税务机关报送其支付所得的所有个人的有关信息、支付所得数额、扣除事项和数额、扣缴税款的具体数额和总额以及其他相关涉税信息资料。

扣缴义务人，是指向个人支付所得的单位或者个人。凡支付个人应纳税所得的企业（公司）、事业单位、机关、社团组织、军队、驻华机构、个体户等单位或者个人，为个人所得税的扣缴义务人。扣缴义务人应当依法办理全员全额扣缴申报。

有下列情形之一的，扣缴义务人应实行个人所得税全员全额扣缴申报的应税所得：

（1）工资、薪金所得；

（2）劳务报酬所得；

（3）稿酬所得；

（4）特许权使用费所得；

（5）利息、股息、红利所得；

（6）财产租赁所得；

（7）财产转让所得；

（8）偶然所得。

二、纳税期限

1.综合所得

（1）居民个人取得综合所得，按年计算个人所得税；有扣缴义务人的，由扣缴义务人按月或者按次预扣预缴税款；预扣缴时间为取得所得的次月 15 日内，需要办理汇算清缴的，应当在取得所得的次年 3 月 1 日至 6 月 30 日内办理汇算清缴。预扣预缴办法由国务院税务主管部门制定。

（2）非居民个人取得工资、薪金所得，劳务报酬所得，稿酬所得和特许权使用费所得四类综合所得，有扣缴义务人的，由扣缴义务人按月或者按次代扣代缴税款，不办理汇算清缴。

（3）非居民个人在中国境内从两处以上取得工资、薪金所得的，应当在取得所得的次月15日内申报纳税。

2.经营所得

纳税人取得经营所得，按年计算个人所得税，由纳税人在月度或者季度终了后15日内向税务机关报送纳税申报表，并预缴税款；在取得所得的次年3月31日前办理汇算清缴。

3.利息、股息、红利所得，财产租赁所得，财产转让所得和偶然所得

纳税人取得利息、股息、红利所得，财产租赁所得，财产转让所得和偶然所得，按月或者按次计算个人所得税，有扣缴义务人的，由扣缴义务人按月或者按次代扣代缴税款。

4.应扣未扣收入

纳税人取得应税所得，扣缴义务人未扣缴税款的，纳税人应当在取得所得的次年6月30日前，缴纳税款；税务机关通知限期缴纳的，纳税人应当按照期限缴纳税款。

5.没有扣缴义务人收入

纳税人取得应税所得没有扣缴义务人的，应当在取得所得的次月15日内向税务机关报送纳税申报表，并缴纳税款。

6.境外收入

居民个人从中国境外取得所得的，应当在取得所得的次年3月1日至6月30日内申报纳税。

7.移居国外

纳税人因移居境外注销中国户籍的，应当在注销中国户籍前办理税款清算。

扣缴义务人每月或者每次预扣、代扣的税款，应当在次月15日内缴入国库，并向税务机关报送扣缴个人所得税申报表。纳税人、扣缴义务人不能按期办理纳税申报或者报送代扣代缴、代收代缴税款报告表的，经税务机关核准，可以延期申报。

三、纳税地点

1.在中国境内有任职、受雇单位的，向任职、受雇单位所在地主管税务机关申报。

2.在中国境内有两处或者两处以上任职、受雇单位的，选择并固定向其中一处单位所在地主管税务机关申报。

3.在中国境内无任职、受雇单位，年所得项目中经营所得的，向其中一处实际经营所在地主管税务机关申报。

4.在中国境内无任职、受雇单位，年所得项目中无生产、经营所得的，向户籍所在

地主管税务机关申报。在中国境内有户籍，但户籍所在地与中国境内经常居住地不一致的，选择并固定向其中一地主管税务机关申报。在中国境内没有户籍的，向中国境内经常居住地主管税务机关申报。

5.从两处或者两处以上单位取得工资、薪金所得的，选择并固定向其中一处单位所在地主管税务机关申报。

6.从中国境外取得所得的，向中国境内户籍所在地主管税务机关申报。在中国境内有户籍，但户籍所在地与中国境内经常居住地不一致的，选择并固定向其中一地主管税务机关申报。在中国境内没有户籍的，向中国境内经常居住地主管税务机关申报。

7.个体工商户向实际经营所在地主管税务机关申报。

8.个人独资、合伙企业投资者兴办两个或两个以上企业的，区分不同情形确定纳税申报地点：兴办的企业全部是个人独资性质的，分别向各企业的实际经营管理所在地主管税务机关申报；兴办的企业中含有合伙性质的，向经常居住地主管税务机关申报；兴办的企业中含有合伙性质，个人投资者经常居住地与其兴办企业的经营管理所在地不一致的，选择并固定向其参与兴办的某一合伙企业的经营管理所在地主管税务机关申报；除以上情形外，纳税人应当向取得所得所在地主管税务机关申报。

9.纳税人不得随意变更纳税申报地点，因特殊情况变更纳税申报地点的，须报原主管税务机关备案。

10.扣缴义务人应向其主管税务机关进行纳税申报。

四、纳税申报

根据新修改的《中华人民共和国个人所得税法》及其实施条例，纳税申报视情况采取不同方式：

1.个人所得税自行纳税申报

（1）取得综合所得需要办理汇算清缴的纳税申报。

取得综合所得且符合下列情形之一的纳税人，应当依法办理汇算清缴：

①从两处以上取得综合所得，且综合所得年收入额减除专项扣除后的余额超过6万元；

②取得劳务报酬所得、稿酬所得、特许权使用费所得中一项或者多项所得，且综合所得年收入额减除专项扣除的余额超过6万元；

③纳税年度内预缴税额低于应纳税额；

④纳税人申请退税。

需要办理汇算清缴的纳税人，应当在取得所得的次年3月1日至6月30日内，向任职、受雇单位所在地主管税务机关办理纳税申报，并报送《个人所得税年度自行纳税申报表》。纳税人有两处以上任职、受雇单位的，选择向其中一处任职、受雇单位所在地主管税务机关办理纳税申报；纳税人没有任职、受雇单位的，向户籍所在地或经常居住地主管税务机关办理纳税申报。

纳税人办理综合所得汇算清缴，应当准备与收入、专项扣除、专项附加扣除、依法确定的其他扣除、捐赠、享受税收优惠等相关的资料，并按规定留存备查或报送。

根据税法年度汇算有关规定，自2020年1月1日起，对没有取得境外所得的居民个人，为便于其更好地理解并办理年度汇算，根据不同情况，将原《个人所得税年度自行纳税申报表》细分为《个人所得税年度自行纳税申报表（A表）》《个人所得税年度自行纳税申报表（简易版）》《个人所得税年度自行纳税申报表（问答版）》。《个人所得税年度自行纳税申报表（A表）》适用于纳税年度内仅从中国境内取得工资、薪金所得，劳务报酬所得，稿酬所得，特许权使用费所得（以下称"综合所得"）的居民个人，按税法规定进行年度汇算。《个人所得税年度自行纳税申报表（简易版）》，适用于纳税年度内仅从中国境内取得综合所得，且年综合所得收入额不超过6万元的居民个人，按税法规定进行年度汇算。《个人所得税年度自行纳税申报表（问答版）》，通过提问的方式引导居民个人完成纳税申报，适用于纳税年度内仅从中国境内取得综合所得的居民个人，按税法规定进行年度汇算。

纳税人需要退税的，应当办理汇算清缴，申报退税。申报退税应当提供本人在中国境内开设的银行账户信息。汇算清缴的具体办法，由国务院税务主管部门制定。

纳税人可以委托扣缴义务人或者其他单位和个人办理汇算清缴。

对于只取得一处工资薪金所得的纳税人，可在日常预缴环节缴纳全部税款的，不需办理汇算清缴。

同时，国家为进一步减轻纳税人的税收负担，规定2019年1月1日至2020年12月31日居民个人取得的综合所得，年度综合所得收入不超过12万元且需要汇算清缴补税的，或者年度汇算清缴补税金额不超过400元的，居民个人可免于办理个人所得税综合所得汇算清缴。居民个人取得综合所得时存在扣缴义务人未依法预扣预缴税款的情形除外。

残疾、孤老人员和烈属取得综合所得办理汇算清缴时，汇算清缴地与预扣预缴地规定不一致的，用预扣预缴地规定计算的减免税额与用汇算清缴地规定计算的减免税额相比较，按照孰高值确定减免税额。

（2）取得经营所得的纳税申报。

个体工商户业主、个人独资企业投资者、合伙企业个人合伙人、承包承租经营者个人以及其他从事生产、经营活动的个人取得经营所得，包括以下情形：

①个体工商户从事生产、经营活动取得的所得，个人独资企业投资人、合伙企业的个人合伙人来源于境内注册的个人独资企业、合伙企业生产、经营的所得；

②个人依法从事办学、医疗、咨询以及其他有偿服务活动取得的所得；

③个人对企业、事业单位承包经营、承租经营以及转包、转租取得的所得；

④个人从事其他生产、经营活动取得的所得。

纳税人取得经营所得，按年计算个人所得税，由纳税人在月度或季度终了后15日内，向经营管理所在地主管税务机关办理预缴纳税申报，并报送《个人所得税经营所得税申报表（A表）》（申报表见二维码）。

申报表

《个人所得税经营所得纳税申报表（A表）》，适用于查账征收和核定征收的个体工商户业主、个人独资企业投资人、合伙企业个人合伙人、承包承租经营者个人以及其他从事生产、经营活动的个人在中国境内取得经营所得，按税法规定办理个人所得税预缴纳税申报。

在取得所得的次年3月31日前，向经营管理所在地主管税务机关办理汇算清缴，并报送《个人所得税经营所得纳税申报表（B表）》；从两处以上取得经营所得的，选择向其中一处经营管理所在地主管税务机关办理年度汇总申报，并报送《个人所得税经营所得纳税申报表（C表）》。

（3）取得应税所得，扣缴义务人未扣缴税款的纳税申报。

纳税人取得应税所得，扣缴义务人未扣缴税款的，应当区别以下情形办理纳税申报：

①居民个人取得综合所得的，按照取得综合所得需要办理汇算清缴的纳税申报要求进行。

②非居民个人取得工资、薪金所得，劳务报酬所得，稿酬所得，特许权使用费所得的，应当在取得所得的次年6月30日前，向扣缴义务人所在地主管税务机关办理纳税申报，并报送《个人所得税自行纳税申报表（A表）》。有两个以上扣缴义务人均未扣缴税款的，选择向其中一处扣缴义务人所在地主管税务机关办理纳税申报。非居民个人在次年6月30日前离境（临时离境除外）的，应当在离境前办理纳税申报。

③纳税人取得利息、股息、红利所得，财产租赁所得，财产转让所得和偶然所得的，应当在取得所得的次年6月30日前，按相关规定向主管税务机关办理纳税申报，并报送《个人所得税自行纳税申报表（A表）》。税务机关通知限期缴纳的，纳税人应当按照期限缴纳税款。

（4）取得境外所得的纳税申报。

居民个人从中国境外取得所得的，应当在取得所得的次年3月1日至6月30日内，向中国境内任职、受雇单位所在地主管税务机关办理纳税申报；在中国境内没有任职、受雇单位的，向户籍所在地或中国境内经常居住地主管税务机关办理纳税申报；户籍所在地与中国境内经常居住地不一致的，选择其中一地主管税务机关办理纳税申报；在中国境内没有户籍的，向中国境内经常居住地主管税务机关办理纳税申报。

为保障个人所得税综合所得汇算清缴，也为了取得境外所得的纳税人能够较为清晰地计算记录和填报抵免限额，并办理纳税申报，根据税法及境外所得有关政策规定，制发《个人所得税年度自行纳税申报表（B表）》及《境外所得个人所得税抵免明细表》。《个人所得税年度自行纳税申报表（B表）》适用于纳税年度内取得境外所得的居民个人，按税法规定进行个人所得税年度自行申报。同时，办理境外所得纳税申报时，需一并附报《境外所得个人所得税抵免明细表》，以便计算其取得境外所得的抵免限额。

（5）因移居境外注销中国户籍的纳税申报。

纳税人因移居境外注销中国户籍的，应当在申请注销中国户籍前，向户籍所在地主管税务机关办理纳税申报，进行税款清算。

①纳税人在注销户籍年度取得综合所得的，应当在注销户籍前，办理当年综合所得的汇算清缴，并报送《个人所得税年度自行纳税申报表》。尚未办理上一年度综合所得汇算清缴的，应当在办理注销户籍纳税申报时一并办理。

②纳税人在注销户籍年度取得经营所得的，应当在注销户籍前，办理当年经营所得的汇算清缴，并报送《个人所得税经营所得纳税申报表（B表）》。从两处以上取得经营所得的，还应当一并报送《个人所得税经营所得纳税申报表（C表）》。尚未办理上一年度经营所得汇算清缴的，应当在办理注销户籍纳税申报时一并办理。

③纳税人在注销户籍当年取得利息、股息、红利所得，财产租赁所得，财产转让所得和偶然所得的，应当在注销户籍前，申报当年上述所得的完税情况，并报送《个人所得税自行纳税申报表（A表）》。

④纳税人有未缴或者少缴税款的，应当在注销户籍前，结清欠缴或未缴的税款。纳税人存在分期缴税且未缴纳完毕的，应当在注销户籍前，结清尚未缴纳的税款。

⑤纳税人办理注销户籍纳税申报时，需要办理专项附加扣除、依法确定的其他扣除的，应当向税务机关报送《个人所得税专项附加扣除信息表》《商业健康保险税前扣除情况明细表》《个人税收递延型商业养老保险税前扣除情况明细表》等。

⑥非居民个人在中国境内从两处以上取得工资、薪金所得的，应当在取得所得的次月15日内，向其中一处任职、受雇单位所在地主管税务机关办理纳税申报，并报送

《个人所得税自行纳税申报表（A表）》。

（6）其他有关问题。

①纳税人可以采用远程办税端、邮寄等方式申报，也可以直接到主管税务机关申报。

②纳税人办理自行纳税申报时，应当一并报送税务机关要求报送的其他有关资料。首次申报或者个人基础信息发生变化的，还应报送《个人所得税基础信息表（B表）》。申报涉及的有关表证单书，由国家税务总局统一制定式样。

③纳税人在办理纳税申报时需要享受税收协定待遇的，按照享受税收协定待遇有关办法办理。

2.个人所得税扣缴申报

（1）居民个人工资、薪金所得预扣预缴税款。

扣缴义务人向居民个人支付工资、薪金所得时，应当按照累计预扣法计算预扣税款，并按月办理全员全额扣缴申报，并向主管税务机关报送《个人所得税扣缴申报表》。

预扣预缴环节，居民个人向扣缴义务人提供有关信息并依法要求办理专项附加扣除的，扣缴义务人应当按照规定在工资、薪金所得按月预扣预缴税款时予以扣除，不得拒绝。

（2）居民个人劳务报酬所得、稿酬所得、特许权使用费所得预扣预缴税款。

扣缴义务人向居民个人支付劳务报酬所得、稿酬所得和特许权使用费所得的，按规定按次或者按月预扣预缴个人所得税并向主管税务机关报送《个人所得税扣缴申报表》。

居民个人办理年度综合所得汇算清缴时，应当依法计算劳务报酬所得、稿酬所得、特许权使用费所得的收入额，并入年度综合所得计算应纳税款，税款多退少补。

（3）非居民个人工资、薪金所得，劳务报酬所得，稿酬所得和特许权使用费所得代扣代缴税款。

扣缴义务人向非居民个人支付工资、薪金所得，劳务报酬所得，稿酬所得和特许权使用费所得时，按规定按月或者按次代扣代缴税款。

非居民个人在一个纳税年度内税款扣缴方法保持不变，达到居民个人条件时，应当告知扣缴义务人基础信息变化情况，年度终了后按照居民个人有关规定办理汇算清缴。

（4）扣缴义务人支付利息、股息、红利所得，财产租赁所得，财产转让所得或者偶然所得代扣代缴税款。

扣缴义务人向纳税人（居民个人和非居民个人）支付利息、股息、红利所得，财产租赁所得，财产转让所得和偶然所得，应当依法按次或者按月代扣代缴税款，填写《个人所得税扣缴申报表》。

（5）申报资料。

扣缴义务人首次向纳税人支付所得时，应当按照纳税人提供的纳税人识别号等基础信息，填写《个人所得税基础信息表（A表）》，并于次月扣缴申报时向税务机关报送。

扣缴义务人对纳税人向其报告的相关基础信息变化情况，应当于次月扣缴申报时向税务机关报送。

（6）其他注意问题。

纳税人需要享受税收协定待遇的，应当在取得应税所得时主动向扣缴义务人提出，并提交相关信息、资料，扣缴义务人代扣代缴税款时按照享受税收协定待遇有关办法办理。

支付工资、薪金所得的扣缴义务人应当于年度终了后两个月内，向纳税人提供其个人所得和已扣缴税款等信息。纳税人年度中间需要提供上述信息的，扣缴义务人应当提供。

纳税人取得除工资、薪金所得以外的其他所得，扣缴义务人应当在扣缴税款后，及时向纳税人提供其个人所得和已扣缴税款等信息。

扣缴义务人对纳税人提供的《个人所得税专项附加扣除信息表》，应当按照规定妥善保存备查。

扣缴义务人应当依法对纳税人报送的专项附加扣除等相关涉税信息和资料保密。

扣缴义务人依法履行代扣代缴义务，纳税人不得拒绝。纳税人拒绝的，扣缴义务人应当及时报告税务机关。

扣缴义务人有未按照规定向税务机关报送资料和信息、未按照纳税人提供信息虚报虚扣专项附加扣除、应扣未扣税款、不缴或少缴已扣税款、借用或冒用他人身份等行为的，依照《中华人民共和国税收征收管理法》等相关法律、行政法规处理。

五、税款缴纳

纳税人自行申报个人所得税，并按照规定缴纳税款，可就其税款所属期为2019年1月1日（含）以后的个人所得税缴（退）税情况，向税务机关申请开具个人所得税"纳税记录"。税款所属期为2018年12月31日（含）以前的个人所得税缴（退）税情况，税务机关继续开具个人所得税"税收完税证明"（文书式）。扣缴义务人应当在每月或者每次预扣、代扣税款的次月15日内，将已扣税款缴入国库，并向税务机关报送《个人所得税扣缴申报表》。

扣缴义务人应当按照国家有关规定办理全员全额扣缴申报，如实将《个人所得税扣缴申报表》、代扣代收税款凭证和包括每一纳税人姓名、单位、职务、收入、税款等内容的支付个人收入明细表以及税务机关要求报送的其他有关资料报送税务机关审核，根据税务机关审核意见，在规定期限内向指定代理银行缴纳税款，取得税务机关开具的税收缴款书，并向纳税人提供其个人所得和已扣缴税款等信息。

扣缴义务人因特殊原因，如发生不可抗力事件，不能按期办理报送代扣代缴税款报告表的，经税务机关核准，可以延期申报，但应当在纳税期内按照上期实际缴纳的税额或者税务机关核定的税额预缴税款，并在核准的延期内办理税款结算。

扣缴义务人的扣缴税款规则和专项附加扣除规则如下：

（1）居民个人取得工资、薪金所得时，可以向扣缴义务人提供专项附加扣除有关信息，由扣缴义务人扣缴税款时办理专项附加扣除。

（2）纳税人同时从两处以上取得工资、薪金所得，并由扣缴义务人办理专项附加扣除的，对同一专项附加扣除项目，纳税人只能选择从其中一处扣除。

（3）居民个人取得劳务报酬所得、稿酬所得、特许权使用费所得，应当在汇算清缴时向税务机关提供有关信息，办理专项附加扣除。

（4）暂不能确定纳税人为居民个人或者非居民个人的，应当按照非居民个人缴纳税款，年度终了确定纳税人为居民个人的，按照规定办理汇算清缴。

任务实施

申报表见二维码。

申报表

任务拓展

个人所得税起源

个人所得税起源于军费的筹措。世界上最早开征个人所得税的国家是英国。为了筹措对法战争的费用，英国于1798年创设个人所得税，次年开征，主要是向高收入者征收。除了征收个税，当时英国筹措军费的主要办法还有发行国债。无论是向高收入者征收个税，还是发行国债，都是比向全社会摊派战争费用更公平的办法。但开征个税在当时只是临时举措，1802年随着战争结束也被废止。以后时兴时废，到1874年才稳定下来。目前，英国个税占税收总额的40%，是第一大税。

美国征收个人所得税始于南北战争期间。1861年，南北战争爆发，为了筹集战争经费，美国联邦政府经国会批准对年所得800美元以上的人开征3%的个人所得税。次年修改。1872年，个税被废止。1894年重新开征，但次年又被废止。1913年通过的新个人所得税法，起征点高，每271个人中只有一人能达到起征点。1943年调整了税率，纳税人增加。经1954年和1986年两次改革，美国的个人所得税法已相当完善，其主要特点是实行综合所得税制，考虑家庭成员等因素，有很多抵免项目。目前，个人所得税是美国两大税种之一。

同步训练

答案与解析

案例分析题

王某户籍在济南市历下区，境内没有收入来源，经常居住地在济南市历下区××路××小区××号××室。2018年，他共取得以下几项收入：

（1）十二月份从A国取得房产出租收入1 000欧元，折合人民币10 000元（假定汇率为1∶10，下同），并按A国税法规定缴纳了个人所得税1 500元（不考虑其他税费）；

（2）十二月份从B国取得股票（非上市公司）转让盈利10 000欧元（假设扣除规定与我国相同），并按B国税法规定，缴纳了个人所得税24 500元。

要求：计算王某年度终了该如何办理纳税申报。

任务 5.4　个人所得税纳税筹划

知识准备

我国在个人所得税法中引入了反避税条款，拉开了个税反避税序幕，个税筹划工作更加具有挑战性。作为纳税人与扣缴义务人应选择合理方式进行个人所得税纳税筹划。

一、个人所得税纳税筹划的基本思路

（一）认定收入性质，确定纳税范围

根据现行个人所得税法律法规进行纳税范围的确定是最基本的税收筹划方式。比如差旅费补贴，目前税法规定凡是以现金形式发放的通信补助、交通费补贴、餐补计入计税基础，需要缴纳个人所得税。但是在企业日常经营中因经济业务发生并取得合法发票实报实销的相关费用，属于企业正常经营费用，不需缴纳个人所得税，财务人员在进行账务处理时需要准确区分，依法纳税。

（二）转换税目

我国现行的个人所得税制度下不同形式的应税所得之间，在计税方法上存在很大的差异，这使同一收入按照不同的计税方法计算缴纳个人所得税时，其纳税额之间会产生巨大的差异。比如在不同的个人收入水平下，选择以劳务报酬所得的方式或以股息、红利的方式缴纳个人所得税所承担的个人所得税税负是不相同的。当企业制定激励政策时，应纳税所得额较少时，综合所得适用的税率比股息、红利所得所适用的税率低，可以考虑通过签订合同将股息、红利所得转化为劳务报酬所得，这样可以缴纳较少的个人所得税；当应纳税所得额较高时，劳务报酬所得适用税率较高，以股息、红利的形式比以劳务报酬的形式缴纳的税额少。

（三）转换纳税人身份

在我国，居民个人与非居民个人承担不同的纳税义务，纳税人可以在特定条件下进行适当的调整，避开居民个人的身份，充分利用非居民个人的身份特征去减少纳税义

务。当然，纳税的身份不是随意选择的，纳税人要仔细阅读国家法律，根据自身的条件有根据地选择纳税身份，从而使自己在收入一定的情况下纳税最少。

（四）合理利用税收优惠政策

在我国现阶段，个人所得税改革后的税收优惠政策更加丰富，为纳税人运用税收优惠进行筹划提供了较大空间。对个人所得税的纳税人而言，无论是纳税地点的选择，组织形式的安排，投资策略的设计，还是日常生活及生产经营活动，都可以结合自身的实际状况和未来发展的目标及趋势，充分利用现行的税收优惠政策所提供的筹划空间，获得较好的筹划收益。

（五）推迟纳税义务的发生时间

推迟纳税义务的发生时间主要通过递延纳税和延期纳税来实现。递延税款筹划是纳税人依据税法的有关规定将其应纳税款推迟到一定期限或分解成若干期限进行缴纳。延期纳税筹划，即纳税人通过向税务机关提出延期纳税申请，推迟税款的缴纳期限，以获取货币的时间价值。

递延税款筹划和延期纳税筹划的运用主要体现在两个方面。一方面现行税法针对不同纳税义务发生时间纳税人可以在不违背税法前提下灵活选择收入的实现方式，尽量将纳税义务发生时间向后推迟；另一方面如果纳税人在某一纳税期内取得的应税收入额较大，一次性缴纳税款会给其带来沉重的税负压力，甚至可能使其陷入资金周转危机，如果纳税人能够在不违背税法的前提下，将这笔收入分散到以后纳税期缴纳就可以避免本纳税期的税负过重。

二、个人所得税税务筹划的方法

（一）工资、薪金所得中个人所得税的筹划

在现实生活中，个人的工资薪金所得也可以通过由单位提供一定的福利进行筹划。比如工资薪金中有相当一部分是用于与工作相关的支出，或者有一部分个人支出可以由所在单位支付，如交通费、午餐费等，如果能将这些收入从个人领取的工资薪金中扣除，以企业的名义对个人进行支付，这样员工名义上的工资薪金就减少了，并因此降低了所适用的税率，减轻税负；单位为职工提供交通设施、免费工作餐、培训机会，甚至企业统一为员工租房解决住宿问题，也可以帮助员工减轻个人所得税负担。

但是上述福利如果在企业日常中表现为个人的货币收入、实务或者有价证券，则依然需要缴纳个人所得税。

（二）劳务报酬所得中个人所得税的筹划

可以通过减少名义劳务报酬所得的形式来筹划，将本应由纳税人负担的费用改由业主承担，以达到减少名义劳务报酬的目的。例如，由业主提供餐饮服务、报销交通费、提供住宿、提供办公用品等。也可以扩大费用开支，相应地降低员工的名义劳务报酬所得，使该项劳务报酬所得适用较低的税率，并且这些日常开支如若由纳税人负担则不能在应纳税所得额中扣除，由业主提供时能够在业主企业所得税税前扣除。这样虽减少了纳税人名义报酬额，但实际收益有所增加。

（三）其他所得中个人所得税的筹划

利息、股息、红利所得可以利用税收上的优惠进行筹划，将个人的存款以教育基金或者其他免税基金的形式存入金融机构，以减轻自己的税收负担，并且能够很好地安排子女的教育和家庭的生活费。

财产租赁所得的纳税筹划可利用每次收入不足4 000元，可以抵扣800元费用的筹划思路，这种筹划方式比抵扣20%的标准要节税许多；个人出租房屋给他人时，也可以协议将房屋水电费用、入场维修费用、物业管理费等由承租方负担，降低租金。

财产转让所得应利用免税项目，协议由对方支付有关的交易费用或者租金。

（四）个人所得捐赠税收筹划

个人将其所得通过中国境内的社会团体、国家机关对教育、扶贫、济困等公益慈善事业进行捐赠，捐赠额未超过纳税人申报的应纳税所得额30%的部分，可以从其应纳税所得额中扣除。

1.已经被代扣税款的所得用于捐赠，可以申请退税

纳税人通常情况下拿到手的收入已经由扣缴义务人代扣税了，所以此时再发生捐赠行为就可以视情况申请退税。不过值得注意的是，纳税人的捐赠必须经过中国境内的社会团体或国家机关，捐赠的用途也需符合国家的要求，并注意对相关捐赠凭证的保留。

2.分期捐赠

因为个人所得税对捐赠的扣除标准是有限额的，当纳税人的捐赠超过扣除限额时，不允许在税前扣除，当纳税人进行较大金额的捐赠会面临既要捐赠又要纳税的情况，这时候纳税人就可以选择分期捐赠。

任务实施

任务5.3中，纳税筹划前：

出版社为科研教授预扣预缴的个人所得税为：$500\ 000\times(1-20\%)\times70\%\times20\%=56\ 000$元

如果事先进行筹划，由出版社支付差旅和调研费用20万元，出版社最终支付稿费30万元给王教授。

纳税筹划后：

出版社预扣预缴个人所得税额为：$300\,000 \times (1-20\%) \times 70\% \times 20\% = 33\,600$ 元

王教授实际少缴纳的个人所得税为：$56\,000 - 33\,600 = 22\,400$ 元

这样王教授不但此次收入减少了税负，同时因为应纳税所得额的变化，降低了其年度汇算清缴的个人所得税税率，从而降低了其全年税收负担。

任务拓展

个人所得税起源

我国早在两千多年前就开始征个税了，汉武帝其实是推行个人所得税的鼻祖。

公元前119年，为增加财政收入，汉武帝开始推行"算缗（mín）"政策。他令商贾、手工业者、高利贷者都向官府自报资产价值，资产价值每值 2 000 钱，纳税一算，一算就是 120 钱（相当于 6% 的税率）；经营盐、铁、铸钱（当时尚未国营）已纳租者，其财产每 4 000 钱再纳一算；商贾的辎（yáo）车一辆纳二算，船五丈以上纳一算，这种算法其实也是现在的车船使用税在中国的雏形。当时大部分商人都隐瞒财产，"偷税漏税"。汉武帝对此非常生气，规定匿财不报，或报而不实者，一经查出，判戍边一年，没收全部资产，有揭发的，奖给所没收资产之半。当时"告缗遍天下，中家以上大抵皆遇告"。

"算缗"政策算是中国个人所得税税收政策的最早模式，也是中国实行财产公开的源头。

同步训练

答案与解析

案例分析题

某企业员工中国公民张某于 2019 年 6 月因中奖取得税后奖金 10 万元，获得奖金时已由发奖方扣除所得税。当月他又通过有关国家机关对慈善事业捐款 5 万元。

要求：对此员工上述行为进行税收筹划。

项目小结

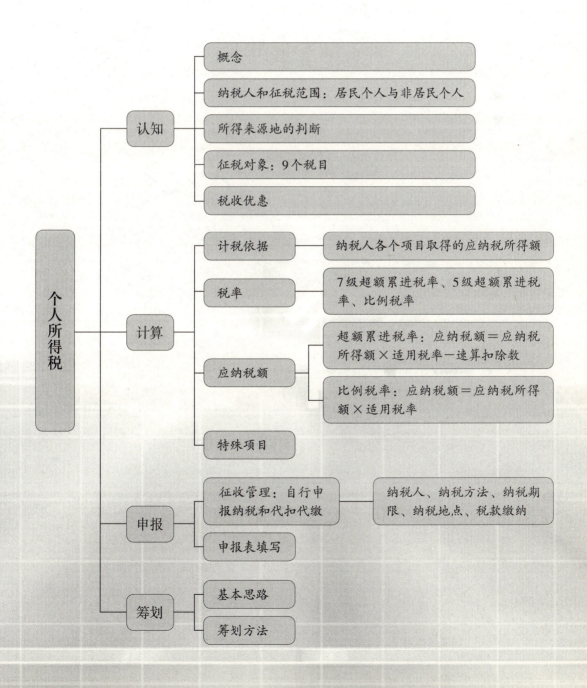

教学项目6 其他税种纳税实务与筹划

1.知识目标

（1）掌握关税、契税等征税范围的有关规定；

（2）掌握关税、契税等纳税人的有关规定；

（3）掌握关税、契税等征税环节的有关规定；

（4）熟悉关税、契税等税收征管的有关规定；

（5）熟悉关税、契税等纳税筹划的有关知识。

2.能力目标

（1）能够辨别关税、契税等的征收范围；

（2）能够完成关税、契税等应纳税额的计算；

（3）能够开展简单的关税、契税等税收筹划活动。

3.素质目标

（1）具备严谨、诚信的职业品质和良好的职业道德；

（2）具有遵纪守法、依法纳税的意识；

（3）具有自主学习税收法规的良好意识和能力；

（4）具有良好的沟通协调和团队合作能力。

任务描述

2019年，烟台新泰酒业有限公司及关联公司发生了部分如下业务：

（1）12月，进口1 000箱啤酒，每箱24听，每听净重335ml，到岸价格为人民币8 240 000元。关税普通税率7.5元/升，消费税税率220元/吨。

（2）10月，缴纳进口关税50万元，进口环节增值税15万元，进口环节消费税26.47万元；10月国内销售业务实际缴纳增值税36万元，消费税85万元。

（3）关联方甲煤炭开采企业11月销售以自采未税原煤加工的洗煤10万吨，每吨不含增值税单价为1 000元。另取得从洗煤厂到码头的不含增值税运费收入20万元（已提供相应凭据）。已知折算率为80%，资源税税率为10%。

（4）该公司土地使用证书上记载占用土地的面积为1 800平方米，土地使用证号为国用〔2015〕字第10号，经确定属一级地段；该公司有一座仓库位于市郊，土地使用证号为国用〔2015〕字第30号，属五级地段，占地面积为1 000平方米（一级地段适用税率为每年27元/平方米，五级地段适用税率为每年4元/平方米）。

（5）该公司共有房产原值1 000万元（1 000平方米展厅，1 000平方米仓库），7月1日起企业将原值200万元、占地面积400平方米的展厅出租给某家具生产企业，租期1年，每月租金1.5万元（不含增值税）。已知当地扣除比例为30%。

（6）6月，关联方公司（非房地产公司）销售自行开发的商业房地产项目，取得不含增值税收入20 000万元，准予从房地产转让收入额减除的扣除项目金额12 000万元。

（7）11月，烟台新泰酒业有限公司与某运输公司签订了两份运输保管合同：第一份合同载明的金额合计50万元（运费和保管并未分别记载）；第二份合同中注明运费30万元、保管费10万元。

（8）假设烟台新泰酒业有限公司自己创办一所学校，企业(包括学校)共有8辆3吨额载货汽车（适用税率每年96元/吨），5辆乘人汽车，每车可载25人（适用税率每年600元/辆），其中有2辆载货汽车经常在学校里使用，2辆载货汽车不领取行驶执照，仅用于内部行驶，3辆乘人汽车也基本用于学校师生组织活动。

（9）11月，烟台新泰酒业有限公司从被认定为增值税一般纳税人的汽车经销商，购进一台北京现代汽车，取得增值税专用发票注明价税合计金额为105 000元。同市的乙某从小规模纳税人的某汽车经销商购买同类型车，价税合计同样为105 000元。

（10）9月，烟台新泰酒业有限公司有一块土地价值5 200万元拟出售给齐鲁公司，然后从齐鲁公司购买其另外一块同样价值5 200万元的土地。双方将就这两块土地签订土地销售与购买合同。

（11）某卷烟厂为增值税一般纳税人，是烟台新泰酒业有限公司的法人代表周小江投资设立的，2019年5月收购烟叶生产卷烟，取得合法收购凭证上注明烟叶收购价格为70万元；该卷烟厂按照规定的方式向烟叶生产者支付了价外补贴，并将其与烟叶收购价款在同一收购凭证上分别注明。

请根据以上业务完成如下任务：

任务一：计算业务（1）应缴纳的关税税额。

任务二：计算业务（2）应缴纳的城市维护建设税及教育费附加，并于2019年11月5日完成城建税及教育费附加的纳税申报表填写。

任务三：计算业务（3）应缴纳资源税。

任务四：计算业务（4）本年度应缴纳的城镇土地使用税。

任务五：计算业务（5）本年度应缴纳的房产税。

任务六：计算业务（6）应缴纳的土地增值税。

任务七：计算业务（7）第一份、第二份合同应纳的印花税税额。

任务八：根据业务（8）对该公司缴纳的车船税进行税收筹划。

任务九：根据业务（9）分析谁的购买方式更能达到车辆购置税的节税的目的？

任务十：根据业务（10）进行契税的税收筹划。

任务十一：根据业务（11）计算该卷烟厂5月应缴纳的烟叶税税额。

任务 6.1　关税纳税实务与筹划

知识准备

关税是对进出国境或关境的货物、物品征收的一种税。

关境又称税境，是指一国海关法规可以全面实施的境域。国境是一个主权国家的领土范围。在通常情况下，一国的关境与其国境的范围是一致的，关境即国境。但由于自由港、自由区和关税同盟的存在，关境与国境有时不完全一致。

关税一般分为进口关税、出口关税和过境关税。我国目前对进出境货物征收的关税分为进口关税和出口关税两类。

我国关税的相关法律、法规主要包括国务院颁布的《中华人民共和国进出口关税条例》（以下简称《进出口关税条例》）、《中华人民共和国海关进出口税则》（以下简称《海关进出口税则》）以及 1987 年 1 月 22 日第六届全国人民代表大会常务委员会第十九次会议通过，2000 年 7 月 8 日第九届全国人民代表大会常务委员会第十六次会议修正的《中华人民共和国海关法》（以下简称《海关法》）。

一、关税纳税人

贸易性商品的纳税人是经营进出口货物的收、发货人。具体包括：（1）外贸进出口公司；（2）工贸或农贸结合的进出口公司；（3）其他经批准经营进出口商品的企业。

物品的纳税人包括：（1）入境旅客随身携带的行李、物品的持有人；（2）各种运输工具上服务人员入境时携带自用物品的持有人；（3）馈赠物品以及其他方式入境个人物品的所有人；（4）个人邮递物品的收件人。

接受纳税人委托办理货物报关等有关手续的代理人，可以代办纳税手续。

二、关税课税对象和税目

关税的课税对象是进出境的货物、物品。凡准许进出口的货物，除国家另有规定的以外，均应由海关征收进口关税或出口关税。对从境外采购进口的原产于中国境内的货物，也应按规定征收进口关税。

关税的税目、税率都由《海关进出口税则》规定。它包括三个主要部分：归类总规则、进口税率表、出口税率表，其中归类总规则是进出口货物分类的具有法律效力的原则和方法。进出口税则中的商品分类目录为关税税目。按照税则归类总规则及其归类方法，每一种商品都能找到一个最适合的对应税目。

三、关税税率

1. 税率的种类

关税的税率分为进口税率和出口税率两种。其中进口税率又分为普通税率、最惠国税率、协定税率、特惠税率、关税配额税率和暂定税率。进口货物适用何种关税税率是以进口货物的原产地为标准的。进口关税一般采用比例税率，实行从价计征的办法，但对啤酒、原油等少数货物则实行从量计征，对广播用录像机、放像机、摄像机等实行从价加从量的复合税率。

（1）普通税率。对原产于未与我国共同适用最惠国条款的世界贸易组织成员国或地区，未与我国订有相互给予最惠国待遇、关税优惠条款贸易协定和特殊关税优惠条款贸易协定的国家或者地区的进口货物，以及原产地不明的货物，按照普通税率征税。

（2）最惠国税率。对原产于与我国共同适用最惠国条款的世界贸易组织成员国或地区的进口货物，原产于与我国签订含有相互给予最惠国待遇的双边贸易协定的国家或者地区的进口货物，以及原产于我国的进口货物，按照最惠国税率征税。

（3）协定税率。对原产于与我国签订含有关税优惠条款的区域性贸易协定的国家或地区的进口货物，按协定税率征税。

（4）特惠税率。对原产于与我国签订含有特殊关税优惠条款的贸易协定的国家或地区的进口货物，按特惠税率征税。

（5）关税配额税率，指关税配额限度内的税率。关税配额是进口国限制进口货物数量的措施，将征收关税和进口配额相结合以限制进口。对于在配额内进口的货物可以适用较低的关税配额税率，对于配额之外的则适用较高税率。

（6）暂定税率。在最惠国税率的基础上，对于一些国内需要降低进口关税的货物，以及出于国际双边关系的考虑需要个别安排的进口货物，可以实行暂定税率。

2. 税率的确定

进出口货物应当依照《海关进出口税则》规定的归类原则归入合适的税号，按照适用的税率征税。其中：

（1）进出口货物，应当按照收发货人或者他们的代理人申报进口或者出口之日实施的税率征税。

（2）进口货物到达前，经海关核准先行申报的，应当按照装载此货物的运输工具申报进境之日实施的税率征税。

（3）进出口货物的补税和退税，适用该进出口货物原申报进口或者出口之日所实施的税率，但下列情况除外：

①按照特定减免税办法批准予以减免税的进口货物，后因情况改变经海关批准转让或出售需予补税的，应按其原进口之日实施的税率征税。

②加工贸易进口料、件等属于保税性质的进口货物，如经批准转为内销，应按向海关申报转为内销当日实施的税率征税；如未经批准擅自转为内销的，则按海关查获日期所施行的税率征税。

③对经批准缓税进口的货物以后交税时，不论是分期或一次交清税款，都应按货物原进口之日实施的税率计征税款。

④分期支付租金的租赁进口货物，分期付税时，都应按该项货物原进口之日实施的税率征税。

⑤溢卸、误卸货物事后确定需予征税时，应按其原运输工具申报进口日期所实施的税率征税。如原进口日期无法查明的，可按确定补税当天实施的税率征税。

⑥对由于（海关进出口税则）归类的改变、完税价格的审定或其他工作差错而需补征税款的，应按原征税日期实施的税率征税。

⑦查获的走私进口货物需予补税时，应按查获日期实施的税率征税。

⑧暂时进口货物转为正式进口需予补税时，应按其转为正式进口之日实施的税率征税。

四、关税计税依据

我国对进出口货物征收关税，主要采取从价计征的办法，以商品价格为标准征收关税。因此，关税主要以进出口货物的完税价格为计税依据。

1.进口货物的完税价格

（1）一般贸易项下进口的货物以海关审定的成交价格为基础的到岸价格作为完税价格。所谓成交价格是一般贸易项下进口货物的买方为购买该项货物向卖方实际支付或应当支付的价格。在货物成交过程中，进口人在成交价格外另支付给卖方的佣金，应计入成交价格，而向境外采购代理人支付的买方佣金则不能列入，如已包括在成交价格中应予以扣除；卖方付给进口人的正常回扣，应从成交价格中扣除。违反合同规定延期交货的罚款，卖方在货价中冲减时，不能从成交价格中扣除。

到岸价格是指包括货价以及货物运抵我国关境内输入地点起卸前的包装费、运费、保险费和其他劳务费等费用构成的一种价格，其中还应包括为了在境内生产、制造、使用或出版、发行而向境外支付的与该进口货物有关的专利、商标、著作权以及专有技术、计算机软件和资料等费用。

为避免低报、瞒报价格偷逃关税，在进口货物的到岸价格不能确定时，本着公正、合理原则，海关应当按照规定估定完税价格。

（2）特殊贸易下进口货物的完税价格。对于某些特殊、灵活的贸易方式（如寄售等）下进口的货物，在进口时没有"成交价格"可做依据，为此，《进出口关税条例》对这些进口货物制定了确定其完税价格的方法，主要有：

①运往境外加工的货物的完税价格。出境时已向海关报明，并在海关规定期限内复运进境的，以加工后货物进境时的到岸价格与原出境货物价格的差额作为完税价格。如无法得到原出境货物的到岸价格，可以用原出境货物相同或类似货物的在进境时的到岸价格，或用原出境货物申报出境时的离岸价格代替。如果两种方法都不行，则可用原出境货物在境外支付的工缴费加上运抵中国关境输入地点起卸前的包装费、运费、保险费和其他劳务费等作为完税价格。

②运往境外修理的机械器具、运输工具或者其他货物的完税价格。出境时已向海关报明并在海关规定期限内复运进境的，以经海关审定的修理费和料件费作为完税价格。

③租借和租赁进口货物的完税价格。以租借、租赁方式进境的货物，以海关审查确定的货物租金作为完税价格。

④对于国内单位留购的进口货样、展览品和广告陈列品，以留购价格作为完税价格。但对于留购货样、展览品和广告陈列品的买方，除按留购价格付款外，又直接或间接给卖方一定利益的，海关可以另行确定上述货物的完税价格。

⑤逾期未出境的暂进口货物的完税价格。对于经海关批准暂时进口的施工机械、工程车辆、供安装使用的仪器和工具、电视或电影摄制机械以及盛装货物的容器等，如入境超过半年仍留在国内使用的，应自第7个月起，按月征收进口关税，其完税价格按原货进口时的到岸价格确定，每月的税额计算公式为：

每月关税＝货物原到岸价格×关税税率×1÷48

⑥转让出售进口减免税货物的完税价格。按照特定减免税办法批准予以减免税进口的货物，在转让或出售而需补税时，可按这些货物原进口时的到岸价格来确定其完税价格。其计算公式为：

完税价格＝原入境到岸价格×［1－实际使用月份÷（管理年限×12）］

管理年限是指海关对减免税进口的货物监督管理的年限。

2.出口货物的完税价格

出口货物应当以海关审定的货物售予境外的离岸价格，扣除出口关税后作为完税价格。计算公式为：

出口货物完税价格＝离岸价格÷（1＋出口关税税率）

离岸价格应以该项货物运离关境前的最后一个口岸的离岸价格为实际离岸价格。若该项货物从内地起运，则从内地口岸至最后出境口岸所支付的国内段运输费用应予扣除。离岸价格不包括装船以后发生的费用。出口货物在成交价格以外支付给国外的佣金应予扣除，未单独列明的则不予扣除。出口货物在成交价格以外，买方还另行支付的货物包装费，应计入成交价格。当离岸价格不能确定时，完税价格由海关估定。

3.进出口货物完税价格的审定

对于进出口货物的收发货人或其代理人向海关申报进出口货物的成交价格明显偏低，而又不能提供合法证据和正当理由的；申报价格明显低于海关掌握的相同或类似货物的国际市场上公开成交货物的价格，而又不能提供合法证据和正当理由的；申报价格经海关调查认定买卖双方之间有特殊经济关系或对货物的使用、转让互相订有特殊条件或特殊安排，影响成交价格的，以及其他特殊成交情况，海关认为需要估价的，则按以下方法依次估定完税价格：

（1）相同货物成交价格法，即以从同一出口国家或者地区购进的相同货物的成交价格作为被估货物的完税价格的依据。

（2）类似货物成交价格法，即以从同一出口国家或者地区购进的类似货物的成交价格作为被估货物的完税价格的依据。

（3）国际市场价格法，即以进口货物的相同或类似货物在国际市场上公开的成交价格为该进口货物的完税价格。

（4）国内市场价格倒扣法，即以进口货物的相同或类似货物在国内市场上的批发价格，扣除合理的税、费、利润后的价格为该被估货物的完税价格。

（5）合理方法估定的价格，如果按照上述几种方法顺序估价仍不能确定其完税价格，则可由海关按照合理方法估定。

五、关税应纳税额的计算

1.从价税计算方法。从价税是最普遍的关税计征方法，它以进（出）口货物的完税价格作为计税依据。进（出）口货物关税应纳税额的计算公式为：

应纳税额＝应税进（出）口货物数量×单位完税价格×适用税率

2.从量税计算方法。从量税是以进口商品的数量为计税依据的一种关税计征方法。其关税应纳税额的计算公式为：

应纳税额＝应税进口货物数量×关税单位税额

3.复合税计算方法。复合税是对某种进口货物同时使用从价和从量计征的一种关税计征方法。其关税应纳税额的计算公式为：

应纳税额＝应税进口货物数量×关税单位税额＋应税进口货物数量×单位完税价格×适用税率

4.滑准税计算方法。滑准税是指关税的税率随着进口商品价格的变动而反方向变动的一种税率形式，即价格越高，税率越低，税率为比例税率。因此，对实行滑准税率的进口商品应纳关税税额的计算方法与从价税的计算方法相同。

|练一练|

【例题6-1】（单选题）某外贸公司进口一批货物，货价100万元，货物运抵我国关境内输入地点起卸前的包装费和运费分别为5万元和7万元。已知关税税率10%。则该公司应缴纳的进口关税为（　　）万元。

A.100×10%＝10

B.（100＋5）×10%＝10.5

C.（100＋7）×10%＝10.7

D.（100＋5＋7）×10%＝11.2

答案：D。关税完税价格＝100＋5＋7＝112（万元）；关税＝112×10%＝11.2（万元）。

六、关税税收优惠

关税的减税、免税分为法定性减免税、政策性减免税和临时性减免税。《海关法》和《进出口关税条例》中规定的减免税，称为法定性减免税。主要有下列情形：

1.一票货物关税税额、进口环节增值税或者消费税税额在人民币50元以下的；

2.无商业价值的广告品及货样；

3.国际组织、外国政府无偿赠送的物资；

4.进出境运输工具装载的途中必需的燃料、物料和饮食用品；

5.因故退还的中国出口货物，可以免征进口关税，但已征收的出口关税不予退还；

6.因故退还的境外进口货物，可以免征出口关税，但已征收的进口关税不予退还。

对有上述情况的货物，经海关审查无误后可以免税。有下列情形之一的进口货物，海关可以酌情减免税：

1.在境外运输途中或者在起卸时，遭受损坏或者损失的；

2.起卸后海关放行前，因不可抗力遭受损坏或者损失的；

3.海关查验时已经破漏、损坏或者腐烂，经证明不是保管不慎造成的。

为境外厂商加工、装配成品和为制造外销产品而进口的原材料、辅料、零件、部件、配套件和包装物料，海关按照实际加工出口的成品数量免征进口关税；或者对进口料、件先征进口关税，再按照实际加工出口的成品数量予以退税。

中国缔结或参加的国际条约规定减征、免征关税的货物、物品，海关应当按照规定减免关税。

七、关税的申报与缴纳

1.申报

进口货物自运输工具申报进境之日起14日内，出口货物在货物运抵海关监管区后装货的24小时以前，应由进口货物的纳税义务人向货物进（出）境地海关申报。

2.缴纳

纳税义务人应当自海关填发税款缴款书之日起15日内，向指定银行缴纳税款。

逾期不缴的，除依法追缴外，由海关自到期次日起至缴清税款之日止，按日征收欠缴税额0.5‰的滞纳金。

关税的纳税义务人因不可抗力或者在国家税收政策调整的情形下，不能按期缴纳税款的，经海关总署批准，可以延期缴纳税款，但最长不得超过6个月。

对由于海关误征，多缴纳税款的；海关核准免验的进口货物在完税后，发现有短缺情况，经海关审查认可的；已征出口关税的货物，因故未装运出口申报退关，经海关查验属实的，纳税人可以从缴款之日起的1年内，书面声明理由，连同纳税收据向海关申请退税，逾期不予受理。海关应当自受理退税申请之日起30日内做出书面答复，并通知退税申请人。进出口货物完税后，如发现少征或漏征税款，海关有权在1年内予以补征；如因收发货人或其代理人违反规定而造成少征或漏征税款的，海关在3年内可以追缴。

八、关税纳税筹划

1.利用关税优惠进行税率筹划

关税条例规定，进口税率分为普通税率和优惠税率两种。对于原产地是与中华人民共和国未订有关税互惠协议的国家或地区的进口货物，按普通税率征税；对于原产地是与中华人民共和国订有关税互惠协议的国家或地区的进口货物，按优惠税率征税。在进口产品时，同等条件下应选择与中华人民共和国签有关税互惠协议的国家和地区。需要提请注意的是，中国加入WTO后，普通税率和优惠税率的区别将逐步消失，对所有WTO成员都将执行同一个税率。

2.利用关税的完税价格进行纳税筹划

如前所述，关税是对外贸易过程中的一个重要税种。从税务筹划的角度观察，关税作为一个世界性的税种，税负弹性较小，在税目、税基、税率以及减免税优惠等方面都规定得相当详细、具体，不像所得税应纳税所得额的确定那样有那么大的伸缩余地。关税弹性较大的是完税价格的确定。关税的计税依据主要有两种，一是从量计征，二是从价计征，另外还有些物品采取从量和从价混合计征的办法。从量计征适用的范围窄，从价计征适用的范围宽。凡是适用从价计征的物品，完税价格就是它的税基。因此在同一税率下，完税价格如果高，税负则重，如果低，税负则轻，所以征纳双方对关税价格都极为关注。政府还以海关价格作为对外贸易统计的价格依据，海关作价制度的主要内容是确立完税价格准则及价格基础。例如，以到岸价格、离岸价格、出口价格、审定价格等作为价格依据，和以规定的价格依据与一些价格因素组成的价格标准为价格依据。

（1）进口货物完税价格筹划

进口货物以海关审定的正常成交价格为基础的到岸价格作为完税价格。到岸价格包括货价，加上货物运抵中华人民共和国关境内输入地点起卸前的包装费、运费、保险费和其他劳务费等费用。我国对进口货物的海关估价主要有两种情况：一是海关审查可确定的完税价格；二是成交价格经海关审查未能确定的。成交价格实际上是指进口货物的买方为购买该项货物而向卖方实际支付的或应当支付的价格，该成交价格的核心内容是货物本身的价格（即不包括运保费、杂费的货物价格）。该价格除包括货物的生产、销售等成本费用外，还包括买方在成交价格之外另行向卖方支付的佣金。筹划时可选择同类产品中成交价格比较低的、运输、杂项费用相对小的货物进口，才能降低完税价格。

（2）出口货物完税价格筹划

出口商品的海关估价应是成交价格，即该出口商品售予境外的应售价格。应售价格应由出口商品的境内生产成本、合理利润及外贸所需的储运、保险等费用组成，也就是扣除关税后的离岸价格。需要注意的是，出口货物的离岸价格，应以该项货物运离国境前的最后一个口岸的离岸价格为实际离岸价格。如果该项货物从内地起运，则从内地口岸至国境口岸所支付的国内段运输费用应予扣除。另外出口货物的成交价格如为货价加运费价格，或为国外口岸的到岸价格时，则应先扣除运费并扣除保险费后，再按规定公式计算完税价格。当运费成本在价格中所占比重较大时，这一点就显得更为重要。另外，如果在成交价格外，还支付了国外的与此项业务有关的佣金，则应该在纳税申报表上单独列明。这样，该项佣金就可予以扣除。但如未单独列明，则不予以扣除。

3.避免反倾销税筹划

中国加入WTO，国内企业面对的是一个统一的全球市场，从而其对外商品和劳务的出口规模和品种将会进一步扩大。但是出口也可能会遭遇进口方竞争者的倾销起诉，及倾销成立后的反倾销税，而高税率的反倾销税则能够使好不容易取得的市场丧失殆尽。因此国内企业在进行对外贸易时，必须全面地了解贸易伙伴的关税政策，并做好各种准备，提防出口产品受到倾销指控；若遇到被征收反倾销税，也应积极应诉，以维护自己在国际市场上的正当利益。

任务实施

2019年10月烟台新泰酒业有限公司应征关税：

进口啤酒数量：335×1 000×24÷1 000＝8 040（升）

关税税额：7.5×8 040＝60 300（元）

任务拓展

跨境电商告别行邮税时代

2016年4月8日起，对跨境电子商务零售（企业对消费者，B2C）进口商品按照货物征收关税和进口环节增值税、消费税，购买跨境电子商务零售进口商品的个人作为纳税义务人，实际交易价格（包括货物零售价格、运费和保险费）作为完税价格，电子商务企业、电子商务交易平台企业或物流企业可作为代收代缴义务人。

目前，个人自用、数量合理的跨境电子商务零售进口商品在实际操作中按照邮递物品征收行邮税。行邮税针对的是非贸易属性的进境物品，将关税和进口环节增值税、消费税三税合并征收，税率普遍低于同类进口货物的综合税率。并且行邮税还享有一定的免税额，即对货值在5 000元人民币以下的随身行李、税额在50元人民币以下的邮递物品予以免征。

在实际操作中，目前海外购物对象主要是食品、保健品、母婴产品、化妆品等个人生活消费品，价格比较低，很多包裹进境不用交税。

同时，考虑到大部分消费者的合理消费需求，政策将单次交易限值由行邮税政策中的1 000元（港澳台地区为800元）提高至2 000元，同时将个人年度交易限值设置为20 000元。在限值以内进口的跨境电子商务零售进口商品，关税税率暂设为0，进口环节增值税、消费税取消免征税额，暂按法定应纳税额的70%征收。

超过单次限值、累加后超过个人年度限值的单次交易，以及完税价格超过 2 000 元限值的单个不可分割商品，均将按照一般贸易方式全额征税。

以澳洲奶粉为例，两罐奶粉的价格一般为450元左右，奶粉的行邮税税率为10%，那么消费者购买两罐奶粉应交税45元，由于没到50元的行邮税起征点，相当于税率为0。税改后，无论价值是否到500元，都需要交11.9%的税，需要支付的价格就上涨到503.55元，交的税多了53元。

考虑到现行监管条件，暂时将能够提供交易、支付、物流等电子信息的跨境电子商务零售进口商品纳入政策实施范围。不属于跨境电子商务零售进口的个人物品以及无法提供有关电子信息的跨境电子商务零售进口商品，仍将按现行规定执行。

同步训练

答案与解析

一、单选题

1.根据关税的有关规定，下列不属于关税纳税人的是（　　　）。

　　A.外贸出口公司

　　B.工贸或农贸结合的进口公司

　　C.经营出口货物的收货人

　　D.个人邮递物品的收件人

2.根据关税的有关规定，下列选项中，应征收关税的是（　　　）。

　　A.无商业价值的广告品及货样

　　B.进出境运输工具装载的途中必需的燃料、物料和饮食用品

　　C.外国企业无偿赠送的物资

　　D.一票货物关税税额在人民币50元以下的

3.根据关税法律制度的规定，下列关于进出口货物适用税率表述正确的是（　　　）。

　　A.进口货物到达前，经海关核准先行申报的，应当按照装载此货物的运输工具申报进境之日实施的税率征税

　　B.分期支付租金的租赁进口货物，分期付税时，应按缴税之日的税率征税

　　C.对经批准缓税进口的货物以后交税时，不论是分期或一次交清税款，都应该按照交税当日的税率征税

　　D.查获的走私进口货物需要补税时，应按货物原进口之日的税率征税

4.甲企业2017年7月1日免税进口一台机器设备，到岸价格为300万元，海关规定

的监管年限为2年。甲企业于2019年3月31日将该设备出售，则甲企业应补交关税的完税价格的下列计算，正确的是（　　　）。

　　A. 300×［1−9÷（2×12）］＝187.5（万元）

　　B. 300×（1−9÷12）＝75（万元）

　　C. 300×［1−15÷（2×12）］＝112.5（万元）

　　D. 300×9÷12＝225（万元）

二、多选题

1.根据关税法律制度的规定，旅客携运进出境的行李物品有（　　　）情形之一的，海关暂不予放行。

　　A.旅客不能当场缴纳进境物品税款的

　　B.进出境的物品属于许可证件管理的范围，但旅客不能当场提交的

　　C.进出境的物品超出自用合理数量，按规定应当办理货物报关手续或其他海关手续，其尚未办理的

　　D.对进出境物品的属性、内容存疑，需要由有关主管部门进行认定、鉴定、核验的

2.根据关税法律制度的规定，下列各项中，应当计入出口关税完税价格的有（　　　）。

　　A.出口关税

　　B.出口货物装船以后发生的费用

　　C.出口货物在成交价格中未单独列明的支付给国外的佣金

　　D.出口货物在成交价格以外买方另行支付的货物包装费

3. 2019年10月，甲企业进口一辆小汽车自用，支付买价17万元，卖方佣金3万元，货物运抵我国关境内输入地点起卸前的运费和保险费共计3万元，货物运抵我国关境内输入地点起卸后的运费和保险费共计2万元，另支付买方佣金1万元。已知关税税率为20%，消费税税率为25%，城建税税率为7%，教育费附加征收率为3%。假设无其他纳税事项，则下列关于甲企业相关税金的计算，正确的有（　　　）。

　　A.应纳进口关税＝（17＋3＋3＋2＋1）×20%

　　B.应纳进口环节消费税＝（17＋3＋3）×（1＋20%）÷（1−25%）×25%

　　C.应纳进口环节增值税＝（17＋3＋3）×（1＋20%）÷（1−25%）×17%

　　D.应纳城建税和教育费附加1.34万元

三、案例分析

位于市区的甲企业2019年12月5日进口一批原材料，境外成交价格为100万元，到

达我国境内输入地点起卸前的运费保险费合计20万元，支付给境外自己采购代理人的佣金10万元，支付给其他中介机构的佣金10万元，缴纳了相关税费后，海关放行，并取得了海关增值税专用缴款书。原材料运抵我国境内之后，运输到甲企业的不含增值税运费为5万元，甲企业取得了增值税专用发票。

　　要求：请问甲企业进口原材料应缴纳的关税是多少？

任务 6.2 城市维护建设税和教育费附加纳税实务与筹划

知识准备

城市维护建设税是以纳税人实际缴纳的增值税、消费税税额为计税依据所征收的附加税，主要目的是筹集城镇设施建设和维护资金。1985年2月8日国务院发布《中华人民共和国城市维护建设税暂行条例》，对外商投资企业、外国企业和外籍个人暂不征收城市维护建设税。教育费附加是以各单位和个人实际缴纳的增值税、消费税的税额为计征依据而征收的一种费用，其目的是加快发展地方教育事业，扩大地方教育经费资金来源。1986年4月28日国务院发布了《征收教育费附加的暂行规定》，自1986年7月1日起施行，对外商投资企业、外国企业和外籍个人暂不征收教育费附加。为统一税制，公平税负，2010年10月18日，国务院发布了《关于统一内外资企业和个人城市维护建设税和教育费附加制度的通知》（国发〔2010〕35号），决定自2010年12月1日起，对外商投资企业、外国企业和外籍个人征收城市维护建设税和教育费附加。

一、城市维护建设税

1.纳税人

城市维护建设税的纳税人，是指实际缴纳增值税、消费税的单位和个人，包括各类企业、行政单位、事业单位、军事单位、社会团体及其他单位，以及个体工商户和其他个人。自2010年12月1日起，对外商投资企业、外国企业及外籍个人征收城市维护建设税。

2.征税范围

城市维护建设税的征税范围从地域上看分布很广，具体包括城市、县城、建制镇，以及税法规定征收增值税、消费税的其他地区。

3.税率

（1）税率的具体规定。城市维护建设税实行差别比例税率。按照纳税人所在地区的不同，设置了三档比例税率：

①纳税人所在地区为市区的，税率为7%；

②纳税人所在地区为县城、镇的，税率为5%；

③纳税人所在地区不在市区、县城或者镇的，税率为1%。

（2）适用税率的确定。

①由受托方代扣代缴、代收代缴增值税、消费税的单位和个人，其代扣代缴、代收代缴的城市维护建设税按受托方所在地适用税率执行。

②流动经营等无固定纳税地点的单位和个人，在经营地缴纳增值税、消费税的，其城市维护建设税的缴纳按经营地适用税率执行。

4.计税依据

城市维护建设税的计税依据，是纳税人实际缴纳的增值税、消费税税额。纳税人因违反增值税、消费税有关规定而加收的滞纳金和罚款，不作为城市维护建设税的计税依据，但纳税人在被查补增值税、消费税和被处以罚款时，应同时对其城市维护建设税进行补税、征收滞纳金和罚款。

5.应纳税额的计算

城市维护建设税应纳税额的计算比较简单，计税方法基本上与增值税、消费税一致，其计算公式为：

应纳税额＝实际缴纳的增值税、消费税税额之和×适用税率

| 练一练 |

【例题6-2】甲公司为国有企业，位于某市东城区，2019年11月应缴增值税90 000元，实际缴纳增值税80 000元；应缴消费税70 000元，实际缴纳消费税60 000元。已知适用的城市维护建设税率为7%，计算该公司当月应纳城市维护建设税税额。

解析：根据城市维护建设税法律制度规定，城市维护建设税以纳税人实际缴纳的增值税、消费税为计税依据。

应纳城市维护建设税税额＝（80 000＋60 000）×7%＝140 000×7%＝9 800（元）

6.税收优惠

城市维护建设税属于增值税、消费税的一种附加税，原则上不单独规定税收减免条款。如果税法规定减免增值税、消费税，也就相应地减免了城市维护建设税。现行城市维护建设税的减免规定主要有：

（1）海关对进口产品代征的增值税、消费税，不征收城市维护建设税。

（2）对由于减免增值税、消费税而发生退税的，可同时退还已征收的城市维护建设税。但对出口产品退还增值税、消费税的，不退还已缴纳的城市维护建设税。

（3）对增值税、消费税实行先征后返、先征后退、即征即退办法的，除另有规定外，对随增值税、消费税附征的城市维护建设税，一律不予退（返）还。

7.申报与缴纳

（1）纳税义务发生时间。城市维护建设税以纳税人实际缴纳的增值税、消费税为计税依据，分别与增值税、消费税同时缴纳，说明城市维护建设税纳税义务发生时间基本上与增值税、消费税纳税义务发生时间一致，应该参照"销售货物或者提供应税劳务，为收讫销售款或者取得索取销售款凭据的当天"的原则确定。

（2）纳税地点。纳税人缴纳增值税、消费税的地点，就是该纳税人缴纳城市维护建设税的地点。有特殊情况的，按下列原则和办法确定纳税地点：

①代扣代缴、代收代缴增值税、消费税的单位和个人，同时也是城市维护建设税的代扣代缴、代收代缴义务人，其纳税地点为代扣代收地。

②对流动经营等无固定纳税地点的单位和个人，应随同增值税、消费税在经营地纳税。

（3）纳税期限。由于城市维护建设税是由纳税人在缴纳增值税、消费税的同时缴纳的，所以其纳税期限分别与增值税、消费税的纳税期限一致。根据增值税和消费税暂行条例规定，增值税、消费税的纳税期限均分别为1日、3日、5日、10日、15日、1个月或者1个季度。

城市维护建设税的纳税期限应比照上述增值税、消费税的纳税期限，由主管税务机关根据纳税人应纳税额大小分别核定；不能按照固定期限纳税的，可以按次纳税。

申报表

8.纳税筹划

城市维护建设税是对缴纳增值税、消费税（以下简称"两税"）的单位和个人，以其实际缴纳的"两税"税额为计税依据而征收的一种税。它是以纳税人实际缴纳的"两税"税额为计税依据，附加于"两税"税额，本身没有独立的征税对象。城建税采取地区差别比例税率，即按照纳税人所在地区的不同，分别设置了7%、5%和1%三个档次的税率。所以城建税的筹划只能从"两税"和税率的角度来筹划。

（1）计税依据筹划。正如增值税、消费税纳税筹划部分所述，通过降低增值税、消费税，来达到降低城建税计税依据的目的。

（2）税率筹划。在纳税地点方面，城建税一般规定是与缴纳增值税、消费税的地点是相同的，但是也有特殊规定。如对代征代扣"两税"的单位和个人，其城市维护建设税的纳税地点在代征代扣地，由受托方按其所在地适用的税率缴纳城市维护建设税；对流动经营等无固定纳税地点的单位和个人，应该随同"两税"在经营地按适用税率缴纳。在同等情况下，可以选择更低一级行政区域的客户。

二、教育费附加

1.征收范围

教育费附加的征收范围为税法规定征收增值税、消费税的单位和个人。自2010年12月1日起，对外商投资企业、外国企业及外籍个人征收教育费附加。

2.计征依据

教育费附加以纳税人实际缴纳的增值税、消费税税额之和为计征依据。

3.征收比率

按照1994年2月7日《国务院关于教育费附加征收问题的紧急通知》的规定，现行教育费附加征收比率为3%。

4.计算与缴纳

（1）计算公式：应纳教育费附加＝实际缴纳增值税、消费税税额之和×征收比率

┃练一练┃

【例题6-3】某大型国有商场2019年12月应缴纳增值税260 000元，实际缴纳增值税200 000元；实际缴纳消费税100 000元。计算该商场当月应纳教育费附加。

解析：应纳教育费附加＝（200 000＋100 000）×3%＝300 000×3%＝9 000（元）

（2）费用缴纳。教育费附加分别与增值税、消费税税款同时缴纳。

5.减免规定

教育费附加的减免，原则上比照增值税、消费税的减免规定。如果税法规定增值税、消费税减免，则教育费附加也就相应地减免。主要的减免规定有：

（1）对海关进口产品征收的增值税、消费税，不征收教育费附加。

（2）对由于减免增值税、消费税而发生退税的，可同时退还已征收的教育费附加。但对出口产品退还增值税、消费税的，不退还已征收的教育费附加。

任务实施

2019年10月，烟台新泰酒业有限公司应纳城建税税额为：

（360 000＋850 000）×7%＝84 700（元）

应纳教育费附加为：（360 000＋850 000）×3%＝36 300（元）

申报表填写见二维码。

申报表

任务拓展

地方教育费附加

地方教育费附加是指根据国家有关规定，为实施"科教兴省"战略，增加地方教育的资金投入，促进各省、自治区、直辖市教育事业发展，开征的一项地方政府性基金。该收入主要用于各地方的教育经费的投入补充。

按照地方教育费附加使用管理规定，在各省、直辖市的行政区域内，凡缴纳增值税、消费税的单位和个人，都应按规定缴纳地方教育费附加。

地方教育费附加＝（增值税＋消费税）×2%

同步训练

答案与解析

一、单选题

1.某市工业企业2019年10月进口货物，向海关缴纳增值税20万元、消费税10万元、关税2万；向当地主管税务机关实际缴纳增值税50万元、消费税15万元、企业所得税20万元。已知城建税税率为7%，教育费附加征收率为3%，则该企业当月应缴纳城建税和教育费附加合计为（　　）。

    A.4.9万元　　　　　　　　　　B.6.5万元

    C.8.1万元　　　　　　　　　　D.9.7万元

2.根据城市维护建设税法律制度的规定，下列关于城市维护建设税表述中，不正确的是（　　）。

    A.对出口产品退还增值税的，可同时退还已缴纳的城市维护建设税

    B.海关对进口产品代征的增值税，不征收城市维护建设税

    C.由受托方代扣代缴、代收代缴增值税、消费税的单位和个人，其代扣代缴、代收代缴的城市维护建设税按受托方所在地适用税率执行

    D.纳税人因违反增值税、消费税的有关规定而加收的滞纳金和罚款，不作为城市维护建设税的计税依据

二、多选题

下列关于城建税计税依据的说法中，正确的有（　　）。

    A.城建税的计税依据为纳税人应缴纳的增值税、消费税税额

    B.纳税人因违反增值税有关规定而加收的滞纳金和罚款，应作为城建税的计税

依据

C.纳税人在被查补消费税时，应同时对其城建税进行补税、征收滞纳金和罚款

D.纳税人在被处以消费税罚款时，应同时对其城建税进行补税、征收滞纳金和罚款

任务 6.3　资源税纳税实务与筹划

知识准备

资源税是对在我国境内从事应税矿产品开采或生产盐的单位和个人征收的一种税。1993年12月25日国务院令第139号发布，2011年9月30日国务院令第605号修订《中华人民共和国资源税暂行条例》（以下简称《资源税暂行条例》）。经国务院批准，自2014年12月1日起，财政部、国家税务总局对原油、天然气资源税进行了从价计征改革。随后，又陆续对资源税税率和计税依据进行了调整。2016年7月1日，国家对21种资源品目和未列举名称的其他金属矿实行从价计征。2019年8月26日，第十三届全国人民代表大会常务委员会第十二次会议通过最新资源税税法，该法自2020年9月1日起施行。1993年12月25日国务院发布的《中华人民共和国资源税暂行条例》同时废止。

一、资源税纳税人

资源税的纳税人，是在中华人民共和国领域和中华人民共和国管辖的其他海域开发应税资源的单位和个人。这里所称单位，是指国有企业、集体企业、私营企业、股份制企业、其他企业和行政单位、事业单位、军事单位、社会团体及其他单位；这里所称个人，是指个体经营者和其他个人。收购未税矿产品的单位为资源税的扣缴义务人。收购未税矿产品的单位，是指独立矿山、联合企业和其他单位。

|练一练|

【例题6-4】（多选题）根据资源税法律制度的规定，下列单位和个人的生产经营行为应缴纳资源税的有（　　　）。

A.冶炼企业进口铁矿石　　　　　　　B.个体经营者开采煤矿

C.军事单位开采石油　　　　　　　　D.中外合作开采天然气

答案：BCD。根据资源税纳税人的规定，对在境内开采应税矿产品的单位和个人征收资源税，进口资源产品不征收资源税；中外合作开采石油、天然气，按照现行规定征收资源税。

二、资源税征税范围

应税资源的具体范围，由资源税税法所附《资源税税目税率表》（以下称《税目税率表》）确定。我国目前资源税的征税范围仅涉及矿产品和盐两大类，具体包括：

1.能源矿产。包括原油，天然气、页岩气、天然气水合物，煤炭，煤成（层）气，铀、钍，油页岩、油砂、天然沥青、石煤，地热。

2.金属矿产。包括黑色金属和有色金属。

3.非金属矿产。包括矿物类、岩石类、宝玉石类。

4.水气矿产。包括二氧化碳气、硫化氢气、氦气、氧气，矿泉水。

5.盐。包括钠盐、钾盐、镁盐、锂盐，天然卤水，海盐。

纳税人开采或者生产应税产品自用的，应当依照法律规定缴纳资源税；但是，自用于连续生产应税产品的，不缴纳资源税。

|练一练|

【例题6-5】（多选题）下列各项中，属于资源税征税范围的是（　　　　）。

A.人造石油　　　　　　　　　　B.已税原煤加工的洗煤、选煤

C.海盐　　　　　　　　　　　　D.煤层气

答案：CD。按照现行资源税征税范围规定，人造石油和已税原煤加工的洗煤、选煤不征收资源税，而海盐和煤层气均属于资源税征收范围。

三、资源税税目

现行资源税税目包括能源矿产、金属矿产、非金属矿产、水气矿产等矿产品，以及盐等资源品目。应税产品为矿产品的，包括原矿和选矿产品，具体按照《税目税率表》相关规定执行。

四、资源税税率

资源税的税率，依照《税目税率表》执行。

《税目税率表》中规定实行幅度税率的，其具体适用税率由省、自治区、直辖市人民政府统筹考虑该应税资源的品位、开采条件以及对生态环境的影响等情况，在《税目税率表》规定的税率幅度内提出，报同级人民代表大会常务委员会决定，并报全国人民代表大会常务委员会和国务院备案。

资源税的税目、征税对象、税率依照《税目税率表》（见表6-1）及财政部有关规定执行。

表6-1 税目税率表

	税目	征税对象	税率
能源矿产	原油	原矿	6%
	天然气、页岩气、天然气水合物	原矿	6%
	煤炭	原矿或者选矿	2%—10%
	煤成（层）气	原矿	1%—2%
	铀、钍	原矿	4%
	油页岩、油砂、天然沥青、石煤	原矿或者选矿	1%—4%
	地热	原矿	1%—20%或者每立方米1—30元
金属矿产	黑色金属 铁、锰、铬、钒、钛	原矿或者选矿	1%-9%
	有色金属 铜、铅、锌、锡、镍、锑、镁、钴、铋、汞	原矿或者选矿	2%—10%
	铝土矿	原矿或者选矿	2%—9%
	钨	选矿	6.5%
	钼	选矿	8%
	金、银	原矿或者选矿	2%—6%
	铂、钯、钌、锇、铱、铑	原矿或者选矿	5%—10%
	轻稀土	选矿	7%—12%
	中重稀土	选矿	20%
	铍、锂、锆、锶、镓、铯、铌、钽、锗、镓、铟、铊、铪、铼、镉、硒、碲	原矿或者选矿	2%—10%
非金属矿产	矿物类 高岭土	原矿或者选矿	1%—6%
	石灰岩	原矿或者选矿	1%—6%或者每吨（或者每立方米）1—10元
	磷	原矿或者选矿	3%—8%
	石墨	原矿或者选矿	3%—12%
	萤石、硫铁矿、自然硫	原矿或者选矿	1%—8%
	天然石英砂、脉石英、粉石英、水晶、工业用金刚石、冰洲石、蓝晶石、硅线石、长石、滑石、刚玉、菱镁矿、颜料矿物、天然碱、芒硝、钠硝石、明矾石、砷、硼、碘、溴、膨润土、硅藻土、陶瓷土、耐火黏土、铁矾土、凹凸棒石黏土、海泡石黏土、伊利石黏土、累托石黏土	原矿或选矿	1%—12%

（续表）

税目			征税对象	税率
非金属矿产	矿物类	叶腊石、硅灰石、透辉石、珍珠岩、云母、沸石、重晶石、毒重石、方解石、蛭石、透闪石、工业用电气石、白垩、石棉、兰石棉、红柱石、石榴子石、石膏	原矿或选矿	2%—12%
		其他黏土	原矿或选矿	1%—5%或者每吨（或者每立方米）0.1—5元
	岩石类	大理岩、花岗岩、白云岩、石英岩、砂岩、辉绿岩、安山岩、闪长岩、板岩、玄武岩、片麻岩、角闪岩、页岩、浮石、凝灰岩、黑曜岩、霞石正长岩、蛇纹岩、麦饭石、泥灰岩、含钾岩石、含钾砂页岩、天然油石、橄榄岩、松脂岩、粗面岩、辉长岩、辉石岩、正长岩、火山灰、火山渣、泥炭	原矿或者选矿	1%—6%
		砂石	原矿或者选矿	1%—5%或者每吨（或者每立方米）0.1—5元
	宝玉石类	宝石、玉石、宝石级金刚石、玛瑙石、黄宇、碧玺	原矿或者选矿	4%—20%
水气矿产		二氧化碳气、硫化氢气、氦气、氧气	原矿	2%—5%
		矿泉水	原矿	1%—20%或者每吨（或者每立方米）1—30元
盐		钠盐、钾盐、镁盐、锂盐	选矿	3%—15%
		天然卤水	原矿	3%—15%或者每吨（或者每立方米）1—10元
		海盐		2%—5%

纳税人开采或者生产不同税目应税产品的，应当分别核算不同税目应税产品的销售额或者销售数量；未分别核算或者不能准确提供不同税目应税产品的销售额或者销售数量的，从高适用税率。纳税人开采销售共伴生矿，共伴生矿与主矿产品销售额分开核算的，对共伴生矿暂不计征资源税；没有分开核算的，共伴生矿按主矿产品的税目和适用税率计征资源税。财政部、国家税务总局另有规定的，从其规定。

独立矿山、联合企业收购未税矿产品的单位，按照本单位应税产品税额标准，依据收购的数量代扣代缴资源税。其他收购单位收购的未税矿产品，按税务机关核定的应税产品税额标准，依据收购的数量代扣代缴资源税。

五、资源税计税依据

资源税按照《税目税率表》实行从价计征或者从量计征。

《税目税率表》中规定可以选择实行从价计征或者从量计征的，具体计征方式由省、自治区、直辖市人民政府提出，报同级人民代表大会常务委员会决定，并报全国人民代表大会常务委员会和国务院备案。

实行从价计征的，应纳税额按照应税资源产品（以下称应税产品）的销售额乘以具体适用税率计算。实行从量计征的，应纳税额按照应税产品的销售数量乘以具体适用税率计算。

（一）销售额

1.销售额是指纳税人销售应税矿产品向购买方收取的全部价款和价外费用，但不包括收取的增值税销项税额和运杂费用。价外费用，包括价外向购买方收取的手续费、补贴、基金、集资费、返还利润、奖励费、违约金、滞纳金、延期付款利息、赔偿金、代收款项、代垫款项、包装费、包装物租金、储备费、优质费以及其他各种性质的价外收费。运杂费用是指应税产品从坑口或洗选（加工）地到车站、码头或购买方指定地点的运输费用、建设基金以及随运销产生的装卸、仓储、港杂费用。运杂费用应与销售额分别核算，凡未取得相应凭据或不能与销售额分别核算的，应当一并计征资源税。但下列项目不包括在内：

（1）同时符合以下条件的代垫运输费用：

①承运部门的运输费用发票开具给购买方的；

②纳税人将该项发票转交给购买方的。

（2）同时符合以下条件代为收取的政府性基金或者行政事业性收费：

①由国务院或者财政部批准设立的政府性基金，由国务院或者省级人民政府及其财政、价格主管部门批准设立的行政事业性收费；

②收取时开具省级以上财政部门印制的财政票据；

③所收款项全额上缴财政。

2.纳税人以人民币以外的货币结算销售额的，应当折合成人民币计算。其销售额的人民币折合率可以选择销售额发生的当天或者当月1日的人民币汇率中间价。纳税人应在事先确定采用何种折合率计算方法，确定后1年内不得变更。

3.纳税人将其开采的原煤，自用于连续生产洗选煤的，在原煤移送使用环节不缴纳资源税；将开采的原煤加工为洗选煤销售的，以洗选煤销售额乘以折算率作为应税煤炭销售额，计算缴纳资源税。

洗选煤销售额包括洗选副产品的销售额，不包括洗选煤从洗选煤厂到车站、码头等的运输费用。

折算率可通过洗选煤销售额和洗选环节成本、利润计算，也可通过洗选煤市场价格与其所用同类原煤市场价格的差额及综合回收率计算。折算率由省、自治区、直辖市财税部门或其授权地市级财税部门确定。

纳税人同时以自采未税原煤和外购已税原煤加工洗选煤的，应当分别核算；未分别核算的，按上述规定，计算缴纳资源税。纳税人将其开采的原煤自用于其他方面的，视同销售原煤；将其开采的原煤加工为洗选煤自用的，视同销售洗选煤缴纳资源税。

4.征税对象为选矿的，纳税人销售原矿时，应将原矿销售额换算为选矿销售额缴纳资源税；征税对象为原矿的，纳税人销售自采原矿加工的选矿，应将选矿销售额折算为原矿销售额缴纳资源税。换算比或折算率原则上应通过原矿售价、选矿售价和选矿比计算，也可通过原矿销售额、加工环节平均成本和利润计算。

金矿以标准金锭为征税对象，纳税人销售金原矿、金选矿的，应比照上述规定将其销售额换算为金锭销售额缴纳资源税。换算比或折算率应按简便可行、公平合理的原则，由省级财税部门确定，并报财政部、国家税务总局备案。

纳税人销售其自采原矿的，可采用成本法或市场法将原矿销售额换算为选矿销售额计算缴纳资源税。其中成本法公式为：

选矿销售额＝原矿销售额＋原矿加工为选矿的成本×（1＋成本利润率）

市场法公式为：

选矿销售额＝原矿销售额×换算比

换算比＝同类选矿单位价格÷（原矿单位价格×选矿比）

选矿比＝加工选矿耗用的原矿数量÷选矿数量

5.纳税人申报的应税产品销售额明显偏低并且无正当理由的、有视同销售应税产品行为而无销售额的，除财政部、国家税务总局另有规定外，按下列顺序确定销售额：

（1）按纳税人最近时期同类产品的平均销售价格确定；

（2）按其他纳税人最近时期同类产品的平均销售价格确定；

（3）按组成计税价格确定。

组成计税价格为：组成计税价格＝成本×（1＋成本利润率）÷（1－税率）

公式中的成本是指应税产品的实际生产成本。公式中的成本利润率由省、自治区、直辖市税务机关确定。

（二）销售数量

1.纳税人开采或者生产应税产品销售的，以实际销售数量为销售数量。

2.纳税人开采或者生产应税产品自用的，以移送时的自用数量为销售数量。自产自用包括生产自用和非生产自用。

3.纳税人不能准确提供应税产品销售数量或移送使用数量的，以应税产品的产量或按主管税务机关确定的折算比换算成的数量为计征资源税的销售数量。纳税人将其开采的矿产品原矿自用于连续生产选矿产品，无法提供移送使用原矿数量的，可将其选矿按选矿比折算成原矿数量，以此作为销售数量。

4.纳税人的减税、免税项目，应当单独核算销售额和销售数量；未单独核算或者不能准确提供销售额和销售数量的，不予减税或者免税。

六、资源税应纳税额的计算

资源税的应纳税额，按照从价定率或者从量定额的办法，分别以应税产品的销售额乘以纳税人具体适用的比例税率或者以应税产品的销售数量乘以纳税人具体适用的定额税率计算。计算公式如下：

1.实行从价定率计征办法的应税产品，资源税应纳税额按销售额和比例税率计算

应纳税额＝应税产品的销售额×适用的比例税率

2.实行从量定额计征办法的应税产品，资源税应纳税额按销售数量和定额税率计算

应纳税额＝应税产品的销售数量×适用的定额税率

3.扣缴义务人代扣代缴资源税应纳税额的计算

代扣代缴应纳税额＝收购未税矿产品的数量×适用的定额税率

│练一练│

【例题6-6】某铜矿2019年8月销售当月产铜矿石原矿取得销售收入600万元，销售选矿取得收入1 200万元。已知：该矿山铜矿选矿换算比为20%，适用的资源税税率为6%。计算该铜矿8月应纳资源税税额。

解析：因为铜矿计税依据为选矿，因此应将原矿销售额换算为选矿销售额。

（1）该铜矿当月应税产品销售额＝600×20%＋1 200＝1 320（万元）

（2）该铜矿8月应纳资源税税额＝1 320×6%＝79.2（万元）

七、资源税税收优惠

（一）有下列情形之一的，免征资源税

1.开采原油以及在油田范围内运输原油过程中用于加热的原油、天然气；

2.煤炭开采企业因安全生产需要抽采的煤成（层）气。

（二）有下列情形之一的，减征资源税

1.从低丰度油气田开采的原油、天然气，减征百分之二十资源税。

低丰度油气田，包括陆上低丰度油田、陆上低丰度气田、海上低丰度油田、海上低丰度气田。陆上低丰度油田是指每平方公里原油可开采储量丰度低于二十五万立方米的油田；陆上低丰度气田是指每平方公里天然气可开采储量丰度低于二亿五千万立方米的气田；海上低丰度油田是指每平方公里原油可开采储量丰度低于六十万立方米的油田；海上低丰度气田是指每平方公里天然气可开采储量丰度低于六亿立方米的气田。

2.高含硫天然气、三次采油和从深水油气田开采的原油、天然气，减征百分之三十资源税。

高含硫天然气，是指硫化氢含量在每立方米三十克以上的天然气。三次采油，是指二次采油后继续以聚合物驱、复合驱、泡沫驱、气水交替驱、二氧化碳驱、微生物驱等方式进行采油。深水油气田，是指水深超过三百米的油气田。

3.稠油、高凝油减征百分之四十资源税。

稠油，是指地层原油黏度大于或等于每秒五十毫帕或原油密度大于或等于每立方厘米零点九二克的原油。高凝油，是指凝固点高于四十摄氏度的原油。

4.从衰竭期矿山开采的矿产品，减征百分之三十资源税。

衰竭期矿山，是指设计开采年限超过十五年，且剩余可开采储量下降到原设计可开采储量的百分之二十以下或者剩余开采年限不超过五年的矿山。衰竭期矿山以开采企业下属的单个矿山为单位确定。

根据国民经济和社会发展需要，国务院对有利于促进资源节约集约利用、保护环境等情形可以规定免征或者减征资源税，报全国人民代表大会常务委员会备案。

（三）有下列情形之一的，省、自治区、直辖市可以决定免征或者减征资源税

1.纳税人在开采或者生产应税产品过程中，因意外事故或者自然灾害等遭受重大损失；

2.纳税人开采共伴生矿、低品位矿、尾矿。

前款规定的免征或者减征资源税的具体办法，由省、自治区、直辖市人民政府提出，报同级人民代表大会常务委员会决定，并报全国人民代表大会常务委员会和国务院备案。

八、资源税的申报与缴纳

（一）纳税义务发生时间

资源税在应税产品的销售或自用环节计算缴纳。以自采原矿加工选矿产品的，在原

矿移送使用时不缴纳资源税，在选矿销售或自用时缴纳资源税。

纳税人以自采原矿加工金锭的，在金锭销售或自用时缴纳资源税。纳税人销售自采原矿或者自采原矿加工的金选矿、粗金，在原矿或者金选矿、粗金销售时缴纳资源税，在移送使用时不缴纳资源税。

1.纳税人销售应税资源品目采取分期收款结算方式的，其纳税义务发生时间，为销售合同规定的收款日期的当天。

2.纳税人销售应税资源品目采取预收货款结算方式的，其纳税义务发生时间，为发出应税产品的当天。

3.纳税人销售应税资源品目采取其他结算方式的，其纳税义务发生时间，为收讫销售款或者取得索取销售款凭据的当天。

4.纳税人自产自用应税资源品目的纳税义务发生时间，为移送使用应税产品的当天。

5.扣缴义务人代扣代缴税款的纳税义务发生时间，为支付首笔货款或者开具应支付货款凭据的当天。

（二）纳税地点

1.凡是缴纳资源税的纳税人，都应当向应税产品的开采地或者盐生产所在地主管税务机关缴纳税款。

2.纳税人在本省、自治区、直辖市范围内开采或者生产应税产品，其纳税地点需要调整的，由所在省、自治区、直辖市税务机关决定。

3.纳税人跨省开采资源税应税产品，其下属生产单位与核算单位不在同一省、自治区、直辖市的，对其开采的矿产品一律在开采地纳税。实行从量计征的应税产品，其应纳税款由独立核算的单位，按照每个开采地或者生产地的实际销售量（或者自用量）及适用的单位税额计算划拨；实行从价计征的应税产品，其应纳税款由独立核算的单位按照每个开采地或者生产地的销售量（或自用量）单位销售价格及适用税率计算划拨。

4.扣缴义务人代扣代缴的资源税，应当向收购地主管税务机关缴纳。

（三）纳税期限

资源税按月或者按季申报缴纳；不能按固定期限计算缴纳的，可以按次申报缴纳。纳税人按月或者按季申报缴纳的，应当自月度或者季度终了之日起十五日内，向税务机关办理纳税申报并缴纳税款；按次申报缴纳的，应当自纳税义务发生之日起十五日内，向税务机关办理纳税申报并缴纳税款。

申报表

九、纳税筹划

1.利用税收优惠政策进行筹划

纳税人应充分了解并运用税法中的优惠政策，以减轻税收负担。资源税贯彻普遍征收、级差调节的原则思想，因此规定的减免税项目比较少。

2.利用折算比进行筹划

通过企业自身估计的实际综合回收率或选矿比与税务机关确定的综合回收率或选矿比进行比较，选择比例高的核算方式。

3.不同应税产品分开核算的筹划

纳税人如有兼营不同税目的产品或减免税项目的产品，一定要单独且准确核算，以避免不必要的税收支出。

任务实施

根据资源税的有关规定，不同的结算方式，纳税义务发生时间有较大差异。合理筹划以求延期纳税从而受益。

（1）纳税人将开采的原煤加工为洗选煤销售的，应当计算缴纳资源税。

（2）洗选煤销售额包括洗选副产品的销售额，不包括洗选煤从洗选煤厂到车站、码头等的运输费用，因此，甲企业取得的从洗煤厂到码头的不含增值税运费收入20万元不缴纳资源税。

（3）甲企业销售上述洗煤应缴纳的资源税 $= 1\,000 \times 10 \times 80\% \times 10\% = 800$（万元）。

任务拓展

水资源税

在河北省试点水资源税改革一年半后，自2018年12月1日起，北京、天津、山西、内蒙古、河南、山东、四川、宁夏、陕西等9省（区、市）也将纳入水资源税改革试点，用税收杠杆抑制不合理用水行为。

财政部、国家税务总局、水利部28日联合发文，宣布水资源税改革试点扩围，并表示试点旨在为全面推开改革积累经验，待条件成熟后择机在全国全面推开改革。

水资源税账单

征税对象：江、河、湖泊（含水库）等地表水和地下水。

纳税人：直接取用地表水、地下水的单位和个人。但包括家庭生活和零星散养、圈养畜禽饮用等少量取用水在内，有六种情形可不缴纳资源税。

纳税原则：税费平移，总体不增加企业和居民正常生产生活用水负担。但按不同取用水性质实行差别税额，地下水税额要高于地表水，超采区地下水税额要高于非超采区，超采区取用地下水税额加征1至4倍；对超计划或超定额用水加征1至3倍；对特种行业从高征税；对超过规定限额的农业生产取用水、农村生活集中式饮水工程取用水等从低征税。同时，办法规定了限额内农业生产取用水免税、对取用污水处理再生水免税等六种税收减免情形。

征收方：水资源税由税务机关依法征收管理，水利部门负责核准取用水量，纳税人依法办理纳税申报。试点期水资源税收入全部留归地方。

我国人均水资源量仅为世界平均水平的28%。南方水资源相对丰富，北方水资源紧缺，尤其华北地区供需矛盾较大，地下水超采总量及超采面积占全国1/2。随着我国经济社会不断发展，水已经成为我国严重短缺的产品和制约环境质量的主要因素。

扩大水资源税试点是否会增加居民用水负担？这是大众关心的一个话题。对此，专家回应：扩大水资源税改革试点采取差别征税政策，既可抑制不合理用水需求，又不影响社会基本用水需要。费改税后，居民和一般工商业企业税额标准基本没有改变，不会增加负担。对合理的农业生产取用水量予以免税，超过限额的部分从低征税，不增加农民负担。

同步训练

答案与解析

一、单选题

1.根据资源税法律制度的规定，下列关于资源税的纳税人或扣缴义务人的说法中，正确的是（　　）。

　　A.在我国开采石油的企业，为资源税的纳税人

　　B.扣缴义务人代扣代缴税款的纳税义务发生时间，为支付最后一笔货款的当天

　　C.资源税扣缴义务人，应当向扣缴义务人机构所在地的税务机构纳税

　　D.独立矿山收购未税矿产品，按照收购地的税率代扣代缴资源税

2.某煤矿2019年11月用其自采的原煤加工洗选煤300万吨，为职工宿舍供暖使用3万吨，对外销售180万吨。已知该煤矿每吨洗选煤不含增值税售价为800元（不含从坑口到车站、码头等的运输费用），适用的资源税税率为5%，洗选煤折算率为80%。该煤矿11月应缴纳资源税（　　）。

　　A. 5 760万元　　　　　　　　　　　　B. 5 856万元

　　C. 7 200万元　　　　　　　　　　　　D. 7 320万元

3.根据资源税法律制度的规定，下列各项中，不正确的是（　　）。

A.开采原油过程中，用于加热、修井的原油免税

B.纳税人开采或者生产应税产品过程中，因意外事故或者自然灾害等原因遭受重大损失的，可以直接免税

C.对依法在建筑物下、铁路下、水体下通过充填开采方式采出的矿产资源，资源税减征50%

D.低丰度油气田资源税暂减征20%

二、多选题

1.根据资源税法律制度的规定，下列资源税应税产品中，从价计征资源税的有（　　）。

　　A.原煤　　　　　　　　　　　　B.稀土

　　C.钨　　　　　　　　　　　　　D.黏土

2.根据资源税法律制度的规定，下列关于资源税的表述中，不正确的有（　　）。

A.纳税人开采销售共伴生矿，共伴生矿与主矿产品销售额分开核算的，对共伴生矿暂不计征资源税

B.纳税人开采销售共伴生矿，共伴生矿与主矿产品销售额没有分开核算的，对共伴生矿不征资源税

C.纳税人开采或者生产不同税目应税产品的，应当分别核算不同税目应税产品的销售额或销售数量

D.纳税人开采或者生产不同税目应税产品的，未分别核算或者不能准确提供不同税目应税产品的销售额或者销售数量的，从低适用税率

3.根据资源税法律制度的规定，下列各项中，属于资源税征税范围的有（　　）。

　　A.砂石　　　　　　　　　　　　B.海水晒制的盐

　　C.金锭　　　　　　　　　　　　D.人造石油

三、案例分析题

某开采镍矿的企业于2019年11月销售自产的原矿1 000吨，每吨单价900元（不含增值税，下同）；销售自采的镍矿连续加工的选矿800吨，每吨单价1 700元。已知计算该企业镍矿选矿比为1∶54，按照市场法计算资源税，镍矿资源税税率为6%，则该企业当月应纳多少资源税？

任务6.4　城镇土地使用税纳税实务与筹划

知识准备

城镇土地使用税是国家在城市、县城、建制镇和工矿区范围内，对使用土地的单位和个人，以其实际占用的土地面积为计税依据，按照规定的税额计算征收的一种税。1988年9月27日国务院颁布《中华人民共和国城镇土地使用税暂行条例》（以下简称《城镇土地使用税暂行条例》）。2006年12月30日国务院对《城镇土地使用税暂行条例》进行了修订。之后，财政部、国家税务总局又陆续发布了一些有关城镇土地使用税的规定、办法。这些构成了我国城镇土地使用税的法律制度。

一、城镇土地使用税纳税人

城镇土地使用税的纳税人，是指在税法规定的征税范围内使用土地的单位和个人。所谓单位包括国有企业、集体企业、私营企业、股份制企业、外商投资企业、外国企业以及其他企业和事业单位、社会团体、国家机关、军队以及其他单位。个人，包括个体工商户以及其他个人。

城镇土地使用税的纳税人，根据用地者的不同情况分别确定为：

1.城镇土地使用税由拥有土地使用权的单位或个人缴纳。

2.拥有土地使用权的纳税人不在土地所在地的，由代管人或实际使用人缴纳。

3.土地使用权未确定或权属纠纷未解决的，由实际使用人纳税。

4.土地使用权共有的，共有各方均为纳税人，由共有各方分别纳税。土地使用权共有的，以共有各方实际使用土地的面积占总面积的比例，分别计算缴纳城镇土地使用税。

二、城镇土地使用税征税范围

城镇土地使用税的征税范围是税法规定的纳税区域内的土地。凡在城市、县城、建制镇、工矿区范围内的土地，不论是属于国家所有的土地，还是集体所有的土地，都属于城镇土地使用税的征税范围。

城市，是指国务院批准设立的市。城市的征税范围包括市区和郊区。县城，是指县人民政府所在地，县城的征税范围为县人民政府所在地的城镇。建制镇，是经省级人民政府批准设立的建制镇，建制镇的征税范围为镇人民政府所在地的地区，但不包括镇政府所在地所辖行政村。工矿区，是指工商业比较发达，人口比较集中，符合国务院规定的建制镇标准，但尚未设立建制镇的大中型工矿企业所在地。工矿区的设立必须经省级人民政府批准。城市、县城、建制镇和工矿区虽然有行政区域和城建区域之分，但区域中的不同地方，其自然条件和经济繁荣程度各不相同，各省级人民政府可根据税法的规定，具体划定本地城市、县城、建制镇和工矿区的具体征税范围。

建立在城市、县城、建制镇和工矿区以外的工矿企业则不需缴纳城镇土地使用税。

自2009年1月1日起，公园、名胜古迹内的索道公司经营用地，应按规定缴纳城镇土地使用税。

三、城镇土地使用税税率

城镇土地使用税采用定额税率，按大、中、小城市和县城、建制镇、工矿区分别规定每平方米城镇土地使用税年应纳税额。大、中、小城市以公安部门登记在册的非农业正式户口人数为依据，按照国务院颁布的《城市规划条例》中规定的标准划分。人口在50万以上的为大城市；人口在20万—50万的为中等城市；人口在20万以下的为小城市。

城镇土地使用税每平方米年税额标准具体规定如下：大城市1.5—30元；中等城市1.2—24元；小城市0.9—18元；县城、建制镇、工矿区0.6—12元。

城镇土地使用税规定幅度税额，而且每个幅度税额的差距为20倍。这主要考虑我国各地存在着悬殊的土地级差收益，同一地区内不同地段的市政建设情况和经济发展程度也有较大的差别。省、自治区、直辖市人民政府，在上述规定的税额幅度内，根据市政建设情况、经济繁荣程度等条件，确定所辖地区的适用税额幅度。经济落后地区，城镇土地使用税的适用税额标准可适当降低，但降低幅度不得超过上述规定最低税额的30%。经济发达地区，城镇土地使用税的适用税额可以适当提高，但须经财政部批准。这样，各地在确定不同地段的等级和适用税额时，就有选择余地，尽可能做到平衡税负。

四、城镇土地使用税计税依据

城镇土地使用税的计税依据是纳税人实际占用的土地面积。土地面积以平方米为计量标准。具体按以下办法确定：

1.凡由省级人民政府确定的单位组织测定土地面积的，以测定的土地面积为准。

2.尚未组织测定，但纳税人持有政府部门核发的土地使用证书的，以证书确定的土地面积为准。

3.尚未核发土地使用证书的，应由纳税人据实申报土地面积，并据以纳税，待核发土地使用证书后再做调整。

五、城镇土地使用税应纳税额的计算

城镇土地使用税以纳税人实际占用的土地面积为计税依据，按照规定的适用税额计算征收。其应纳税额计算公式为：

年应纳税额＝实际占用应税土地面积（平方米）×适用税额

│练一练│

【例题6-7】某企业实际占地面积为20 000平方米，经税务机关核定，该企业所在地段适用城镇土地使用税税率每平方米税额为2元。计算该企业全年应缴纳的城镇土地使用税税额。

解析：该企业年应缴纳的城镇土地使用税税额＝实际占用应税土地面积（平方米）×适用税额＝20 000×2＝40 000（元）。

六、城镇土地使用税税收优惠

（一）下列用地免征城镇土地使用税

1.国家机关、人民团体、军队自用的土地。

2.由国家财政部门拨付事业经费的单位自用的土地。

3.宗教寺庙、公园、名胜古迹自用的土地。

4.市政街道、广场、绿化地带等公共用地。

5.直接用于农、林、牧、渔业的生产用地。

6.经批准开山填海整治的土地和改造的废弃土地，从使用的月份起免缴土地使用税5—10年。

7.由财政部另行规定免税的能源、交通、水利设施用地和其他用地。

（二）税收优惠的特殊规定

1.城镇土地使用税与耕地占用税的征税范围衔接

为避免对一块土地同时征收耕地占用税和城镇土地使用税，凡是缴纳了耕地占用税的，从批准征用之日起满1年后征收城镇土地使用税；征用非耕地因不需要缴纳耕地占用税，应从批准征用之次月起征收城镇土地使用税。

2.免税单位与纳税单位之间无偿使用的土地

对免税单位无偿使用纳税单位的土地（如公安、海关等单位使用铁路、民航等单位的土地），免征城镇土地使用税；对纳税单位无偿使用免税单位的土地，纳税单位应照章缴纳城镇土地使用税。

3.房地产开发公司开发建造商品房的用地

房地产开发公司开发建造商品房的用地，除经批准开发建设经济适用房的用地外，对各类房地产开发用地一律不得减免城镇土地使用税。

4.基建项目在建期间的用地

对基建项目在建期间使用的土地，原则上应征收城镇土地使用税。但对有些基建项目，特别是国家产业政策扶持发展的大型基建项目占地面积大，建设周期长，在建期间又没有经营收入，纳税确有困难的，可由各省、自治区、直辖市税务局根据具体情况予以免征或减征城镇土地使用税；对已经完工或已经使用的建设项目，其用地应照章征收城镇土地使用税。

5.城镇内的集贸市场（农贸市场）用地

城镇内的集贸市场（农贸市场）用地，按规定应征收城镇土地使用税。为了促进集贸市场的发展及照顾各地的不同情况，各省、自治区、直辖市税务局可根据具体情况，自行确定对集贸市场用地征收或者免征城镇土地使用税。

6.防火、防爆、防毒等安全防范用地

对于各类危险品仓库、厂房所需的防火、防爆、防毒等安全防范用地，可由各省、自治区、直辖市税务局确定，暂免征收城镇土地使用税；对仓库库区、厂房本身用地，应依法征收城镇土地使用税。

7.搬迁企业的用地

（1）企业搬迁后原场地不使用的、企业范围内荒山等尚未利用的土地，免征城镇土地使用税。免征税额由企业在申报缴纳城镇土地使用税时自行计算扣除，并在申报表附表或备注栏中做相应说明。

（2）对搬迁后原场地不使用的和企业范围内荒山等尚未利用的土地，凡企业申报暂免征收城镇土地使用税的，应事先向土地所在地的主管税务机关报送有关部门的批准文件或认定书等相关证明材料，以备税务机关查验。具体报送材料由各省、自治区、直辖市和计划单列市地方税务局确定。

（3）企业按上述规定暂免征收城镇土地使用税的土地开始使用时，应从使用的次月起自行计算和申报缴纳城镇土地使用税。

8.企业的铁路专用线、公路等用地

对企业的铁路专用线、公路等用地除另有规定者外，在企业厂区（包括生产、办公及生活区）以内的，应照章征收城镇土地使用税；在厂区以外，与社会公用地段未加隔离的，暂免征收城镇土地使用税。

9.企业范围内的荒山、林地、湖泊等占地

对2014年以前已按规定免征城镇土地使用税的企业范围内荒山、林地、湖泊等片地，自2014年1月1日至2015年12月31日，按应纳税额减半征收城镇土地使用税；自2016年1月1日起，全额征收城镇土地使用税。

10.石油天然气（含页岩气、煤层气）生产企业用地

（1）下列石油天然气生产建设用地暂免征收城镇土地使用税：

①地质勘探、钻井、井下作业、油气田地面工程等施工临时用地；

②企业厂区以外的铁路专用线、公路及输油（气、水）管道用地；

③油气长输管线用地。

（2）在城市、县城、建制镇以外工矿区内的消防、防洪排涝、防风、防沙设施用地，暂免征收城镇土地使用税。

（3）除上述列举免税的土地外，其他油气生产及办公、生活区用地，依照规定征收城镇土地使用税。享受上述税收优惠的用地，用于非税收优惠用途的，不得享受税收优惠。

11.林业系统用地

（1）对林区的育林地、运材道、防火道、防火设施用地，免征城镇土地使用税。

（2）林业系统的森林公园、自然保护区可比照公园免征城镇土地使用税。

（3）林业系统的林区贮木场、水运码头用地，原则上应按税法规定缴纳城镇土地使用税，考虑到林业系统目前的困难，为扶持其发展，暂予免征城镇土地使用税。

（4）除上述列举免税的土地外，对林业系统的其他生产用地及办公、生活区用地，均应征收城镇土地使用税。

12.盐场、盐矿用地

（1）对盐场、盐矿的生产厂房、办公、生活区用地，应照章征收城镇土地使用税。

（2）盐场的盐滩、盐矿的矿井用地，暂免征收城镇土地使用税。

（3）对盐场、盐矿的其他用地，由各省、自治区、直辖市税务局根据实际情况，确定征收城镇土地使用税或给予定期减征、免征的照顾。

13.矿山企业用地

（1）矿山的采矿场、排土场、尾矿库、炸药库的安全区，以及运矿运岩公路、尾矿

输送管道及回水系统用地，免征城镇土地使用税。

（2）对位于城镇土地使用税征税范围内的煤炭企业已取得土地使用权、未利用的塌陷地，征收城镇土地使用税。除上述规定外，对矿山企业的其他生产用地及办公、生活区用地，均应征收城镇土地使用税。

14.电力行业用地

（1）火电厂厂区围墙内的用地均应征收城镇土地使用税。对厂区围墙外的灰场、输灰管、输油（气）管道、铁路专用线用地，免征城镇土地使用税；厂区围墙外的其他用地，应照章征税。

（2）水电站的发电厂房用地（包括坝内、坝外式厂房），生产、办公、生活用地，应征收城镇土地使用税；对其他用地给予免税照顾。

（3）对供电部门的输电线路用地、变电站用地，免征城镇土地使用税。

15.水利设施用地

（1）水利设施及其管护用地（如水库库区、大坝、堤防、灌渠、泵站等用地），免征城镇土地使用税；其他用地，如生产、办公、生活用地，应照章征税。

（2）对兼有发电的水利设施用地城镇土地使用税的征免，具体办法比照电力行业征免城镇土地使用税的有关规定办理。

16.交通部门港口用地

（1）对港口的码头（即泊位，包括岸边码头、堤岸、堤坝、校桥等）用地，免征城镇土地使用税。

（2）对港口的露天堆货场用地，原则上应征收城镇土地使用税。企业纳税确有困难的，可由各省、自治区、直辖市税务局根据其实际情况，给予定期减征或免征城镇土地使用税的照顾。除上述规定外，港口的其他用地，应按规定征收城镇土地使用税。

17.民航机场用地

（1）机场飞行区（包括跑道、滑行道、停机坪、安全带、夜航灯光区）用地、场内外通信导航设施用地和飞行区四周排水防洪设施用地，免征城镇土地使用税。

（2）在机场道路中，场外道路用地免征城镇土地使用税；场内道路用地依照规定征收城镇土地使用税。

（3）机场工作区（包括办公、生产和维修用地及候机楼、停车场）用地、生活区用地、绿化用地，均须依照规定征收城镇土地使用税。

18.老年服务机构自用的土地

老年服务机构是指专门为老年人提供生活照料、文化、护理、健身等多方面服务的福利性、非营利性的机构，主要包括老年社会福利院、敬老院（养老院）、老年服务中心、老年公寓（含老年护理院、康复中心、托老所）等老年服务机构自用土地免征城镇土地使用税。

19.邮政部门的土地

对邮政部门坐落在城市、县城、建制镇、工矿区范围内的土地，应当依法征收城镇土地使用税；对坐落在城市、县城、建制镇、工矿区范围以外的，尚在县邮政局内核算的土地，在单位财务账中划分清楚的，不征收城镇土地使用税。

20.国家机关、军队、人民团体、财政补助事业单位、居民委员会、村民委员会拥有的体育场馆，用于体育活动的土地，免征城镇土地使用税。

经费自理事业单位、体育社会团体、体育基金会、体育类民办非企业单位拥有并运营管理的体育场馆，符合相关条件的，其用于体育活动的土地，免征城镇土地使用税。

企业拥有并运营管理的大型体育场馆，其用于体育活动的土地，减半征收城镇土地使用税。

享受上述税收优惠体育场馆的运动场地用于体育活动的天数不得低于全年自然天数的70%。

21. 2019年1月1日至2020年12月31日，对向居民供热收取采暖费的供热企业，为居民供热所使用的厂房及土地免征城镇土地使用税；对供热企业其他厂房及土地，应当按照规定征收城镇土地使用税。

七、城镇土地使用税的申报与缴纳

2019年9月23日，《国家税务总局关于修订城镇土地使用税和房产税申报表单的公告》（国家税务总局公告2019年第32号）规定，自2019年10月1日起，城镇土地使用税和房产税合并申报，以进一步减少纳税人申报次数，提升办税便利化水平。

（一）纳税义务发生时间

1.纳税人购置新建商品房，自房屋交付使用之次月起，缴纳城镇土地使用税。

2.纳税人购置存量房，自办理房屋权属转移、变更登记手续，房地产权属登记机关签发房屋权属证书之次月起，缴纳城镇土地使用税。

3.纳税人出租、出借房产，自交付出租、出借房产之次月起，缴纳城镇土地使用税。

4.以出让或转让方式有偿取得土地使用权的，应由受让方从合同约定交付土地时间的次月起缴纳城镇土地使用税；合同未约定交付土地时间的，由受让方从合同签订的次月起缴纳城镇土地使用税。

5.纳税人新征用的耕地，自批准征用之日起满1年时开始缴纳土地使用税。

6.纳税人新征用的非耕地，自批准征用次月起缴纳城镇土地使用税。

（二）纳税地点

城镇土地使用税在土地所在地缴纳。

纳税人使用的土地不属于同一省、自治区、直辖市管辖的，由纳税人分别向土地所在地税务机关缴纳城镇土地使用税；在同一省、自治区、直辖市管辖范围内，纳税人跨地区使用的土地，其纳税地点由各省、自治区、直辖市地方税务局确定。

（三）纳税期限

城镇土地使用税按年计算、分期缴纳，具体纳税期限由省、自治区、直辖市人民政府确定。

申报表

八、纳税筹划

城镇土地使用税纳税筹划的思路有以下几条：

1.从经营用地的所属区域上考虑节税

经营者占有并实际使用的土地，其所在区域直接关系到缴纳城镇土地使用税数额的大小。因此经营者可以结合投资项目的实际需要在下列几个方面进行选择：

一是在征税区与非征税区之间选择。二是在经济发达与经济欠发达的省份之间选择。三是在同一省份内的大中小城市以及县城和工矿区之间做出选择。在同一省份内的大中小城市、县城和工矿区内的土地使用税税额同样有差别。四是在同一城市、县城和工矿区之内的不同等级的土地之间做出选择。例如广州市的市区土地就划分了十个级别，最高一级与最低一级每平方米相差6.5元。

2.从纳税义务发生的时间上考虑节税

一是发生涉及购置房屋的业务时考虑节税。涉及房屋购置业务时，城镇土地使用税规定了如下纳税义务发生时间：

（1）纳税人购置新建商品房的，自房屋交付使用的次月起纳税。

（2）纳税人购置存量房，自办理房屋权属转移、变更登记手续，房地产权属登记机关签发房屋权属证书之次月起纳税。

因此，对于购置方来说，应尽量缩短取得房屋所有权与实际经营运行之间的时间差。

二是对于新办企业或需要扩大规模的老企业，在征用土地时，可以在是否征用耕地与非耕地之间做筹划。因为政策规定，纳税人新征用耕地，自批准征用之日起满一年时开始缴纳土地使用税，而征用非耕地的，则需自批准征用的次月就应该纳税。

三是选择经过改造才可以使用的土地。政策规定，经批准开山填海整治的土地和改造的废弃土地，从使用月份起免征土地使用税5—10年。

3.从纳税地点上考虑节税

关于城镇土地使用税的纳税地点，政策规定为"原则上在土地所在地缴纳"。但对于跨省份或虽在同一个省、自治区、直辖市但跨地区的纳税人的纳税地点上，也是有文章可做的。这里的节税途径的实质就是尽可能选择税额标准最低的地方纳税。这对于目前不断扩大规模的集团性公司显得尤为必要。

任务实施

烟台市新泰酒业有限责任公司拥有烟台市繁华地段、市区及市郊的土地使用权，因此每年均应按规定计缴城镇土地使用税。其2019年应纳税额的计算过程如下：

公司占地应纳税额＝1 800×27＝48 600（元）

仓库占地应纳税额＝1 000×4＝4 000（元）

该公司2019年应纳税额＝48 600＋4 000＝52 600（元）

任务拓展

城镇土地使用税与耕地占用税

耕地占用税是对占用耕地建房或者从事非农业建设的单位或者个人，就其实际占用的耕地面积按照规定的适用税额一次性征收的一种税。它属于对特定土地资源占用课税。

城镇土地使用税和耕地占用税的不同之处在于，耕地占用税是在全国范围内，就改变耕地用途的行为在土地取得环节一次性征收的税种，目的是保护耕地。而城镇土地使用税是在城市、县城、建制镇和工矿区范围内，在土地的持有和使用环节征收的一种税，目的是引导企业集约、节约土地，促进土地资源的合理配置。城镇土地使用税按年计算，分期缴纳。城镇土地使用税和耕地占用税是在不同环节征收的税种，因此，占用耕地的纳税人在缴纳耕地占用税以后，在土地持有和使用过程中仍要缴纳城镇土地使用税。但是在占用耕地的当年，考虑到纳税人已经支付了较高的补偿费，缴纳了耕地占用税，因此，《城镇土地使用税暂行条例》将其缴纳城镇土地使用税的纳税义务发生时间设置为批准征用耕地的1年以后，从而保证耕地占用税和城镇土地使用税的合理衔接。

同步训练

答案与解析

一、单选题

1.某人民团体2019年初拥有A、B两栋自用写字楼，A栋占地3 500平方米，B栋占地1 000平方米。该人民团体于1月1日将B栋出租给某企业用于办公，租期为1年。当地城镇土地使用税的单位税额为每平方米20元，该人民团体2019年应缴纳城镇土地使用税（　　）。

    A. 15 000元　　　　　　　　　　　　B. 20 000元

    C. 90 000元　　　　　　　　　　　　D. 0

2.下列关于城镇土地使用税的说法中，不正确的是（　　）。

    A.凡由省级人民政府确定的单位组织测定土地面积的，以测定的土地面积为准

    B.尚未组织测定，但纳税人持有政府有关部门核发的土地使用证书的，以证书确定的土地面积为准

    C.尚未核发土地使用证书的，应由纳税人据实申报土地面积，并据以纳税，待核发土地使用证书后再做调整

    D.对于纳税单位无偿使用免税单位的土地，应免征城镇土地使用税

二、多选题

1.根据城镇土地使用税法律制度的有关规定，下列有关城镇土地使用税的表述中，说法正确的有（　　）。

    A.城镇土地使用税由拥有土地使用权的单位或个人缴纳

    B.拥有土地使用权的纳税人不在土地所在地的，由代管人或实际使用人缴纳

    C.土地使用权未确定或权属纠纷未解决的，由实际使用人纳税

    D.土地使用权共有的，共有方均为纳税人，由共有各方分别纳税

2.根据城镇土地使用税法律制度的有关规定，下列各项中，属于城镇土地使用税征税范围的有（　　）。

    A.市区内某工厂用地

    B.镇政府所在地所辖行政村的集体土地

    C.工矿区内的集体土地

    D.县政府所在地的国有土地

3.下列关于城镇土地使用税税收优惠政策的表述中，正确的有（　　）。

    A.对林区的运材道，免征城镇土地使用税

    B.经批准开山填海整治的土地和改造的废弃土地，从使用的月份起免缴城镇土地使用税5—10年

    C.房地产开发公司开发建造商品房的用地，一律不予免征城镇土地使用税

    D.对于盐场的生产厂房，免征城镇土地使用税

4.下列关于城镇土地使用税税收优惠政策的表述中,正确的有(　　)。

A.企业拥有并运营管理的大型体育场馆,其用于体育活动的土地,减半征收城镇土地使用税

B.对港口的码头用地,免征城镇土地使用税

C.油气长输管线用地暂免征城镇土地使用税

D.在机场道路中,场外道路用地应征城镇土地使用税;场内道路用地免征城镇土地使用税

5.根据城镇土地使用税法律制度的规定,下列关于城镇土地使用税纳税义务发生时间的表述中,正确的有(　　)。

A.纳税人新征用的耕地,自批准征用之日起满1年时开始缴纳城镇土地使用税

B.纳税人出租房产,自交付出租房产之次月起,缴纳城镇土地使用税

C.纳税人以出让方式有偿取得土地使用权,合同约定交付土地时间的,自合同约定交付土地时间的次月起缴纳城镇土地使用税

D.纳税人以出让方式有偿取得土地使用权,合同未约定交付土地时间的,自合同签订的次月起缴纳城镇土地使用税

任务 6.5　房产税纳税实务与筹划

知识准备

房产税是以房产为征税对象，按照房产的计税价值或房产租金收入向房产所有人或经营管理人等征收的一种税。1986 年 9 月 15 日国务院颁布《中华人民共和国房产税暂行条例》（以下简称《房产税暂行条例》），同年 9 月 25 日财政部、国家税务总局印发《关于房产税若干具体问题的解释和暂行规定》。之后，国务院以及财政部、国家税务总局又陆续发布了一些有关房产税的规定、办法，这些构成了我国的房产税法律制度。

一、房产税纳税人

房产税的纳税人，是指在我国城市、县城、建制镇和工矿区内拥有房屋产权的单位和个人，具体包括产权所有人、承典人、房产代管人或者使用人。

房产税的征税对象是房屋。所谓房屋是指有屋面和围护结构（有墙或两边有柱），能够遮风避雨，可供人们在其中生产、工作、学习、娱乐、居住或储藏物资的场所。

1. 产权属于国家所有的，其经营管理的单位为纳税人；产权属于集体和个人的，集体单位和个人为纳税人。

所称单位，包括国有企业、集体企业、私营企业、股份制企业、外商投资企业、外国企业以及其他企业和事业单位、社会团体、国家机关、军队以及其他单位；所称个人，包括个体工商户以及其他个人。

2. 产权出典的，承典人为纳税人。在房屋的管理和使用中，产权出典，是指产权所有人为了某种需要，将自己房屋的产权，在一定期限内转让（出典）给他人使用而取得出典价款的一种融资行为。产权所有人（房主）称为房屋出典人；支付现金或实物取得房屋支配权的人称为房屋的承典人。承典人向出典人交付一定的典价后，在质典期内获取抵押物品的支配权，并可转典。产权的典价一般要低于卖价。出典人在规定期间内须归还典价的本金和利息，方可赎回出典房屋的产权。由于在房屋出典期间，产权所有人已无权支配房屋，因此，税法规定对房屋具有支配权的承典人为纳税人。

3.产权所有人、承典人均不在房产所在地的，房产代管人或者使用人为纳税人。

4.产权未确定以及租典纠纷未解决的，房产代管人或者使用人为纳税人。租典纠纷，是指产权所有人在房产出典和租赁关系上，与承典人、租赁人发生各种争议，特别是有关权利和义务的争议悬而未决的。此外，还有一些产权归属不清的问题，也都属于租典纠纷。

5.纳税单位和个人无租使用房产管理部门、免税单位及纳税单位的房产，由使用人代为缴纳房产税。

房地产开发企业建造的商品房，在出售前，不征收房产税，但对出售前房地产开发企业已使用或出租、出借的商品房应按规定征收房产税。

| 练一练 |

【例题6-8】张某将个人拥有产权的房屋出典给李某，则李某为该房屋房产税的纳税人。判断是否正确。

解析：正确。房产税法律制度规定，房屋出典的，承典人为房产税的纳税人。题中表述是正确的。

二、房产税征税范围

房产税的征税范围为城市、县城、建制镇和工矿区的房屋。其中，城市是指国务院批准设立的市，其征税范围为市区、郊区和市辖县城，不包括农村；县城是指未设立建制镇的县人民政府所在地的地区；建制镇是指经省、自治区、直辖市人民政府批准设立的建制镇；工矿区是指工商业比较发达，人口比较集中，符合国务院规定的建制镇的标准，但尚未设立建制镇的大中型工矿企业所在地。在工矿区开征房产税必须经省、自治区、直辖市人民政府批准。

独立于房屋之外的建筑物，如围墙、烟囱、水塔、菜窖、室外游泳池等不属于房产税的征税范围。

三、房产税税率

我国现行房产税采用比例税率。从价计征和从租计征实行不同标准的比例税率。

1.从价计征的，税率为1.2%。

2.从租计征的，税率为12%。

四、房产税计税依据

房产税以房产的计税价值或房产租金收入为计税依据。按房产计税价值征税的，称为从价计征；按房产租金收入征税的，称为从租计征。

（一）从价计征的房产税的计税依据

从价计征的房产税，以房产余值为计税依据。房产税依照房产原值一次减除10%—30%后的余值计算缴纳。具体扣减比例由省、自治区、直辖市人民政府确定。

1.房产原值，是指纳税人按照会计制度规定，在账簿固定资产科目中记载的房屋原价。自2009年1月1日起，对依照房产原值计税的房产，不论是否记载在会计账簿固定资产科目中，均应按照房屋原价计算缴纳房产税。房屋原价应根据国家有关会计制度规定进行核算。对纳税人未按国家会计制度核算并记载的，应按规定予以调整或重新评估。

2.房产余值，是房产的原值减除规定比例后的剩余价值。

3.房屋附属设备和配套设施的计税规定。

房产原值应包括与房屋不可分割的各种附属设备或一般不单独计算价值的配套设施。主要有：暖气、卫生、通风、照明、煤气等设备；各种管线，如蒸汽、压缩空气、石油、给水排水等管道及电力、电讯、电缆导线；电梯、升降机、过道、晒台等。

凡以房屋为载体，不可随意移动的附属设备和配套设施，如给排水、采暖、消防、中央空调、电气及智能化楼宇设备等，无论在会计核算中是否单独记账与核算，都应计入房产原值，计征房产税。

纳税人对原有房屋进行改建、扩建的，要相应增加房屋的原值。对更换房屋附属设备和配套设施的，在将其价值计入房产原值时，可扣减原来相应设备和设施的价值；对附属设备和配套设施中易损坏、需要经常更换的零配件，更新后不再计入房产原值。

4.对于投资联营的房产的计税规定。

（1）对以房产投资联营、投资者参与投资利润分红、共担风险的，将房产余值作为计税依据计缴房产税。

（2）对以房产投资收取固定收入、不承担经营风险的，实际上是以联营名义取得房屋租金，应以出租方取得的租金收入为计税依据计缴房产税。

此外，对融资租赁房屋的情况，由于租赁费包括购进房屋的价款、手续费、借款利息等，与一般房屋出租的租金内涵不同，且租赁期满后，当承租方偿还最后一笔租赁费时，房屋产权要转移到承租方。这实际是一种变相的分期付款购买固定资产的形式，所以在计征房产税时应以房产余值计算征收。由承租人自融资租赁合同约定开始日的次月起依照房产余值缴纳房产税。合同未约定开始日的，由承租人自合同签订的次月起依照房产余值缴纳房产税。

5.居民住宅区内业主共有的经营性房产的计税规定。

从2007年1月1日起，对居民住宅内业主共有的经营性房产，由实际经营（包括自营和出租）的代管人或使用人缴纳房产税。其中自营的依照房产原值减除10%－30%后的余值计征，没有房产原值或不能将业主共有房产与其他房产的原值准确划分开的，由房产所在地地方税务机关参照同类房产核定房产原值；出租房产的，按照租金收入计征。

（二）从租计征的房产税的计税依据

房产出租的，以房屋出租取得的租金收入为计税依据，计缴房产税。计征房产税的租金收入不含增值税。

房产的租金收入，是指房屋产权所有人出租房产使用权所取得的报酬，包括货币收入和实物收入。对以劳务或其他形式为报酬抵付房租收入的，应根据当地同类房产的租金水平，确定一个标准租金额从租计征。

纳税人对个人出租房屋的租金收入申报不实或申报数与同一地段同类房屋的租金收入相比明显不合理的，税务部门可以按照《中华人民共和国税收征收管理法》的有关规定，采取科学合理的方法核定其应纳税额。

五、房产税应纳税额的计算

1.从价计征的房产税应纳税额的计算。从价计征是按房产的原值减除一定比例后的余值计征，其计算公式为：

从价计征的房产税应纳税额＝应税房产原值×（1－扣除比例）×1.2%

公式中，扣除比例幅度为10%－30%，具体减除幅度由省、自治区、直辖市人民政府规定。

2.从租计征的房产税应纳税额的计算。从租计征是按房产的租金收入计征，其计算公式为：从租计征的房产税应纳税额＝租金收入×12%

| 练一练 |

【例题6-9】（单选题）某企业一幢房产原值600 000元，已知房产税税率为1.2%，当地规定的房产税扣除比例为30%，该房产年度应缴纳的房产税税额为（   ）。

　　A.9 360元　　　　　　　　　　B.7 200元

　　C.5 040元　　　　　　　　　　D.2 160元

答案：C。应纳房产税＝600 000×（1－30%）×1.2%＝5 040（元）

六、房产税税收优惠

1.国家机关、人民团体、军队自用的房产免征房产税。但上述免税单位的出租房产以及非自身业务使用的生产、营业用房，不属于免税范围。

2.由国家财政部门拨付事业经费（全额或差额）的单位（学校、医疗卫生单位、托儿所、幼儿园、敬老院以及文化、体育、艺术类单位）所有的、本身业务范围内使用的房产免征房产税。

由国家财政部门拨付事业经费的单位，其经费来源实行自收自支后，从事业单位实行自收自支的年度起，免征房产税3年。

上述单位所属的附属工厂、商店、招待所等不属于单位公务、业务的用房，应照章纳税。

3.宗教寺庙、公园、名胜古迹自用的房产免征房产税。宗教寺庙自用的房产，是指举行宗教仪式等的房屋和宗教人员使用的生活用房屋。公园、名胜古迹自用的房产，是指供公共参观游览的房屋及其管理单位的办公用房屋。

宗教寺庙、公园、名胜古迹中附设的营业单位，如影剧院、饮食部、茶社、照相馆等所使用的房产及出租的房产，不属于免税范围，应照章征税。

4.个人所有非营业用的房产免征房产税。个人所有的非营业用房，主要是指居民住房，不分面积多少，一律免征房产税。对个人拥有的营业用房或者出租的房产，不属于免税房产，应照章征税。

5. 2019年1月1日至2020年12月31日，对向居民供热收取采暖费的供热企业，为居民供热所使用的厂房及土地免征房产税；对供热企业其他厂房及土地，应当按照规定征收房产税。

6.经财政部批准免税的其他房产。

（1）毁损不堪居住的房屋和危险房屋，经有关部门鉴定，在停止使用后，可免征房产税。

（2）纳税人因房屋大修导致连续停用半年以上的，在房屋大修期间免征房产税，免征税额由纳税人在申报缴纳房产税时自行计算扣除，并在申报表附表或备注栏中做相应说明。

纳税人房屋大修停用半年以上需要免征房产税的，应在房屋大修前向主管税务机关报送相关的证明材料，包括大修房屋的名称、坐落地点、产权证编号、房产原值、用途、房屋大修的原因、大修合同及大修的起止时间等信息和资料，以备税务机关查验。具体报送材料由各省、自治区、直辖市和计划单列市地方税务局确定。

（3）在基建工地为基建工地服务的各种工棚、材料棚、休息棚和办公室、食堂、茶炉房、汽车房等临时性房屋，施工期间一律免征房产税。但工程结束后，施工企业将这种临时性房屋交还或估价转让给基建单位的，应从基建单位接收的次月起，照章纳税。

（4）对房管部门经租的居民住房，在房租调整改革之前收取租金偏低的，可暂缓征收房产税。对房管部门经租的其他非营业用房，是否给予照顾，由各省、自治区、直辖市根据当地具体情况按税收管理体制的规定办理。

（5）对高校学生公寓免征房产税。

（6）对非营利性医疗机构、疾病控制机构和妇幼保健机构等卫生机构自用的房产，免征房产税。

（7）老年服务机构自用的房产免征房产税。

（8）对公共租赁住房免征房产税。公共租赁住房经营单位应单独核算公共租赁住房租金收入，未单独核算的，不得享受免征房产税优惠政策。

对廉租住房经营管理单位按照政府规定价格、向规定保障对象出租廉租住房的租金收入，免征房产税。

对个人出租住房，不区分用途，按4%的税率征收房产税；对企事业单位、社会团体以及其他组织按市场价格向个人出租用于居住的住房，减按4%的税率征收房产税。

（9）国家机关、军队、人民团体、财政补助事业单位、居民委员会、村民委员会拥有的体育场馆，用于体育活动的房产，免征房产税。

经费自理事业单位、体育社会团体、体育基金会、体育类民办非企业单位拥有并运营管理的体育场馆，符合相关条件的，其用于体育活动的房产，免征房产税。

企业拥有并运营管理的大型体育场馆，其用于体育活动的房产，减半征收房产税。

享受上述税收优惠体育场馆的运动场地用于体育活动的天数不得低于全年自然天数的70%。

七、房产税的申报与缴纳

（一）纳税义务发生时间

1.纳税人将原有房产用于生产经营，从生产经营之月起，缴纳房产税。

2.纳税人自行新建房屋用于生产经营，从建成之次月起，缴纳房产税。

3.纳税人委托施工企业建设的房屋，从办理验收手续之次月起，缴纳房产税。

4.纳税人购置新建商品房，自房屋交付使用之次月起，缴纳房产税。

5.纳税人购置存量房，自办理房屋权属转移、变更登记手续，房地产权属登记机关签发房屋权属证书之次月起，缴纳房产税。

6.纳税人出租、出借房产，自交付出租、出借本企业房产之次月起，缴纳房产税。

7.房地产开发企业自用、出租、出借本企业建造的商品房，自房屋使用或交付之次月起，缴纳房产税。

8.纳税人因房产的实物或权利状态发生变化而依法终止房产税纳税义务的，其应纳税款的计算截止到房产的实物或权利状态发生变化的当月末。

（二）纳税地点

房产税在房产所在地缴纳。房产不在同一地方的纳税人，应按房产的坐落地点分别向房产所在地的税务机关申报纳税。

（三）纳税期限

房产税实行按年计算、分期缴纳的征收方法，具体纳税期限由省、自治区、直辖市人民政府确定。

（四）房产税申报

详见房产税申报表及填表说明。

申报表及填表说明

八、纳税筹划

房产税税纳税筹划的思路有以下几条：

1.征税范围税收筹划

按照税法规定，房产税在城市、县城、建制镇和工矿区征收。这意味着，在这范围之外的房产不用征收房产税。因此一些对地段依赖性不是很强的纳税人可依此进行纳税筹划。如对于一些农副产品企业，生产经营往往需要一定数量的仓储库，如将这些仓储库落户在县城内，无论是否使用，每年都需按规定计算缴纳一大笔房产税和土地使用税，而将仓储库建在城郊附近的农村，虽地处偏僻，但交通便利，对公司的经营影响不大，这样每年就可节省这笔费用。

另外，按照税法规定，房产税的征税对象是房屋。企业自用房产依照房产原值一次减除10%—30%后的余值按1.2%的税率计算缴纳房产税。房产原值是指纳税人按照会计制度规定，在账簿"固定资产"科目中记载的房屋原价。因此，对于自用房产应纳房产税的筹划应当紧密围绕房产原值的会计核算进行，只要在会计核算中尽量把未纳入房产税征税范围的围墙、烟囱、水塔、变电塔、室外游泳池、地窖、池、窑、罐等建筑单独记账，就可把那些本不用缴纳的房产税节省下来。

2.计税依据税收筹划

房产税的计税依据是房产的计税价值或房产的租金收入，因此根据房产的用途可以分别进行筹划。

（1）合理分解房租收入

目前企业或者个人出租时不仅只是房屋设施自身，还有房屋内部或外部的一些附属设施及配套设施，比如机器设备、办公用具等附属用品。税法对这些设施并不征收房产税，而我们在签订房屋出租协议时，往往将房产和这些设施放在一起计算租金，这样就无形增加了企业的税负。因此我们在签订房屋租赁合同时，应合理、有效分割租赁收入，将附属设施及费用除外，以减轻房产税的税负。

（2）通过关联企业转租

实际中，我们发现不少企业与其子公司等关联企业办公地点在一起，如果企业所属地段较偏僻，可以考虑将闲置的房产出租给关联企业，再由关联企业向外出租。由于关联企业不是产权所有人，只是房产转租人，根据税法规定，转租不需缴纳房产税。这样通过将房屋出租方式由直接出租改为转租，可以减少企业的整体税负。

3.计征方式税收筹划

房产税的计税方式有从价计征和从租计征，从价计征是按房产计税余值计征，税率为1.2%，从租计征是按房产的租金收入计征，税率为12%。

随着经济的发展，房屋的租金普遍偏高，如果房屋是以前年度修建的，则其账面原值很低，这就造成了两种计征方法下税负不一致的情况，"出租"房屋要比"自用"房屋税负重。因此，要转变租赁方式，变从租计征为从价计征。

（1）将出租变为投资

企业将房屋对外出租，按规定要按租金收入缴纳房产税，如将房屋对外投资入股，参与被投资方的利润分配，共同承担风险，投资方就不用按12%的高税率缴纳房产税，而被投资方只需按房屋余值的1.2%缴纳，相比之下，这样计算的房产税要少得多。

（2）将出租变为仓储管理

出租合同中出租房屋属于从租计征的房产范围，但如果是仓储合同则属于从价计征的房产范围。虽然，租赁与仓储是两个不同的概念，租赁只需提供空房就行了，不对存放的商品负责；而仓储不仅需要添置设备设施，配备相关的人员，还要对存放的商品负责，从而增加人员的工资和经费开支，但这些开支还是远远低于节税数额，扣除这些开支后，企业还是有可观的收益的。

任务实施

烟台新泰酒业有限公司从价计征的房产原值1 000万元，税率为1.2%，从租计征的不含增值税的房租收入为1.5万元，因此2018年该公司应缴纳的房产税＝（1 000－200）×（1－30%）×1.2%＋200×（1－30%）×1.2%÷12×6＋1.5×6×12%＝8.64（万元）

任务拓展

中国房产税史，五千年的演变

中国最早的房产税

众所周知，税收是伴随着国家的产生而产生的，中国的税收起源于中国历史上第一个奴隶制国家——夏朝。夏朝的"贡"，商朝的"助"，西周的"彻"便是中国税收的雏形。

中国最早的房产税出现在西周。据《礼记·王制》记载："市廛而不税。"汉代郑玄注解：廛，市物邸舍，税其舍而不税物。廛布便是中国最早的房产税，廛指的是商人存储货物的库房，布指的是钱币。廛布的征收对象是在西周都城内有固定店铺的坐商。

间架税及房产税的后世演变

唐德宗建中年间，财政大臣赵赞以庞大的军费开支为名，向唐德宗建议向百姓征收"间架税"，唐德宗同意并颁布征收"间架税"的政令。间架税，顾名思义，间指的是房子的间数，架指的是房间的两根柱子，以此类推，两架便等于一间。

唐朝之后，统治者吸取唐德宗的经验教训，根据需要，时而征收房产税，时而不征收房产税。房产税的名称也不尽相同。例如五代和宋朝时叫"屋税"，明朝时叫"屋税""间架税"等，清朝时叫"房税""廊钞""棚租"等，民国时则叫"房捐"等。

同步训练

答案与解析

一、单选题

1.下列选项中，属于房产税征税范围的是（　　　）。

　A.工厂的烟囱　　　　　　　　　　B.室外游泳池

　C.建立在县城的办公楼　　　　　　D.水塔

2.根据房产税法律制度的规定，下列关于房产税计税依据的表述中，正确的是（　　　）。

　A.经营租赁的房产，以租金收入为计税依据，由承租方来缴纳房产税

　B.经营租赁的房产，以房产余值为计税依据，由出租方来缴纳房产税

　C.融资租赁的房产，以租金收入为计税依据，由出租方来缴纳房产税

　D.融资租赁的房产，以房产余值为计税依据，由承租方来缴纳房产税

3.某企业有原值为2 500万元的房产，2019年1月1日将其中的30%用于对外投资联营，投资期限为10年，承担投资风险。已知，当地政府规定的房产原值扣除比例为20%。根据房产税法律制度的规定，该企业2019年度应缴纳房产税（　　　）。

　A.30万元　　　　　　　　　　　　B.24万元

　C.22.80万元　　　　　　　　　　D.16.80万元

4.根据房产税的有关规定，下列说法错误的是（　　　）。

　A.纳税人将原有房产用于生产经营，从生产经营之月起，缴纳房产税

B.纳税人购置新建商品房,自房地产权属登记机关签发房屋权属证书之次月起,缴纳房产税

C.纳税人出租、出借房产,自交付出租、出借本企业房产之次月起,缴纳房产税

D.纳税人委托施工企业建设的房屋,从办理验收手续之次月起,缴纳房产税

二、多选题

1.根据房产税法律制度的规定,下列有关房产税纳税人的表述中,正确的有(　　)。

A.产权未确定以及租典纠纷未解决的,房产代管人或者使用人为纳税人

B.产权所有人、承典人均不在房产所在地的,房产代管人或者使用人为纳税人

C.产权出典的,承典人为纳税人

D.房产出租的,承租人为纳税人

2.根据房产税法律制度的规定,下列有关房产税计税依据的表述中,正确的有(　　)。

A.纳税人对原有房屋进行改建、扩建的,要相应增加房屋的原值

B.以房屋为载体,不可随意移动的附属设备和配套设施,在会计上单独记账与核算的,可不计入房产原值

C.对附属设备和配套设施中易损坏、需要经常更换的零配件,更新后不再计入房产原值

D.对更换房屋附属设备和配套设施的,在将其价值计入房产原值时,不得扣减原来相应设备和设施的价值

3.根据房产税法律制度的规定,下列表述中,正确的有(　　)。

A.公园内开设的照相馆免征房产税

B.毁损不堪居住的房屋和危险房屋,经有关部门鉴定,在停止使用后,可免征房产税

C.纳税人因房屋大修导致连续停用半年以上的,在房屋大修期间免征房产税

D.在基建工地为基建工地服务的各种工棚,在施工期间一律免征房产税

任务 6.6　土地增值税纳税实务与筹划

知识准备

一、土地增值税概述

土地增值税是对转让国有土地使用权、地上建筑物及其附着物并取得收入的单位和个人，就其转让房地产所取得的增值额征收的一种税。1993 年 12 月 13 日国务院颁布《中华人民共和国土地增值税暂行条例》（以下简称《土地增值税暂行条例》），1995 年 1 月 27 日财政部印发《中华人民共和国土地增值税暂行条例实施细则》（以下简称《土地增值税暂行条例实施细则》）。之后，财政部、国家税务总局又陆续发布了一些有关土地增值税的规定、办法，这些构成了我国的土地增值税法律制度。

二、土地增值税纳税人

土地增值税的纳税人为转让国有土地使用权、地上建筑物及其附着物（以下简称转让房地产）并取得收入的单位和个人。这里所称单位包括各类企业单位、事业单位、国家机关和社会团体及其他组织。这里所称个人包括个体经营者和其他个人。此外，还包括外商投资企业、外国企业、外国驻华机构及海外华侨、港澳台同胞和外国公民。

┃练一练┃

【例题 6-10】（多选题）下列各项中，属于土地增值税纳税人的是（　　　）。

A.转让住房的某个人　　　　　　　　B.以房抵债的某工业企业

C.转让国有土地使用权的某高等学校　　D.出租写字楼的某外资房地产开发公司

答案：ABC。选项 D：土地增值税征税范围规定，出租房地产，未发生房产产权、土地使用权的转让行为，不属于土地增值税征税范围，所以，出租写字楼的某外资房地产开发公司不是土地增值税的纳税人。

【例题 6-11】（单选题）根据土地增值税法律制度的规定，下列各项中，属于土地增值税纳税人的是( )。

A.承租商铺的张某 B.转让厂房的某企业

C.接受房屋捐赠的某学校 D.出让国有土地使用权的某市政府

答案：B。选项A，房地产出租，没有发生房屋产权、土地使用权的转让，不属于土地增值税的征税范围。选项C，接受捐赠方属于承受方，不缴纳土地增值税；另外，如果属于房产所有人、土地使用权人通过中国境内非营利的社会团体、国家机关将房屋产权、土地使用权赠予教育、民政和其他社会福利、公益事业的行为，不征收土地增值税。选项D，转让国有土地使用权征收土地增值税，出让国有土地使用权不征收土地增值税。

三、土地增值税征税范围

（一）征税范围的一般规定

1.土地增值税只对转让国有土地使用权的行为征税，对出让国有土地的行为不征税。

所谓国有土地使用权，是指土地使用人根据国家法律、合同等规定，对国家所有的土地享有的使用权利。土地增值税只对企业、单位和个人转让国有土地使用权的行为征税。《中华人民共和国土地管理法》规定，国家为了公共利益，可以依照法律规定征用集体土地，依法被征用后的土地属于国家所有。未经国家征用的集体土地不得转让，自行转让集体土地是一种违法行为，应由有关部门依照相关法律来处理，而不应纳入土地增值税的征税范围。

国有土地出让，是指国家以土地所有者的身份将土地使用权在一定年限内让与土地使用者，并由土地使用者向国家支付土地出让金的行为。由于土地使用权的出让方是国家，出让收入在性质上属于政府凭借所有权在土地一级市场上收取的租金，所以，政府出让土地的行为及取得的收入也不在土地增值税的征税之列。

2.土地增值税既对转让国有土地使用权的行为征税，也对转让地上建筑物及其他附着物产权的行为征税。

所谓地上建筑物，是指建于土地上的一切建筑物，包括地上地下的各种附属设施，如厂房、仓库、商店、医院、住宅、地下室、围墙、烟囱、电梯、中央空调、管道等。所谓附着物是指附着于土地上、不能移动，一经移动即遭损坏的种植物、养植物及其他物品。上述建筑物和附着物的所有者对自己的财产依法享有占有、使用、收益和处置的权利，即拥有排他性的全部产权。

税法规定，纳税人转让地上建筑物和其他附着物的产权，取得的增值性收入，也应计算缴纳土地增值税。换言之，纳入土地增值税征税范围的增值额，是纳税人转让房地产所取得的全部增值额，而非仅仅是土地使用权转让的收入。

3.土地增值税只对有偿转让的房地产征税，对以继承、赠予等方式无偿转让的房地产不予征税。

不征土地增值税的房地产赠予行为包括以下两种情况：

（1）房产所有人、土地使用权所有人将房屋产权、土地使用权赠予直系亲属或承担直接赡养义务人的行为；

（2）房产所有人、土地使用权所有人通过中国境内非营利的社会团体、国家机关将房屋产权、土地使用权赠予教育、民政和其他社会福利、公益事业的行为。社会团体是指中国青少年发展基金会、希望工程基金会、宋庆龄基金会、减灾委员会、中国红十字会、中国残疾人联合会、全国老年基金会、老区促进会，以及经民政部门批准成立的其他非营利的公益性组织。

（二）征税范围的特殊规定

1.企业改制重组。

（1）按照《中华人民共和国公司法》的规定，非公司制企业整体改建为有限责任公司或者股份有限公司，有限责任公司（股份有限公司）整体改建为股份有限公司（有限责任公司）。对改建前的企业将国有土地、房屋权属转移、变更到改建后的企业，暂不征土地增值税。整体改建是指不改变原企业的投资主体，并承继原企业权利、义务的行为。

（2）按照法律规定或者合同约定，两个或两个以上企业合并为一个企业，且原企业投资主体存续的，对原企业将国有土地、房屋权属转移、变更到合并后的企业，暂不征土地增值税。

（3）按照法律规定或者合同约定，企业分设为两个或两个以上与原企业投资主体相同的企业，对原企业将国有土地、房屋权属转移、变更到分立后的企业，暂不征土地增值税。

（4）单位、个人在改制重组时以国有土地、房屋进行投资，对其将国有土地、房屋权属转移、变更到被投资的企业，暂不征土地增值税。

（5）上述改制重组有关土地增值税政策不适用于房地产开发企业。

2.房地产开发企业将开发的部分房地产转为企业自用或用于出租等商业用途时，如果产权未发生转移，不征收土地增值税。

3.房地产的交换。房地产交换，是指一方以房地产与另一方的房地产进行交换的行为。由于这种行为既发生了房产产权、土地使用权的转移，交换双方又取得了实物形态的收入，属于土地增值税的征税范围。但对个人之间互换自有居住用房地产的，经当地税务机关核实，可以免征土地增值税。

4.合作建房。对于一方出地，另一方出资金，双方合作建房，建成后按比例分房自用的，暂免征收土地增值税；建成后转让的，应征收土地增值税。

5.房地产的出租。房地产出租，是指房产所有者或土地使用者，将房产或土地使用权租赁给承租人使用，由承租人向出租人支付租金的行为。房地产出租，出租人虽取得了收入，但没有发生房产产权、土地使用权的转让，因此，不属于土地增值税的征税范围。

6.房地产的抵押。房地产抵押，是指房产所有者或土地使用者作为债务人或第三人向债权人提供不动产作为清偿债务的担保而不转移权属的法律行为。这种情况下房产的产权、土地使用权在抵押期间并没有发生权属的变更，因此，对房地产的抵押，在抵押期间不征收土地增值税。待抵押期满后，视该房地产是否转移占有而确定是否征收土地增值税。对于以房地产抵债而发生房地产权属转让的，应列入土地增值税的征税范围。

7.房地产的代建行为。代建行为，是指房地产开发公司代客户进行房地产的开发，开发完成后向客户收取代建收入的行为。对于房地产开发公司而言，虽然取得了收入，但没有发生房地产权属的转移，其收入属于劳务收入性质，故不属于土地增值税的征税范围。

8.房地产的重新评估。国有企业在清产核资时对房地产进行重新评估而产生的评估增值，因其既没有发生房地产权属的转移，房产产权、土地使用权人也未取得收入，所以不属于土地增值税的征税范围。

9.土地使用者处置土地使用权。土地使用者转让、抵押或置换土地，无论其是否取得了该土地的使用权属证书，无论其在转让、抵押或置换土地过程中是否与对方当事人办理了土地使用权属证书变更登记手续，只要土地使用者享有占有、使用、收益或处分该土地的权利，且有合同等证据表明其实质转让、抵押或置换了土地并取得了相应的经济利益，土地使用者及其对方当事人就应当依照税法规定缴纳增值税、土地增值税和契税等。

四、土地增值税税率

土地增值税实行四级超率累进税率：

1.增值额未超过扣除项目金额50%的部分，税率为30%。

2.增值额超过扣除项目金额50%、未超过扣除项目金额100%的部分，税率为40%。

3.增值额超过扣除项目金额100%、未超过扣除项目金额200%的部分，税率为50%。

4.增值额超过扣除项目金额200%的部分，税率为60%。

上述所列四级超率累进税率，每级"增值额未超过扣除项目金额"的比例，均包括本比例数。四级超率累进税率及速算扣除系数见表6-2。

表6-2 土地增值税四级超率累进税率

级数	增值额与扣除项目金额的比率	税率（%）	速算扣除系数（%）
1	不超过50%的部分	30	0
2	超过50%至100%的部分	40	5
3	超过100%至200%的部分	50	15
4	超过200%的部分	60	35

| 练一练 |

【例题6-12】（单选题）下列各项中，计算应纳税额时采用超率累进税率的是（ ）。

A.土地增值税

B.个人所得税"劳务报酬所得"税目

C.个人所得税"工资、薪金所得"税目

D.个人所得税"个体工商户的生产、经营所得"税目

答案：A。选项B，通常采用20%的比例税率，但应纳税所得额超过20 000元、加成征税时，采取超额累进税率。选项C、D，采用超额累进税率。

五、土地增值税计税依据

土地增值税的计税依据是纳税人转让房地产所取得的增值额。转让房地产的增值额是纳税人转让房地产的收入减除税法规定的扣除项目金额后的余额。土地增值额的大小取决于转让房地产的收入额和扣除项目金额两个因素。

（一）应税收入的确定

根据《土地增值税暂行条例》及其实施细则的规定，纳税人转让房地产取得的应税收入，应包括转让房地产的全部价款及有关的经济收益。从收入的形式来看，包括货币收入、实物收入和其他收入。纳税人转让房地产取得的收入为不含增值税收入。

1.货币收入。货币收入，是指纳税人转让房地产而取得的现金、银行存款和国库券、金融债券、企业债券、股票等有价证券。

2.实物收入。实物收入，是指纳税人转让房地产而取得的各种实物形态的收入，如钢材、水泥等建材，房屋、土地等不动产等。对于这些实物收入一般要按照公允价值确认应税收入。

3.其他收入。其他收入，是指纳税人转让房地产而取得的无形资产收入或具有财产价值的权利，如专利权、商标权、著作权、专有技术使用权、土地使用权、商誉权等。对于这些无形资产收入一般要进行专门的评估，按照评估价确认应税收入。

纳税人取得的收入为外国货币的，应当以取得收入当天或当月1日国家公布的市场汇价折合成人民币，据以计算土地增值税税额。当月以分期收款方式取得的外币收入，也应按实际收款日或收款当月1日国家公布的市场汇价折合成人民币。

|练一练|

【例题6-13】烟台新泰酒业有限公司利用一块闲置的土地使用权换取某房地产公司的新建商品房，作为本单位职工的居住用房。由于烟台新泰酒业有限公司没有取得收入，所以，其不需要缴纳土地增值税。这种说法是否正确？

解析：这种说法是不正确的。烟台新泰酒业有限公司以地换房，虽然没有取得货币收入，但是取得了实物收入并且发生了土地使用权转移，所以，烟台新泰酒业有限公司应该缴纳土地增值税。

（二）扣除项目及其金额

依照《土地增值税暂行条例》的规定，准予纳税人从房地产转让收入额减除的扣除项目金额具体包括以下内容：

1.取得土地使用权所支付的金额

取得土地使用权所支付的金额包括以下两个方面的内容：

（1）纳税人为取得土地使用权所支付的地价款。地价款的确定有三种方式：如果是以协议、招标、拍卖等出让方式取得土地使用权的，地价款为纳税人所支付的土地出让金；如果是以行政划拨方式取得土地使用权的，地价款为按照国家有关规定补交的土地出让金；如果是以转让方式取得土地使用权的，地价款为向原土地使用权人实际支付的地价款。

（2）纳税人在取得土地使用权时按国家统一规定缴纳的有关费用和税金，指纳税人在取得土地使用权过程中为办理有关手续，必须按国家统一规定缴纳的有关登记、过户手续费和契税。

2.房地产开发成本

房地产开发成本，是指纳税人开发房地产项目实际发生的成本，包括土地的征用及拆迁补偿费、前期工程费、建筑安装工程费、基础设施费、公共配套设施费、开发间接费用等。

（1）土地征用及拆迁补偿费，包括土地征用费、耕地占用税、劳动力安置费及有关地上、地下附着物拆迁补偿的净支出、安置动迁用房支出等。

（2）前期工程费，包括规划、设计、项目可行性研究和水文、地质、勘察、测绘

"三通一平"等支出。

（3）建筑安装工程费，是指以出包方式支付给承包单位的建筑安装工程费，以自营方式发生的建筑安装工程费。

（4）基础设施费，包括开发小区内道路、供水、供电、供气、排污、排洪、通信照明、环卫、绿化等工程发生的支出。

（5）公共配套设施费，包括不能有偿转让的开发小区内公共配套设施发生的支出。

（6）开发间接费用，是指直接组织、管理开发项目发生的费用，包括工资、职工福利费、折旧费、修理费、办公费、水电费、劳动保护费、周转房摊销等。

3. 房地产开发费用

房地产开发费用，是指与房地产开发项目有关的销售费用、管理费用和财务费用。

根据现行财务会计制度的规定，这三项费用作为期间费用，按照实际发生额直接计入当期损益。但在计算土地增值税时，房地产开发费用并不是按照纳税人实际发生额进行扣除的，应分别按以下两种情况扣除：

（1）财务费用中的利息支出，凡能够按转让房地产项目计算分摊并提供金融机构证明的，允许据实扣除，但最高不能超过按商业银行同类同期贷款利率计算的金额。其他房地产开发费用（即取得土地使用权所支付的金额和房地产开发成本，下同），按规定计算的金额之和的5%以内计算扣除。计算公式为：

允许扣除的房地产开发费用＝利息＋（取得土地使用权所支付的金额＋房地产开发成本）×5%

（2）财务费用中的利息支出，凡不能按转让房地产项目计算分摊利息支出或不能提供金融机构证明的，房地产开发费用按规定计算的金额之和的10%以内计算扣除。计算扣除的具体比例，由各省、自治区、直辖市人民政府规定。计算公式为：

允许扣除的房地产开发费用＝（取得土地使用权所支付的金额＋房地产开发成本）×10%

财政部、国家税务总局对扣除项目金额中利息支出的计算问题做了两点专门规定：一是利息的上浮幅度按国家的有关规定执行，超过上浮幅度的部分不允许扣除；二是对于超过贷款期限的利息部分和加罚的利息不允许扣除。

4. 与转让房地产有关的税金

与转让房地产有关的税金，是指在转让房地产时缴纳的城市维护建设税、印花税。因转让房地产缴纳的教育费附加，也可视同税金予以扣除。《土地增值税暂行条例》等规定的土地增值税扣除项目涉及的增值税进项税额，允许在销项税额中计算抵扣的，不计入扣除项目，不允许在销项税额中计算抵扣的，可以计入扣除项目。

房地产开发企业按照《施工、房地产开发企业财务制度》有关规定，其在转让时缴纳的印花税已列入管理费用中，故不允许单独再扣除。其他纳税人缴纳的印花税允许在此扣除。

5.财政部确定的其他扣除项目

对从事房地产开发的纳税人可按规定计算的金额之和，加计20%扣除。此条优惠只适用于从事房地产开发的纳税人，除此之外的其他纳税人不适用。

6.旧房及建筑物的扣除金额

（1）按评估价格扣除。旧房及建筑物的评估价格是指在转让已使用的房屋及建筑物时，由政府批准设立的房地产评估机构评定的重置成本价乘以成新度折扣率后的价格。评估价格须经当地税务机关确认。

重置成本价，是指对旧房及建筑物，按转让时的建材价格及人工费用计算建造同样面积、同样层次、同样结构、同样建设标准的新房及建筑物所需花费的成本费用。成新度折扣率是指按旧房的新旧程度做一定比例的折扣。

因此，转让旧房应按房屋及建筑物的评估价格、取得土地使用权所支付的地价款和按国家统一规定缴纳的有关费用，以及在转让环节缴纳的税金作为扣除项目金额计征土地增值税。对取得土地使用权时未支付地价款或不能提供已支付的地价款凭据的，在计征土地增值税时不允许扣除。

（2）按购房发票金额计算扣除。纳税人转让旧房及建筑物，凡不能取得评估价格，但能提供购房发票的，经当地税务部门确认，《土地增值税暂行条例》规定的扣除项目的金额，可按发票所载金额并从购买年度起至转让年度止每年加计5%计算。对于纳税人购房时缴纳的契税，凡能够提供契税完税凭证的，准予作为"与转让房地产有关的税金"予以扣除，但不作为加计5%的基数。

7.计税依据的特殊规定

（1）隐瞒、虚报房地产成交价格的。隐瞒、虚报房地产成交价格，是指纳税人不报或有意低报转让土地使用权、地上建筑物及其附着物价款的行为。

对于纳税人隐瞒、虚报房地产成交价格的，应由评估机构参照同类房地产的市场交易价格进行评估，税务机关根据评估价格确定转让房地产的收入。

（2）提供扣除项目金额不实的。提供扣除项目金额不实，是指纳税人在纳税申报时，不据实提供扣除项目金额，而是虚增被转让房地产扣除项目的内容或金额，使税务机关无法从纳税人方面了解计征土地增值税所需的正确的扣除项目金额，以达到增加成本偷税的目的。

对于纳税人申报扣除项目金额不实的，应由评估机构对该房屋按照评估出的房屋重置成本价，乘以房屋的成新度折扣率，确定房屋的扣除项目金额，并用该房产所坐落土地取得时的基准地价或标准地价来确定土地的扣除项目金额。房产和土地的扣除项目金额之和为该房地产的扣除项目金额。

（3）转让房地产的成交价格低于房地产评估价格，又无正当理由的。转让房地产的成交价格低于房地产评估价格且无正当理由，是指纳税人申报的转让房地产的成交价低于房地产评估机构通过市场比较法进行房地产评估时所确定的正常市场交易价，纳税人又不能提供有效凭据或无正当理由进行解释的行为。对于这种情况，应按评估的市场交易价确定其实际成交价，并以此作为转让房地产的收入计算征收土地增值税。

（4）非直接销售和自用房地产收入的确定。房地产开发企业将开发产品用于职工福利、奖励、对外投资、分配给股东或投资人、抵偿债务、换取其他单位和个人的非货币性资产等，发生所有权转移时应视同销售房地产，其收入按下列方法和顺序确认：一是按本企业在同一地区、同一年度销售的同类房地产的平均价格确定；二是由主管税务机关参照当地当年同类房地产的市场价格或评估价值确定。

│练一练│

【例题6-14】（多选题）纳税人转让旧房，在计算土地增值额时，允许扣除的项目有（ ）。

A.转让环节缴纳给国家的各项税费

B.当期发生的管理费用、财务费用和销售费用

C.经税务机关确认的房屋及建筑物的评估价格

D.取得土地使用权所支付的价款和按国家规定缴纳的有关税费

答案：ACD。根据土地增值税法律制度的规定，纳税人转让旧房，不允许扣除管理费用等三项费用，只有转让新建商品房项目时，才允许按照房地产开发费用扣除。

六、土地增值税应纳税额的计算

1.应纳税额的计算公式

土地增值税按照纳税人转让房地产所取得的增值额和规定的税率计算征收。土地增值税的计算公式是：

应纳税额＝∑（每级距的增值额×适用税率）

由于分步计算比较烦琐，一般可以采用速算扣除法计算，即计算土地增值税税额，可按增值额乘以适用的税率减去扣除项目金额乘以速算扣除系数的简便方法计算。具体公式如下：

（1）增值额未超过扣除项目金额50%。

土地增值税应纳税额＝增值额×30%

（2）增值额超过扣除项目金额50%，未超过100%。

土地增值税应纳税额＝增值额×40%－扣除项目全额×5%

（3）增值额超过扣除项目金额100%，未超过200%。

土地增值税应纳税额＝增值额×50%－扣除项目金额×15%

（4）增值额超过扣除项目金额200%。

土地增值税应纳税额＝增值额×60%－扣除项目金额×35%

2.应纳税额的计算步骤

根据上述计算公式，土地增值税应纳税额的计算可分为以下四步：

（1）计算增值额。

增值额＝房地产转让收入－扣除项目金额

（2）计算增值率。

增值率＝增值额÷扣除项目金额×100%

（3）确定适用税率。

按照计算出的增值率，从土地增值税税率表中确定适用税率。

（4）计算应纳税额。

土地增值税应纳税额＝增值额×适用税率－扣除项目金额×速算扣除系数

| 练一练 |

【例题6-15】某非房地产开发公司利用库房空地进行住宅商品房开发，按照国家有关规定补交土地出让金2 840万元，缴纳相关税费160万元；住宅开发成本2 800万元，其中含装修费用500万元；房地产开发费用中的利息支出为300万元（不能提供金融机构证明）；当年住宅全部销售完毕，取得不含增值税销售收入共计9 000万元；城市维护建设税和教育费附加45万元；缴纳印花税4.5万元。已知：该公司所在省人民政府规定的房地产开发费用的计算扣除比例为10%。计算该公司销售住宅应缴纳的土地增值税税额。

解析：非房地产开发企业缴纳的印花税允许作为税金扣除；非房地产开发企业不允许按照取得土地使用权所支付金额和房地产开发成本合计数的20%加计扣除。因此，该公司销售住宅应缴纳的土地增值税税额计算过程如下：

（1）住宅销售收入＝9 000（万元）

（2）确定转让房地产的扣除项目金额包括：

①取得土地使用权所支付的金额＝2 840＋160＝3 000（万元）

②住宅开发成本＝2 800（万元）

③房地产开发费用＝（3 000＋2 800）×10%＝580（万元）

④与转让房地产有关的税金＝45＋4.5＝49.5（万元）

⑤转让房地产的扣除项目金额＝3 000＋2 800＋580＋49.5＝6 429.5（万元）

（3）转让房地产的增值额＝9 000－6 429.5＝2 570.5（万元）

（4）增值额与扣除项目金额的比率＝2570.5÷6429.5≈39.98%

增值额与扣除项目金额的比率未超过50%，适用率为30%。

（5）应纳土地增值税税额＝2 570.5×30%＝771.15（万元）

七、土地增值税税收优惠

1.纳税人建造普通标准住宅出售，增值额未超过扣除项目金额20%的，予以免税；超过20%的，应按全部增值额缴纳土地增值税。

此处所称的普通标准住宅，是指按所在地一般民用住宅标准建造的居住用住宅。高级公寓、别墅、度假村等不属于普通标准住宅。普通标准住宅与其他住宅的具体划分界限，2005年5月31日以前由各省、自治区、直辖市人民政府规定。2005年6月1日起，普通标准住宅应同时满足：住宅小区建筑容积率在1.0以上；单套建筑面积在120平方米以下；实际成交价格低于同级别土地上住房平均交易价格1.2倍以下。各省、自治区、直辖市根据实际情况，制定本地区享受优惠政策普通住房具体标准。允许单套建筑面积和价格标准适当浮动，但向上浮动的比例不得超过上述标准的20%。纳税人建造普通标准住宅出售，增值额未超过扣除项目金额20%的，免征土地增值税；增值额超过扣除项目金额20%的，应就其全部增值额按规定计税。

对于纳税人既建普通标准住宅又进行其他房地产开发的，应分别核算增值额。不分别核算增值额或不能准确核算增值额的，其建造的普通标准住宅不能适用这一免税规定。

2.因国家建设需要依法征用、收回的房地产，免征土地增值税。

因国家建设需要依法征用、收回的房地产，是指因城市实施规划、国家建设的需要而被政府批准征用的房产或收回的土地使用权。

因城市实施规划、国家建设的需要而搬迁，由纳税人自行转让原房地产的，免征土地增值税。

3.企事业单位、社会团体以及其他组织转让旧房作为公共租赁住房房源且增值额未超过扣除项目金额20%的，免征土地增值税。

4.自2008年11月1日起，对居民个人转让住房一律免征土地增值税。

|练一练|

【例题6-16】（多选题）根据土地增值税法律制度的规定，下列情形中，免于缴纳土地增值税的有（　　）。

A.因国家建设需要依法征用、收回的房地产

B.纳税人建造高级公寓出售，增值额未超过扣除项目金额20%

C.因城市实施规划、国家建设的需要而搬迁，由纳税人自行转让原房地产

D.企事业单位转让旧房作为公共租赁住房房源，且增值额未超过扣除项目金额20%

答案：ACD。选项B，纳税人建造"普通标准住宅"（不包括高级公寓、别墅、度假村等）出售，增值额未超过扣除项目金额20%的予以免税；超过20%的，应按全部增值额缴纳土地增值税；高级公寓、别墅、度假村等不属于普通标准住宅。选项C，因城市实施规划、国家建设的需要而搬迁，由纳税人自行转让原房地产的，免征土地增值税。选项D，企事业单位、社会团体以及其他组织转让旧房作为公共租赁住房房源，且增值额未超过扣除项目金额20%的，免征土地增值税。

【例题6-17】（多选题）根据土地增值税法律制度的规定，下列各项中，可以免征土地增值税的有（　　）。

A.国家机关转让自用房产

B.房地产公司以不动产作价入股进行投资

C.工业企业在改制重组时以不动产作价入股投资非房地产企业

D.某商场因城市实施规划、国家建设的需要而自行转让原房产

答案：CD。选项A，国家机关转让自用房产属于土地增值税的征税范围；选项B，对于以土地（房地产）作价入股进行投资或联营的，凡所投资、联营的企业从事房地产开发的，或者房地产开发企业以其建造的商品房进行投资和联营的，不免征土地增值税；选项C、D，工业企业以不动产作价入股进行投资和某商场因城市实施规划、国家建设的需要而自行转让原房产属于免征土地增值税的情形。

八、土地增值税申报与管理

（一）纳税申报

纳税人应在转让房地产合同签订后7日内，到房地产所在地主管税务机关办理纳税申报，并向税务机关提交房屋及建筑物产权、土地使用权证书，土地转让、房产买卖合同、房地产评估报告及其他与转让房地产有关的资料，然后在税务机关规定的期限内缴纳土地增值税。

纳税人因经常发生房地产转让而难以在每次转让后申报的，经税务机关审核同意

后，可以按月或按季定期进行纳税申报，具体期限由主管税务机关根据情况确定。

纳税人采取预售方式销售房地产的，对在项目全部竣工结算前转让房地产取得的收入，税务机关可以预征土地增值税。具体办法由各省、自治区、直辖市地方税务局根据当地情况制定。

对于纳税人预售房地产所取得的收入，凡当地税务机关规定预征土地增值税的，纳税人应当到主管税务机关办理纳税申报，并按规定比例预交，待办理完纳税清算后，多退少补。

土地增值税的纳税申报，分为从事房地产开发（专营与兼营）的纳税人，即房地产开发公司，以及其他纳税人。两类纳税人的纳税申报要求有所不同。具体纳税申报表及填表说明见二维码。

申报表及填表说明

（二）纳税清算

1.土地增值税的清算单位

土地增值税以国家有关部门审批的房地产开发项目为单位进行清算，对于分期开发的项目，以分期项目为单位清算。

开发项目中同时包含普通住宅和非普通住宅的，应分别计算增值额。

2.土地增值税的清算条件

（1）符合下列情形之一的，纳税人应进行土地增值税的清算：

①房地产开发项目全部竣工、完成销售的。

②整体转让未竣工决算房地产开发项目的。

③直接转让土地使用权的。

（2）符合下列情形之一的，主管税务机关可要求纳税人进行土地增值税清算：

①已竣工验收的房地产开发项目，已转让的房地产建筑面积占整个项目可售建筑面积的比例在85%以上，或该比例虽未超过85%，但剩余的可售建筑面积已经出租或自用的。

②取得销售（预售）许可证满3年仍未销售完毕的。

③纳税人申请注销税务登记但未办理土地增值税清算手续的。

④省级税务机关规定的其他情况。

3.土地增值税清算应报送的资料

纳税人办理土地增值税清算应报送以下资料：

（1）房地产开发企业清算土地增值税书面申请、土地增值税纳税申报表。

（2）项目竣工决算报表、取得土地使用权所支付的地价款凭证、国有土地使用权出让合同、银行贷款利息结算通知单、项目工程合同结算单、商品房购销合同统计表等与转让房地产的收入、成本和费用有关的证明资料。

（3）主管税务机关要求报送的其他与土地增值税清算有关的证明资料等。

纳税人委托税务中介机构审核鉴证的清算项目，还应报送中介机构出具的《土地增值税清算税款鉴证报告》。

4.清算后再转让房地产的处理

在土地增值税清算时未转让的房地产，清算后销售或有偿转让的，纳税人应按规定进行土地增值税的纳税申报，扣除项目金额按清算时的单位建筑面积成本费用乘以销售或转让面积计算。

单位建筑面积成本费用＝清算时的扣除项目总金额÷清算的总建筑面积

5.土地增值税的核定征收

房地产开发企业有下列情形之一的，税务机关可以参照与其开发规模和收入水平相近的当地企业的土地增值税税负情况，按不低于预征率的征收率核定征收土地增值税：

（1）依照法律、行政法规的规定应当设置但未设置账簿的；

（2）擅自销毁账簿或者拒不提供纳税资料的；

（3）虽设置账簿，但账目混乱或者成本资料、收入凭证、费用凭证残缺不全，难以确定转让收入或扣除项目金额的；

（4）符合土地增值税清算条件，未按照规定的期限办理清算手续，经税务机关责令限期清算，逾期仍不清算的；

（5）申报的计税依据明显偏低，又无正当理由的。

（三）纳税地点

土地增值税纳税人发生应税行为应向房地产所在地主管税务机关缴纳税款。这里所称的房地产所在地，是指房地产的坐落地。纳税人转让的房地产坐落在两个或两个以上地区的，应按房地产所在地分别申报纳税。具体又可分为以下两种情况：

1.纳税人是法人的

当转让的房地产坐落地与其机构所在地或经营所在地一致时，则在办理税务登记的原管辖税务机关申报纳税即可；如果转让的房地产坐落地与其机构所在地或经营所在地不一致时，则应在房地产坐落地所管辖的税务机关申报纳税。

2.纳税人是自然人的

当转让的房地产坐落地与其居住所在地一致时，则在居住所在地税务机关申报纳税；当转让的房地产坐落地与其居住所在地不一致时，在办理过户手续所在地的税务机关申报纳税。

九、土地增值税纳税筹划

土地增值税不仅是国家对房地产行业进行宏观调控的重要手段之一，也是对房地产企业自身而言影响很大的一个税种。房地产企业可以利用土地增值税的自身特点和相关优惠政策，在遵守现行税收法规的前提下，寻求企业收益和税收负担的最佳配比，从而实现税后收益最大化的目标。土地增值税的纳税筹划技巧有以下几条：

1.费用转移筹划法

按照规定，属于公司总部发生的期间费用，如企业行政管理人员薪酬、职工福利费、办公费、差旅费、业务招待费等，其实际发生数对土地增值税的计算没有直接影响，即不能作为扣除项目。但若采用适当的组织管理方法，使这些费用能够作为开发成本列支，则可增加扣除项目的数额，从而减少应缴纳的土地增值税。

2.利息支出筹划法

房地产企业一般会采用借款运营的经营模式，由此将会产生大量的利息费用，在计算土地增值税时，不同的利息费用扣除方法也会对其土地增值税的应纳税所得额产生很大影响。如果预计开发过程中借款较多，利息费用率较高，预计会超过土地价款和开发成本合计的5%时，应注意要取得银行贷款利息结算清单等贷款的证明资料，以使利息支出能够作为单独扣除项目。相反，预计开发过程中借款不多，利息费用率较低，预计不会超过土地价款和开发成本合计的5%时，企业可选择不将利息费用作为单独扣除项目据实扣除。此外，企业在选择是否将利息支出作为单独扣除项目据实扣除时，应根据具体情况从多方面加以考虑。

3.建房方式筹划法

按税法规定，某些建房行为因未发生房地产权属的转移，而不属于土地增值税的征税范围，不用缴纳土地增值税。房地产开发企业可以合理利用这些土地增值税征税范围的相关规定合理进行土地增值税的税收筹划。如，房地产开发企业以合作建房方式开发项目，我国税法规定，对于一方出土地，一方出资金，双方合作建房，建成后按比例分房自用的，暂免征收土地增值税。

任务实施

土地增值税计税公式为：应纳税额＝增值额×适用税率－扣除项目金额×速算扣除系数。因此，该公司该笔业务应纳土地增值税税额＝（20 000－12 000）×40%－12 000×5%＝2 600（万元）。

任务拓展

土地增值税背景介绍

我国有关土地增值税的政策早在1993年就已经出台。1993年12月，国家针对房地产"过热"的现象，发布了《中华人民共和国土地增值税暂行条例》。该条例发布后，引起了社会各界的广泛关注。在吸取各方意见和建议的基础上，财政部于1995年1月印发了《中华人民共和国土地增值税暂行条例实施细则》。不过由于种种原因，2000年后，各地才开始象征性地征收土地增值税。

经过2005年和2006年的房地产调控，全国各地房价的涨幅并没有减缓，反而有愈演愈烈之势。2006年底，面对高涨的房价，国家税务总局下发了《关于房地产开发企业土地增值税清算管理有关问题的通知》，要求从次年2月1日起全面清算土地增值税。该通知还列出了七种必须以及可以要求进行土地增值税清算的情况，包括开发商整体转让项目、直接转让土地使用权、项目销售率已达85%、项目三年未销售完毕等。但随后金融危机爆发，这一政策没有得到严格执行。

2010年，国家税务总局于5月19日公布了《关于土地增值税清算有关问题的通知》，明确土地增值税清算过程中的若干计税问题。专家指出，在"新国十条"和各地细则均提及要加大土地增值税清算的情况下，该通知的出台意味着土地增值税清算将从严执行。

同步训练

答案与解析

一、单选题

1.根据土地增值税法律制度的规定，下列各项中，不属于土地增值税纳税人的是（　　）。

A.出租住房的林某　　　　　　B.出售写字楼的家公司

C.出售商铺的李某　　　　　　D.转让国有土地使用权的乙公司

2.根据土地增值税法律制度的规定，下列行为中，属于土地增值税征收范围的是（　　）。

A.出租房屋　　　　　　　　　B.评估房屋

C.代建房屋　　　　　　　　　D.企业之间交换房屋

3.根据土地增值税法律制度的规定，下列各项中，免征土地增值税的是（　　）。

A.企业之间交换房地产

B.企业以房地产抵债而发生权属转移的房地产

C.因城市实施规划、国家建设的需要而搬迁，企业自行转让原房地产

D.由一方出地，另一方出资金，企业双方合作建房，建成后转让的房地产

4.根据土地增值税法律制度的规定，下列各项中，不属于纳税人应当进行土地增值税清算的是（　　）。

A.直接转让土地使用权的

B.整体转让未竣工决算房地产开发项目的

C.房地产开发项目全部竣工、完全销售的

D.取得销售（预售）许可证满3年仍未销售完毕的

5.烟台新泰酒业有限公司转让一座旧仓库，该仓库原造价为70万元；经法定评估机构评定，转让时该仓库的重置成本价为200万元，成新度折扣率为6成。根据土地增值税法律制度的规定，烟台新泰酒业有限公司转让该仓库时的评估价格为（　　）。

A.42万元   B.70万元

C.130万元   D.200万元

6.某房地产公司开发一项房地产项目，取得土地使用权支付的金额为9 324万元、开发成本6 000万元、管理费用200万元、销售费用400万元、利息支出600万元。已知，该公司发生的利息支出能按转让房地产项目计算分摊且有金融机构证明，其他房地产开发费用的计算扣除比例为5%。该公司在计算缴纳土地增值税时，可以扣除的房地产开发费用为（　　）。

A. 600（万元）

B. $200 + 400 + 600 = 1200$（万元）

C. $(9\,324 + 6\,000) \times 5\% = 766.2$（万元）

D. $600 + (9\,324 + 6\,000) \times 5\% = 1\,366.2$（万元）

7.某房地产公司开发一项房地产项目，取得土地使用权支付的金额为9 324万元、开发成本6 000万元、允许扣除的房地产开发费用为1 366.2万元、允许扣除的有关税金及附加290万元。有关该公司计算缴纳土地增值税时扣除项目金额合计的下列计算列式中，正确的是（　　）。

A. $9\,324 + 6\,000 = 15\,324$（万元）

B. $1\,366.2 + 290 = 1\,656.2$（万元）

C. $9\,324 + 6\,000 + 1\,366.2 + 290 = 16\,980.2$（万元）

D. $9\,324 + 6\,000 + 1\,366.2 + 290 + (9\,324 + 6\,000) \times 20\% = 20\,045$（万元）

8.某房地产公司开发一项房地产项目，2017年11月，该项目实现全部销售，共计取得不含税收入31 000万元，准予从房地产转让收入额减除的扣除项目金额为20 045万

元。已知土地增值税税率为40%，速算扣除系数为5%，该房地产公司该笔业务应缴纳土地增值税税额的下列计算列式中，正确的是（　　　）。

A.（31 000−20 045）×40%−31 000×5%＝2 832（万元）

B.（31 000−20 045）×40%−20 045×5%＝3 379.75（万元）

C. 31 000×40%−20 045×5%＝11 397.75（万元）

D. 31 000×40%−（31 000−20 045）×5%＝11 852.25（万元）

二、多选题

1.根据土地增值税法律制度的规定，纳税人转让旧房及建筑物，在计算土地增值税额时，准予扣除的项目有（　　　）。

A.评估价格

B.重置成本价

C.转让环节缴纳的税金

D.取得土地使用权所支付的地价款

2.下列各项中，属于土地增值税纳税义务人的有（　　　）。

A.转让商铺的某自然人

B.出租办公楼的某外商投资企业

C.为客户代建仓库的某建筑安装公司

D.转让划拨取得的国有土地使用权的某中学

3.下列各项中，不属于土地增值税征税范围的有（　　　）。

A.对外出租的房产

B.继承人依法继承的房产

C.国家机关转让自用的房产

D.对国有企业进行评估增值的房产

4.下列各项中，不征或免征土地增值税的有（　　　）。

A.以房地产抵债而发生房地产权属转移的

B.将土地使用权通过中国红十字会赠予教育事业的

C.一方出地，一方出资金，双方合作建房，建成后转让的

D.个人之间互换自有居住用房地产，经当地税务机关核实的

5.房地产开发企业转让新建商品房，在确定土地增值税的扣除项目时，允许作为"与转让房地产有关的税金"项目扣除的税金有（　　　）。

A.教育费附加　　　　　　　　　　B.房产税

C.城市维护建设税　　　　　　　　　　　　D.增值税

6.根据土地增值税法律制度的有关规定，下列情形中，税务机关可要求纳税人进行土地增值税清算的有（　　　）。

A.房地产开发项目全部竣工并完成销售的

B.整体转让未竣工决算房地产开发项目的

C.取得销售（预售）许可证满3年仍未销售完毕的

D.纳税人申请注销税务登记但未办理土地增值税清算手续的

7.有关我国土地增值税和契税的下列表述中，不正确的有（　　　）。

A.契税和土地增值税均应在纳税义务发生之日起10日内申报纳税

B.契税和土地增值税都是向房地产所在地的主管税务机关申报缴纳

C.转让房地产时，契税的纳税义务人同时也是土地增值税的纳税义务人

D.契税采用有地区差别的定额税率，土地增值税采用四级超额累进税率

三、判断题

纳税人建造普通标准住宅出售，增值额超过扣除项目金额20%的，应按全部增值额计算缴纳土地增值税。　　　　　　　　　　　　　　　　　　　　　　　（　　　）

任务 6.7 印花税纳税实务与筹划

知识准备

一、印花税概述

印花税是对经济活动和经济交往中书立、领受、使用的应税经济凭证征收的一种税。因纳税人主要是通过在应税凭证上粘贴印花税票来完成纳税义务，故名印花税。1988年8月6日国务院颁布《中华人民共和国印花税暂行条例》（以下简称《印花税暂行条例》）。同年9月29日财政部印发《中华人民共和国印花税暂行条例实施细则》，12月12日原国家税务局印发《国家税务局关于印花税若干具体问题的规定》。之后，财政部、国家税务总局又陆续发布了一些有关印花税的规定、办法。这些构成了我国印花税法律制度。随着我国股票交易制度的建立，国务院决定自1992年1月1日起将股票交易纳入印花税的征收范围。

二、印花税纳税人

印花税的纳税人，是指在中国境内书立、领受、使用税法所列举凭证的单位和个人。这里所说的单位和个人，是指国内各类企业、事业单位、国家机关、社会团体、部队及中外合资经营企业、中外合作经营企业、外资企业、外国企业和其他经济组织及其在华机构等单位和个人。如果一份合同或应税凭证由两方或两方以上当事人共同签订，签订合同或应税凭证的各方都是纳税人，应各就其所持合同或应税凭证的计税金额履行纳税义务。

根据书立、领受、使用应税凭证的不同，纳税人可分为立合同人、立账簿人、立据人、领受人和使用人等。

1.立合同人。立合同人是指合同的当事人，即对凭证有直接权利义务关系的单位和个人，但不包括合同的担保人、证人、鉴定人。所谓合同，是指根据《中华人民共和国合同法》的规定订立的各类合同，包括购销、加工承揽、建筑工程、财产租赁、货物运输、仓储保管、借款、财产保险以及具有合同性质的凭证。当事人的代理人有代理纳税义务。

2.立账簿人。立账簿人是指开立并使用营业账簿的单位和个人。如某企业因生产需要，设立了若干营业账簿，该企业即印花税的纳税人。

3.立据人。立据人是指书立产权转移书据的单位和个人。

4.领受人。领受人是指领取并持有权利、许可证照的单位和个人。如领取房屋产权证的单位和个人，即印花税的纳税人。

5.使用人。使用人是指在国外书立、领受，但在国内使用应税凭证的单位和个人。

6.各类电子应税凭证的签订人。各类电子应税凭证的签订人是指以电子形式签订的各类应税凭证的当事人。

|练一练|

【例题6-18】（单选题）根据印花税法律制度的规定，下列各项中，属于印花税纳税人的是（　　　）

A.合同的双方当事人　　　　　　　　B.合同的证人

C.合同的担保人　　　　　　　　　　D.合同的鉴定人

答案：A。合同的当事人是印花税的纳税人，不包括合同的担保人、证人、鉴定人。

【例题6-19】（单选题）甲企业和乙企业签订一份购销合同，丙为鉴定人，丁为甲的担保人。该业务中，印花税的纳税义务人为（　　　）。

A.甲企业和乙企业　　　　　　　　　B.甲企业、乙企业和丙企业

C.甲企业、乙企业和丁企业　　　　　D.甲企业、乙企业、丙企业和丁企业

答案：A。（1）如果一份合同或应税凭证由两方或两方以上当事人共同签订，签订合同或应税凭证的各方都是纳税人，应各就其所持合同或应税凭证的计税金额履行纳税义务；（2）合同当事人是指对凭证有直接权利义务关系的单位和个人，不包括合同的担保人、证人、鉴定人。

三、印花税征税范围

我国经济活动中发生的经济凭证种类繁多，数量巨大，现行印花税采取正列举形式，只对《印花税暂行条例》列举的凭证征收，没有列举的凭证不征税。列举的凭证分为五类，即经济合同、产权转移书据、营业账簿、权利、许可证照和经财政部门确定征税的其他凭证。具体征税范如下：

（一）经济合同

合同是指当事人之间为实现一定目的，经协商一致，明确当事人各方权利、义务关系的协议。以经济业务活动作为内容的合同，通常称为经济合同。经济合同应按照管理

的要求，依照《中华人民共和国合同法》和其他有关合同法规订立。经济合同的依法订立，是在经济交往中为了确定、变更或终止当事人之间的权利和义务关系的合同法律行为，其书面形式即经济合同书。我国印花税只对依法订立的经济合同书征收。印花税税目中的合同比照我国原《经济合同法》对经济合同的分类，在税目税率表中列举了十大类合同。它们是：

1.购销合同，包括供应、预购、采购、购销、结合及协作、调剂、补偿、易货等合同；还包括各出版单位与发行单位（不包括订阅单位和个人）之间订立的图书、报刊、音像征订凭证。

对纳税人以电子形式签订的各类应税凭证按规定征收印花税。

对发电厂与电网之间、电网与电网之间（国家电网公司系统、南方电网公司系统内部各级电网互供电量除外）签订的购售电合同，按购销合同征收印花税。电网与用户之间签订的供用电合同不征印花税。

2.加工承揽合同，包括加工、定做、修缮、修理、印刷、广告、测绘、测试等合同。

3.建设工程勘察设计合同，包括勘察、设计合同的总包合同、分包合同和转包合同。

4.建筑安装工程承包合同，包括建筑、安装工程承包合同的总包合同、分包合同和转包合同。

5.财产租赁合同，包括租赁房屋、船舶、飞机、机动车辆、机械、器具、设备等合同；还包括企业、个人出租门店、柜台等所签订的合同，但不包括企业与主管部门签订的租赁承包合同。

6.货物运输合同，包括民用航空运输、铁路运输、海上运输、内河运输、公路运输和联运合同。

7.仓储保管合同，包括仓储、保管合同或作为合同使用的仓单、栈单（或称入库单）。对某些使用不规范的凭证不便计税的，可就其结算单据作为计税贴花的凭证。

8.借款合同，包括银行及其他金融组织和借款人（不包括银行同业拆借）所签订的借款合同。

9.财产保险合同，包括财产、责任、保证、信用等保险合同。

10.技术合同，包括技术开发、转让、咨询、服务等合同。其中：

技术转让合同包括专利申请转让、非专利技术转让所书立的合同，但不包括专利权转让、专利实施许可所书立的合同。后者适用于"产权转移书据"合同。

技术咨询合同是合同当事人就有关项目的分析、论证、评价、预测所订立的技术合同，而一般的法律、会计、审计等方面的不属于技术咨询，其所立合同不贴印花。

技术服务合同的征税范围包括技术服务合同、技术培训合同和技术中介合同。

此外，在确定应税经济合同的范围时，特别需要注意以下三个问题：

（1）具有合同性质的凭证应视同合同征税。所谓具有合同性质的凭证，是指具有合同效力的协议、契约、合约、单据、确认书及其他各种名称的凭证。它们从属于以上十个合同税目的分类，而非独立列举的征税类别。这类凭证具有上述十类合同大致相同的内容、形式和作用，虽未采用规范的合同名称，但对当事人各方仍具有特定的民事法律约束力。因为这些凭证一经凭证当事人书立，双方（或多方）信守，付诸实施（施行）就发挥着规范合同的作用，而不一定具有合同法规要求的完备条款和规范的行为约定，但是，就其书立行为和实施行为而言，显然属于具有民事法律意义、发生法律后果并以涉及权利义务关系为目的的行为。因此，鉴于这类凭证的上述性质和特点，印花税除对依法成立的具有规范内容和名称的十类合同书征税外，还规定具有合同性质的凭证也应纳税。

（2）未按期兑现合同也应贴花。印花税既是凭证税，又具有行为税性质。纳税人签订应税合同，就发生了应税经济行为，必须依法贴花，履行完税手续。所以，不论合同是否兑现或能否按期兑现，都应当缴纳印花税。

（3）同时书立合同和开立单据的贴花方法。办理一项业务（如货物运输、仓储保管、财产保险、银行借款等），如果既书立合同，又开立单据，只就合同贴花；凡不书立合同，只开立单据，以单据作为合同适用的，其使用的单据应按规定贴花。

（二）产权转移书据

产权转移即财产权利关系的变更行为，表现为产权主体发生变更。产权转移书据是在产权的买卖、交换、继承、赠予、分割等产权主体变更过程中，由产权出让人与受让人之间所订立的民事法律文书。

我国印花税税目中的产权转移书据包括财产所有权、版权、商标专用权、专利权、专有技术使用权共五项产权的转移书据。其中，财产所有权转移书据，是指经政府管理机关登记注册的不动产、动产的所有权转移所立的书据，包括股份制企业向社会公开发行的股票，因购买、继承、赠予所书立的产权转移书据。其他四项则属于无形资产的产权转移书据。

另外，土地使用权出让合同、土地使用权转让合同、商品房销售合同按照产权转移书据征收印花税。

（三）营业账簿

印花税税目中的营业账簿归属于财务会计账簿，是按照财务会计制度的要求设置的，反映生产经营活动的账册。按照营业账簿反映的内容不同，在税目中分为记载资金的账簿（以下简称资金账簿）和其他营业账簿两类，以便于分别采用按金额计税和按件计税两种计税方法。

1. 资金账簿。资金账簿是反映生产经营单位"实收资木"和"资本公积"金额增减变化的账簿。

2. 其他营业账簿。其他营业账簿是反映除资金资产以外的其他生产经营活动内容的账簿，即除资金账簿以外的，归属于财务会计体系的其他生产经营用账册。

3. 有关"营业账簿"征免范围应明确的若干问题：

（1）纳入征税范围的营业账簿，不按立账簿人是否属于经济组织（工商企业单位、工商业户）来划定范围，而是按账簿的经济用途来确定征免界限。例如，一些事业单位实行企业化管理，从事生产经营活动，其账簿就视同于企业账簿，应纳印花税；而一些企业单位内的职工食堂、工会组织以及自办的学校、托儿所、幼儿园设置的经费收支账簿，不反映生产经营活动，就不属于"营业账簿"税目的适用范围。

（2）对采用一级核算形式的单位，只就财会部门设置的账簿贴花；采用分级核算形式的，除财会部门的账簿应贴花之外，财会部门设置在其他部门和车间的明细分类账，也应按规定贴花。

（3）车间、门市部、仓库设置的不属于会计核算范围或虽属会计核算范围，但不记载金额的登记簿、统计簿、台账等，不贴印花。

（4）对会计核算采用单页表式记载资金活动情况，以表代账的，在未形成账簿（账册）前，暂不贴花，待装订成册时，按册贴花。

（5）对有经营收入的事业单位，凡属由国家财政部门拨付事业经费，实行差额预算管理的单位，其记载经营业务的账簿，按其他账簿定额贴花，不记载经营业务的账簿不贴花；凡属经费来源实行自收自支的单位，对其营业账簿，应就记载资金的账簿和其他账簿分别按规定贴花。

（6）跨地区经营的分支机构使用的营业账，应由各分支机构在其所在地缴纳印花税。对上级单位核拨资金的分支机构，其记载资金的账簿按核拨的账面资金数额计税贴花；对上级单位不核拨资金的分支机构，只就其他账簿按定额贴花。

（7）实行公司制改造并经县级以上政府和有关部门批准的企业在改制过程中成立的新企业（重新办理法人登记的），其新启用的资金账簿记载的资金或因企业建立资本纽带关系而增加的资金，凡原已贴花的部分可不再贴花，未贴花的部分和以后新增加的资金按规定贴花。

公司制改造包括国有企业依《中华人民共和国公司法》整体改造成国有独资有限责任公司；企业通过增资扩股或者转让部分产权，实现他人对企业的参股，将企业改造成有限责任公司或股份有限公司；企业以其部分财产和相应债务与他人组建新公司；企业将债务留在原企业，而以其优质财产与他人组建的新公司。

（8）以合并或分立方式成立的新企业，其新启用的资金账簿记载的资金，凡原已贴花的部分可不再贴花，未贴花的部分和以后新增加的资金按规定贴花。合并包括吸收合并和新设合并，分立包括存续分立和新设分立。

（9）企业债权转股权新增加的资金按规定贴花；企业改制中经评估增加的资金按规定贴花。

（10）企业其他会计科目记载的资金转为实收资本或资本公积的资金按规定贴花。

（四）权利、许可证照

权利、许可证照是政府授予单位、个人某种法定权利和准予从事特定经济活动的各种证照的统称。包括政府部门发给的房屋产权证、工商营业执照、商标注册证、专利证、土地使用证等。

（五）经财政部门确定征税的其他凭证

除了税法列举的以上五大类应税经济凭证之外，在确定经济凭证的征免税范围时，需要注意以下三点：

1.由于目前同一性质的凭证名称各异，不够统一，因此，各类凭证不论以何种形式或名称书立，只要其性质属于条例中列举征税范围内的凭证，均应照章纳税。

2.应税凭证均是指在中国境内具有法律效力，受中国法律保护的凭证。

3.适用于中国境内，并在中国境内具备法律效力的应税凭证，无论在中国境内或者境外书立，均应依照印花税的规定贴花。

| 练一练 |

【例题6-20】（多选题）根据印花税法律制度的规定，下列各项中，属于印花税征税范围的有（　　　）

A.房屋产权证

B.土地使用权转让合同

C.商品房销售合同

D.土地使用权出让合同

答案：ABCD。以上四项均属于印花税征税范围。土地使用权的出让和转让合同按照"产权转移书据"贴花。

四、印花税税率

印花税的税率有比例税率和定额税率两种形式。

（一）比例税率

对载有金额的凭证，如各类合同以及具有合同性质的凭证（包括电子形式）、产权转移书据、资金账簿等，采用比例税率。按照凭证所标明的确定的金额按比例计算应纳税额，既能保证财政收入，又能体现合理负担的原则。在印花税13个税目中，各类合同以及具有合同性质的凭证、产权转移书据、营业账簿中记载资金的账簿，适用比例税率。

1.借款合同，适用税率为0.05‰。

2.购销合同、建筑安装工程承包合同、技术合同等，适用税率为0.3‰。

3.加工承揽合同、建设工程勘察设计合同、货物运输合同、产权转移书据、记载资金数额的营业账簿等，适用税率为0.5‰。

4.财产租赁合同、仓储保管合同、财产保险合同等，适用税率为1‰。

5.因股票买卖、继承、赠予而书立"股权转让书据"（包括A股和B股），适用税率为1‰。此税率系后增补税率，《印花税暂行条例》中的"印花税税目税率表"未列此档税率。

（二）定额税率

为了简化征管手续，便于操作，对无法计算金额的凭证，或虽载有金额，但作为计税依据不合理的凭证，采用定额税率，以件为单位缴纳一定数额的税款。权利、许可证照、营业账簿中的其他账簿，均为按件贴花，单位税额为每件5元。

自2018年5月1日起，对按万分之五税率贴花的资金账簿减半征收印花税，对按件贴花5元的其他账簿免征印花税。

印花税税目税率见表6-3。

表6-3   印花税税目目税率表

税目	范围	税率	纳税人	说明
1.购销合同	包括供应、预购、采购、购销、结合及协作、调剂、补偿、易货等合同	按购销金额0.3‰贴花	立合同人	
2.加工承揽合同	包括加工、定做、修缮、修理、印刷、广告、测绘、测试等合同	按加工或承揽收入0.5‰贴花	立合同人	
3.建设工程勘察设计合同	包括勘察、设计合同	按收取费用0.5‰贴花	立合同人	
4.建筑安装工程承包合同	包括建筑、安装工程承包合同	按承包金额0.3‰贴花	立合同人	
5.财产租赁合同	包括租赁房屋、船舶、飞机、机动车辆、机械、器具、设备等	按租赁金额1‰贴花。税额不足1元的按1元贴花	立合同人	
6.货物运输合同	包括民用航空、铁路运输、海上运输、内河运输、公路运输和联运合同	按运输收取的费用0.5‰贴花	立合同人	单据作为合同使用的，按合同贴花

（续表）

税目	范围	税率	纳税人	说明
7.仓储保管合同	包括仓储、保管合同	按仓储收取的保管费用1‰贴花	立合同人	仓单或栈单作为合同使用的，按合同贴花
8.借款合同	银行及其他金融组织和借款人（不包括银行同业拆借）所签订的借款合同	按借款金额0.05‰贴花	立合同人	单据作为合同使用的，按合同贴花
9.财产保险合同	包括财产、责任、保证、信用等保险合同	按保险费收入1‰贴花	立合同人	单据作为合同使用的，按合同贴花
10.技术合同	包括技术开发、转让、咨询、服务等合同	按所载金额0.3‰贴花	立合同人	
11.产权转移书据	包括财产所有权和版权、商标专用权、专利权、专有技术使用权等转移书据、土地使用权出让，土地使用权转让合同、商品房销售合同	按所载金额0.5‰贴花	立据人	
12.营业账簿	生产经营用账册	记载资金的账簿，按实收资本和资本公积合计金额0.5‰贴花。其他账簿按件贴花5元	立账簿人	
13.权利、许可证照	包括政府部门发给的房屋产权证、工商营业执照、商标注册证、专利证、土地使用证	按件贴花5元	领受人	

| 练一练 |

【例题6-21】（多选题）下列各税种中，采用比例税率和定额税率两种税率形式的有（　　）。

A.房产税　　　　　　　　　　　B.印花税

C.车船税　　　　　　　　　　　D.资源税

答案：BD。选项A，房产税采用比例税率；选项C，车船税采用定额税率。

五、印花税计税依据

1.合同或具有合同性质的凭证，以凭证所载金额作为计税依据。具体包括购销合同中记载的购销金额、加工承揽合同中的加工或承揽收入、建设工程勘察设计合同中的收取费用、建筑安装工程合同中的承包金额、财产租赁合同中的租赁金额、货物运输合同中的运输费用（运费收入）、仓储保管费用、借款合同中的借款金额、保险合同中的保险费等。上述凭证以"金额""费用"作为计税依据的，应当全额计税，不得做任何扣除。

载有两个或两个以上应适用不同税目税率经济事项的同一凭证，分别记载金额的，应分别计算应纳税额，相加后按合计税额贴花；未分别记载金额的，按税率高的计算贴花。

2.营业账簿中记载资金的账簿，以"实收资本"与"资本公积"两项的合计金额为其计税依据。

3.不记载金额的营业账簿、政府部门发给的房屋产权证、工商营业执照、专利证等权利许可证照，以及日记账簿和各种明细分类账簿等辅助性账簿，以凭证或账簿的件数作为计税依据。

4.纳税人有以下情形的，地方税务机关可以核定纳税人印花税计税依据：

（1）未按规定建立印花税应税凭证登记簿，或未如实登记和完整保存应税凭证的；

（2）拒不提供应税凭证或不如实提供应税凭证致使计税依据明显偏低的；

（3）采用按期汇总缴纳办法的，未按地方税务机关规定的期限报送汇总缴纳印花税情况报告，经地方税务机关责令限期报告，逾期仍不报告的或者地方税务机关在检查中发现纳税人有未按规定汇总缴纳印花税情况的。

地方税务机关核定征收印花税的，应当根据纳税人的实际生产经营收入，参考纳税人各期印花税情况及同行业合同签订情况，确定科学合理的数额或比例作为纳税人印花税计税依据。

| 练一练 |

【例题6-22】（多选题）关于印花税计税依据的下列表述中，符合法律规定的有（　　）。

A.商标注册证以件数为计税依据　　　　B.财产保险合同以保险费为计税依据

C.工商营业执照以注册资金为计税依据　　D.财产租赁合同以租赁金额为计税依据

答案：ABD。选项C，权利、许可证照（包括房屋产权证、土地使用证、工商营业执照、商标注册证和专利证）按照件数作为计税依据。

六、印花税应纳税额的计算

1.实行比例税率的凭证，印花税应纳税额的计算公式为：

应纳税额＝应税凭证计税金额×比例税率

2.实行定额税率的凭证，印花税应纳税额的计算公式为：

应纳税额＝应税凭证件数×定额税率

3.营业账簿中记载资金的账簿，印花税应纳税额的计算公式为：

应纳税额＝（实收资本＋资本公积）×0.5%

七、印花税税收优惠

1.法定凭证免税。下列凭证，免征印花税：

（1）已缴纳印花税的凭证的副本或者抄本；

（2）财产所有人将财产赠给政府、社会福利单位、学校所立的书据；

（3）经财政部批准免税的其他凭证。

2.免税额。应纳税额不足1角的，免征印花税。

3.特定凭证免税。下列凭证，免征印花税：

（1）国家指定的收购部门与村委会、农民个人书立的农副产品收购合同；

（2）无息、贴息贷款合同；

（3）外国政府或者国际金融组织向中国政府及国家金融机构提供优惠贷款所书立的合同。

4.特定情形免税。有下列情形之一的，免征印花税：

（1）对商店、门市部的零星加工修理业务开具的修理单，不贴印花；

（2）对房地产管理部门与个人订立的租房合同，凡用于生活居住的，暂免贴花；用于生产经营的，按规定贴花；

（3）对铁路、公路、航运、水路承运快件行李、包裹开具的托运单据，暂免贴花；

（4）对企业车间、门市部、仓库设置的不属于会计核算范围，或虽属会计核算范围，但不记载金额的登记簿、统计簿、台账等，不贴印花；

（5）实行差额预算管理的单位，不记载经营业务的账簿不贴花。

5.单据免税。对货物运输、仓储保管、财产保险、银行借款等，办理一项业务，既书立合同，又开立单据的，只就合同贴花。所开立的各类单据，不再贴花。

6.企业兼并资金免税。对企业兼并的并入资金，凡已按资金总额贴花的，接收单位对并入的资金，不再补贴印花。

7.租赁承包经营合同免税。企业与主管部门等签订的租赁承包经营合同，不属于财产租赁合同，不征收印花税。

8.特殊情形免税。纳税人已履行并贴花的合同，发现实际结算金额与合同所载金额不一致的，一般不再补贴印花。

9.保险合同免税。农林作物、牧业畜类保险合同，免征印花税。

10.书、报、刊合同免税。书、报、刊发行单位之间，发行单位与订阅单位或个人之间书立的凭证，免征印花税。

11.外国运输企业免税。由外国运输企业运输进口货物的，外国运输企业所持有的一份结算凭证，免征印花税。

12.特殊货运凭证免税。下列特殊货运凭证，免征印花税：

（1）军事物资运输结算凭证；

（2）抢险救灾物资运输结算凭证；

（3）为新建铁路运输施工所属物料，使用工程临时管线专用运费结算凭证。

13.物资调拨单免税。对工业、商业、物资、外贸等部门调拨商品物资，作为内部执行计划使用的调拨单，不作为结算凭证，不属于合同性质的凭证，不征收印花税。

14.同业拆借合同免税。银行、非银行金融机构之间相互融通短期资金，按照规定的同业拆借期限和利率签订的同业拆借合同，不征收印花税。

15.借款展期合同免税。对办理借款展期业务使用借款展期合同或其他凭证，按规定仅载明延期还款事项的，可暂不贴花。

16.合同、书据免税。出版合同，不属于印花税列举征税的凭证，免征印花税。

17.国库业务账簿免税。人民银行各级机构经理国库业务及委托各专业银行各级机构代理国库业务设置的账簿，免征印花税。

18.委托代理合同免税。代理单位与委托单位之间签订的委托代理合同，不征收印花税。

19.日拆性贷款合同免税。对人民银行向各商业银行提供的日拆性贷款（20日以内的贷款）所签订的合同或借据，暂免征印花税。

20.铁道企业特定凭证免税。铁道部所属单位的下列凭证，不征收印花税：

（1）铁道部层层下达的基建计划，不贴花；

（2）企业内部签订的有关铁路生产经营设施基建、更新改造、大修、维修的协议或责任书，不贴花；

（3）在铁路内部无偿调拨固定资产的调拨单据，不贴花；

（4）由铁道部全额拨付事业费的单位，其营业账簿，不贴花。

21.电话和联网购货免税。对在供需经济活动中使用电话、计算机联网订货，没有开具书面凭证的，暂不贴花。

22.股权转让免税。对国务院和省级人民政府批准进行政企脱钩、对企业进行改组和改变管理体制、变更企业隶属关系，以及国有企业改制、盘活国有资产，而发生的国有股权无偿转让划转行为，暂不征收证券交易印花税；对上市公司国有股权无偿转让，需要免征证券交易印花税的，须由企业提出申请，报证券交易所所在地国家税务局审批，并报国家税务总局备案。

| 练一练 |

【例题6-23】（单选题）根据印花税法律制度的规定，下列各项中，应缴纳印花税的是（　　）。

A.农林作物保险合同

B.建筑安装工程承包合同

C.门市部零星修理业务开具的修理单

D.报刊发行单位和订阅单位之间书立的凭证

答案：B。选项A，农林作物、牧业畜类保险合同，免征印花税；选项C，对商店、门市部的零星加工修理业务开具的修理单，不贴印花；选项D，书、报、刊发行单位之间，发行单位与订阅单位或个人之间书立的凭证，免征印花税。

【例题6-24】（多选题）根据印花税法律制度的规定，下列合同和凭证中，免征印花税的有（　　）。

A.农林作物保险合同　　　　　　　　B.仓储保管合同

C.军事物资运输结算凭证　　　　　　D.财产租赁合同

答案：AC。选项B、D，属于经济合同，应照章征收印花税。

八、印花税征收管理

（一）纳税义务发生时间

印花税应当在书立或领受时贴花。具体是指在合同签订时、账簿启用时和证照领受时贴花。如果合同是在国外签订，并且不便在国外贴花的，应在将合同带入境时办理贴花纳税手续。

（二）纳税地点

印花税一般实行就地纳税。对于全国性商品物资订货会（包括展销会、交易会等）上所签订合同应纳的印花税，由纳税人回其所在地后及时办理贴花完税手续；对地方主办、不涉及省际关系的订货会、展销会上所签合同的印花税，其纳税地点由各省、自治区、直辖市人民政府自行确定。

（三）纳税期限

印花税的纳税方法与其他税种不同，其特点之一就是由纳税人根据税法规定，自行计算应纳税额，并自行购买印花税票，自行完成纳税义务。同时，对特殊情况采取特定的纳税贴花方法。税法规定，印花税应税凭证应在书立、领受时即行贴花完税，不得延至凭证生效日期贴花。同一种类应纳印花税凭证若需要频繁贴花的，纳税人可向当地税务机关申请按期汇总缴纳印花税，经税务机关核准发给许可证后，按税务机关确定的限期（最长不超过1个月）汇总计算纳税。

（四）缴纳方法

根据税额大小、应税项目纳税次数多少以及税源控管的需要，印花税分别采用自行贴花、汇贴汇缴和委托代征三种缴纳方法。

1.自行贴花。自行贴花即实行"三自"纳税，纳税人在书立、领受应税凭证时，自行计算应纳印花税额，向当地纳税机关或印花税票代售点购买印花税票，自行在应税凭证上一次贴足印花并自行注销。这是缴纳印花税的基本方法。印花税票一经售出，国家即取得了印花税收入，但不等于纳税人履行了纳税义务，只有在纳税人按规定将印花税票（足额）粘贴在应税凭证的适当位置后，经盖销或划销后才算完成了纳税手续。已完成纳税手续的凭证应按规定的期限妥善保管，以备核查。同时必须明确：已贴用的印花税票不得重用；已贴花的凭证，修改后所载金额有增加的，其增加部分应当补贴印花。

2.汇贴汇缴。一份凭证应纳税额超过500元的，纳税人应当向当地税务机关申请填写缴款书或完税凭证，将其中一联粘贴在凭证上或者税务机关在凭证上加注完税标记代替贴花。

同一类应纳税凭证，需频繁贴花的，纳税人应向当地税务机关申请按期汇总缴纳印花税。税务机关对核准汇总缴纳的单位，应发给汇缴许可证，汇总缴纳的限期由当地税务机关确定，但最长期限不得超过1个月。凡汇总缴纳印花税的凭证，应加注税务机关指定的汇缴戳记，编号并装订成册后，将已贴印花或者缴款书的一联黏附册后，盖章注销，保存备查。

3.委托代征。为加强征收管理，简化手续，印花税可以委托有关部门代征，实行源泉控管。对通过国家有关部门发放、鉴证、公证或仲裁的应税凭证，税务部门可以委托这些部门代征印花税，发给代征单位代征委托书，明确双方的权利和义务。

九、印花税纳税申报

印花税纳税申报表及填表说明见二维码。

申报表及填表说明

十、印花税纳税筹划

印花税属于一种行为税，相对于企业所要缴纳的其他各类税费而言，印花税的计算方法简便、税款支出金额不大，所以印花税的纳税筹划一直以来并未受到企业财务的重视。但是，随着企业交易活动频率的增加、交易规模的扩大以及对合同重视程度的增强，企业印花税的支出也随之增加，在这种趋势下，企业加强对印花税纳税筹划的研究便显得尤为重要。印花税纳税筹划的思路有以下几条：

1.合理估计合同金额，避免虚增合同金额增加印花税负担

对于仅有标的金额的合同，企业在签订合同时，应分别预计合同金额的最佳估计数和最低限额，为了避免未执行金额导致多缴纳印花税，可以先按最低限额签订经济合同，待合同执行数量基本可以确定时，以补充协议的形式进行补充说明。对于存在数量、单价的合同，企业在签订合同时可以合理运用范围数量，比如将合同的数量签订为实际签订数量的执行下限，印花税便可以按照执行下限的数量计算缴纳。

2.同一经济合同，分别记载不同纳税事项的金额

对加工承揽企业而言，有受托方提供原料加工和委托方提供原料加工两种形式，以受托方提供原料加工的形式进行加工承揽业务的，如果没有在合同签订时明确原材料金额和加工费金额，将会按照（原材料金额＋加工费金额）×0.5‰计征印花税。因此，在合同中应分别记载加工费和材料金额。

3.不同经济事项同在一份合同中的，分开核算

企业在签订合同时应尽量分别记载不同税率的经济事项，从而减少不必要的损失。比如提供运输服务的同时提供仓储保管业务，货物运输合同的印花税税率是0.5‰，仓储保管合同的印花税税率是1‰，如果未分别记载合同金额，需要按照仓储保管合同1‰的税率从高缴纳印花税，从而货物运输的标的金额会增加0.5‰的印花税，反之，如果能分别记载合同金额，则企业将减少0.5‰的印花税。

任务实施

烟台新泰酒业有限公司应缴纳的印花税税额为：

（1）第一份合同应缴纳印花税税额＝500 000×1‰＝500（元）

（2）第二份合同应缴纳印花税税额＝300 000×0.5‰＋100 000×1‰＝250（元）

任务拓展

印花税的起源

印花税是一个古老的税种。荷兰是印花税的创始国。1624年荷兰政府在广泛征询民间建议的基础上，确定实施了一种以商事产权凭证为征收对象的印花税，由于缴税时是在凭证上用刻花滚筒推出"印花"戳记，以示完税，因此被命名为"印花税"。1854年，奥地利政府印制发售了形似邮票的印花税票，由纳税人自行购买贴在应纳税凭证上，并规定完成纳税义务是以在票上盖戳注销为标准，世界上由此诞生了印花税票。目前，世界上已有一百多个国家和地区开征了印花税。

同步训练

一、单选题

1.甲向乙购买一批货物,合同约定丙为鉴定人,丁为担保人。关于该合同印花税纳税人的下列表述中,正确的是(   )。

A.甲和乙为纳税人
B.甲和丙为纳税人
C.乙和丁为纳税人
D.甲和丁为纳税人

2.下列各项中,应当征收印花税的是(   )。

A.会计咨询合同

B.电网与用户之间签订的供用电合同

C.企业与主管部门签订的租赁承包合同

D.甲公司与乙公司签订的货物运输合同

3. 2017年6月,甲公司与乙公司签订一份加工承揽合同,合同载明由甲公司提供原材料200万元,支付乙公司加工费30万元;又与丙公司签订了一份财产保险合同,保险金额1 000万元,支付保险费1万元。已知加工承揽合同印花税税率为0.5‰,财产保险合同印花税税率为1‰,则甲公司签订的上述两份合同应缴纳印花税税额的下列计算中,正确的是(   )。

A. $30 \times 0.5‰ + 1 \times 1‰ = 0.016$(万元)

B. $30 \times 0.5‰ + 1\,000 \times 1‰ = 1.015$(万元)

C. $200 \times 0.5‰ + 1\,000 \times 1‰ = 1.1$(万元)

D. $200 \times 0.5‰ + 1 \times 1‰ = 0.101$(万元)

4.烟台新泰酒业有限公司于2017年1月开业后,领受了工商营业执照、卫生许可证、土地使用证、房屋产权证各一件。已知"权利、许可证照"印花税单位税额为每件5元,烟台新泰酒业有限公司应缴纳的印花税额为(   )。

A. 5元
B. 10元
C. 15元
D. 20元

5.根据印花税法律制度的规定,下列凭证中,按件贴花的是(   )。

A.财产保险合同
B.产权转移书据
C.借款合同
D.权利、许可证照

6.根据印花税法律制度的规定,下列表述中,不正确的是(   )。

A.对纳税人以电子形式签订的各类应税凭证,不缴纳印花税

B.已缴纳印花税的凭证的副本或者抄本，免征印花税

C.专利权转让合同，要按照产权转移书据缴纳印花税

D.法律、会计方面的咨询合同不属于技术咨询合同，不缴纳印花税

7.下列各项不属于印花税缴纳方法的是（　　　　）。

A.自行贴花   B.汇贴汇缴

C.委托代征   D.邮寄申报

8.甲建筑公司与乙企业签订一份建筑安装工程承包合同，合同上注明总承包金额为1 200万。施工期间，甲建筑公司又将其中的安装工程400万元分包给丙建筑公司，并签订了分包合同。已知建筑安装工程承包合同适用的印花税税率为0.3‰，甲建筑公司、乙企业和丙建筑公司共应缴纳印花税（　　　　）。

A. 2 400元   B. 4 000元

C. 8 000元   D. 96 00元

9.甲商贸企业与乙运输公司签订一份货物运输合同，合同注明：货物价款为130万元，运输费24万元，装卸费3万元。货物运输合同适用的印花税税率为0.5‰，针对该项业务，乙运输公司应缴纳印花税（　　　　）。

A. 120元   B. 125元

C. 140元   D. 158元

10.甲公司向乙公司租赁2台起重机并签订财产租赁合同，合同注明起重机总价值为80万元，租期为2个月，每台每月租金2万元。已知财产租赁合同适用的印花税税率为1‰，根据印花税法律制度的规定甲公司和乙公司签订该租赁合同共计应缴印花税（　　　　）。

A. 40元   B. 80元

C. 160元   D. 800元

二、多选题

1.根据印花税法律制度的规定，下列合同中，属于印花税征税范围的有（　　　　）。

A.货物运输合同   B.购销合同

C.财产租赁合同   D.技术合同

2.根据印花税法律制度的规定，下列关于印花税征税范围的表述中，正确的有（　　　　）。

A.未按期兑现的合同不征收印花税

B.具有合同性质的凭证应视同合同征收印花税

C.同一业务中既书立合同，又开立单据，只就合同征收印花税

D.对纳税人以电子形式签订的各类应税凭证按规定征收印花税

3.下列属于印花税的纳税义务人的有（　　　　）。

A.以电子形式签订购销合同的当事人

B.与银行签订借款合同的外商投资企业

C.在国外领受但在国内使用应税凭证的某人

D.因其发明创造，经申请依法取得国家专利机关颁发的专利证书的某人

4.根据印花税法律制度的规定，下列各项中，需要征收印花税的有（　　　　）。

A.工商营业执照　　　　　　　　　B.房屋产权证

C.安全生产许可证　　　　　　　　D.卫生许可证

5.下列各项中，应按"产权转移书据"计征印花税的有（　　　　）。

A.房屋产权证　　　　　　　　　　B.商品房销售合同

C.专利权转让合同　　　　　　　　D.土地使用权出让合同

6.根据印花税法律制度的规定，下列各项中，免征印花税的有（　　　　）。

A.无息、贴息贷款合同

B.农林作物、牧业畜类保险合同

C.国家指定的收购部门与村委会书立的农副产品收购合同

D.外国政府或者国际金融组织向中国政府及国家金融机构提供优惠贷款所书立的合同

7.根据印花税法律制度的规定，下列各项中，属于印花税纳税人的有（　　　　）。

A.立据人　　　　　　　　　　　　B.各类电子应税凭证的签订人

C.立合同人　　　　　　　　　　　D.立账簿人

三、判断题

1.纳税人签订的商品房销售合同应按照"产权转移书据"税目计缴印花税。（　　　）

2.由国家财政部门拨付事业经费，实行差额预算管理有经营收入的单位，其记载经营业务的账簿，按资金账计税贴花。（　　　）

3.印花税应自凭证生效日贴花。（　　　）

4.载有两个或两个以上应适用不同税目税率的经济事项的同一凭证，分别记载金额的，应分别计算应纳税额，相加后按合计税额贴花；未分别记载金额的，按税率高的计算贴花。（　　　）

5.车间、门市部、仓库设置的不属于会计核算范围或虽属会计核算范围，但不记载

金额的登记簿、统计簿、台账等，不贴印花。 （　　）

6.纳税人已履行并贴花的合同，发现实际结算金额少于合同所载金额的，可以向税务机关申请退税；发生实际结算金额超过合同所载金额的，应当按超过金额补贴印花。 （　　）

7.书立印花税应税凭证，但延期生效的，纳税人应当在凭证生效日贴花完税。

（　　）

8.一份凭证应纳印花税税额超过200元的，纳税人应当向当地税务机关申请填写缴款书或者完税凭证，将其中一联粘贴在凭证上或者税务机关在凭证上加注完税标记代替贴花。 （　　）

任务6.8 车船税纳税实务与筹划

知识准备

一、车船税概述

车船税，是指对在中国境内车船管理部门登记的车辆、船舶依法征收的一种税。2011年2月25日，第十一届全国人民代表大会常务委员会第十九次会议通过了《中华人民共和国车船税法》（以下简称《车船税法》）。2011年12月5日国务院发布了《中华人民共和国车船税法实施条例》（以下简称《车船税法实施条例》）。

二、车船税纳税人

车船税的纳税人，是指在中华人民共和国境内属于税法规定的车辆、船舶（以下简称车船）的所有人或者管理人。

从事机动车第三者责任强制保险业务的保险机构为机动车车船税的扣缴义务人。

三、车船税征收范围

车船税的征税范围是指在中华人民共和国境内属于车船税法所规定的应税车辆和船舶。具体包括：

1.依法应当在车船登记管理部门登记的机动车辆和船舶；

2.依法不需要在车船登记管理部门登记的在单位内部场所行驶或者作业的机动车辆和船舶。

车船管理部门是指公安、交通运输、农业、渔业、车队、武装警察部队等依法具有车船登记管理职能的部门和船舶检验机构；单位是指依照中国法律、行政法规规定，在中国境内成立的行政机关、企业、事业单位、社会团体以及其他组织。

| 练一练 |

【例题6-25】（多选题）下列车船中，属于车船税征税范围的有（ 　　）。

A.挂车　　　B.非机动驳船　　　C.摩托车　　　D.电动自行车

答案：ABC。选项 A，挂车属于商用货车，应征车船税；选项 B，非机动驳船也属于车船税的征收范围，按机动船舶税额的 50% 计税；选项 C，摩托车本身即车船税税目，应征车船税。

四、车船税税目

车船税的税目分为五大类，包括乘用车、商用车、其他车辆、摩托车和船舶。乘用车为核定载客人数 9 人（含）以下的车辆；商用车包括客车和货车，其中客车为核定载客人数 9 人（含）以上的车辆（包括电车），货车包括半挂牵引车、挂车、客货两用汽车、三轮汽车和低速载货汽车等；其他车辆包括专用作业车和轮式专用机械车等（不包括拖拉机）。船舶包括机动船舶、非机动驳船、拖船和游艇。

具体含义如下：

乘用车，是指在设计和技术特性上主要用于载运乘客及随身行李，核定载客人数包括驾驶员在内不超过 9 人的汽车。

商用车，是指除乘用车外，在设计和技术特性上用于载运乘客、货物的汽车，划分为客车和货车。

半挂牵引车，是指装备有特殊装置用于牵引半挂车的商用车。

三轮汽车，是指最高设计车速不超过每小时 50 公里，具有三个车轮的货车。

低速载货汽车，是指以柴油机为动力，最高设计车速不超过每小时 70 公里，具有四个车轮的货车。

挂车，是指就其设计和技术特性需由汽车或者拖拉机牵引，才能正常使用的一种无动力的道路车辆。

专用作业车，是指在其设计和技术特性上用于特殊工作的车辆。

轮式专用机械车，是指有特殊结构和专门功能，装有橡胶车轮可以自行行驶，最高设计车速大于每小时 20 公里的轮式工程机械车。

摩托车，是指无论采用何种驱动方式，最高设计车速大于每小时 50 公里，或者使用内燃机，其排量大于 50 毫升的两轮或者三轮车辆。

船舶，是指各类机动、非机动船舶以及其他水上移动装置，但是船舶上装备的救生艇筏和长度小于 5 米的艇筏除外。其中，机动船舶是指用机器推进的船舶，拖船是指专门用于拖（推）动运输船舶的专业作业船舶；非机动驳船，是指在船舶登记管理部门登记为驳船的非机动船舶；游艇是指具备内置机械推进动力装置，长度在 90 米以下，主要用于游览观光、休闲娱乐、水上体育运动等活动，并应当具有船舶检验证书和适航证书的船舶。

五、车船税税率

车船税采用定额税率，又称固定税额。根据《车船税法》的规定，对应税车船实有幅度的定额税率，即对各类车船分别规定一个最低到最高限度的年税额。车船的适用税额依照《车船税税目税额表》执行。

车辆的具体适用税额由省、自治区、直辖市人民政府依照《车船税法》所附《车船税税目税额表》规定的税额幅度和国务院的规定确定并报国务院备案。省、自治区、直辖市人民政府确定车辆具体适用税额应当遵循以下两条原则：

第一，乘用车依排气量从小到大递增税额；第二，客车按照核定载客人数20人以下和20人（含）以上两档划分，递增税额。

船舶的具体适用税额由国务院在《车船税法》所附"车船税税目税额表"规定的税额幅度内确定。车船税税目税额见表6-4。

表6-4   车船税税目税额表

税目		计税单位	年基准税额（元）	备注
乘用车〔按发动机汽缸容量（排气量）分档〕	1.0升（含）以下的	每辆	60—360	核定载客人数9人（含）以下
	1.0升以上至1.6升（含）的		300—540	
	1.6升以上至2.0升（含）的		360—660	
	2.0升以上至2.5升（含）的		660—1 200	
	2.5升以上至3.0升（含）的		1 200—2 400	
	3.0升以上至4.0升（含）的		2 400—3 600	
	4.0升以上的		3 600—5 400	
商用车	客车	每辆	480—1 440	核定载客人数9人以上（包括电车）
	货车	整备质量每吨	16—120	1.包括半挂牵引车、挂车、三轮汽车和低速载货汽车等。2.挂车按照货车税额的50%计算
其他车辆	专用作业车	整备质量每吨	16—120	不包括拖拉机
	轮式专用机械车	整备质量每吨	16—120	
摩托车		每辆	36—180	
船舶	机动船舶	净吨位每吨	3—6	拖船、非机动驳船分别按照机动船舶税额的50%计算；游艇的税额另行规定
	游艇	艇身长度每米	600—20 000	

1.机动船舶具体适用税额

（1）净吨位不超过200吨的，每吨3元；

（2）净吨位超过200吨但不超过2 000吨的，每吨4元；

（3）净吨位超过2 000吨但不超过10 000吨的，每吨5元；

（4）净吨位超过10 000吨的，每吨6元。

拖船按照发动机功率每1千瓦折合净吨位0.67吨计算征收车船税。

2.游艇具体适用税额

（1）艇身长度不超过10米的，每米600元；

（2）艇身长度超过10米但不超过18米的，每米900元；

（3）艇身长度超过18米但不超过30米的，每米1 300元；

（4）艇身长度超过30米的，每米2 000元；

（5）辅助动力帆艇，每米600元。

3.排气量、整备质量、核定载客人数、净吨位、千瓦、艇身长度，以车船登记管理部门核发的车船登记证书或者行驶证所载数据为准。

依法不需要办理登记的车船和依法应当登记而未办理登记或者不能提供车船登记证书、行驶证的车船，以车船出厂合格证明或者进口凭证标注的技术参数、数据为准；不能提供车船出厂合格证明或者进口凭证的，由主管税务机关参照国家相关标准核定，没有国家相关标准的参照同类车船核定。

│练一练│

【例题6-26】（单选题）我国车船税的税率形式是（　　　　）。

A.地区差别比例税率　　　　　　　　B.有幅度的比例税率

C.全国统一的定额税率　　　　　　　D.有幅度的定额税率

答案：D。车船税实行有幅度的定额税率，车辆的具体适用税额由省、自治区、直辖市人民政府根据规定确定并报国务院备案。

六、车船税计税依据

车船税以车船的计税单位数量为计税依据。《车船税法》按车船的种类和性能，分别确定每辆、整备质量、净吨位每吨和艇身长度每米为计税单位。具体如下：

1.乘用车、商用客车和摩托车，以辆数为计税依据。

2.商用货车、专用作业车和轮式专用机械车，以整备质量吨位数为计税依据。

3.机动船舶、非机动驳船、拖船，以净吨位数为计税依据。游艇以艇身长度为计税依据。

| 练一练 |

【例题6-27】（单选题）根据车船税法律制度的规定，下列各项中，属于商用货车计税依据的是（　　）。

A.辆数　　　　　　　　　　　　B.购置价格

C.净吨位数　　　　　　　　　　D.整备质量吨位数

答案：D。商用货车、专用作业车、轮式专用机械车，按整备质量吨位数为计税依据。

七、车船税应纳税额的计算

1.车船税各税目应纳税额的计算公式

乘用车、客车和摩托车的应纳税额＝辆数×适用年基准税额

货车、专用作业车和轮式专用机械车的应纳税额＝整备质量吨位数×适用年基准税额

机动船舶的应纳税额＝净吨位数×适用年基准税额

拖船和非机动驳船的应纳税额＝净吨位数×适用年基准税额×50%

游艇的应纳税额＝艇身长度×适用年基准税额

2.购置的新车船，购置当年的应纳税额自纳税义务发生的当月起按月计算

计算公式为：

应纳税额＝适用年基准税额÷12×应纳税月份数

3.保险机构代收代缴车船税和滞纳金的计算

（1）购买短期交强险的车辆。

对于境外机动车临时入境、机动车临时上道路行驶、机动车距规定的报废期限不足1年而购买短期交强险的车辆，保单中"当年应缴"项目的计算公式为：

当年应缴＝计税单位×年单位税额×应纳税月份数÷12

其中，应纳税月份数为"交强险"有效期起始日期的当月至截止日期当月的月份数。

（2）已向税务机关缴税的车辆或税务机关已批准减免税的车辆。

对于已向税务机关缴税或税务机关已经批准免税的车辆，保单中"当年应缴"项目应为零。对于税务机关已批准减税的机动车，保单中"当年应缴"项目应根据减税前的应纳税额扣除依据减税证明中注明的减税幅度计算的减税额确定，计算公式为：

减税车辆应纳税额＝减税前应纳税额×（1－减税幅度）

（3）对于2007年1月1日前购置的车辆或者曾经缴纳过车船税的车辆，保单中"往年补缴"项目的计算公式为：

往年补缴＝计税单位×年单位税额×（本次缴税年度－前次缴税年度－1）

其中，对于2007年1月1日前购置的车辆，纳税人从未缴纳车船税的，前次缴税年度为2006年。

（4）对于2007年1月1日以后购置的车辆，纳税人从购置时起一直未缴纳车船税的，保单中"往年补缴"项目的计算公式为：

往年补缴＝购置当年欠缴的税款＋购置年度以后欠缴税款

其中，购置当年欠缴的税款＝计税单位×年单位税额×应纳税月份数÷12。应纳税月份数为车辆登记日期的当月起至该年度终了的月份数。若车辆尚未到车船管理部门登记，则应纳税月份数为购置日期的当月起至该年度终了的月份数。

购置年度以后欠缴税款＝计税单位年单位税×（本次缴税年度－车辆登记年度－1）

（5）滞纳金计算。

对于纳税人在应购买"交强险"截止日期以后购买"交强险"的，或以前年度没有缴纳车船税的，保险机构在代收代缴税款的同时，还应代收代缴欠缴税款的滞纳金。

保单中"滞纳金"项目为各年度欠税应加收滞纳金之和。

每一年度欠税应加收的滞纳金＝欠税金额×滞纳天数×0.5‰

滞纳天数的计算自应购买"交强险"截止日期的次日起到纳税人购买"交强险"当日止。纳税人连续两年以上欠缴车船税的，应分别计算每一年度欠税应加收的滞纳金。

|练一练|

【例题6-28】李某2019年4月1日购买1辆发动机汽缸容量为1.6升的乘用车，已知适用年基准税额480元。要求：计算李某2019年应缴纳车船税税额。

解析：购置的新车船，购置当年的应纳税额自纳税义务发生的当月起按月计算。所以，李某2018年应缴纳车船税税额＝480×9÷12＝360（元）

【例题6-29】（单选题）烟台新泰酒业有限公司2019年拥有机动船舶10艘，每艘净吨位为150吨；非机动驳船5艘，每艘净吨位为80吨。已知机动船舶适用年基准税额为每吨3元，计算该公司当年应缴纳车船税税款的下列算式中，正确的是（　　）。

A.（10×150＋5×80）×3×50%＝2 850（元）

B. 10×150×3×50%＋5×80×3＝3 450（元）

C. 10×150×3＋5×80×3×50%＝5 100（元）

D.（10×150＋5×80）×3＝5 700（元）

答案：C。（1）机动船舶的应纳税额＝净吨位数×适用年基准税额，烟台新泰酒业有限公司的10艘机动船舶应缴纳车船税税额＝10×150×3；（2）拖船、非机动驳船分别按照机动船舶税额的50%计算，烟台新泰酒业有限公司的5艘非机动驳船的车船税应纳税额＝5艘×净吨位数×适用年基准税额×50%＝5×80×3×50%。

八、车船税税收优惠

（一）下列车船免征车船税

1.捕捞、养殖渔船。捕捞、养殖渔船是指在渔业船舶管理部门登记为捕捞船或者养殖船的渔业船舶。

2.军队、武装警察部队专用的车船。军队、武装警察部队专用的车船，是指按照规定在军队、武装警察部队车船登记管理部门登记，并领取军队、武警牌照的车船。

3.警用车船。警用车船，是指公安机关、国家安全机关、监狱、劳动教养管理机关和人民法院、人民检察院领取警用牌照的车辆和执行警务的专用船舶。

4.依照法律规定应当予以免税的外国驻华使领馆、国际组织驻华代表机构及其有关人员的车船。

5.对使用新能源车船，免征车船税。免征车船税的使用新能源汽车是指纯电动商用车、插电式（含增程式）混合动力汽车、燃料电池商用车。纯电动乘用车和燃料电池乘用车不属于车船税征税范围，对其不征车船税。

免征车船税的使用新能源汽车（不含纯电动乘用车和燃料电池乘用车），必须符合国家有关标准。

6.临时入境的外国车船和中国香港特别行政区、澳门特别行政区、台湾地区的车船，不征收车船税。

7.按照规定缴纳船舶吨税的机动船舶，自《车船税法》实施之日起5年内免征车船税。

8.依法不需要在车船登记管理部门登记的机场、港口、铁路站场内部行驶或者作业的车船，自车船税法实施之日起5年内免征车船税。

|练一练|

【例题6-30】（单选题）根据车船税法律制度的规定，下列车船中，应缴纳车船税的是（　　）。

A.警用车 　　　　　　　　　　　　B.捕捞渔船

C.商用客车 　　　　　　　　　　　D.养殖渔船

答案：C。选项A、B、D，免征车船税。

【例题6-31】（单选题）根据车船税法律制度的规定，下列各项中，免征车船税的是（　　）。

A.个体工商户自用摩托车 　　　　　B.家庭自用的纯电动乘用车

C.外国驻华使领馆的自用商务车 　　D.国有企业的公用汽油动力乘用车

答案：C。选项B：纯电动乘用车和燃料电池乘用车，不属于车船税的征税范围（而非免税）。选项C：依照法律规定应当予以免税的外国驻华使领馆、国际组织驻华代表机构及其有关人员的车船，免征车船税。

【例题6-32】（单选题）以下车辆（均非新能源车辆）免交车船税的是（　　　）。

A.救护车　　　　　　　　　　B.市政公务车

C.公共汽车　　　　　　　　　D.人民法院警车

答案：D。选项A、B，税法未规定予以免征车船税的车船，应当依法缴纳车船税。选项C，省、自治区、直辖市人民政府根据当地实际情况，可以对公共交通车船实施减征或免征车船税。选项D，警用车船免征车船税；警用车船是指公安机关、国家安全机关、监狱、劳动教养管理机关和人民法院、人民检察院领取警用牌照的车辆和执行警务的专用船舶。

（二）车船税其他税收优惠

1.对节约能源车船，减半征收车船税。减半征收车船税的节约能源乘用车应同时符合以下标准：

（1）获得许可在中国境内销售的排量为1.6升以下（含1.6升）的燃用汽油、柴油的乘用车（含非插电式混合动力乘用车和双燃料乘用车）；

（2）综合工况燃料消耗量应符合标准；

（3）污染物排放符合《轻型汽车污染物排放限值及测量方法（中国第五阶段）》（GB18352.5－2013）标准中Ⅰ型试验的限值标准。

减半征收车船税的节约能源商用车应同时符合下列标准：

（1）获得许可在中国境内销售的燃用天然气、汽油、柴油的重型商用车（含非插电式混合动力和双燃料重型商用车）；

（2）燃用汽油、柴油的重型商用车综合工况燃料消耗量应符合标准；

（3）污染物排放符合《车用压燃式、气体燃料点燃式发动机与汽车排气污染物排放限值及测量方法（中国Ⅲ、Ⅳ、Ⅴ阶段）》（GB17691－2005）标准中第Ⅴ阶段的标准。

2.对受地震、洪涝等严重自然灾害影响纳税困难以及其他特殊原因确需减免税的车船，可以在一定期限内减征或者免征车船税。具体减免期限和数额由省、自治区、直辖市人民政府确定，报国务院备案。

3.省、自治区、直辖市人民政府根据当地实际情况，可以对公共交通车船，农村居民拥有并主要在农村地区使用的摩托车、三轮汽车和低速载货汽车定期减征或者免征车船税。

九、车船税征收管理

（一）纳税义务发生时间

车船税纳税义务发生时间为取得车船所有权或者管理权的当月。以购买车船的发票或其他证明文件所载日期的当月为准。

车船税的纳税义务发生时间，为车船管理部门核发的车船登记证书或者行驶证书所记载日期的当月。纳税人未按照规定到车船管理部门办理应税车船登记手续的，以车船购置发票所载开具时间的当月作为车船税的纳税义务发生时间。对未办理车船登记手续且无法提供车船购置发票的，由主管地方税务机关核定纳税义务发生时间。

（二）纳税地点

车船税由地方税务机关负责征收。车船税的纳税地点为车船的登记地或者车船税扣缴义务人所在地。

扣缴义务人代收代缴车船税的，纳税地点为扣缴义务人所在地。

纳税人自行申报缴纳车船税的，纳税地点为车船登记地的主管税务机关所在地。

依法不需要办理登记的车船，其车船税的纳税地点为车船的所有人或者管理人所在地。

（三）纳税申报

车船税按年申报，分月计算，一次性缴纳。纳税年度为公历1月1日至12月31日。具体申报纳税期限由省、自治区、直辖市人民政府规定。纳税申报表及填表说明见二维码。

申报表及填表说明

| 练一练 |

【例题6-33】（单选题）有关车船税的征收管理，下列表述正确的是（　　）。

A.车船税按年申报，分月缴纳

B.不需要办理登记的车船不缴纳车船税

C.车船税纳税义务发生时间为取得车船所有权或者管理权的次月

D.依法需要办理登记的车船，其车船税的纳税地点为车船的登记地或者车船税扣缴义务人所在地

答案：D。选项A，车船税按年申报，分月计算，一次性缴纳。选项B，依法不需要办理登记的车船也属于车船税的征税范围，应照章缴纳车船税。选项C，车船税纳税义务发生时间为取得车船所有权或者管理权的"当月"。

十、车船税纳税筹划

车船税纳税筹划的思路有以下几条：

1.利用税收优惠政策分别核算筹划。免税单位与纳税单位合并办公，所用车辆，能划分者分别征免车船税，不能划分者，应一律照章征收车船税。企业办的各类学校、医院、托儿所、幼儿园自用的车船，如果能够明确划分清楚是完全自用的，可免征车船税，划分不清的，应照征车船税。企业内部行驶的车辆，不领取行驶执照，也不上公路行驶的，可免征车船税。

2.利用临界点筹划。由于对载货汽车、三轮汽车、低速汽车、专用作业车和轮式专用机械车以自重吨数为单位，对船舶以净吨位为单位分级规定税率，从而就产生了应纳车船税税额相对吨位数变化的临界点，在临界点上，吨位数虽然相差仅1吨，但临界点两边的税额却有很大变化，这种情况下进行纳税筹划特别有必要。

具体案例：烟台新泰酒业有限公司欲添置一艘机动船，有两种机动船可供选择，第一种净吨位数2 000吨，适用单位税额为4元吨，另一种净吨位数2 001吨，适用单位税额为5元/吨。

纳税筹划：如果该公司购买的是第一种船，则每年应缴纳的车船税税额为：$2\,000\times4=8\,000$（元）；如果该公司购买的是第二种船，则每年应缴纳的车船税税额为：$2\,001\times5=10\,005$（元）。可见，虽然第一种船的净吨位数比第二种船仅少1吨，但由于其税额遵循全额累进的原则，其每年应纳的车船税的税额有急剧的变化，购买第一种船每年能使公司节省车船税2 005元（$10\,005-8\,000=2\,005$元）。

任务实施

如果烟台新泰酒业有限公司没有准确地将企业与学校所用车辆划分清楚，分别核算，则每年应纳的税额为：$8\times3\times96+5\times600=5\,304$（元）。如果烟台新泰酒业有限公司能准确划分核算，每年应纳的税额为：$4\times3\times96+2\times600=2\,352$（元）。显然，烟台新泰酒业有限公司应该将不领取执照仅供内部使用的汽车，以及将自己创办的学校自用的汽车与其他的汽车划分开核算，每年可以节省税款2 952元。

任务拓展

车船税的由来与演变

我国对车船征税的历史很久，自西汉时就开始对车船征税。新中国成立前，不少城市对车船征收牌照税，新中国成立后，我国也一直对车船的使用行为征税。1950年1月政务院颁布的《全国税收实施要则》中制定了使用牌照税，1951年9月，政务院颁布了《车船使用牌照税暂行条例》。1973年，工商税制改革，企业缴纳的车船使用牌照税并入工商税。

自此以后，车船使用牌照税只对个人外侨征收。近年来，随着经济社会各项事业的发展，车船数量增多，为了加强对车船的管理，适当筹集建设资金，我国于1984年实行第二步利改税时，确定全面征收此税，并改名为车船使用税，但并未立即开征。直到1986年9月国务院才正式颁布了《中华人民共和国车船使用税暂行条例》，从1986年10月1日起在全国范围内实行。随着经济的发展，车船使用税中的有些规定已不能适应社会主义市场经济的需要，2007年1月1日起开始施行《中华人民共和国车船税暂行条例》，新开征车船税。

同步训练

答案与解析

一、单选题

1. 根据车船税法律制度的规定，下列车辆中，免征车船税的是（　　　）。

   A. 物流公司货车　　　　　　　　　　B. 人民法院警务用车

   C. 建筑公司专用作业车　　　　　　　D. 商场管理部门用车

2. 根据车船税法律制度的规定，下列各项中，属于机动船舶计税位的是（　　　）。

   A. 购置价格　　　　　　　　　　　　B. 整备质量每吨

   C. 净吨位每吨　　　　　　　　　　　D. 艇身长度每米

3. 下列车辆计算车船税时，按照货车税额的50%计算的是（　　　）。

   A. 挂车　　　　　　　　　　　　　　B. 半挂牵引车

   C. 客货两用汽车　　　　　　　　　　D. 低速载货汽车

4. 烟台新泰酒业有限公司2019年初拥有小轿车2辆；当年5月，1辆小轿车被盗，已按照规定办理退税。通过公安机关的侦查，10月，被盗车辆失而复得，并取得公安机关的相关证明。已知当地小轿车车船税年税额为500元/辆，烟台新泰酒业有限公司2017年实际应缴纳的车船税税额为（　　　）。

   A. 500元　　　　　　　　　　　　　B. 791.67元

   C. 833.33元　　　　　　　　　　　 D. 1 000元

5. 根据车船税法律制度的规定，下列关于车船税纳税申报的表述中，不正确的是（　　　）。

   A. 车船税按年申报，分月计算，一次性缴纳

B.没有扣缴义务人的，纳税人应当向主管税务机关自行申报缴纳车船税

C.已缴纳车船税的车船在同一纳税年度内办理转让过户的，需要另外纳税

D.扣缴义务人已代收代缴车船税的，纳税人不再向车辆登记地的主管税务机关申报缴纳车船税

6.烟台新泰酒业有限公司2019年年初拥有并使用下列车辆（均为汽油动力车）：（1）整备质量5吨的载货卡车15辆，该型号货车当地规定车船税年税额为每吨50元；（2）7座乘用车6辆，当地规定该型号乘用车车船税年税额每辆420元。根据车船税法律制度的规定，烟台新泰酒业有限公司2017年应纳车船税税额为（   ）。

A. 3 190元　　　B. 3 270元　　　C. 6 270元　　　D. 21 390元

7.张某2019年11月购置摩托车一辆，并在当月取得相应的发票，已知当地摩托车车船税单位年税额为每辆60元。根据车船税法律制度的规定，张某2019年就该摩托车应纳车船税为（   ）。

A. 0　　　　　B. 10元　　　　　C. 15元　　　　　D. 60元

二、多选题

1.根据车船税法律制度的规定，以下属于车船税征税范围的有（   ）。

A.用于耕地的拖拉机　　　　　B.用于接送员工的客车

C.用于休闲娱乐的游艇　　　　D.供企业经理使用的小汽车

2.根据车船税法律制度的规定，下列车船中，以"辆数"为计税依据的有（   ）。

A.摩托车　　　　　　　　　B.机动船舶

C.商用货车　　　　　　　　D.商用客车

3.根据车船税法律制度的规定，下列车船（汽油动力）中，免征车船税的有（   ）。

A.警用车船　　　　　　　　B.养殖渔船

C.物流公司营运用货车　　　D.汽车租赁公司出租用乘用车

4.下列车船中，以整备质量吨位数为车船的计税依据的有（   ）。

A.非机动驳船　　　　　　　B.客货两用车

C.专用作业车　　　　　　　D.低速载货汽车

三、判断题

1.新购车辆，缴纳车辆购置税当年，不必缴纳车船税。（   ）

2.车辆退回生产企业或者经销商的，纳税人可以申请退还车辆购置税，主管税务机

关自纳税人办理纳税申报之日起，按已缴纳税款每满1年扣减20%计算退税额；未满1年的，按已缴纳税款全额退税。 （　　）

3.从事机动车第三者责任强制保险业务的保险机构为机动车车船税的扣缴义务人。 （　　）

4.已缴纳车船税的车船在同一纳税年度内办理转让过户的，不另纳税，也不退税。 （　　）

5.在一个纳税年度内，已完税的车船被盗抢、报废、灭失的，纳税人可以凭有关管理机关出具的证明和完税凭证，向纳税所在地的主管税务机关申请退还自被盗抢、报废、灭失次月起至该纳税年度终了期间的税款。 （　　）

6.对使用新能源车船、节约能源车船，免征车船税。 （　　）

任务 6.9　车辆购置税纳税实务与筹划

知识准备

一、车辆购置税概述

车辆购置税，是对在中国境内购置规定车辆的单位和个人征收的一种税。2018 年 12 月 29 日第十三届全国人民代表大会常务委员会第七次会议通过《中华人民共和国车辆购置税法》，2019 年 7 月 1 日起施行。

二、车辆购置税纳税人

在中华人民共和国境内购置汽车、有轨电车、汽车挂车、排气量超过一百五十毫升的摩托车（以下统称应税车辆）的单位和个人，为车辆购置税的纳税人。

购置，包括购买、进口、自产、受赠、获奖或者以其他方式取得并自用应税车辆的行为。单位，包括国有企业、集体企业、私营企业、股份制企业、外商投资企业、外国企业以及其他企业和事业单位、社会团体、国家机关、部队以及其他单位；个人，包括个体工商户以及其他个人。

三、车辆购置税征收范围

车辆购置税的征税范围包括：汽车、有轨电车、汽车挂车、排气量超过 150 毫升的摩托车。与《中华人民共和国车辆购置税暂行条例》相比，《车辆购置税法》征收范围有以下变化：

（一）将无轨电车纳入汽车范围，电车变更为有轨电车。

（二）将挂车变更为汽车挂车。挂车分为汽车牵引的挂车和拖拉机牵引的挂车，拖拉机牵引的挂车不再征收车购税。

（三）取消农用运输车。三轮农用运输车、三轮汽车、四轮农用运输车、低速货车，统称低速汽车，纳入汽车范围。

（四）将摩托车变更为排气量超过150毫升的摩托车。需要注意的是，150毫升及以下排气量的摩托车不在征收范围内。

地铁、轻轨等城市轨道交通车辆，装载机、平地机、挖掘机、推土机等轮式专用机械车，以及起重机（吊车）、叉车、电动摩托车，不属于应税车辆。

四、车辆购置税税率

车辆购置税采用10%的比例税率。

五、车辆购置税计税依据

应税车辆的计税价格，按照下列规定确定：

（一）纳税人购买自用应税车辆实际支付给销售者的全部价款，依据纳税人购买应税车辆时相关凭证载明的价格确定，不包括增值税税款。

（二）纳税人进口自用应税车辆的计税价格，为关税完税价格加上关税和消费税；

纳税人进口自用应税车辆，是指纳税人直接从境外进口或者委托代理进口自用的应税车辆，不包括在境内购买的进口车辆。

（三）纳税人自产自用应税车辆的计税价格，按照同类应税车辆（即车辆配置序列号相同的车辆）的销售价格确定，不包括增值税税款；没有同类应税车辆销售价格的，按照组成计税价格确定。组成计税价格计算公式如下：

组成计税价格＝成本×（1＋成本利润率）

属于应征消费税的应税车辆，其组成计税价格中应加计消费税税额。

上述公式中的成本利润率，由国家税务总局各省、自治区、直辖市和计划单列市税务局确定。

（四）纳税人以受赠、获奖或者其他方式取得自用应税车辆的计税价格，按照购置应税车辆时相关凭证载明的价格确定，不包括增值税税款。

纳税人申报的应税车辆计税价格明显偏低，又无正当理由的，由税务机关依照《中华人民共和国税收征收管理法》的规定核定其应纳税额。

六、车辆购置税应纳税额的计算

车辆购置税实行从价定率的方法计算应纳税额。计算公式如下：

应纳税额＝计税依据×税率

进口应税车辆应纳税额＝（关税完税价格＋关税＋消费税）×税率

| 练一练 |

【例题6-34】（单选题）烟台新泰酒业有限公司2019年10月接受捐赠进口小汽车（非新能源车辆）10辆并自用，计税价格为160 000元/辆，则烟台新泰酒业有限公司就上述业务应缴纳车辆购置税的计算正确的是（　　　）。

A. $160\,000 \times 10 \times 10\%$

B. $160\,000 \times 10 \times (1+10\%) \div (1-9\%) \times 10\%$

C. $60\,000 \times 10 \times (1+10\%) \times (1+9\%) \times 10\%$

D. $60\,000 \times 10 \times (1+10\%) \div (1-9\%) \times 10\%$

答案：A。

七、车辆购置税税收优惠

下列车辆免征车辆购置税：

（一）依照法律规定应当予以免税的外国驻华使馆、领事馆和国际组织驻华机构及其有关人员自用的车辆。

（二）中国人民解放军和中国人民武装警察部队列入装备订货计划的车辆。

（三）悬挂应急救援专用号牌的国家综合性消防救援车辆。

（四）设有固定装置的非运输专用作业车辆。

（五）城市公交企业购置的公共汽电车辆。

根据国民经济和社会发展的需要，国务院可以规定减征或者其他免征车辆购置税的情形，报全国人民代表大会常务委员会备案。

免税、减税车辆因转让、改变用途等原因不再属于免税、减税范围的，纳税人应当在办理车辆转移登记或者变更登记前缴纳车辆购置税。纳税人、纳税义务发生时间、应纳税额按以下规定执行：

（一）发生转让行为的，受让人为车辆购置税纳税人；未发生转让行为的，车辆所有人为车辆购置税纳税人。

（二）纳税义务发生时间为车辆转让或者用途改变等情形发生之日。

（三）应纳税额计算公式如下：

应纳税额＝初次办理纳税申报时确定的计税价格×（1－使用年限×10%）×10% －已纳税额

应纳税额不得为负数。使用年限的计算方法是，自纳税人初次办理纳税申报之日起，至不再属于免税、减税范围的情形发生之日止。使用年限取整计算，不满一年的不计算在内。

八、车辆购置税征收管理

1.纳税申报

车辆购置税实行一次征收制度，税款应当一次缴清。购置已征车辆购置税的车辆，不再征收车辆购置税。纳税申报表及填表说明见二维码。

申报表及填表说明

车辆购置税由税务机关征收。车辆购置税的纳税义务发生时间为纳税人购置应税车辆的当日。纳税人应当自纳税义务发生之日起六十日内申报缴纳车辆购置税。

纳税人以外汇结算应税车辆价款的，按照申报纳税之日的人民币汇率中间价折合成人民币计算缴纳税款。

纳税人将已征车辆购置税的车辆退回车辆生产企业或者销售企业的，可以向主管税务机关申请退还车辆购置税。退税额以已缴税款为基准，自缴纳税款之日至申请退税之日，每满一年扣减百分之十。计算公式为：

应退税额＝已纳税额×（1－使用年限×10%）

使用年限的计算方法是，自纳税人缴纳税款之日起，至申请退税之日止。

2.纳税环节

纳税人应当在向公安机关车辆管理机构办理车辆登记注册前，缴纳车辆购置税。

公安机关交通管理部门办理车辆注册登记，应当根据税务机关提供的应税车辆完税或者免税电子信息对纳税人申请登记的车辆信息进行核对，核对无误后依法办理车辆注册登记。

3.纳税地点

纳税人购置应税车辆，应当向车辆登记注册地的主管税务机关申报纳税；购置不需要办理车辆登记注册手续的应税车辆，应当向纳税人所在地的主管税务机关申报纳税。

九、车辆购置税纳税筹划

当前经济生活环境下，车辆购置税的应税行为的发生愈发频繁。因此，对车辆购置税进行合理的纳税筹划便显得愈发重要。车辆购置税纳税筹划的思路有以下几条：

1.选准卖家

因车辆购置税由购买者缴纳，对于消费者而言，在购买机动车时要从经销商入手进行相关税收筹划。对于纳税人从增值税一般纳税人及从小规模纳税人手中购买机动车计算缴纳的车辆购置税是不同的。消费者购买同类型机动车，付同样的购车款，从具有一般纳税人资格经销商手中购买比从小规模纳税人经销商处购买可少缴车辆购置税。

2.选择优惠

在缴纳车辆购置税时，还需注意特定群体及单位缴纳车辆购置税可享受免税、减税资格的相关政策规定。

任务实施

根据相关法律规定，烟台新泰酒业有限公司向国税机关申报缴纳车辆购置税的金额为：$105\ 000 \div (1 + 13\%) \times 10\% = 9\ 292.04$ 元；乙某应申报缴纳的车购税为：$105\ 000 \div (1 + 3\%) \times 10\% = 10\ 194.17$ 元；乙某比烟台新泰酒业有限公司多缴车购税 902.13 元。因此，烟台新泰酒业有限公司的购买方式更能达到节税的目的。

任务拓展

新能源汽车车辆购置税优惠政策再延长三年

我国的购置税减免最早出现在 2009 年年初，当时为了应对 2008 年的全球金融危机影响，国家首次出台汽车购置税优惠政策，对 1.6L 及以下排量的乘用车施行按 5% 征收车辆购置税政策。2011 年购置税减免政策曾退出过一段时间。此后，车辆购置税税率一直在 5% 至 7.5% 起落，并延续至今。

2014 年 8 月 7 日，财政部、国家税务总局、工业和信息化部发布《关于免征新能源汽车车辆购置税的公告》，自 2014 年 9 月 1 日至 2017 年 12 月 31 日，对购置的新能源汽车免征车辆购置税。2017 年财政部等四部门又发布公告表示，自 2018 年 1 月 1 日至 2020 年 12 月 31 日，对购置的新能源汽车免征车辆购置税。2018 年 3 月 5 日，第十三届全国人大一次会议开幕，国务院总理李克强在会上表示，要增强消费对经济发展的基础性作用，推进消费升级，发展消费新业态新模式。由此，将新能源汽车车辆购置税优惠政策再延长三年。也就是说，在 2023 年 12 月 31 日前购买新能源汽车仍旧能够享受免征车辆购置税政策。

同步训练

答案与解析

一、单选题

1.某汽贸公司本月购进 4 辆新汽车（非新能源或节约能源车辆）并做下列处置，其中应当由该汽贸公司缴纳车辆购置税的是（　　　）。

A.自用为通勤车 1 辆

B.赠送给乙企业 1 辆

C.加价转让给丙企业1辆

D.作为有奖销售奖品奖励客户1辆

2.某4S店本月进口9辆商务车（非新能源或节约能源车辆），海关核定的关税完税价格为60万元/辆，本月已经销售4辆，3辆仍放置在展厅待售，2辆本店自用。已知商务车适用关税税率为25%、消费税税率为12%。有关本月该4S店应纳的车辆购置税，下列计算正确的是（　　　　）。

A.60×（1+25%）÷（1−12%）×10%×2

B.60×（1+25%）÷（1−12%）×10%×4

C.60×（1+25%）÷（1−12%）×10%×（3+2）

D.60×（1+25%）÷（1−12%）×10%×（4+3+2）

二、多选题

1.有关车辆购置税的纳税申报期限，下列表述正确的有（　　　　）。

A.购买自用应税车辆的，应当自购买之日起60日内申报纳税

B.进口自用应税车辆的，应当自进口之日起60日内申报纳税

C.受赠取得并自用应税车辆的，应当自取得之日起180日内申报纳税

D.获奖取得并自用应税车辆的，应当自取得之日起180日内申报纳税

2.有关我国车辆购置税的特点，下列表述正确的有（　　　　）。

A.车辆购置税采用比例税率

B.车辆购置税由地方税务局征收

C.车辆购置税实行一次征收制度

D.车辆购置税的计税依据中不包括增值税税款

三、判断题

1.纳税人以受赠、获奖或者其他方式取得自用应税车辆的计税价格，按照购置应税车辆时相关凭证载明的价格确定，不包括增值税税款。　　　　　　　　　（　　　）

2.纳税人应当在向公安机关车辆管理机构办理车辆登记注册手续前，缴纳车辆购置税。　　　　　　　　　　　　　　　　　　　　　　　　　　　　　　　　　（　　　）

3.烟台新泰酒业有限公司在拍卖会上购进一辆二手小汽车并取得该辆二手车原已纳车辆购置税完税凭证，烟台新泰酒业有限公司购入该辆二手车不必缴纳车辆购置税。

　　　　　　　　　　　　　　　　　　　　　　　　　　　　　　　　　　（　　　）

任务 6.10　契税纳税实务与筹划

知识准备

一、契税概述

契税，是指国家在土地、房屋权属转移时，按照当事人双方签订的合同（契约）以及所确定价格的一定比例，向权属承受人征收的一种税。1997年7月7日国务院颁布《中华人民共和国契税暂行条例》（以下简称《契税暂行条例》），同年10月28日财政部印发《中华人民共和国契税暂行条例实施细则》。之后，国家财政、税务主管部门又陆续发布了一些有关契税的规定、办法。这些构成了我国的契税法律制度。

二、契税纳税人

契税的纳税人，是指在我国境内承受土地、房屋权属转移的单位和个人。

契税由权属的承受人缴纳。这里所说的"承受"，是指以受让、购买、受赠、交换等方式取得土地、房屋权属的行为。土地、房屋权属，是指土地使用权和房屋所有权；单位，是指企业单位、事业单位、国家机关、军事单位和社会团体以及其他组织；个人，是指个体经营者和其他个人。

|练一练|

【例题6-35】（单选题）烟台新泰酒业有限公司出售一处位于郊区的仓库，取得收入100万元，又以280万元购入一处位于市区繁华地区的门面房。已知当地政府规定的契税税率4%，烟台新泰酒业有限公司应缴纳契税税额的下列计算中，正确的是（　　　）。（上述金额均不含增值税）

　　A. $100 \times 4\% = 4$（万元）　　　　　　B.（$100 + 280$）$\times 4\% = 15.2$（万元）

　　C.（$280 - 100$）$\times 4\% = 7.2$（万元）　　D. $280 \times 4\% = 11.2$（万元）

答案：D。契税由房屋、土地权属的承受人缴纳；在本题中，烟台新泰酒业有限公司出售仓库应由承受方缴纳契税，烟台新泰酒业有限公司不必缴纳，而烟台新泰酒业有限公司承受门面房权属时则应缴纳契税。

三、契税征税范围

契税以在我国境内转移土地、房房屋权属的行为作为征税对象。土地、房屋权属未发生转移的，不征收契税。契税的征税范围主要包括：

1.国有土地使用权出让。国有土地使用权出让是指土地使用者向国家交付土地使用权出让费用，国家将国有土地使用权在一定年限内让与土地使用者的行为。出让费用包括出让金、土地收益等。

2.土地使用权转让。土地使用权转让是指土地使用者以出售、赠予、交换或者其他方式将土地使用权转移给其他单位和个人的行为。土地使用权的转让不包括农村集体土地承包经营权的转移。

3.房屋买卖。房屋买卖是指房屋所有者将其房屋出售，由承受者交付货币、实物、无形资产或其他经济利益的行为。

4.房屋赠予。房屋赠予是指房屋所有者将其房屋无偿转让给受赠者的行为。

5.房屋交换。房屋交换是指房屋所有者之间相互交换房屋的行为。

除上述情形外，在实际中还有其他一些转移土地、房屋权属的形式，如以土地、房屋权属作价投资、入股，以土地、房屋权属抵债；以获奖方式承受土地、房屋权属；以预购方式或者预付集资建房款方式承受土地、房屋权属等。对于这些转移土地、房屋权属的形式，可以分别视同土地使用权转让、房屋买卖或者房屋赠予征收契税。再如，土地使用权受让人通过完成土地使用权转让方约定的投资额度或投资特定项目，以此获取低价转让或无偿赠予的土地使用权的，属于契税征收范围，其计税价格由征收机关参照纳税义务发生时当地的市场价格核定。此外，公司增资扩股中，对以土地、房屋权属作价入股或作为出资投入企业的，征收契税；企业破产清算期间，对非债权人承受破产企业土地、房屋权属的，征收契税。

土地、房屋典当、继承、分拆（分割）、抵押以及出租等行为，不属于契税的征税范围。

| 练一练 |

【例题6-36】（多选题）根据契税法律制度的规定，下列各项中，属于契税征税范围的有（　　）。

A.房屋交换　　　　　　　　　　　　B.土地使用权赠予

C.国有土地使用权出让　　　　　　　D.农村集体土地承包经营权转移

答案：ABC。选项D：农村集体土地承包经营权转移不属于契税的征税范围。

四、契税税率

契税采用比例税率，实行3%—5%的幅度税率。具体税率由各省、自治区、直辖市人民政府在幅度税率规定范围内，按照本地区的实际情况确定，以适应不同地区纳税人的负担水平和调控房地产交易的市场价格。

五、契税计税依据

按照土地、房屋权属转移的形式、定价方法的不同，契税的计税依据确定如下：

1.国有土地使用权出让、土地使用权出售、房屋买卖，以成交价格作为计税依据。成交价格是指土地、房屋权属转移合同确定的价格，包括承受者应交付的货币、实物、无形资产或其他经济利益。计征契税的成交价格不含增值税。

2.土地使用权赠予、房屋赠予，由征收机关参照土地使用权出售、房屋买卖的市场价格核定。

3.土地使用权交换、房屋交换，以交换土地使用权、房屋的价格差额为计税依据。计税依据只考虑其价格的差额，交换价格不相等的，由多交付货币、实物、无形资产或其他经济利益的一方缴纳契税；交换价格相等的，免征契税。土地使用权与房屋所有权之间相互交换，也应按照上述办法确定计税依据。

4.以划拨方式取得土地使用权，经批准转让房地产时应补交的契税，以补交的土地使用权出让费用或土地收益作为计税依据。

为了防止纳税人隐瞒、虚报成交价格以偷、逃税款，对成交价格明显低于市场价格而无正当理由的，或所交换的土地使用权、房屋价格的差额明显不合理并且无正当理由的，征收机关参照市场价格核定计税依据。

六、契税应纳税额的计算

契税应纳税额依照省、自治区、直辖市人民政府确定的适用税率和税法规定的依据计算征收。其计算公式为：

应纳税额＝计税依据×税率

|练一练|

【例题6-37】2019年，赵某获得单位奖励房屋一套。赵某得到该房屋后又将其与孙某的一套房屋进行交换。经房地产评估机构评估，赵某获奖房屋价值30万元，孙某房屋价值32万元。两人协商后，赵某实际向孙某支付房屋交换价格差额款2万元。税务机关核定奖励赵某的房屋价值28万元。已知当地规定的契税税率为4%。计算赵某应缴纳

的契税税额。

解析：以获奖方式取得房屋权属的应视同房屋赠予征收契税，计税依据为税务机关参照市场价格核定的价格，即28万元。房屋交换且交换价格不相等的，应由多支付货币的一方缴纳契税，计税依据为所交换的房屋价格的差额，即2万元。因此，赵某应就其获奖承受该房屋权属行为和房屋交换行为分别缴纳契税。

（1）赵某获奖承受房屋权属应缴纳的契税税额＝280 000×4%＝11 200（元）

（2）赵某交换房屋行为应缴纳的契税税额＝20 000×4%＝800（元）

（3）赵某实际应缴纳的契税税额＝11 200＋800＝12 000（元）

七、契税税收优惠

1.国家机关、事业单位、社会团体、军事单位承受土地、房屋用于办公、教学、医疗、科研和军事设施的，免征契税。

2.城镇职工按规定第一次购买公有住房的，免征契税。

3.因不可抗力灭失住房而重新购买住房的，酌情准予减征或者免征契税。

4.土地、房屋被县级以上人民政府征用、占用后，重新承受土地、房屋权属的，是否减征或者免征契税，由省、自治区、直辖市人民政府确定。

5.纳税人承受荒山、荒沟、荒丘、荒滩土地使用权，用于农、林、牧、渔业生产的，免征契税。

6.依照我国有关法律规定以及我国缔结或参加的双边和多边条约或协定的规定应当予以免税的外国驻华使馆、领事馆、联合国驻华机构及其外交代表、领事官员和其他外交人员承受土地、房屋权属的，经外交部确认，可以免征契税。

经批准减征、免征契税的纳税人，改变有关土地、房屋的用途的，就不再属于减征、免征契税范围，并且应当补缴已经减征、免征的税款。

| 练一练 |

【例题6-38】（多选题）根据契税法律制度的规定，下列各项中，免征契税的有（　　　）。

A.国家机关承受房屋用于办公

B.城镇居民购买商品房用于居住

C.军事单位承受土地用于军事设施

D.纳税人承受荒山土地使用权用于农业生产

答案：ACD。选项A、C：国家机关、事业单位、社会团体、军事单位承受土地、房屋用于办公、教学、医疗、科研和军事设施的，免征契税；选项D：纳税人承受荒山、荒沟、荒丘、荒滩土地使用权，用于农、林、牧、渔业生产的，免征契税。

八、契税征收管理

（一）纳税义务发生时间

契税的纳税义务发生时间是纳税人签订土地、房屋权属转移合同的当天，或者纳税人取得其他具有土地、房屋权属转移合同性质凭证的当天。

（二）纳税地点

契税实行属地征收管理。纳税人发生契税纳税义务时，应向土地、房屋所在地的税务征收机关申报纳税。

（三）纳税期限

纳税人应当自纳税义务发生之日起10日内，向土地、房屋所在地的税收征收机关办理纳税申报，并在税收征收机关核定的期限内缴纳税款。

┃练一练┃

【例题6-39】（单选题）根据契税法律制度的规定，契税的纳税义务发生时间是纳税人（   ）。

A.实际支付购买价款的当天

B.实际取得土地、房屋的当天

C.签订土地、房屋权属转移合同的当天

D.办理土地、房屋权属变更登记手续的当天

答案：C。契税的纳税义务发生时间是纳税人签订土地、房屋权属转移合同的当天，或者纳税人取得其他具有土地、房屋权属转移合同性质凭证的当天。

九、契税纳税申报

契税纳税申报表及填表说明见二维码。

申报表及填表说明

十、契税纳税筹划

在我们的日常生活中，时常会发生涉及转移土地、房屋权属的契税缴纳行为。因此，根据契税缴纳的税收政策进行合理的纳税筹划，从而达到降低契税支出的目的便显得越发重要。契税缴纳的纳税筹划方法有以下几点：

1.签订等价交换合同，享受免征契税政策

具体案例：烟台新泰酒业有限公司有一块价值5 000万元的土地拟出售给南方公司，然后从南方公司购买其另外一块价值5 000万元的土地。双方签订土地销售与购买合同后，烟台新泰酒业有限公司应缴纳的契税税额＝5 000×4%＝200（万元），南方公司

应缴纳的契税税额＝5 000×4%＝200（万元）。

纳税筹划：根据法律对免征契税的规定，提出纳税筹划方案如下：烟台新泰酒业有限公司与南方公司改变合同订立方式，变更签订土地销售与购买合同为签订土地使用权交换合同，约定以5 000万元的价格等价交换双方土地。根据契税暂行条例规定，烟台新泰酒业有限公司和南方公司各自将享受免征契税200万元。

2.改变抵债时间，享受免征契税政策

具体案例：丙公司因严重亏损准备关闭，尚欠主要债权人烟台新泰酒业有限公司3 000万元，准备以公司一块价值3 000万元的土地偿还所欠债务。烟台新泰酒业有限公司接受丙公司土地抵债应缴纳契税＝3 000×4%＝120（万元）。

纳税筹划：根据对于免征契税的规定，提出纳税筹划方案如下：烟台新泰酒业有限公司改变接受丙公司以土地抵债的时间，先以主要债权人身份到法院申请丙公司破产，待丙公司破产清算后再以主要债权人身份承受丙公司以价值3 000万元的土地抵偿债务，这样烟台新泰酒业有限公司便可享受免征契税，节约契税支出120万元。

3.改变投资方式，享受免征契税政策

具体案例：王某有一幢商品房价值500万元，李某有货币资金300万元，两人共同投资开办甲有限责任公司，甲公司注册资本为800万元。甲公司接受房产投资后应缴纳契税＝500×4%＝20（万元）。

纳税筹划：第一步，王某到工商局注册登记成立王某个人独资公司，将自有房产投入王某个人独资公司，由于房屋产权所有人和使用人未发生变化，故无须办理房产变更手续，不需缴纳契税。第二步，王某对其个人独资公司进行公司制改造，改建为有限责任公司，吸收李某投资，改建为甲有限责任公司，改建后的甲有限责任公司承受王某个人独资公司的房屋，免征契税，甲公司减少契税支出20万元。

任务实施

若烟台新泰酒业有限公司与齐鲁公司就这两块土地签订了土地销售与购买合同，烟台新泰酒业有限公司应缴纳契税＝5 200×4%＝208（万元），齐鲁公司应缴纳契税＝5 200×4%＝208（万元）。

根据相关法律对于免征契税的规定，针对烟台新泰酒业有限公司与齐鲁公司的土地购买合同，将提出纳税筹划方案如下：烟台新泰酒业有限公司应与齐鲁公司改变合同订立方式，双方应签订土地使用权交换合同，约定以5 200万元的价格等价交换双方土地。根据契税暂行条例规定，对于上述土地使用权交换合同，烟台新泰酒业有限公司和齐鲁公司将各自免征契税208万元。

任务拓展

契税的历史沿革

中国契税起源于东晋时期的"估税"，至今已有1600多年的历史。当时规定，凡买卖田宅、奴婢、牛马，立有契据者，每一万钱交易额官府征收四百钱即税率为4%，其中卖方缴纳3%，买方缴纳1%。

北宋开宝二年（公元969年），开始征收印契钱（性质上是税，只是名称为钱）。这时税不再由买卖双方分摊，而是由买方缴纳了，并规定缴纳期限为两个月。从此，朝廷开始以保障产权为由征收契税。以后历代封建王朝对土地、房屋的买卖、典当等产权变动都征收契税，但税率和征收范围不完全相同。

中华民国成立后，于1914年颁布契税条例。规定税率为买契9%、典契6%。另外，还有一些免税规定：官方、自治团体和具有公益性的法人在买卖、典当土地房屋时免纳契税。1917年，北洋政府将税率改为买契6%、典契3%，各省征收附加税，但以不超过正税的1/3为限。

新中国成立后，政务院于1950年发布《契税暂行条例》，规定对土地、房屋的买卖、典当、赠予和交换征收契税。1954年财政部经政务院批准，对《契税暂行条例》的个别条款进行了修改，规定对公有制单位承受土地、房屋权属转移免征契税。社会主义改造完成以后，土地禁止买卖和转让，征收土地契税也就自然停止了。这使契税征收范围大大缩小，收入额很小。到"文化大革命"后期，全国契税征收工作基本处于停顿状态。

改革开放后，国家重新调整了土地、房屋管理方面的有关政策，房地产市场逐步得到了恢复和发展。为适应形势的要求，从1990年开始，全国契税征管工作全面恢复。恢复征收后，契税收入连年大幅度增加，从1990年的1.34亿元增加到1997年的36亿元，成为地方税收中最具增长潜力的税种。

为了适应建立和发展社会主义市场经济形势的需要，充分发挥契税筹集财政收入和调控房地产市场的功能，从1990年起，我国就着手开始了《契税暂行条例》的修订工作。其间经过大量调查研究，数易其稿。1997年7月7日，李鹏总理签署国务院第224号令，发布了《中华人民共和国契税暂行条例》，并于同年10月1日起开始实施。

答案与解析

同步训练

一、单选题

1.根据契税法律制度的规定，下列行为中，应征收契税的是（　　　）。

    A.甲公司承租仓库　　　　　　　　B.乙公司购买办公楼

    C.丙公司出租地下停车场　　　　　D.丁公司将房屋抵押给银行

2.根据契税法律制度的规定，下列各项中，属于契税纳税人的是（　　　）。

    A.获得住房奖励的个人　　　　　　B.继承父母汽车的子女

    C.转让土地使用权的企业　　　　　D.出售房屋的个体工商户

3. 2019年9月王某以160万元价格（不含增值税）出售自有住房一套，购进价格200万元（不含增值税）住房一套。已知契税适用税率为5%，计算王某上述行为应缴纳契税税额的下列算式中，正确的是（　　　）。

    A. $160×5\%＝8$（万元）　　　　　　B. $200×5\%＝10$（万元）

    C. $160×5\%＋200×5\%＝18$（万元）　　D. $200×5\%－160×5\%＝2$（万元）

4.周某有面积为120平方米的住宅一套，不含增值税的市场价格为96万元。黄某有面积为100平方米的住宅一套，不含增值税的市场价格为72万元。两人进行房屋交换，差价部分黄某以现金补偿周某。已知契税适用税率为3%，根据契税法律制度的规定，黄某应缴纳的契税税额为（　　　）。

    A. 4.8万元　　　　　　　　　　　　B. 2.88万元

    C. 2.16万元　　　　　　　　　　　　D. 0.72万元

5.林某有两处住房，将其中一套出售给张某，房屋的不含增值税成交价格为57万元，将另一处价值60万元的三室两厅的住房与乔某的两处住房交换，林某支付交换房屋差价款不含增值税金额为12.4万元。已知当地政府规定的契税税率为3%，林某上述行为应缴纳契税（　　　）。

    A. 21 720元　　　　　　　　　　　　B. 20 820元

    C. 18 000元　　　　　　　　　　　　D. 3 720元

6.烟台新泰酒业有限公司2019年7月购置办公楼一栋，支付不含增值税的金额200万元、增值税110万元。已知契税适用税率为3%，计算烟台新泰酒业有限公司购置办公楼应缴纳契税税额的下列算式中，正确的是（　　　）。

    A. $2\,200×3\%$　　　　　　　　　　　B. $(2\,200＋110)×3\%$

    C. $2\,200÷(1＋17\%)×3\%$　　　　　D. $2\,200÷(1＋11\%)×3\%$

二、多选题

1. 下列各项中，属于契税纳税义务人的有（　　　）。
   A. 以房屋产权抵债的抵债方　　　　B. 房屋产权赠予中的受赠方
   C. 以房屋产权投资的投资方　　　　D. 房屋产权交换中多付差价一方
2. 下列各项中，减征或免征契税的有（　　　）。
   A. 国家机关承受房屋用于办公
   B. 因不可抗力灭失住房而重新购买住房的
   C. 城镇职工按规定第一次购买公有住房的
   D. 纳税人承受荒山用于工业园的开发建设

三、判断题

1. 以房屋权属设定抵押，抵押期间无须缴纳契税；以房屋权属抵债，债务人应当申报缴纳契税。　　　　　　　　　　　　　　　　　　　　　　　（　　　）
2. 企业破产清算期间，对非债权人承受破产企业土地、房屋权属的，征收契税。
   　　　　　　　　　　　　　　　　　　　　　　　　　　　　　（　　　）
3. 契税采用有地区差异的幅度定额税率。　　　　　　　　　　　（　　　）
4. 纳税人缴纳契税的纳税期限为纳税义务发生之日起5日内。　　（　　　）

任务 6.11 烟叶税纳税实务与筹划

知识准备

一、烟叶税概述

烟叶税是向收购烟叶的单位征收的一种税。烟叶税的法律规范是2006年4月28日国务院令第464号发布的《中华人民共和国烟叶税暂行条例》和财政部、国家税务总局于2006年5月18日印发的《关于烟叶税若干具体问题的规定》。2017年12月27日第十二届全国人民代表大会常务委员会第三十一次会议通过了《中华人民共和国烟叶税法》，该法自2018年7月1日起施行。

二、烟叶税纳税人

烟叶税的纳税人为在中华人民共和国境内收购烟叶的单位。因为我国实行烟草专卖制度，因此烟叶税的纳税人具有特定性，一般是有权收购烟叶的烟草公司或者受其委托收购烟叶的单位。

三、烟叶税征税范围

烟叶税的征税范围包括晾晒烟叶、烤烟叶。晾晒烟叶包括列入晾晒烟名录的晾晒烟叶和未列入晾晒烟名录的其他晾晒烟叶。

四、烟叶税税率

烟叶税实行比例税率，税率为20%。

五、烟叶税计税依据

烟叶税的计税依据是纳税人收购烟叶的收购金额，具体包括纳税人支付给烟叶销售者的烟叶收购价款和价外补贴。价外补贴统一暂按烟叶收购价款的10%计入收购金额。

收购金额的计算公式为：

收购金额＝收购价款×（1＋10%）

六、烟叶税应纳税额的计算

烟叶税应纳税额的计算公式为：

应纳税额＝烟叶收购金额×税率

　　　　＝烟叶收购价款×（1＋10%）×税率

七、烟叶税征收管理

烟叶税的纳税义务发生时间为纳税人收购烟叶的当天，具体指纳税人向烟叶销售者付讫收购烟叶款项或者开具收购烟叶凭证的当天。烟叶税在烟叶收购环节征收，纳税人收购烟叶即发生纳税义务。

烟叶税按月计征，纳税人应当于纳税义务发生月终了之日起十五日内申报并缴纳税款。

对依照《中华人民共和国烟草专卖法》查处没收的违法收购的烟叶，由收购罚没烟叶的单位按照购买金额计算缴纳烟叶税。应纳税额以人民币计算。

纳税人应当向烟叶收购地的主管税务机关申报缴纳烟叶税。

八、烟叶税纳税申报

烟叶税纳税申报表及填表说明见二维码。

申报表及填表说明

任务实施

该卷烟厂本月收购烟叶应缴纳的烟叶税＝70×（1＋10%）×20%＝15.4（万元）

任务拓展

中国烟草专卖制度

新中国成立后，在相当长的时间里，中国烟草行业一直处于分散管理、盲目发展的状态，资源浪费严重，税源大量流失。1982年1月1日，由国务院批准，中国烟草总公司正式成立。1983年9月23日，国务院颁布了《烟草专卖条例》，结束了烟草行业长期混乱的局面，旨在建立一个"统一领导、垂直管理、专卖专营"的经营管理体制。随着内部管理的不断深入，烟草行业亟须法律法规的支撑。1991年6月29日，第七届全国人大常委会通过了《中华人民共和国烟草专卖法》，依法治烟渐入正轨。1997年，国务院又颁布了《中华人民共和国烟草专卖法实施条例》，治烟在完善和健全法制的道路上又向前迈进了一步。

同步训练

答案与解析

一、多选题

有关我国烟叶税的特点，下列说法正确的有（　　　）。

    A.烟叶税实行比例税率

    B.纳税人应当自烟叶验收入库之日起十五日内申报缴纳烟叶税

    C.烟叶税在烟叶收购环节征收

    D.烟叶税由地方税务机关征收

二、判断题

在中华人民共和国境内收购烟叶的单位，应当代扣代缴烟叶税。　　　　　　（　　　）

项目小结

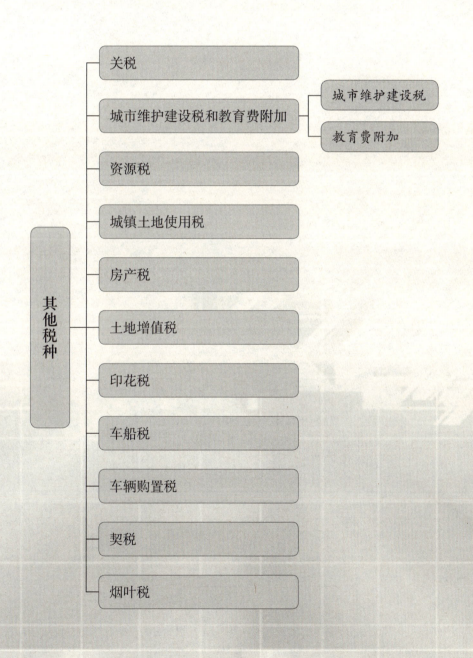

其他税种
- 关税
- 城市维护建设税和教育费附加
  - 城市维护建设税
  - 教育费附加
- 资源税
- 城镇土地使用税
- 房产税
- 土地增值税
- 印花税
- 车船税
- 车辆购置税
- 契税
- 烟叶税

教学项目 7　税收征收管理

1.知识目标

（1）掌握税款征收方式的适用范围；

（2）掌握税收滞纳金制度；

（3）掌握税额核定制度；

（4）掌握税收保全措施、税收强制措施；

（5）掌握税务检查中检查人和被检查人的权利和义务；

（6）掌握违反税务管理基本规定行为的处罚规定；

（7）掌握偷税、抗税的界定和法律责任；

（8）了解税款征收的原则；

（9）了解税务检查的形式和方法；

（10）了解纳税人、扣缴义务人未按规定进行纳税申报的法律责任。

2.能力目标

（1）能够在实际工作中判断税款优先；

（2）能够判断不同类型企业适用的征收方式；

（3）能够熟练计算滞纳金；

（4）能够区分税收保全和税收强制措施。

3.素质目标

（1）具备严谨、诚信的职业品质和良好的职业道德；

（2）具有遵纪守法、依法纳税的意识；

（3）具有自主学习税收法规的良好意识和能力；

（4）具有良好的沟通协调和团队合作能力。

任务描述

2019年2月4日，烟台市开发区国税局工作人员对烟台新泰酒业有限公司开展突击检查。检查中，该企业负责人最初拒绝提供企业经营账目，后经税务人员再三要求，才提供了企业的经营账目。经检查发现，该公司2018年偷税4万元，开发区国税局对该企业的偷税行为处以8万元的罚款，并要求在2月20日之前补缴税款4万元和滞纳金1万元。后来，区国税局发现该企业有转移财产的行为，于是，经区国税局局长的批准，于2月13日责成该企业在2月14日前提供纳税担保，但该企业直至2月15日仍未提供纳税担保。区国税局于2月16日查封了该企业价值4万元的商品，并出具了清单，2月18日，该企业缴清税款。同时，区国税局解除查封。

请你根据以上业务，完成如下任务：

任务一：分析税务机关能否采取税收保全措施，若可以，税收保全措施在执行过程中是否符合法律规定。

任务二：分析在税务检查中，税务机关和该企业履行权利、义务的情况。

任务三：分析税务机关对该企业偷税行为的处罚是否符合法律规定。

任务 7.1　税款征收

知识准备

税款征收是税收征收管理工作的中心环节，是全部税收征管工作的目的和归宿，在整个税收工作中占据着极其重要的地位。

一、税款征收的原则

（一）税务机关是征税的唯一行政主体

《中华人民共和国税收征收管理法》（以下简称《征管法》）第二十九条规定："除税务机关、税务人员以及经税务机关依照法律、行政法规委托的单位和个人外，任何单位和个人不得进行税款征收活动。"第四十一条同时规定："采取税收保全措施、强制执行措施的权力，不得由法定的税务机关以外的单位和个人行使。"

（二）税务机关只能依照法律、行政法规的规定征收税款

根据《征管法》第二十八条的规定，税务机关只能依照法律、行政法规的规定征收税款。未经法定机关和法定程序调整，征纳双方均不得随意变动。税务机关代表国家向纳税人征收税款，不能任意征收，只能依法征收。

（三）税务机关不得违反法律、行政法规的规定开征、停征、多征、少征、提前征收或者延缓征收税款或者摊派税款

《征管法》第二十八条规定税务机关依照法律、行政法规的规定征收税款，不得违反法律、行政法规的规定开征、停征、多征、少征、提前征收、延缓征收或者摊派税款。

税务机关是执行税法的专职机构，既不得在税法生效之前先行向纳税人征收税款，也不得在税法尚未失效时，停止征收税款，更不得擅立章法，新开征一种税。在税款征收过程中，税务机关应当按照税收法律、行政法规预先规定的征收标准进行征税。不得擅自增减改变税目、调高或降低税率、加征或减免税款、提前征收或延缓征收税款以及摊派税款。

（四）税务机关征收税款必须遵守法定权限和法定程序

税务机关执法必须遵守法定权限和法定程序，这也是税款征收的一项基本原则。例如，采取税收保全措施或强制执行措施、办理减税、免税、退税、核定应纳税额、进行纳税调整时，针对纳税人的欠税进行清理，采取各种措施时，税务机关都必须按照法律或者行政法规规定的审批权限和程序进行操作，否则就是违法。

（五）税务机关征收税款或扣押、查封商品、货物或其他财产时，必须向纳税人开具完税凭证或开付扣押、查封的收据或清单

《征管法》第三十四条规定税务机关征收税款时，必须给纳税人开具完税凭证。第四十七条规定税务机关扣押商品、货物或者其他财产时，必须开付收据；查封商品、货物或者其他财产时，必须开付清单。

（六）税款、滞纳金、罚款统一由税务机关上缴国库

《征管法》第五十三条规定，国家税务局和地方税务局应当按照国家规定的税收征管范围和税款入库预算级次，将征收的税款缴入国库。这也是税款征收的一个基本原则。

（七）税款优先

《征管法》第四十五条的规定，第一次在税收法律上确定了税款优先的地位，确定了税款征收在纳税人支付各种款项和偿还债务时的顺序。税款优先的原则不仅增强了税法的刚性，而且增强了税法在执行中的可操作性。

1.税收优先于无担保债权

这里所说的税收优先于无担保债权是有条件的，也就是说并不是优先于所有的无担保债权，对于法律上另有规定的无担保债权，不能行使税收优先权。

2.纳税人发生欠税在前的，税收优先于抵押权、质权和留置权的执行

这里有两个前提条件：其一，纳税人有欠税；其二，欠税发生在前，即纳税人的欠税发生在以其财产设定抵押、质押抑或被留置之前。纳税人在有欠税的情况下设置抵押权、质权、留置权时，纳税人应当向抵押权人、质权人说明其欠税情况。

欠缴的税款是指纳税人发生纳税义务，但未按照法律、行政法规规定的期限或者未按照税务机关确定的期限向税务机关申报缴纳的税款或者少缴的税款。纳税人应缴纳税款的期限届满之次日是纳税人欠缴税款的发生时间。

3.税收优先于罚款、没收非法所得

（1）纳税人欠缴税款，同时又被税务机关决定处以罚款、没收非法所得的，税收优先于罚款、没收非法所得。

（2）纳税人欠缴税款，同时又被税务机关以外的其他行政部门处以罚款、没收非法所得的，税款优先于罚款、没收非法所得。

│ 练一练 │

【例题7-1】（单选题）按照税收优先原则，税收优先于（　　）。

A.应付工资　　　　　　　　　B.无担保债权

C.有担保的债权　　　　　　　D.社会保障缴款

答案：B。按照税收优先原则，税收优先于无担保债权。

二、税款征收的方式

税款征收方式是指税务机关根据各税种的不同特点和纳税人的具体情况而确定的计算、征收税款的形式和方法，包括确定征收方式和缴纳方式。

由于纳税人的情况千差万别，税款征收方式也不可能统一固定，必须根据不同情况，采取相应的征收方式。我国现行《征管法》及其实施细则未对税款征收方式做出具体规定，只是明确税务机关要根据保证国家税款及时足额入库、方便纳税人、降低税收成本的原则，确定税款征收方式。

（一）查账征收

查账征收是指针对财务会计制度健全的纳税人，税务机关按照纳税人提供的账表所反映的经营情况，依照适用税率计算缴纳税款的方式。这种征收方式较为规范，符合税收法律的基本原则，一般适用于财务会计制度较为健全，能够如实核算和提供生产经营情况，能够认真履行纳税义务的纳税单位。

（二）查定征收

查定征收是指针对财务会计制度不全，但能控制其材料、产量或进销货物的单位或个人，税务机关根据纳税人的从业人员、生产设备、采用原材料等因素，对其生产的应税产品查实核定产量、销售额并据以确定应缴纳税款的税款征收方式。这种方式一般适用于生产经营规模较小、产品零星、税源分散、会计账册不够健全，但是能够控制原材料或进销货的纳税单位。

（三）查验征收

查验征收是指税务机关对纳税人应税商品，通过查验数量，按市场一般销售单价计算其销售收入并据以征税的方式。这种方式一般适用于经营品种比较单一，经营地点、时间和商品来源不固定的纳税单位。

（四）定期定额征收

定期定额征收是指税务机关对小型个体工商户在一定经营地点、一定经营时期、一定经营范围内的应纳税经营额（包括经营数量）或所得额进行核定，并以此为计税依据，确定其应缴纳税额的一种税款征收方式。这种征收方式适用于经主管税务机关认定和县以上税务机关（含县级）批准的生产、经营规模小，达不到《个体工商户建账管理暂行办法》规定设置账簿标准，难以查账征收，不能准确计算计税依据的个体工商户（包括个人独资企业）。

（五）委托代征税款

委托代征税款是指税务机关委托代征人以税务机关的名义征收税款，并将税款缴入国库的方式。这种方式一般适用于小额、零散税源的征收。

┃练一练┃

【例题7-2】（单选题）税款征收方式中的查验征收方式一般适用于（　　　）。

A.账册不健全，但是能够控制原材料或进销货的纳税单位

B.经营品种比较单一，经营地点、时间和商品来源不固定的纳税单位

C.无完整考核依据的小型纳税单位

D.小额、零散税源的征收

答案：B。选项A：适用于查定征收方式。选项C：适用于定期定额征收方式。选项D：适用于委托代征方式。

三、税款征收制度

（一）代扣代缴、代收代缴税款制度

1.对法律、行政法规没有规定负有代扣、代收税款义务的单位和个人，税务机关不得要求其履行代扣、代收税款义务。

2.税法规定的扣缴义务人必须依法履行代扣、代收税款义务。如果不履行义务，就要承担法律责任。除按《征管法》及其实施细则的规定给予处罚外，应当责成扣缴义务人限期将应扣未扣、应收未收的税款补扣或补收。

3.扣缴义务人依法履行代扣、代收税款义务时，纳税人不得拒绝。纳税人拒绝的，扣缴义务人应当在1日之内报告主管税务机关处理。不及时向主管税务机关报告的，扣缴义务人应承担应扣未扣、应收未收税款的责任。

4.扣缴义务人代扣、代收税款，只限于法律、行政法规规定的范围，并依照法律、行政法规规定的征收标准执行。对法律、法规没有规定代扣、代收的，扣缴义务人不能超越范围代扣、代收税款，扣缴义务人也不得提高或降低标准代扣、代收税款。

5.税务机关按照规定付给扣缴义务人代扣、代收手续费。代扣、代收税款手续费只能由县（市）以上税务机关统一办理退库手续，不得在征收税款过程中坐支。

（二）延期缴纳税款制度

纳税人和扣缴义务人必须在税法规定的期限内缴纳、解缴税款。但考虑到纳税人

在履行纳税义务的过程中，可能会遇到特殊困难的客观情况，为了保护纳税人的合法权益，《征管法》第三十一条第二款规定纳税人因有特殊困难，不能按期缴纳税款的，经省、自治区、直辖市国家税务局、地方税务局批准，可以延期缴纳税款，但最长不得超过三个月。

特殊困难的主要内容包括：一是因不可抗力，导致纳税人发生较大损失，正常生产经营活动受到较大影响的；二是当期货币资金在扣除应付职工工资、社会保险费后，不足以缴纳税款的。所谓"当期货币资金"是指纳税人申请延期缴纳税款之日的资金余额，其中不含国家法律和行政法规明确规定企业不可动用的资金。

纳税人在申请延期缴纳税款时应当注意以下几个问题：

1.在规定期限内提出书面申请。纳税人需要延期缴纳税款的，应当在缴纳税款期限届满前提出申请，并报送下列材料申请延期缴纳税款：报告、当期货币资金余额情况及所有银行存款账户的对账单、资产负债表、应付职工工资和社会保险费等税务机关要求提供的支出预算。

2.税务机关应当自收到申请延期缴纳税款报告之日起20日内做出批准或者不予批准的决定，不予批准的，从缴纳税款期限届满之次日起加收滞纳金。税款的延期缴纳，必须经省、自治区、直辖市国家税务局、地方税务局批准，方为有效。

3.延期期限最长不得超过三个月，同一笔税款不得滚动审批。批准延期内免予加收滞纳金。

（三）减免税收制度

根据《征管法》第三十三条的有关规定及《税收减免管理办法》办理减税、免税应注意下列事项：

1.必须有法律、行政法规的明确规定（具体规定在税收实体法中体现）。地方各级人民政府、各级人民政府主管部门、单位和个人违反法律、行政法规规定，擅自做出的减税、免税决定无效，税务机关不得执行，并向上级税务机关报告。

2.纳税人申请报批减免税的，应当在政策规定的减免税期限内，向主管税务机关提出书面申请，并报送以下资料：

（1）减免税申请报告，列明减免税理由、依据、范围、期限、数量、金额等。

（2）财务会计报表、纳税申报表。

（3）有关部门出具的证明材料。

（4）税务机关要求提供的其他资料。

纳税人报送的材料应真实、准确、齐全。税务机关不得要求纳税人提交与其申请的减免税项目无关的技术资料和其他材料。

3.税务机关做出的减免税审批决定,应当自做出决定之日起10个工作日内向纳税人送达减免税审批书面决定。减免税批复未下达前,纳税人应按规定办理申报缴纳税款。

4.纳税人在享受减免税待遇期间,仍应按规定办理纳税申报。

5.减免税分为核准类减免税和备案类减免税。核准类减免税是指法律、法规规定应由税务机关核准的减免税项目;备案类减免税是指不需要税务机关核准的减免税项目。

纳税人享受核准类减免税,应当提交核准材料,虽提出申请,经依法具有批准权限的税务机关按本办法规定核准确认后执行。未按规定申请或虽申请但未经有批准权限的税务机关核准确认的,纳税人不得享受减免税。

纳税人享受备案类减免税,应当具备相应的减免税资质,并履行规定的备案手续。

6.纳税人同时从事减免项目与非减免项目的,应分别核算,分别计算减免项目的计税依据以及减免税额度。不能分别核算的,不能享受减免税;核算不清的,由税务机关按合理方法核定。

（四）税额核定

1.根据《征管法》第三十五条的规定,纳税人（包括单位纳税人和个人纳税人）有下列情形之一的,税务机关有权核定其应纳税额:

（1）依照法律、行政法规的规定可以不设置账簿的。

（2）依照法律、行政法规的规定应当设置但未设置账簿的。

（3）擅自销毁账簿或者拒不提供纳税资料的。

（4）虽设置账簿,但账目混乱或者成本资料、收入凭证、费用凭证残缺不全,难以查账的。

（5）发生纳税义务,未按照规定的期限办理纳税申报,经税务机关责令限期申报,逾期仍不申报的。

（6）纳税人申报的计税依据明显偏低,又无正当理由的。

2.目前税务机关核定税额的方法主要有以下四种:

（1）参照当地同类行业或者类似行业中,经营规模和收入水平相近的纳税人的收入额和利润率核定。

（2）按照成本加合理费用和利润的方法核定。

（3）按照耗用的原材料、燃料、动力等推算或者测算核定。

（4）按照其他合理的方法核定。

采用以上一种方法不足以正确核定应纳税额时,可以同时采用两种以上的方法核定。纳税人对税务机关采取规定的方法核定的应纳税额有异议的,应当提供相关证据,经税务机关认定后,调整应纳税额。

| 练一练 |

【例题7-3】（多选题）根据《征管法》的规定，下列情形中，税务机关有权核定其应纳税额的有（　　　）。

A.依照法律、行政法规的规定可以不设置账簿的

B.依照法律、行政法规的规定应当设置但未设置账簿的

C.虽设置账簿，但账目混乱或者成本资料、收入凭证、费用凭证残缺不全，难以查账的

D.企业或者外国企业在中国境内设立的从事生产、经营的机构、场所与其关联企业之间的业务往来已按照独立企业之间的业务往来收取或者支付价款费用的

答案：ABC。选项D：关联企业之间按独立企业业务往来收取或者支付价款费用是符合税法规定的，税务机关不必核定其应纳税额。

（五）税收滞纳金征收制度

《征管法》第三十二条规定："纳税人未按照规定期限缴纳税款的，扣缴义务人未按照规定期限解缴税款的，税务机关除责令限期缴纳外，从滞纳税款之日起，按日加收滞纳税款万分之五的滞纳金。"

1.先由税务机关发出催缴税款通知书，责令限期缴纳或解缴税款，告知纳税人如不按期履行纳税义务，将依法按日加收滞纳税款万分之五的滞纳金。

2.从滞纳之日起加收滞纳金，加收滞纳金的起止时间为法律、行政法规规定或者税务机关依照法律、行政法规的规定确定的税款缴纳期限届满次日起至纳税人、扣缴义务人实际缴纳或者解缴税款之日止。

3.拒绝缴纳滞纳金的，可以按不履行纳税义务实行强制执行措施，强行划拨或者强制征收。

| 练一练 |

【例题7-4】某按月缴纳增值税的企业2019年2月从事生产经营应纳增值税10 000元，该企业于2019年3月22日实际缴纳税款，计算应加收的滞纳金金额。

解析：按照现行增值税纳税期限和结算缴款期限的规定，该企业应于2019年3月15日前缴纳税款，但该企业在3月22日才交税，滞纳天数不含15日当天，要从3月16日算起，到3月22日止，包含22日当天，共计滞纳7天，则应加收滞纳金＝$10\ 000 \times 0.5‰ \times 7$天＝35（元）。

（六）责令提供纳税担保

纳税担保，是指经税务机关同意或确认，纳税人或其他自然人、法人、经济组织以保证、抵押、质押的方式，为纳税人应当缴纳的税款及滞纳金提供担保的行为。包括经

税务机关认可的有纳税担保能力的保证人为纳税人提供的纳税保证，以及纳税人或第三人以其未设置或未全部设置担保物权的财产提供的担保。

1.纳税人有下列情况之一的，适用纳税担保：

（1）税务机关有根据认为从事生产、经营的纳税人有逃避纳税义务行为，在规定的纳税期之前责令限期缴纳应纳税款，在限期内发现纳税人有明显的转移、隐匿其应纳税的商品、货物以及其他财产或者应纳税收入的迹象，责成纳税人提供纳税担保。

（2）欠缴税款、滞纳金的纳税人或者其法定代表人需要出境的。

（3）纳税人同税务机关在纳税上发生争议而未缴清税款，需要申请行政复议。

（4）税收法律、行政法规规定可以提供纳税担保的其他情形

2.纳税担保范围包括税款、滞纳金和费用。费用包括抵押、质押登记费用、质押保管费用，以及保管、拍卖、变卖担保财产等相关费用支出。

用于纳税担保的财产、权利的价值不得低于应缴纳的税款、滞纳金，并考虑相关的费用。纳税担保的财产价值不足以抵缴税款、滞纳金的，税务机关应向提供担保的纳税人或纳税担保人继续追缴。

（七）税收保全措施

税收保全措施是指税务机关对可能由于纳税人的行为或者某种客观原因，致使以后税款的征收不能保证或难以保证的案件，采取限制纳税人处理或转移商品、货物或其他财产的措施。

《征管法》第三十八条规定，税务机关有根据认为从事生产、经营的纳税人有逃避纳税义务行为的，可以在规定的纳税期之前，责令限期缴纳应纳税款；在限期内发现纳税人有明显的转移、隐匿其应纳税的商品、货物以及其他财产或收入应纳税的迹象的，税务机关可以责成纳税人提供纳税担保。如果纳税人不能提供纳税担保，经县以上税务局（分局）局长批准，税务机关可以采取下列税收保全措施：

1.书面通知纳税人开户银行或者其他金融机构冻结纳税人的金额相当于应纳税款的存款。

2.扣押、查封纳税人的价值相当于应纳税款的商品、货物或者其他财产。其他财产包括纳税人的房地产、现金、有价证券等不动产和动产。

纳税人在上款规定的限期内缴纳税款的，税务机关必须立即解除税收保全措施；限期期满仍未缴纳税款的，经县以上税务局（分局）局长批准，税务机关可以书面通知纳税人开户银行或者其他金融机构从其冻结的存款中扣缴税款，或者依法拍卖或者变卖所扣押、查封的商品、货物或者其他财产，以拍卖或者变卖所得抵缴税款。

采取税收保全措施不当，或者纳税人在期限内已缴纳税款，税务机关未立即解除税

收保全措施，使纳税人的合法利益遭受损失的，税务机关应当承担赔偿责任。

个人及其所扶养家属维持生活必需的住房和用品，不在税收保全措施的范围之内。个人所扶养家属，是指与纳税人共同居住生活的配偶、直系亲属以及无生活来源并由纳税人扶养的其他亲属。生活必需的住房和用品不包括机动车辆、金银饰品、古玩字画、豪华住宅或者一处以外的住房。税务机关对单价 5 000 元以下的其他生活用品，不采取税收保全措施。

采取税收保全措施应注意以下几个方面：

1.采取税收保全措施的前提和条件。税务机关采取税收保全措施的前提是，从事生产、经营的纳税人有逃避纳税义务行为。也就是说，税务机关采取税收保全措施是对逃税的纳税人采取的。采取时，应当符合下列两个条件：

（1）纳税人有逃避纳税义务的行为。纳税人没有逃避纳税义务行为的，不能采取税收保全措施。逃避纳税义务行为的最终目的是不缴或少缴税款，其采取的方法主要是转移、隐匿可以用来缴纳税款的资金或实物。

（2）必须是在规定的纳税期之前和责令限期缴纳应纳税款的限期内。如果纳税期和责令缴纳应纳税款的限期届满，纳税人又没有缴纳应纳税款的，税务机关可以按规定采取强制执行措施，就无所谓税收保全了。

2.采取税收保全措施的法定程序

（1）责令纳税人提前缴纳税款。税务机关有根据认为从事生产、经营的纳税人有逃避纳税义务行为的，可以在规定的纳税期之前，责令限期缴纳应纳税款。税务机关对有逃税行为的纳税人在规定的纳税期之前，责令限期缴纳税款时，主管税务机关应下达给有逃税行为的纳税人执行。同时主管税务机关填制由纳税人签章的"税务文书送达回证"。

（2）责成纳税人提供纳税担保。在限期内，纳税人有明显转移、隐匿应纳税的商品、货物以及其他财产或者应纳税的收入迹象的，税务机关可以责成纳税人提供纳税担保。

（3）冻结纳税人的存款。纳税人不能提供纳税担保的，经县以上税务局（分局）局长批准，书面通知纳税人开户银行或者其他金融机构冻结纳税人的金额相当于应纳税款的存款。

（4）查封、扣押纳税人的商品、货物或其他财产。纳税人在开户银行或其他金融机构中没有存款，或者税务机关无法掌握其存款情况的，税务机关可以扣押、查封纳税人的价值相当于应纳税款的商品、货物或其他财产。

（5）税收保全措施的终止。税收保全的终止有两种情况：一是纳税人在规定的期限内缴纳了应纳税款的，税务机关必须立即解除税收保全措施；二是纳税人超过规定的期限仍不缴纳税款的，经税务局（分局）局长批准，终止保全措施，转入强制执行措施，即书面通知纳税人开户银行或者其他金融机构从其冻结的存款中扣缴税款，或者拍卖、变卖所扣押、查封的商品、货物或其他财产，以拍卖或者变卖所得抵缴税款。

（八）税收强制执行措施

税收强制执行措施是指当事人不履行法律、行政法规规定的义务，有关国家机关采用法定的强制手段，强迫当事人履行义务的行为。

《征管法》第四十条规定，从事生产、经营的纳税人、扣缴义务人未按照规定的期限缴纳或者解缴税款，纳税担保人未按照规定的期限缴纳所担保的税款，由税务机关责令限期缴纳，逾期仍未缴纳的，经县以上税务局（分局）局长批准，税务机关可以采取下列强制执行措施：

1.书面通知其开户银行或者其他金融机构从其存款中扣缴税款。

2.拍卖变卖，即扣押、查封、依法拍卖或者变卖其价值相当于应纳税款的商品、货物或者其他财产，以拍卖或者变卖所得抵缴税款。

税务机关采取强制执行措施时，对上述纳税人、扣缴义务人、纳税担保人未缴纳的滞纳金同时强制执行。个人及其所扶养家属维持生活必需的住房和用品，不在强制执行措施的范围之内。税务机关对单价5 000元以下的其他生活用品，不采取强制执行措施。

根据上述规定，采取税收强制执行措施应注意以下三个方面：

1.税收强制执行的适用范围。强制执行措施的适用范围仅限于未按照规定的期限缴纳或者解缴税款，经责令限期缴纳，逾期仍未缴纳的从事生产、经营的纳税人。

2.采取税收强制执行措施的程序。

（1）税款的强制征收。纳税人、扣缴义务人、纳税担保人在规定的期限内未缴纳或者解缴税款或者提供担保的，经主管税务机关责令限期缴纳，逾期仍未缴纳的，经县以上税务局（分局）局长批准，书面通知其开户银行或者其他金融机构，从其存款中扣缴税款。在扣缴税款的同时，主管税务机关应按照《征管法》第六十八条的规定，可以处以不缴或者少缴税款50%以上5倍以下的罚款。

（2）扣押、查封、拍卖或者变卖，以拍卖或者变卖所得抵缴税款。按照《征管法》第四十条的规定，扣押、查封、拍卖或者变卖等行为具有连续性，即扣押、查封后，不再给纳税人自动履行纳税义务的期间，税务机关可以直接拍卖或者变卖其价值相当于应纳税款的商品、货物或者其他财产，以拍卖或者变卖所得抵缴税款。

（3）滞纳金的强行划拨。采取税收强制执行措施时，对纳税人、扣缴义务人、纳税担保人未缴纳的滞纳金必须同时强制执行。对纳税人已缴纳税款，但拒不缴纳滞纳金的，税务机关可以单独对纳税人应缴未缴的滞纳金采取强制执行措施。

3.扣押、查封、拍卖或者变卖被执行人的商品、货物或者其他财产，应当以应纳税额和滞纳金等为限。对于被执行人必要的生产工具，他本人及他所供养家属的生活必需品应当予以保留，不得对其进行扣押、查封、拍卖或者变卖。

对价值超过应纳税额并且不可分割的商品、货物或者其他财产，税务机关在纳税人、扣缴义务人或者纳税担保人无其他可供强制执行财产的情况下，可以整体扣押、查封、拍卖，以拍卖所得抵缴税款、滞纳金、罚款以及扣押、查封、保管、拍卖等费用。

|练一练|

【例题7-5】（单选题）下列关于税收强制执行措施的表述中，正确的是（　　　）。

A.税收强制执行措施不适用于扣缴义务人

B.作为家庭唯一代步工具的轿车，不在税收强制执行的范围之内

C.税务机关采取强制执行措施时，可对纳税人未缴纳的滞纳金同时强制执行

D.税务机关可对未按期缴纳工薪收入个人所得税的个人实施税收强制执行措施

答案：C。选项A，强制执行措施适用于所有的税收管理相对人，所以包括扣缴义务人。选项B，轿车不属于个人及其所扶养家属维持生活必需的住房和用品，属于税收强制执行的范围。选项D，不属于强制执行措施的范围。

任务实施

本案中，该企业存在转移财产的行为，在其未按照税务机关要求提供纳税担保的情况下，税务机关有权依法采取税收保全措施。

本案中，区国税局查封了该企业的商品属于税收保全措施，且查封的商品价值未超过该企业的应纳税款，并依法开具了清单，该查封行为符合法律规定。该企业在税务机关依法采取税收保全措施后，及时清缴了税款，其纳税义务已经履行完毕，税务机关不需要进一步地采取税收强制执行措施。

任务拓展

抵税财物的拍卖与变卖

抵税财务，是指被税务机关依法实施税收强制执行而扣押、查封或者按照规定应强制执行的已设置纳税担保物权的商品、货物、其他财产或者财产权利。拍卖，是指税务机关将抵税财务依法委托拍卖机构，以公开竞价的形式，将特定财物转让给最高应价者的买卖方式。变卖，是指税务机关将抵税财物委托商业企业代为销售、责令纳税人限期

处理或由税务机关变价处理的买卖方式。国家税务总局发布的《抵税财物拍卖、变卖试行办法》对抵税财物的拍卖与变卖行为进行规范，以保障国家税收收入并保护纳税人的合法权益。

适用拍卖、变卖的情形包括：

第一，采取税收保全措施后，限期期满仍未缴纳税款的。

第二，设置纳税担保后，限期期满仍未缴纳所担保的税款的。

第三，逾期不按规定履行税务处理决定的。

第四，逾期不按规定履行复议决定的。

第五，逾期不按规定履行税务行政处罚决定的。

第六，其他经责令限期缴纳，逾期仍未缴纳税款的。

对上述第三项至第六项情形进行强制执行时，在拍卖、变卖之前（或同时）进行扣押、查封，办理扣押、查封手续。

拍卖、变卖执行原则与顺序。税务机关按照拍卖有先的原则确定抵税财物拍卖、变卖的顺序，包括：

第一，委托依法成立的拍卖机构拍卖。

第二，无法委托拍卖或不适于拍卖的，可以委托当地商业企业代为销售，或者责令被执行人限期处理。

第三，无法委托商业企业销售，被执行人也无法处理的，由税务机关变价处理。

国家禁止自由买卖的商品、货物、其他财产，应当交至有关单位按照国家规定的价格收购。

同步训练

答案与解析

一、单选题

1. 某公司将税务机关确定的应于2019年3月15日前缴纳的税款200 000元拖延至3月25日缴纳，则税务机关应依法加收该公司滞纳税款的滞纳金为（   ）。

A. 100元
B. 1 000元
C. 10 000元
D. 4 000元

2. 甲公司为大型国有企业，财务会计制度健全，能够如实核算和提供生产经营情况，并能正确计算应纳税款和如实履行纳税义务，其适用的税款征收方式是（   ）。

A. 定期定额征收
B. 查账征收
C. 查定征收
D. 查验征收

3.税务机关采取延期缴纳税款措施的期限一般最长不得超过（　　　）。

A.3个月　　　　　　　　　　B.6个月

C.1年　　　　　　　　　　　D.3年

4.根据税收征收管理法律制度的规定，下列个人财产中，不适用税收保全措施的是（　　　）。

A.豪华住宅　　　　　　　　　B.金银饰品

C.古玩字画　　　　　　　　　D.维持生活必需的住房

5.根据税收征收管理法律制度的规定，税务机关依法采取强制执行措施时，对个人及其所扶养家属维持生活必需的住房和用品，不在强制执行措施的范围之内。对单价在一定金额以下的其他生活用品，不采取强制执行措施。该金额为（　　　）。

A.5 000元　　　　　　　　　B.10 000元

C.20 000元　　　　　　　　　D.15 000元

6.某酒店于2019年12月取得餐饮收入5万元，客房出租收入10万元，该酒店未在规定期限内进行纳税申报，经税务机关责令限期申报，逾期仍未申报。根据税收征收管理法律制度的规定，税务机关有权对该酒店（　　　）。

A.采取税收保全措施　　　　　B.责令提供纳税担保

C.税务人员到酒店直接征收税款　D.核定其应纳税额

7.根据税收征收管理法律制度的规定，对欠缴税款、滞纳金的纳税人或者其法定代表人需要出境的，税务机关可以采取的措施是（　　　）。

A.书面通知其开户银行从其存款中扣缴税款

B.责令提供纳税担保

C.核定、调整应纳税额

D.依法拍卖其价值相当于应纳税款的商品

8.根据税收征收管理法律制度的规定，下列各项中，不属于纳税担保范围的是（　　　）。

A.罚款　　　　　　　　　　　B.滞纳金

C.税款　　　　　　　　　　　D.实现税款、滞纳金的费用

9.税务机关采取税收保全措施，需经（　　　）批准。

A.国家税务局局长　　　　　　B.省、自治区、直辖市税务局局长

C.县以上税务局（分局）局长　D.税务所所长

10.按照税收优先原则，税收优先于（　　　）。

A.应付工资　　　　　　　　　B.无担保债权

C.有担保债权   D.社会保障缴款

二、多选题

1.根据税收征收管理法律制度的规定，下列关于税收保全措施的表述中，正确的有（   ）。

    A.税务机关可以对税收滞纳金一并采取税收保全措施

    B.税收保全措施仅适用于从事生产、经营的纳税人

    C.机动车辆、金银饰品、古玩字画、豪华住宅或者一处以外的住房，均在税收保全措施的范围之内

    D.税务机关对单价5 000元以下的其他生活用品，不采取税收保全措施

2.根据税收征收管理法律制度的规定，下列各项中，属于税收保全措施的有（   ）。

    A.要求纳税人以抵押的方式为其应当缴纳的税款及滞纳金提供担保

    B.书面通知纳税人开户银行或者其他金融机构冻结纳税人的金额相当于应纳税款的存款

    C.扣押、查封纳税人的价值相当于应纳税款的商品、货物或者其他财产

    D.依法拍卖纳税人的价值相当于应纳税款的商品，以拍卖所得抵缴税款

3.下列各项中，属于税收的核定征收的情形有（   ）。

    A.依照法律、行政法规的规定应当设置但未设置账簿的

    B.擅自销毁账簿或者拒不提供纳税资料的

    C.虽设置账簿，但账目混乱或者成本资料、收入凭证、费用凭证残缺不全，难以确定转让收入或扣除项目金额的

    D.申报的计税依据明显偏低，又无正当理由的

4.下列关于税务机关核定应纳税额的方法中正确的有（   ）。

    A.参照当地同类行业中经营规模和收入水平相近的纳税人的税负水平核定

    B.参照当地类似行业中经营规模和收入水平相近的纳税人的税负水平核定

    C.按照营业收入核定

    D.按照成本加合理费用的方法核定

5.根据税收征收管理法律制度的规定，税务机关在税款征收中可以根据不同情况采取相应的税款征收措施。下列各项中，属于税款征收措施的有（   ）。

    A.罚款   B.责令缴纳

    C.阻止出境   D.由税务机关核定、调整应纳税额

6.根据税收征收管理法律制度的规定，下列各项中，适用纳税担保的情形有（   ）。

A.纳税人同税务机关在纳税上发生争议而未缴清税款，需要申请行政复议的

B.欠缴税款、滞纳金的纳税人或者其法定代表人需要出境的

C.纳税人在税务机关责令缴纳应纳税款限期内，有明显转移、隐匿其应纳税商品、货物及应纳税收入迹象的

D.从事生产、经营的纳税人未按规定期限缴纳税款，税务机关责令限期缴纳，逾期未缴纳的

7.下列关于税务机关实施税收保全措施的表述中，正确的有（　　　）。

A.税收保全措施仅限于从事生产、经营的纳税人

B.只有在事实全部查清，取得充分证据的前提下才能进行

C.冻结纳税人的存款时，其数额要以相当于纳税人应纳税款的数额为限

D.个人及其抚养家属维持生活必需的住房和用品，不在税收保全措施的范围之内

任务 7.2　税务检查

知识准备

　　税务检查又称纳税检查，是指税务机关根据税收法律、行政法规的规定，对纳税人、扣缴义务人履行纳税义务、扣缴义务及其他有关税务事项进行审查、核实、监督活动的总称。它是税收征收管理工作的一项重要内容，是确保国家财政收入和税收法律制度贯彻落实的重要手段。

一、税务检查中主体双方的权利和义务

（一）税务机关在税务检查中的职权和职责

1.税务机关有权进行下列税务检查。

（1）检查纳税人的账簿、记账凭证、报表和有关资料，检查扣缴义务人代扣代缴、代收代缴税款账簿、记账凭证和有关资料。

（2）到纳税人的生产、经营场所和货物存放地检查纳税人应纳税的商品、货物或者其他财产，检查扣缴义务人与代扣代缴、代收代缴税款有关的经营情况。

（3）责成纳税人、扣缴义务人提供与纳税或者代扣代缴、代收代缴税款有关的文件、证明材料和有关资料。

（4）询问纳税人、扣缴义务人与纳税或者代扣代缴、代收代缴税款有关的问题和情况。

（5）到车站、码头、机场、邮政企业及其分支机构检查纳税人托运、邮寄、应税商品、货物或者其他财产的有关单据凭证和资料。

（6）经县以上税务局（分局）局长批准，凭全国统一格式的检查存款账户许可证明，查询从事生产、经营的纳税人、扣缴义务人在银行或者其他金融机构的存款账户。税务机关在调查税收违法案件时，经设区的市、自治州以上税务局（分局）局长批准，可以查询案件涉嫌人员的储蓄存款。税务机关查询所获得的资料，不得用于税收以外的用途。

2.税务机关对纳税人以前纳税期的纳税情况依法进行税务检查时，发现纳税人有逃避纳税义务的行为，并有明显的转移、隐匿其应纳税的商品、货物、其他财产或者应纳税收入的迹象的，可以按照批准权限采取税收保全措施或者强制执行措施。这里的批准权限是指县级以上税务局（分局）局长批准。

税务机关采取税收保全措施的期限一般不得超过6个月；重大案件需要延长的，应当报国家税务总局批准。

3.税务机关调查税务违法案件时，对与案件有关的情况和资料，可以记录、录音、录像、照相和复制。

4.税务人员进行税务检查时，应当出示税务检查证和税务检查通知书，并有责任为被检查人保守秘密；无税务检查证和税务检查通知书的，纳税人、扣缴义务人及其他当事人有权拒绝检查。税务机关对集贸市场以及集中经营业户进行检查时，可以使用统一的税务检查通知书。

5.税务机关对纳税人、扣缴义务人及其他当事人处以罚款或者没收违法所得时，应当开付罚没凭证，未开付罚没凭证的，纳税人、扣缴义务人以及其他当事人有权拒绝给付。

6.对采用电算化会计系统的纳税人，税务机关有权对其会计电算化系统进行检查，并可复制与纳税有关的电子数据作为证据。

7.税务机关进入纳税人会计电算化系统进行检查时，有责任保证纳税人会计电算化系统的安全性，并保守纳税人的商业秘密。

（二）被检查人的义务

1.纳税人、扣缴义务人必须接受税务机关依法进行的税务检查，如实反映情况，提供有关资料，不得拒绝、隐瞒。

2.税务机关依法进行税务检查时，有权向有关单位和个人调查纳税人、扣缴义务人和其他当事人与纳税或者代扣代缴、代收代缴税款有关的情况，有关单位和个人有义务向税务机关如实提供有关资料及证明材料。

|练一练|

【例题7-6】（多选题）根据税收征收管理法律制度的规定，下列各项中，属于税务机关税务检查职责范围的有（   ）。

A.询问纳税人与纳税有关的问题和情况

B.检查纳税人的账簿、记账凭证和报表

C.到车站、码头检查纳税人托运应税商品、货物的有关单据、凭证和有关资料

D.到纳税人的经营场所检查纳税人应纳税的商品和货物

答案：ABCD。

二、税务检查的形式和方法

（一）税务检查的形式

1.重点检查。重点检查指对公民举报、上级机关交办或有关部门转来的有偷税行为或偷税嫌疑的，纳税申报与实际生产经营情况有明显不符的纳税人及有普遍逃税行为的行业的检查。

2.分类计划检查。分类计划检查指根据纳税人历来纳税情况、纳税人的纳税规模及税务检查间隔时间的长短等综合因素，按事先确定的纳税人分类、计划检查时间及检查频率而进行的检查。

3.集中性检查。集中性检查指税务机关在一定时间、一定范围内，统一安排、统一组织的税务检查，这种检查一般规模比较大，如以前年度的全国范围内的税收、财务大检查就属于这类检查。

4.临时性检查。临时性检查指由各级税务机关根据不同的经济形势、偷逃税趋势、税收任务完成情况等综合因素，在正常的检查计划之外安排的检查。如行业性解剖、典型调查性的检查等。

5.专项检查。专项检查指税务机关根据税收工作实际，对某一税种或税收征收管理某一环节进行的检查。比如增值税一般纳税专项检查、漏征漏管户专项检查等。

┃练一练┃

【例题7-7】（单选题）对公民举报有偷税行为或偷税嫌疑的，纳税申报与实际生产经营情况有明显不符的纳税人及有普遍逃税行为的行业的检查属于（　　）。

A.临时性检查　　　　　　　　　　B.重点检查

C.专项检查　　　　　　　　　　　D.集中检查

答案：B。

（二）税务检查的方法

1.全查法。全查法是对被查纳税人一定时期内所有会计凭证、账簿、报表及各种存货进行全面、系统检查的一种方法。

2.抽查法。抽查法是对被查纳税人一定时期内的会计凭证、账簿、报表及各种存货，抽取一部分进行检查的一种方法。

3.顺查法。顺查法与逆查法对称，是对被查纳税人按照其会计核算的顺序，依次检查会计凭证、账簿、报表，并将其相互核对的一种检查方法。

4.逆查法。逆查法与顺查法对称，指逆会计核算的顺序，依次检查会计报表、账簿及凭证，并将其相互核对的一种稽查方法。

5.现场检查法。现场检查法与调账检查法对称，指税务机关派人员到被查纳税人的机构办公地点对其账务资料进行检查的一种方法。

6.调账检查法。调账检查法与现场检查法对称，指将被查纳税人的账务资料调到税务机关进行检查的一种方法。

7.比较分析法。比较分析法是将被查纳税人检查期有关财务指标的实际完成数进行纵向或横向比较，分析其异常变化情况，从中发现纳税问题线索的一种方法。

8.审阅法。审阅法指对被查纳税人的会计账簿、凭证等账务资料，通过直观地审查阅览，发现在纳税方面存在的问题的一种检查方法。

9.核对法。核对法指通过对被查纳税人的各种相关联的会计凭证、账簿、报表及实物进行相互核对，验证其在纳税方面存在的问题的一种检查方法。

10.观察法。观察法指通过被查纳税人的生产经营场所、仓库、工地等现场，实地观察其生产经营及存货等情况，以发现纳税问题或验证账中可疑问题的一种检查方法。

11.交叉稽核法。国家为加强增值税专用发票管理，应用计算机将开出的增值税专用发票抵扣联与存根联进行交叉稽核，以查出虚开及假开发票行为，避免国家税款流失。目前这种方法通过"金税工程"体现，对利用增值税专用发票偷逃税款行为起到了极大地管控作用。

任务实施

本案中，区国家税务局对该企业开展临时性突击检查，要求该企业提供企业经营账目，属于依法行使查账权的行为。企业负责人应主动配合区国税局的检查，积极提供经营账册，如实向税务机关反映自己的生产经营情况和执行财务制度的情况。本案中的企业负责人虽然最初拒绝提供经营账目，但最终还是履行了自己接受检查的义务。

任务拓展

税务行政复议

为了防止和纠正税务机关违法或者不当的具体行政行为，保护纳税人及其他当事人的合法权益，保障和监督税务机关依法行使职权，根据《中华人民共和国行政复议法》和《中华人民共和国税收征收管理法》和其他有关规定，国家税务总局制定了《税务行政复议规则》，并于2009年12月15日由国家税务总局第2次局务会议审议通过并予公布，自2010年4月1日起施行。2015年12月28日国家税务总局对该规则进行了修正。

税务行政复议是指当事人（纳税人、扣缴义务人、纳税担保人及其他税务当事人）不服税务机关及其工作人员做出的税务具体行政行为，依法向上一级税务机关（复议机关）提出申请，复议机关经审理对原税务机关具体行政行为依法做出维持、变更、撤销等决定的活动。

税务行政复议是我国行政复议制度的一个重要组成部分。我国税务行政复议具有以下特点：

1.税务行政复议以当事人不服税务机关及其工作人员做出的税务具体行政行为为前提。这是由行政复议对当事人进行行政救济的目的所决定的。如果当事人认为税务机关的处理合法、适当，或税务机关还没有做出处理，当事人的合法权益没有受到侵害，就不存在税务行政复议。

2.税务行政复议因当事人的申请而产生。当事人提出申请是引起税务行政复议的重要条件之一。当事人不申请，就不可能通过行政复议这种形式获得救济。

3.税务行政复议案件的审理一般由原处理税务机关的上一级税务机关进行。税务行政复议与行政诉讼相衔接。根据《中华人民共和国行政诉讼法》和《行政复议法》的规定，对于大多数行政案件来说，当事人都可以选择行政复议或者行政诉讼程序解决，当事人对行政复议决定不服的，还可以向法院提起行政诉讼。根据《征管法》第八条的规定，对于因征税问题引起的争议，税务行政复议是税务行政诉讼的必经前置程序，未经复议不能向法院起诉，经复议仍不服的，才能起诉；对于因处罚、保全措施及强制执行引起的争议，当事人可以选择适用复议或诉讼程序，如选择复议程序，对复议决定仍不服的，可以向法院起诉。

同步训练

答案与解析

一、单选题

1.经（   ）批准，凭全国统一格式的检查存款账户许可证明，查询从事生产、经营的纳税人、扣缴义务人在银行或者其他金融机构的存款账户。

A.县以上税务局（分局）局长   B.市以上税务局（分局）局长

C.乡以上税务局（分局）局长   D.省以上税务局（分局）局长

2.（   ）指对被查纳税人的会计账簿、凭证等账务资料，通过直观地审查阅览，发现在纳税方面存在的问题的一种检查方法。

A.审阅法   B.查账法

C.调账检查法   D.核对法

3.税务机关根据税收工作实际，对增值税一般纳税人的纳税事项进行（   ）。

A.集中性检查   B.一般检查

C.专项检查　　　　　　　　　　　D.临时性检查

4.税务机关采取税收保全措施的期限一般最长不得超过（　　）。

A.3个月　　　　　　　　　　　　B.6个月

C.1年　　　　　　　　　　　　　D.3年

二、多项题

1.根据税收征收管理法律制度的规定，税务机关在实施税务检查时，可以采取的措施有（　　）。

A.检查纳税人的会计资料

B.检查纳税人货物存放地的应纳税商品

C.检查纳税人托运、邮寄应纳税商品的单据、凭证

D.到车站检查旅客自带物品

2.根据税收征收管理法律制度的规定，下列各项中，属于税务机关纳税检查职权的有（　　）。

A.检查扣缴义务人代扣代缴、代收代缴税款账簿、记账凭证和有关资料

B.检查纳税人托运、邮寄应税商品、货物或者其他财产的有关单据

C.检查纳税人存放在生产、经营场所的应纳税的货物

D.检查纳税人的账簿、记账凭证、报表和有关资料

3.根据税收征收管理法律制度的规定，下列各项中，属于税务机关派出人员在税务检查中应履行的职责有（　　）。

A.出示税务检查通知书　　　　　　B.出示税务机关组织机构代码证

C.为被检查人保守秘密　　　　　　D.出示税务检查证

4.下列属于税务检查的形式有（　　）。

A.重点检查　　　　　　　　　　　B.集中检查

C.临时性检查　　　　　　　　　　D.专项检查

任务 7.3　税收法律责任

知识准备

税收法律责任，是指税收法律关系的主体因违反税收法律规范所应承担的法律后果。准确、及时、全面追究税收违法者的法律责任，有利于维护正常的税收分配关系和税收征收管理关系，确保国家的税收收入，预防、打击税收违法犯罪行为，维护纳税人的合法权益。

根据我国税法规定，不同税法主体的权利和义务不同，因此其违法应承担的税收法律责任也不同，大致可分为四种情况：纳税人的法律责任、扣缴义务人的法律责任、税务人员和税务机关的法律责任及税务代理人违反税务代理的法律责任。

一、纳税人违反税法的行为及其法律责任

（一）违反税务管理基本规定行为的处罚

1.根据《征管法》第六十条规定：纳税人有下列行为之一的，由税务机关责令限期改正，可以处2 000元以下的罚款；情节严重的，处2 000元以上1万元以下的罚款：

（1）未按照规定的期限申报办理税务登记、变更或者注销登记的；

（2）未按照规定设置、保管账簿或者保管记账凭证和有关资料的；

（3）未按照规定将财务、会计制度或者财务、会计处理办法和会计核算软件报送税务机关备查的；

（4）未按照规定将其全部银行账号向税务机关报告的；

（5）未按照规定安装、使用税控装置，或者损毁或者擅自改动税控装置的。

2.纳税人通过提供虚假的证明资料等手段，骗取税务登记证的，处2 000元以下的罚款；情节严重的，处2 000元以上10 000元以下的罚款。

（二）纳税人未按规定进行纳税申报的法律责任

纳税人未按照规定的期限办理纳税申报和报送纳税资料的，由税务机关责令限期改正，可以处2 000元以下的罚款；情节严重的，可以处2 000元以上10 000元以下的

罚款。

（三）对偷税的认定及其法律责任

纳税人伪造、变造、隐匿、擅自销毁账簿、记账凭证，或者在账簿上多列支出或者不列、少列收入，或者经税务机关通知申报而拒不申报或者进行虚假的纳税申报，不缴或者少缴应纳税款的，是偷税。

对纳税人偷税的，由税务机关追缴其不缴或者少缴的税款、滞纳金，并处不缴或者少缴的税款50%以上5倍以下的罚款；构成犯罪的依法追究刑事责任。

《中华人民共和国刑法》（以下简称《刑法》）第二百零一条规定，纳税人采取欺骗、隐瞒手段进行虚假纳税申报或者不申报，逃避缴纳税款数额较大并且占应纳税额10%以上的，处3年以下有期徒刑或者拘役，并处罚金；数额巨大并且占应纳税额30%以上的，处3年以上7年以下有期徒刑，并处罚金。

（四）骗取出口退税的法律责任

假报出口或者其他欺骗手段，骗取国家出口退税款的，由税务机关追缴其骗取的退税款，并处骗取税款1倍以上5倍以下的罚款；对骗取国家出口退税款的，税务机关可以在规定期间内停止为其办理出口退税。

《刑法》第二百零四条规定，以假报出口或者其他欺骗手段，骗取国家出口退税款，数额较大的，处5年以下有期徒刑或者拘役，并处骗取税款1倍以上5倍以下罚金；数额巨大或者有其他严重情节的，处5年以上10年以下有期徒刑，并处骗取税款1倍以上5倍以下罚金；数额特别巨大或者有其他特别严重情节的，处10年以上有期徒刑或者无期徒刑，并处骗取税款1倍以上5倍以下罚金或者没收财产。

（五）抗税的法律责任

以暴力、威胁方法拒不缴纳税款的是抗税，除由税务机关追缴其拒缴的税款、滞纳金外，依法追究刑事责任。情节轻微，未构成犯罪的，由税务机关追缴其拒缴的税款、滞纳金，并处拒缴税款1倍以上5倍以下的罚款。

《刑法》第二百零二条规定，以暴力、威胁方法拒不缴纳税款的，处3年以下有期徒刑或者拘役，并处拒缴税款1倍以上5倍以下罚金；情节严重的，处3年以上7年以下有期徒刑，并处拒缴税款1倍以上5倍以下罚金。

（六）不配合税务机关依法检查的法律责任

纳税人逃避、拒绝或者以其他方式阻挠税务机关检查的，由税务机关责令改正，可以处1万元以下的罚款；情节严重的，处1万元以上5万元以下的罚款。以下是逃避、拒绝或者以其他方式阻挠税务机关检查的情形：

1.提供虚假资料，不如实反映情况，或者拒绝提供有关资料的。

2.拒绝或者阻止税务机关记录、录音、录像、照相和复制与案件有关的情况和资料的。

3.在检查期间，纳税人、扣缴义务人转移、隐匿、销毁有关资料的。

4.有不依法接受税务检查的其他情形的。

二、扣缴义务人的违法行为及其法律责任

1.扣缴义务人未按照规定办理扣缴税款登记的，税务机关应当自发现之日起3日内责令其限期改正，并可处以100 000元以下的罚款。

2.扣缴义务人未按照规定的期限向税务机关报送代扣代缴、代收代缴税款报告表和有关资料的，由税务机关责令限期改正，可以处2 000元以下的罚款；情节严重的，可以处2 000元以上10 000元以下的罚款。

3.扣缴义务人采取偷税所列手段，不缴或者少缴已扣、已收税款，由税务机关追缴其不缴或者少缴的税款、滞纳金，并处不缴或者少缴的税款50%以上5倍以下的罚款；构成犯罪的，依法追究刑事责任。

4.扣缴义务人不履行扣缴义务，应扣未扣、应收而不收税款的，由税务机关向纳税人追缴税款，对扣缴义务人处应扣未扣、应收未收税款50%以上3倍以下的罚款。

5.扣缴义务人逃避、拒绝或者以其他方式阻挠税务机关检查的，由税务机关责令改正，可以处1万元以下的罚款；情节严重的，处1万元以上5万元以下的罚款。

三、税务人员渎职行为的法律责任

1.税务人员利用职务上的便利，收受或者索取纳税人、扣缴义务人财物或者谋取其他不正当利益，构成犯罪的，依法追究刑事责任；尚不构成犯罪的，依法给予行政处分。

2.税务人员徇私舞弊或者玩忽职守，不征收或者少征应征税款，致使国家税收遭受重大损失，构成犯罪的，依法追究刑事责任；尚不构成犯罪的，依法给予行政处分。

3.税务人员滥用职权，故意刁难纳税人、扣缴义务人的，应调离税收工作岗位，并依法给予行政处分。

4.税务人员对控告、检举税收违法违纪行为的纳税人、扣缴义务人以及其他检举人进行打击报复，依法给予行政处分；构成犯罪的，依法追究刑事责任。

四、违反税务代理的法律责任

税务代理人违反税收法律、行政法规，造成纳税人未缴或者少缴税款的，除由纳税

人缴纳或者补缴应纳税款、滞纳金外，对税务代理人处纳税人应缴或者少缴税款50%以上3倍以下的罚款。

| 练一练 |

【例题7-8】（单选题）税务代理人违反税收法律、行政法规，造成纳税人未缴或者少缴税款的，除由纳税人缴纳或者补缴应纳税款、滞纳金外，对税务代理人处（　　）。

A. 2 000元以下的罚款

B. 2 000元以上10 000元以下的罚款

C. 纳税人应缴或者少缴税款50%以上3倍以下的罚款

D. 纳税人应缴或者少缴税款50%以上5倍以下的罚款

答案：C。

任务实施

本案中，经税务机关核查，该企业偷税金额为4万元，尚未构成犯罪，依法应当由税务机关追缴其少缴税款和滞纳金，并处少缴税款50%以上5倍以下罚款。本案中，区国税局责令该企业补缴偷税款4万元和滞纳金1万元，并对该企业的偷税行为处以8万元的罚款，符合法律规定。

任务拓展

税务行政诉讼

税务行政诉讼是指公民、法人或其他组织认为税务机关及其工作人员的具体税务行政行为，侵犯其合法权益，依法向人民法院提起行政诉讼，由人民法院对具体税务行政行为的合法性进行审查，并做出裁决的司法活动。

税务行政诉讼具有以下特点：

1. 税务行政诉讼以审理税务行政案件、解决税务行政争议为内容。这是税务行政诉讼区别于其他行政诉讼的根本标志。

2. 税务行政诉讼的当事人具有恒定性。税务行政诉讼的原告必须是认为自己的合法权益受到侵害的公民、法人或其他组织。税务行政诉讼的被告必须是税务机关或经法律、法规授权的行使国家税务行政管理权的机关、组织或是改变原具体税务行政行为的复议机关。因此，海关、财政等部门也可能成为税务行政诉讼的被告。

3. 税务行政诉讼所要解决的争议，必须是由税务机关在行使税务行政管理职能中引起的税务纠纷，而不是其他争议，即税务行政诉讼的标的只能是具体税务行政行为。

答案与解析

同步训练

一、单选题

1.根据税收征收管理法律制度的规定，纳税人未按照规定的期限办理纳税申报和报送纳税资料的，税务机关可以对其采取的措施是（　　）。

  A.由税务机关责令限期改正，可以处2 000元以下的罚款；情节严重的，处2 000元以上1万元以下的罚款

  B.由税务机关责令限期改正，可以处5 000元以下的罚款；情节严重的，处5 000元以上1万元以下的罚款

  C.由税务机关责令限期改正，可以处1万元以下的罚款；情节严重的，处1万元以上10万元以下的罚款

  D.提请工商行政管理机关吊销其营业执照

2.因偷税涉嫌犯罪，有权判定该纳税人应承担刑事责任的机关是（　　）。

  A.地方税务局   B.国家税务局

  C.人民法院   D.人民政府

3.根据税收征收管理法律制度的规定，纳税人有骗税行为，由税务机关追缴其骗取的退税款，并处骗取税款一定倍数的罚款，该倍数为（　　）。

  A.5倍以上10倍以下   B.1倍以上5倍以下

  C.10倍   D.10倍以上15倍以下

4.根据税收征收管理法律制度的规定，纳税人发生的下列行为中，属于偷税的是（　　）。

  A.以暴力、威胁方法，拒不缴纳税款的

  B.在账簿上多列支出、少列收入，少缴应纳税款的

  C.未按照规定的期限办理纳税申报和报送纳税资料的

  D.假报出口，骗取国家出口退税款的

5.纳税人未按照规定期限办理税务登记证，可以处2 000元以下的罚款；情节严重的，处以（　　）。

  A.2 000元以上1万元以下罚款

  B.1万元以上6万元以下罚款

  C.1万元以上8万元以下罚款

  D.1万元以上10万元以下罚款

二、多选题

1.根据税收征收管理法律制度的规定，纳税人发生偷税行为时，税务机关可以行使的权力有（　　）。

A.追缴税款   B.加收滞纳金

C.并处罚款   D.并处罚金

2.根据税收征收管理法律制度的规定，纳税人的下列行为中，属于偷税的有（　　）。

A.采取转移或者隐匿财产的手段，妨碍税务机关追缴欠缴的税款

B.伪造账簿，不缴应纳税款

C.进行虚假纳税申报，少缴应纳税款

D.按照规定应设置账簿而未设置的

3.根据税收征收管理法律制度的规定，纳税人发生的下列行为中，属于税法规定的偷税手段的有（　　）。

A.伪造变造账簿、记账凭证   B.以暴力拒不缴纳税款

C.隐匿、擅自销毁账簿和记账凭证   D.转移或者隐匿财产

4.纳税人有下列行为之一的，由税务机关责令限期改正并处以2 000元以下的罚款；情节严重的，处以2 000元以上10 000元以下的罚款（　　）。

A.未按规定期限申报办理税务登记

B.未按照规定设置、保管账簿或者保管记账凭证和有关资料的

C.未按规定将全部银行账号向税务机关报告的

D.未按照规定将财务、会计制度或者财务、会计处理办法报送税务机关备查的

5.下列属于税务机关可以处1倍以上5倍以下罚款的违法行为的有（　　）。

A.偷税   B.抗税

C.逃避追缴税款   D.骗税

项目小结

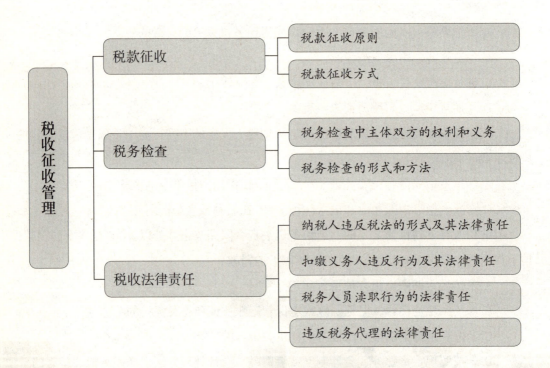